吾妻重二
朴元在 編

朱子家礼と東アジアの文化交渉

汲古書院

朱子家礼と東アジアの文化交渉

朴 元在
吾妻 重二 編

汲古書院

1　シンポジウム会場正面

2　陶山書院での儒教祭祀．全員が儒服を着た．

まえがき

二〇〇九年十一月三日・四日の二日間、韓国慶尚北道安東市の韓国国学振興院において、韓国国学振興院および関西大学グローバルCOE「文化交渉学教育研究拠点」（ICIS）共催の国際シンポジウム「朱子家礼と東アジアの文化交渉」が開かれた。本書はそのシンポジウムの論文集である。

シンポジウムが朱熹の『家礼』と「東アジア」を銘打ったのにはわけがある。南宋の朱熹（一一三〇〜一二〇〇）が著わした『家礼』は朱子学の広範な伝播とあいまって、中国のみならず、朝鮮、ベトナム、琉球、日本などの東アジア地域にさまざまな影響をもたらしたからである。『家礼』とは冠婚喪祭（冠婚葬祭）を行なうための手引書であり、近世以降、この地域において日常の通過儀礼や死者儀礼のための重要なマニュアルと目されてきた。しかし、これまで儀礼研究が立ち遅れていたこともあって、その具体的な様相は必ずしも明らかになっていなかった。そこで本学と研究協力協定を結んでいる韓国国学振興院とはかり、広い視野から『家礼』をとりあげるシンポジウムを企画、開催したのである。

シンポジウムには、関西大学から吾妻および陶徳民氏が、吾妻が代表者となっている科学研究費・基盤研究（A）の研究分担者・研究協力者として三浦國雄、湯浅邦弘、嶋尾稔、井澤耕一、白井順の諸氏が発表を行なった。アメリカのパトリシア・イーブリー氏、カナダの宋在倫氏、中国の楊志剛氏、台湾の田世民氏、何淑宜氏、そして韓国側の代表的研究者など、この分野を世界的にもリードする研究者が一堂に会することにより、『家礼』をテーマとするおそらく初めての国際学会となったのである。

『家礼』が巨大な影響を及ぼした韓国側の関心も当然のことながら高く、研究者や学生、一般社会人など多数の参加者をみてたいへん活気あるシンポジウムになった（口絵1参照）。

シンポジウムのプログラムは次のとおりである（発表タイトルはすべて原語の表記とし、韓国語の場合のみ日本語訳をつけた。肩書は発表当時のもの）。

国際シンポジウム「朱子家礼と東アジアの文化交渉」
（주자가례와 동아시아 문화교섭、Zhu Xi's Family Rituals and Cultural Interactions in East Asia）
主　催：韓国国学振興院・関西大学文化交渉学教育研究拠点（ICIS）
会　場：韓国国学振興院（慶尚北道安東市）
使用言語：韓国語、日本語、中国語、英語

二〇〇九年十一月三日（火曜）
開会式　司会：박경환（朴璟煥、韓国国学振興院首席研究委員）
開会の辞　김병일（金炳日、韓国国学振興院院長）
祝辞　陶徳民（関西大学教授）

第一部　朱子家礼の知性史的脈絡　司会：박경환（朴璟煥、韓国国学振興院首席研究委員）

彭林（中国、清華大学教授）　※欠席

「朱子家礼与古礼」

최진덕（崔真徳、韓国国学振興院研究員）

「주자학과 주자가례」（朱子学と朱子家礼）

송재윤（宋在倫、カナダ、McMaster University, Assistant Professor）

「家族、儀式、善政——朱熹 礼의 형성과정」（家族、儀式、善政——朱熹礼学の形成過程）

박례경（朴礼慶、ソウル大学奎章閣韓国学研究員）

「주자가례 속의 인간과 사회——그 宗法이해와 재구성에 대한 古礼적 脈絡의 성찰」（『朱子家礼』における人間と社会——その宗法理解と再構成に見られる古礼的要素の考察）

二〇〇九年十一月四日（水曜）

第二部　朱子家礼の拡散過程　司会：지두환（池斗煥、国民大学校教授）

楊志剛（中国、復旦大学教授）

「中国明清時代朱子家礼的普及与固定過程」

장동우（張東宇、延世大学校国学研究院）

「환국의 주자가례 수용과 보급 과정」（韓国における朱子家礼の受容と普及過程）

吾妻重二（関西大学教授）

「日本における『家礼』の受容――林鵞峰『泣血余滴』、『祭奠私儀』を中心に」

三浦國雄（大東文化大学教授）

「琉球の朱子家礼の受容と普及過程」

嶋尾稔（慶応義塾大学教授）

「ベトナムの朱子家礼の受容と普及過程」

質疑応答　司会：지두환（池斗煥、国民大学校教授）

楊志剛、張東宇、吾妻重二、三浦國雄、嶋尾稔、金鉉佑（通訳）、金仙熙（同）

第三部　東アジアの家礼文化の諸様相

第一分科会　中国家礼文化の諸様相　司会：楊志剛（中国、復旦大学教授）

井澤耕一（茨城大学准教授）

「南宋期における周礼学について――朱子の『周礼』解釈を中心に」

白井順（関西大学非常勤講師）

「明末河南新安における朱子家礼の現場」

Patricia Buckley Ebrey（University of Washington, Professor）

「Food and Drink in Zhu Xi's Family Rituals」

第二分科会　日本家礼文化の諸様相　司会：陶徳民（関西大学教授）

澤井啓一（恵泉女学園大学教授）　※欠席

「後期水戸学における喪礼」

田世民（台湾、淡江大学助理教授）

「浅見絅斎与朱子家礼」

湯浅邦弘（大阪大学大学院教授）

「朱子家礼と懐徳堂『喪祭私説』」

第三分科会　韓国家礼文化の諸様相　司会：김미영（金美栄、韓国国学振興院研究員）

권진호（権鎮浩、韓国国学振興院研究員）

「영남학파의 주자가례 수용양상」（嶺南学派における朱子家礼の受容様相）

도민재（都宰民、霊山大学校助教授）

「기호학파의 주자가례 수용양상」（畿湖学派における朱子家礼の受容様相）

何淑宜（台湾、中央研究院歴史語言研究所ＰＤ）

「十七、十八世紀朝鮮使節的中国礼俗観察」

総合討論　司会：박원재（朴元在、韓国国学振興院研究部長）

楊志剛、陶徳民、金美栄、Patricia Buckley Ebrey, 金鉉佑（通訳）、金仙煕（同）

シンポジウムの発表論文は当日、予稿集として配布され、さらに翌年の二〇一〇年、韓国国学振興院の機関誌に、すべて韓国語訳されたうえで特集として掲載された。次がそれである。

『국학연구』（国学研究）第十六集、韓国国学振興院、二〇一〇年六月

本書は中国・韓国・日本・琉球・ベトナムという東アジア地域を文字どおりカバーしていること、『家礼』の伝播と変容、すなわち「文化交渉」の諸相を考察していることなどにより、「朱子家礼と東アジアの文化交渉」のタイトルにふさわしい内容になったかと思われる。掲載にあたっては韓国語、中国語、英語の論文はすべて日本語に訳した。翻訳については篠原啓方、井澤耕一両氏の協力を得、吾妻がチェックを行なった。ただし、シンポジウム終了後、発表者には完成原稿を改めて提出していただいたので、タイトルが発表時といくらか違っているものもある。また彭林氏の論文は今回、都合により訳出することができなかった。

ところで、二〇〇八年、韓国の慶星大学校韓国学研究所の編集により「韓国礼学叢書」家礼篇がソウルの民族文化社から出版された。この叢書は朝鮮王朝時代を中心に、韓国において著わされた『家礼』関連著述を網羅する画期的な仕事であり、全六十冊という分量をもつ。同研究所は引き続き郷礼、学校礼、邦国礼などの著作についても輯集、出版する予定だという。その第一冊前言では、儒教は朝鮮社会に深く浸透したが、「儒教文化の結晶が他ならぬ礼である」として、儒教儀礼の再評価を強く求めている。この叢書の出版により、韓国における儀礼学、『家礼』学は飛躍的な発展が期待されるであろう。一方、日本における『家礼』関係著述については、先般刊行した『家礼文献集成　日本篇一』（吾妻重二編著、関西大学東西学術研究所資料叢刊二七―一、関西大学出版部、二〇一〇年）があり、小さな成果ではあるが、あわせ参照していただければ幸いである。

なお、シンポジウムに先だって科研のメンバー数名は慶尚北道・安東地方の黙渓書院、高山書院、屏山書院、紹修書院や宗族の祠堂などを調査参観した。また陶山書院の儒教祭祀に参加するとともに（口絵2参照）、豊山金氏宗家の人々による先祖の不遷位祭祀を実見し、安東権氏の宗家を参観するなど、儒教儀礼に関して貴重な経験を得られたこともつけ加えておきたい。お世話になった韓国国学振興院の金炳日院長、国立慶尚大学校の張源哲教授、金徳鉉教授、龍仁大学校の李東哲教授には心から感謝申し上げたい。

シンポジウムの韓国側責任者は韓国国学振興院の朴元在研究部長であり、多くの配慮を賜わり、本書を共編することができた。シンポジウムの日本側責任者として、本書が儒教や儒教儀礼、ひいては東アジアの文化史研究に何がしかの貢献を行なうことができればと願っている。

二〇一一年十一月三十日

吾妻重二

＊本書は日本学術振興会科学研究費・基盤研究（A）「東アジアにおける伝統教養の形成と展開に関する学際的研究：書院・私塾教育を中心に」（平成二十一年度〜二十四年度、研究代表者：吾妻重二）による成果の一部である。

目　次

Ⅲ　韓国における『家礼』文化の諸相

朱子家礼と東アジアの文化交渉

第一部　『家礼』の知的文脈

朱子学と『朱子家礼』——理学のための礼学

崔《チェ》 真《ジン》 徳《ドク》
篠原 啓方 訳

要旨

『朱子家礼』という小さな礼書は、朝鮮社会を高麗社会とは全く別の社会に変えた原動力であった。だがこの小さな礼書が身分的位階秩序を強調して班常（両班・常民）の差別を強めたという通念には、修正が必要なようである。パトリシア・イーブリーは、『朱子家礼』が政治的身分を無視して階級差を緩和することにより社会の統合に貢献したとするが、この見解には傾聴すべき点がある。礼というものは、身分や宗法、年齢といった位階秩序なくしては存立し得ない。にもかかわらず、朱子学における礼学は、その根底に平等主義的指向が見られる。朱子学が支配した朝鮮時代の社会において、班常の差別が厳存する中で「同質性が極めて強い社会」であったとする指摘は興味深い。恐らくは、朝鮮時代後期に朱子学の影響力が大きくなるにつれて同質性がさらに強化され、遂には身分秩序の瓦解現象すら現れたものと思われる。また朱子学の礼学が平等主義的指向を持つのは、天地万物は現象的には異なる存在であるが、根源的には同じと考える理学に起因するのであろう。朱子学の礼学はそうした理学に従属する存在であるため、『儀礼』をモデルにしつつも、人々の情と時俗によって簡便を指向していく。これがまさに『朱子家礼』という、多くの問題を抱えた四礼マニュアルが出現するに至った背景である。簡便の極致は、「礼の無いこと」（無礼）にある。だが朱子学もまた孝悌と宗法を尊ぶ儒学の一つであり、現実問題として無礼を容認することはない。

キーワード
朱子学、朱子家礼、礼学、平等主義、朝鮮社会

一　『朱子家礼』という小さな礼書

『朱子家礼』は、十七篇からなる『儀礼』の冠婚喪祭（四礼）の骨格のみを簡略にし、宋代当時の時俗を加えて行用の便を図った極めて簡便な儀式マニュアルである(1)。簡素ともいうべき小さなこの礼書は、明代以降、朱子学の官学化と共に仏式の習俗を一掃し、代わりに儒学の礼を定着させる最重要の指針書となり、中国社会全般に大きな影響を与えた。だが実際に『朱子家礼』の社会的・政治的影響力が大きかったのは中国ではなく、朱子学が権力そのものであった「朱子学王国」、すなわち朝鮮王朝であった。

朝鮮王朝は、朱子学を国是として建国されて以降、仏式の習俗を一掃するため、政府主導により数百年をかけて『朱子家礼』の生活化を促進してきた。朝鮮時代後期に至ると、ほとんどの階層の人々が『朱子家礼』によって冠婚喪祭を行なうようになる。朝鮮王朝の家礼学に対する真摯な研究から多くの業績をあげた李承妍《イスンヨン》の次の評価は、決して誇張ではない。

朝鮮王朝における『朱子家礼』の受容は、社会倫理的な面だけでなく、政治的な面においても一種の革命であった。『朱子家礼』こそは、高麗と朝鮮を分ける分岐点であり、朝鮮を朝鮮と規定していった原動力であった(2)。

『朱子家礼』の受容による「革命」の結果、『儀礼』に記された数千年前の中国古代の習俗は、数千年後の中国ではなく、朝鮮半島で突然再現されるという、奇怪な現象が発生する。マルティナ・ドイヒラーは「東アジアのどこにお

いても、韓国（朝鮮）ほど中国の古代制度を再創造した場所はなかった」と指摘する。[3] ドイヒラーは中国の古代制度を再現し、徹底して朱子学化した朝鮮社会を「宗族社会（lineage society）」と命名している。「朱子学の王国」であった朝鮮王朝の実像を表現する点においては、「宗族社会」は「両班社会」よりも適切かもしれない。

だとすれば、明清代以降の中国社会はいうまでもないが、特に五百年間続いた朝鮮社会を理解するためには、『朱子家礼』の理解が不可欠ということになる。朝鮮王朝における『朱子家礼』は、朱子学の抽象的理念と人間世界の具体的現実が直接衝突する最前線に曝され、理念と現実の双方から影響を受けつつ読まれ、行なわれ、そして記されてきた、社会史的に極めて重要なテキストであった。

ところが『朱子家礼』は、社会的・政治的な影響力は圧倒的であったが、礼経学の厳格な基準においては非常に格が低く問題の多いテキストとされた。『朱子家礼』は、過去の聖人が著した経典でもなければ、唐代の『大唐開元礼』や宋代の『政和五礼新儀』のように国家による公式の礼書でもない。『朱子家礼』は『儀礼』に依拠してはいるが、それを恣意的に変更するばかりか、仏教や道教の色を残す宋代の時俗と妥協する。元代以降になると、朱熹の作品ではないとする偽書説も登場した。

礼類を周礼・儀礼・礼記・三礼総義・通礼の三礼五目に雑礼書を加えた六目によって分類した『四庫全書』は、『朱子家礼』を雑礼書の一種と見て格を落としたが、士・民のいずれもが準用し、社会的・政治的な影響力が大きい点を根拠に著録を認めたという。四庫館臣が『朱子家礼』を司馬光の『書儀』と共に雑礼書に分類したのは、『朱子家礼』には経典的根拠が貧弱であり、生活の必要に応じて私人がむやみに記した一種の「書儀」、「私家儀注」に過ぎないと考えたためである。[4]

儒学のあらゆる学問は経学、すなわち経書の解釈学としてのみ成立する。朱子学も経学であり、陽明学もまた然りである。どのような種類の儒学であれ、また儒学者のいかなる主張であれ、経書に根拠がない限り、学問的正当性は認められず、礼学においてはなおさらである。礼学は必ず三礼、すなわち『儀礼』、『周礼』、『礼記』に根拠がなければならない。礼とは、家族的・社会的・国家的秩序一般ではなく、そのような秩序一般の中で三礼によって正当化が可能な秩序のみを指す。換言すれば、礼学は「三礼の解釈学」としてのみ存在する。

しかし「書儀」形式の簡便な実用的礼書である『朱子家礼』は、『儀礼』を拠り所にしつつも、行用の便を目的に古礼を大幅に簡素化し、さらに『儀礼』には全くない宋代の習俗を大幅に取り入れるなど、礼経学の厳格な基準に大きく背いている。そればかりか、『朱子家礼』は古礼を根底から支える身分的位階秩序を度外視するという、平等主義的指向がみられる。平等主義は「分の違い（分殊）」においてのみ可能な礼儀の存立を脅かすにもかかわらず、である。本稿は特にこの点が重要だと考える。

経書の権威に至高の価値を置き、理学の代わりに礼学を、心学の代わりに考証を前面に掲げる清儒が、『朱子家礼』を貶下したのは、充分な理由があったのである。清代考証学の最終目標は、各種位階秩序の上に、古礼を復元することにあった。明清社会に強い影響力を及ぼした『朱子家礼』の平等主義的指向は、考証学者にとって、社会秩序の確立に対する大きな障害だったのである。朝鮮時代後期においても、南人の実学者は、身分的位階秩序を老論の朱子学者以上に強調したことがあり、その延長線上において、丁若鏞は朱子学を総体的に否定し、『朱子家礼』が古礼から逸脱していると辛辣に批判した。このようにみると、『朱子家礼』を生み出した朱子学が、朝鮮王朝の身分秩序を擁護する支配イデオロギーであったとする我々の通念には、制限もしくは修正が必要であるかもしれない。

二　朱子学の平等主義的礼学

朱子学を封建的イデオロギーとみなし、朝鮮王朝時代における班常や嫡庶、男女の差別を記憶する人は、高麗以前の仏教的習俗の枠組を根こそぎ変えたあの『朱子家礼』が、平等主義的指向を有していたと聴くと驚くかもしれない。ここではまず、一九九一年に『朱子家礼』の非常に緻密で深い研究成果をあげたパトリシア・イーブリーの主張に耳を傾けておきたい。『朱子家礼』に対する彼女の研究は、韓国学界にあまり紹介されてはいないが、注目すべき内容を多く含んでいる。

イーブリーは、仏教が儒学に比べて「平等主義的（egalitarian）」だったと述べている。彼女は「誰でも極楽に行けるという仏教思想は、相互依存的役割・地位の位階的秩序を重視する古典的儒学の道徳的・社会的ビジョンにとって脅威と捉えられる(5)」とする。新儒学は、最初から最後まで仏教批判を意識しているが、新儒学者の礼学もまた、仏教のそのような平等主義への批判から出現したとみるべきであろう。仏教批判が契機だとすれば、当然新儒学者の新たな家礼は、身分的位階秩序を強調するのが当然であるようにも思われる。

ところが興味深いことに、イーブリーの主張によれば、平等主義的指向を持つ仏教を非人間的行為だと批判した新儒学者の家礼は、礼学の長い伝統から脱却し、平等主義的指向を著しくみせているのである。これは、新儒学が老荘や仏教を批判しつつもそれらと親和的であるという根本的事実と無関係ではないようであるが、イーブリーの説明は、社会的・政治的レベルに限られる。彼女は、祭礼に対する北宋代（十一世紀）の新儒学者らの論争を分析し、彼らの提案が「政治的身分（political rank）を強調しておらず、そのため社会的な身分上昇の障害を排除している」と指摘する(6)。

十一世紀の学者（新儒学者）の提案は、イデオロギー的と捉えることもできる。祭礼は、自分の祖先を崇拝し、宗法は世襲官僚のイメージを喚起させる。この二つ（祖先崇拝と世襲官僚）は、政府からエリートの独立を促進した。……そのような提案は、かりに士大夫階層の安寧を向上させるためのものではあっても、政治的身分を強調しておらず、それゆえ社会的身分上昇を妨げる障害を排除することにより、教育を受けていない民にも益するものとなった。

社会的・政治的イデオロギーレベルにおけるこうした説明は、興味深いばかりか、それなりに正確だと考えられる。『朱子家礼』の先駆となった司馬光の『書儀』は、「明らかに儒学的ではあるが、身分の別をほとんど無視し、あらゆる品階の官僚と教養人層、一般のための単一な礼典を提示する」[7]。朱熹が最も信頼していた先輩新儒学者の程頤は、身分的位階秩序によって奉祀の代数を異にする古礼の規定に背き、五服が天子から庶人に至る万人に平等であるとの考え方に基づいて、身分に関係なく高祖父を祀ること（四代奉祀）ができると主張した。石介は二代奉祀を、張載と司馬光は三代奉祀を主張したのに対し、程頤はこれをさらに一歩進めたのである。

さらに程頤は四代奉祀にとどまらず、始祖と先祖への祭祀をも一般化させ、古礼に全くない墓祭をも取り入れた[8]。朱熹は『朱子家礼』において、程頤による破格の祭礼論を受容する。「政治的身分を無視する『朱子家礼』は、官僚と庶人の区別を完全に捨て去れない欽定の礼書に対する貴重な均衡錘であった」[9]というイーブリーの指摘は、『朱子家礼』の社会的・政治的機能を的確にまとめている。

儒学の経書においてしばしば語られる天子・諸侯・卿・大夫・士の身分的位階秩序は、官職を授ける国家が前提にある。いかなる形態であれ国家という人為的組織がなければ、そのような身分的位階秩序は生まれるはずもない。従って、身分的位階秩序を強調しないことは、それだけ国家に無関心であることを意味する。「政府からのエリートの独立」というイーブリーの言葉も、そうした文脈から理解できるであろう。

国家を中心とする改革を推進した法家的指向の王安石と彼の新法党を除けば、宋代新儒学者のほとんどは、国家を否定しないものの、常に国家よりも宗族を優先する。新儒学者の宗族中心的立場は、『大学』の冒頭に見られる「修身―斉家―治国―平天下」の本末論的順序と緊密に対応している。国家より宗族を優先することで、礼学においても身分的位階秩序より宗法的位階秩序を優先するようになるのである。

三礼が示す古礼の核心的な二つの原則は、宗法的位階秩序と身分的位階秩序である。『儀礼』は主に、宗子を中心とする宗族とその周囲の郷村社会が従うべき士礼を示し、『周礼』は一王を中心とする国家の各種典章制度（王礼）を一目瞭然に示している。概して、『儀礼』は宗法的位階秩序が、『周礼』は身分的位階秩序が中心であるといえよう。

三礼をめぐる様々な解釈によって展開する礼学史は、「『儀礼』中心の礼学」と「『周礼』中心の礼学」に大別される。例えば宋代においては、王安石が国家を中心とする立場から『儀礼』を退けて『周礼』を重んじたのに対し、司馬光や程頤、朱熹は国家より宗族を優先する立場から『周礼』よりも『儀礼』を重んじた。『書儀』や『朱子家礼』は、「『儀礼』中心の礼学」に属するため、身分的位階秩序を無視し、宗法的位階秩序を重んじている[10]。

このようにみれば、新儒学者のいわゆる「平等主義的指向」は、近代市民社会における平等とはさほど関係がないことになろう。それは恐らく、国家や社会を、個人ではなく宗族の連鎖的結合とみなし、宗族内部の宗法的位階秩序のみを重視し、官職の有無や上下によって決定される宗族間の身分差などをさほど重視しなかったためではないかと考えられる。換言すれば、ここでいう平等とは、個人の平等ではなく、宗族間の平等である。

もちろん、宗族間の平等が実現したことはなかった。「朱子学の王国」であった朝鮮王朝においては、官の有無や上下によって家格が差別され、さらには班常の区分を生じさせ、朱子学の理念と相容れない科挙制度が長く威勢を誇り、不均衡を繰り返した。家格の決定においても実質的には財産が重要であったことは、古今を通じて同様であった。ただ一方では、学識において無形の徳行が真に家格を高める正当な条件として尊重されることもあった。

いずれにせよ、宗族間の平等は、理念レベルの当為的要求にとどまったが、それがある社会とない社会では、かなりの差がありそうである。国家と法治への関心を二義的なものとし、理念的ではあっても宗族間の平等を強く求めれば、地方分権化の傾向が露骨になり、さらには貴族主義的傾向が露骨になる可能性すら出てくる。朝鮮時代後期に起こった特権両班家門による政治権力の壟断現象は、まさにそこに起因するのであろう。しかし同時期にあらゆる民の身分が両班へと上昇（身分上向平準化現象）したのも、身分差別のない平等主義的礼学が一般化したためではないかと考えられる。

三　大衆の儒教化と儒教の大衆化

宗族間には平等が要求されたが、各宗族の内部では当然ながら不平等が求められた。宗族の内部までもが平等になれば、父を「至尊」と崇め、兄を弟より重んじる孝悌の倫理は、その存立根拠を失ってしまうであろう。孝悌の倫理は、父母と息子、兄と弟の不平等（位階）を前提にしているからである。まさにこの孝悌の倫理、特に孝の倫理こそが儒学の本質であり、この本質から宗族内部を不公平に、位階秩序化する宗法が出現する。

宗法は累代同居の大家族制度と無関係ではないが、本質的な意味では直接の関係はない。宗法は、孝悌の倫理に基づいた父系親族組織原理という点を忘れてはならない。ことあるごとに孝悌の倫理を強調すれば、自然と父中心の家父長的家族秩序に同意するようになり、それによって自然に母系や妻系より父系親族が重視されるようになる。そしてその父系親族全体を、家父長的家族秩序によって再構成しようと望むようになる。父系親族には生と死の境界を越え、祭祀の主体となる生者をはじめ、祭祀の対象である死者までもが含まれる。そして遂には、始祖以来の嫡嫡相承たる一系の宗統を父系親族の中心軸に押し上げ、生きている親族と死んだ祖先をも含めた宗族が出現する。

宗族と共に出現し、その足跡を位階的に秩序化する宗法は、孝悌の倫理から自然に導き出される親族組織の原理であると同時に、祭祀組織の原理だといえよう。このような宗法は、本質的意味において、周代の封建制度によって制度化されるはるか以前から存在していたのであり、孝悌の倫理と同じくらい古いものと考えられる。なぜなら人の世とは、孝悌の倫理を強調すればおのずと宗族が形成され、宗法を尊重したくなるからである。

宋代の新儒学者が声高に叫んだ宗法の復活とは、孝悌の倫理を具現するための宗法であったと考えられる。彼らにとって、孝悌の倫理や宗法はすべて天理であった。天理は、社会的・経済的現実よりはるかに重要なものであった。当時の儒教的価値観に従うならば、父系親族中心の大家族制の復活には賛否の議論があり得るが、天理と孝悌の倫理を具現する手段としての宗法に反対するのは困難であっただろう。今日の宗法と宗族について論じる際、しばしば孝悌の倫理を度外視して社会的・経済的な現実にのみ目を向けるのは、あまりにも唯物論的である。

宗法とは、祭礼にのみかかわるものではない。冠婚喪祭の四礼はいずれも祭礼と関連するが、四礼はすべて宗法に基づき、宗子によって主宰される(11)。冠礼を通じ、少年は祖先を祀ることのできる成人となり、婚礼を通じ祖先を祀る子孫が生産され、喪礼を通じ死者は奉祀の対象（祖先）へと昇格するが、『朱子家礼』によると、冠婚喪祭のあらゆる儀礼は宗子により主宰され、四代祖の神位を安置するため「正寝の東」に立てられた「家内の聖所」、すなわち家廟を中心に挙行される。

宋明の理学もそうであるが、朱子学もまた孟子系の儒学である。孟子の性善説によると、孝悌の倫理はあらゆる人間の心に本性として与えられており、自然に発現するため、一部の階層に限られたものではない。ならば孝悌の倫理に根を下ろしている宗法も、宗法により一貫した冠婚喪祭の四礼も、あらゆる階層の宗族に、平等に許容されるべきものである。礼制の細部事項については北宋時代以来、多くの議論があるが、新儒学の新たな礼学は、仏教の平等主義を批判し、儒教の位階的礼制の伝統回復を図りながら、概して平等主義的指向が強くみられる。

イーブリーは、外的権威の重視と歴史的趣向を持つ司馬光の礼学と、内面性の重視と哲学的趣向を持つ程頤の礼学が、朱熹礼学の形成に最も多くの影響を与えたとしている。司馬光と程頤の礼学には若干の差があるが、仏教に反対し、平等主義的指向を持つ点では共通している。朱熹は、彼らの礼学を批判的に継承する一方、古典的素養がなくても読むことができ、模倣できるようまとめた『朱子家礼』を著すことにより、家礼の大衆化に決定的な貢献を果たしたとイーブリーは評価する。

両者（司馬光と程頤）は、礼があらゆる社会階級に重要であり、これを誰もが実践すべきだと力説した。しかし、理想を力説する以上には前進させられなかった。彼らは民の行為を変えるよりも、高級教養人の解釈を変えることに努めた。異端や低俗との戦いのため、大学者であれば、より広範な読者を相手に書物を記さなければならないという使命を進んで受け入れたのは、次の世紀（十二世紀）の朱熹においてだった。[12]

朱熹の『朱子家礼』は、古礼に基づいて大衆習俗の変化を図った礼書でもあるが、それとは反対に、当時の民間習俗を大幅に受容するという開放性もみられる。その代表的な例が、古礼には全くない俗節祭祀の受容である。[13] 俗節の際、先祖に顔を背けて生者だけで楽しむのは人々の情にそぐわないというのが、その理由であった。

朱熹の『朱子家礼』を含む宋代新儒学者の家礼は、古礼の行用における簡素化（実用化）と共に、民の時俗の大幅な受容、開放化に努め、これによって社会の階級差を縮めるのに貢献したと、イーブリーは賞讃している。

十一世紀以降、新儒学者は民間習俗の改革を求め、彼らのメッセージは非教養人よりも教養人に強く伝えられた。同時に教養人は、みずからの儀礼的行為を経典的根拠で補うなど、その優越性を誇示した。しかし時間が経つにつれ、家礼の行用における階級差（class differences）は、広がるよりもむしろ狭くなった。[14]

階級差が縮まった理由を再度述べると、民が儒学の正統な礼を受容、模倣する一方、儒学者は民の非儒教的慣習を受容したためである。[15]『朱子家礼』は、大衆を儒教化すると同時に、儒教を大衆化し、階級差の縮小、すなわち平等化に決定的に貢献したテキストであったのである。

四　理学と礼学の採用関係

「つまるところ儀礼的行為（家礼の実践）による階級差の縮小こそが、中国という広大な空間の中に、文化的統一性（cultural cohesion）を創出し得た重要な要因であった[16]」というのが、イーブリーの最後の結論である。彼女の結論は「一つの、あるいは一連の儀礼（ritual）は、区別（distinctions）を確認すると同時に、その区別を克服することによって紐帯と統一の感情を創出する[17]」という彼女の根本的な考え方、言い換えれば彼女の礼論と緊密に結びついている。

イーブリーの結論とその礼論は、礼とは班常の差別のような「分殊」の位階秩序の上にのみ存立し得るもので、『朱子家礼』は朝鮮王朝社会に様々な差別を持ち込んで乱した元凶であったとする我々の通念に衝撃を与えている。彼女の見解が正しいとすれば、『朱子家礼』と朝鮮王朝社会に対する我々の通念の多くは、修正を余儀なくされる。筆者は、彼女の主張におおむね同意している。だが『朱子家礼』をはじめとする新儒学者の家礼が、なにゆえ階級差を縮めるほどに平等主義的であったのかに関する説明は、不充分なように思われる。

彼女は、具体的事実を重視する社会史研究者らしく、理学を排除して礼学のみを説明するという、反理論的かつ反哲学的な立場から論を進めている。彼女は自身のアプローチについて「私は、新儒学者が論じる行礼が、道徳や孝、または形而上学に対する彼の一般的（理論的・哲学的）な観点に由来するという仮定を回避するよう努めた[18]」と説明している。そのため彼女は、新儒学者の「個人的な経験」という偶然的要因に基づき、彼らの礼学を説明しようとする。問題となるのはまさにこの点である。新儒学者の「個人的経験」にのみ依存するのでは、彼らがそう考えるに至った必然的理由を洞察することは不可能になる。新儒学や朱子学の核心は理学にあり、礼学は理学に従属しているという事実を前提にしてこそ、彼らの礼学だけでなく、『朱子家礼』も説明できるのではないか、と考える。

礼のない儒学はありえない。朱熹は終生、礼学に大きな関心を寄せていた。朱熹は、礼学のない理学は、老荘仏教のように脱人倫的虚無主義に陥るという懸念から、理学を日用人倫に忠実な礼学の上に定立させようと努めた。そこで整斉厳粛の礼学から始まる「敬」の学習をあらゆる学習の基礎とみなし、家や身近な空間において、儀節に身体を慣れ親しませる小学を重視し、やがてその教材『小学』を編纂するに至った。実際、小学は朱熹礼学の棲息地であり、つまるところ『朱子家礼』も小学の領域に含まれる。

李承妍は、理学すなわち性理学に偏った我々の関心を警戒する一方、礼の中でも特に小さな儀節に充分に慣れ親しむ小学学習の重要性を、新たに喚起している。性理学とは観念学であり、小学は実践学であるが、両者の相互関連の中で、朱子学の躍動性が復活するという彼女の主張は(19)、おおむね妥当と考える。だが朱子学の核心は、依然として礼学ではなく理学にあるという点は、忘れられてはならない。

朱子学において、理学は大学に属し、礼学は小学に属する。小学と大学の関係は、下学と上達の関係である。小学は学習の基礎に過ぎず、学習の目標は大学にある。小学とは大学のためのものであり、礼学も当然、理学のための存在であるに過ぎない(20)。小学のための小学、礼学のための礼学は、朱子学においては許容されない。『朱子家礼』もまた、大学に属する小学や、理学に属する礼学のほんの一部である。この点は、『朱子家礼』が古礼を脱却して平等主義的指向を帯びる理由を理解する上で大きな手がかりとなるかもしれない。そこで、理学と礼学の関係をさらに詳しく検討してみたい。

朱子学は理学と礼学について、大小や先後といった差はあるものの、両者を連続的なものと考える。「礼すなわち理」という等式は、新儒学に共通の信念である。朱熹は若い頃、「杜鵑夜悟」(21)の契機となった『論語』子張篇の「子夏門人小子章」の解釈に際し「灑掃応対（＝礼）こそが形而上者（＝理）である。それは、理には大小がないためである」(22)という程頤の語を引用する。このように、理学と礼学が等値でありかつ連続的だとすれば、小学の学習によって些細な儀節に慣れ親しみ、そこから天理を悟り、豁然貫通の境地に至ることができるという、いわゆる「下学而上達」が可能だと考えることもできよう。しかしながら、大学と小学、理学と礼学が連続的だとする彼らの信念は、果たして正当なものといえるのだろうか。

礼とは、その外的形式からみれば徹頭徹尾、家族と社会、そして国家の存在する人間世界に属するものである。礼は、宗法的位階秩序や身分的位階秩序、あるいは年齢に伴う位階秩序を離れて成立し得ない。これに対して理は、人間世界よりはるかに大きく、はるかに古い「易の世界」の本来的事実、すなわち世界の本来的秩序を指す。[23]「理は一にして分は殊なる（理一分殊）」で、ここにおいては、「分殊」よりも「理一」が根本的である。天地万物はそれぞれ殊なるが、根源的に一つであるという万物一体思想において、朱子学と陽明学に違いはなく、新儒学に共通の世界観的信念である。

礼と理の差は、このほかにも多い。「礼すなわち理」と新儒学者は主張するが、冠婚喪祭の具体的な礼制が聖人の製作過程を経てきた作為の産物であるのに対し、理は人間やその作為以前から、本来与えられた無為自然である。言い換えるなら、礼は人に属し、理は天に属するといえよう。また礼は外的形式なくしては存在し得ない有形有為の形而下者に属するのに対し、理は外的形式と相反するものではないものの、あくまで無形無為の形而上者である。有と無、虚と実で分けるとすれば、礼は有であり実であるのに対し、理は「無極」あるいは「太虚」という言葉通り、無であり虚である。

このように、理は自然主義的、礼は人間主義的なものだとすれば、両者は正反対であるといってもよいだろう。ならば、理と礼、理学と礼学、大学と小学は、互いに連続的とはいいがたくなる。実際に、礼学を学べば学ぶほど理学とは遠ざかり、小学を学べば学ぶほど大学から遠ざかる可能性が高い。だが一方で、人もまた天地万物の一つに過ぎず、人の作為によって営まれる人間世界もまた、天地を離れて存在できないとすれば、新儒学者の主張どおり、理と礼、理学と礼学、大学と小学の連続性も、信じることはできそうである。

新儒学や朱子学における理と礼、理学と礼学の関係は、大きく見れば自然（天）と人間（人）の関係のもう一つの変奏であろう。自然と人間が異なると同時に同じであるように、理と礼、理学と礼学も、異なると同時に同じである。

両者の関係は、そのいずれが真実であるのか明確には述べられないほど曖昧である。だがいずれにせよ、新儒学や朱子学は、自然と人間の根源的連続性に対する確固たる信念の上にあり、そのため理と礼、理学と礼学の関係においても、両者の根源的連続性を固く信じている。だが留意すべきは、両者の根源的連続性が、両者が対等な関係であることを意味するものでは決してないという点である。「体」はあくまで自然、理、理学の側にあると新儒学者は固く信じていたからである。

つまり自然と人間、理と礼、理学と礼学は、体用の関係である。体用論は、新儒学と朱子学のほぼすべての言説を支配する、思惟の最も根本的な枠組である。体用論的思惟の枠組は、おおよそ次の通りである。

体から用が出て、用は再び体へと戻る。体と用は異なるものであるが、体の中に既に用があり、用の中にも既に体があり、両者は根源的に連続的である。根源的連続性の次元においては「体はすなわち用」であり「用はすなわち体」だといえる。

このような体用論的思惟の枠組が、自然と人、理と礼、理学と礼学、大学と小学の相互関係に対する朱子学の理解を既に決定づけている。しかし体の根源性を強く意識すると、しばしば体と用の相違を強調する中で、体用論が本来持つ柔軟性が薄れ、体が用よりも優位にあって用を支配するという、形而上学的実体のような存在と考えられてしまう可能性もある。

五　退行的方向性の消極的礼学

自然と人間、理と礼、理学と礼学が体用関係にあるのであれば、自然・理・理学は、人間・礼・礼学より根本的であることになろう。朱子学においては、礼学がいかに重視されようともその位相は理学よりも低い。ならば理学を体、礼学を用とする観点は、礼学を根本的に制約するものとならざるを得ない[24]。実際に儒学史をみると、孟子は荀子に比べて礼学の強調が遥かに弱く、従って孟子系の儒学である朱子学が、礼学をさほど強調しないのは当然である。清代の考証学者が、朱子学と陽明学を批判する際「以礼代理」の語を用いるのは、そうした理由からである。

朱子学は礼学を特別に重んじるわけではないが、にもかかわらず「朱子学の王国」であった朝鮮王朝は、十七世紀に入ると「礼学の時代」と呼ばれるほど、礼学が栄えた国として知られている。むろん、朝鮮王朝における礼学の隆盛は、冠婚喪祭の四礼学すなわち家礼学に限られ、『周礼』において重視される国家の行政制度や王室儀礼には、特に関心を払わなかった。この事実は、いわゆる「礼学の時代」が到来したのは、朱子学が本来礼学を重んじたからではなく、朱子学者が権力を掌握したからであることを示唆する。権力を掌握した朱子学者には、礼以外に依存すべき統治手段がなかったのである。そこで統治手段としてはあまりに不適合な礼が、法に代わる統治手段として過度に重視されるという、おかしな事態が発生したのである。

朱子学の礼学とは、理学のための礼学といわれる。理学において求められるのは、無為の自然世界へ退行したり、あるいは心の内面世界に深く入り込んで天理を体得したりするための心の学習、すなわち心学である。理学と心学は、置換が可能であるほど不可分の用語である。朱熹は、心学を学ぶにあたってまず礼によって体を規律する小学が必要だと考えた。小学は、理学または心学を、礼学の基礎に据えるための学習である。だが朱子学において小学がいかに重視されても、礼学が理学や心学を完全に圧倒するのは不可能である。

理学のための礼学の実像は、まず小学の中に集中して登場する。小学のテキストである『小学』は、家をはじめとする私的な空間において、孝悌の倫理をもって身体を徹底的に規律するのに必要な、曲礼に属する細かな儀節で埋め尽くされている[25]。またそこには、家礼や郷礼、あるいは学礼に関する儀節も多く含まれている。だが『周礼』において語られる国家の典章制度や王室儀礼には無関心であるように思われる。『小学』では時に、世味に淡泊であるべきことや、人間世界に背を向けた隠者への礼讃も登場する。

隠遁的趣向は、理学や心学と不可分の性質である。隠遁の世界では、国家や社会を営為するための礼は不要である。『小学』によくあらわれているように、理学のための礼学、理学に属する礼学においては、先ず心身を規律するための小学の複雑かつ面倒な曲礼が要求され、次にその範囲が心身から少しずつ広がり、家の秩序を正す「家礼」、そして家を取り巻く郷村社会の秩序を正す「郷礼」、学舎の秩序を正す「学礼」が要求される。国家と天下のための邦国礼と王朝礼が求められるのは、その遥か先である。

朱熹が晩年に編纂し、遂に未完の作となった巨秩の礼書『儀礼経伝通解』は、行礼の空間を基準に、家礼を第一に挙げ、次いで郷礼、学礼、邦国礼、王朝礼を順に配している。朱熹が治国平天下に必要な邦国礼と王朝礼にも少なからぬ関心を抱いていたことを知り得るが、これらが後回しにされている点には注目しておくべきであろう。ちなみに前に配された家礼と郷礼と学礼も、その目的は治国平天下ではなく、むしろ心学にあったとみなすべきであろう。

家礼と郷礼と学礼は、いずれも小学の領域に属するものであるが、『小学』を検討してみると、このテキストが当初、治人ではなく治心のための礼書として編纂されたことが確認される。[26]『小学』の共編者であった劉清之が陸九淵の門人であった点も、これを示唆している。[27]ならば理学のための礼学は、人間世界を切り開く進取的指向性を持つ「積極的な礼学」ではなく、人間世界から退く退行的指向性を持つ「消極的な礼学」ということになる。『朱子家礼』はそうした色を持たない単なるマニュアルでしかないが、身分的位階秩序に無関心であったことを考えると、「消極的な礼学」の類ではないか、という印象を抱かせる。

『小学』や『朱子家礼』から感知される「消極的な礼学」には、無為の自然世界への退行、あるいは心の内面世界への沈潜に対する憧憬がある。これを「人間世界に背を向けたり捨て去ったりすることのできない朱子学者が、家庭や郷村と共に生きていくための『必要最小限の礼学』」と解釈するのは、やや行き過ぎかもしれない。だが人欲が渦巻く人間世界に背を向け、自然や内面世界への浪漫的退行、もしくは沈潜を楽しんだ李退渓のような朱子学者を想起すれば、それもあながち誤りではないように思われる。

朱子学は、礼学よりも理学を根本と考えていたため、礼学への積極性が比較的薄弱な儒学であるという点を、再度強調しておきたい。また朱子学とその礼学を取り巻く全般的な雰囲気を念頭に置かず、『小学』や『朱子家礼』を社会的・政治的レベルから分析するには限界があるという点も、再度指摘しておく。

六　人情と時俗を重視する開放性と実用性

理が礼より根本的であり、理学が礼学より根本的だとすれば、これらは外的な礼文の拘束から比較的自由だといえる。そのため『朱子家礼』のように古礼に基づきながら古礼を変形し、さらに時俗まで加えた実用的かつ開放的なマニュアルが出現するようになる。

孟子は、仁・義・智と共に、礼が本性において与えられており、「辞譲の心」が「礼の端緒」だとする。新儒学ないし朱子学もまた孟子系の儒学であり、孟子同様、礼文の面倒な外的形式よりも、無為自然の天理や心の内面の敬を重視する。礼学を重視した新儒学者として有名な張載は外的形式、すなわち礼文のない「無体之礼」について語っている。朱熹は、孟子が三年喪や井田の骨子のみを述べたように、礼の「大原大本」のみを知っていれば足りると語っている。(28) 詳細は礼家に尋ねれば良い、というのである。(29)

礼学よりも理学を根本的なものとみなせば、手続の難解な古礼やその煩雑な礼文は後回しにされ、人々の感情によって随時変化する時俗を受容する余地が生じてこよう。理学や心学の退行的指向が、逆に古礼に対する教条的執着を弱め、実用性と開放性の強化に向かうのではなかろうか。実際に朱熹は「古礼は行なうのが困難である（古礼難行）」として古礼を遠ざけ、代わりに「礼は時が重要である（礼時為大）」として時俗を参酌し、今人の感情に合わせて古礼を簡素化するよう述べている。

古礼は繁雑で、後世の人間は礼をどんどん粗略にしていった。だからといって、今の世に古礼を実行しようとしても、おそらく人々の情と儀礼の形式が一致するまい。むしろ今の人が行なっている儀礼を削除・補訂して洗練されたものにし、きまりを定め、身分や地位に応じたいでたちを整えれば、充分であろう。(30)

『朱子家礼』や『小学』といった礼書こそが、礼学に対する朱熹の立場を克明にしたものではなかろうか。古礼よりも時俗を重視し、人情に合わせて簡便性を追求するという朱熹の開放的かつ実用的な考え方は時に驚くべきものがある。朱熹は、吉服がかつてのものとは異なっているのに、喪服において古制を固守する当時の世相を奇怪に感じていた。ある弟子がこれについて「喪服だけでも残っているのは幸いではないか」と述べると、朱熹は「衣冠は本来、身体に着やすいものである」と一蹴し、古制を利用しやすくしたいのであれば「必ず古制を参酌すべきものの、その重複を省いて簡易にすべきである」とし、「私は今の人間であるから、今の衣服を着用すべきである」という邵雍の言葉が理解できないと慨嘆する。(31)

朱熹は「礼は時が重要である」という原則から、時には古礼を無視するような発言も行なっている。彼が編纂していた『儀礼経伝通解』の目的も、古礼の回復ではなく、新たな制礼作業に必要な古礼を保存することにあった。

礼は時が重要である。聖賢が礼を行なっても、そのすべてにおいて古礼に従うことはないであろう。恐らく（聖賢）は、古礼を減殺し、今日の世俗の礼に合わせて防範と節文を行なうであろうが、行き過ぎた簡素化（太簡）は行なわないであろう。……今編集している礼書（『儀礼経伝通解』）も、古制を概略ではあるが保存し、後人がみずから（古制を）減殺し、利用するに足る内容を見出せるようにしたものに過ぎない。(32)

「減殺」とは、簡素化を意味する。時俗に合わせて古礼を減殺するということは、祭礼の基準が時俗にあることを意味し、古礼は時俗によって加工される原料として格下げされる。厳格な礼学者の目からみれば、朱熹のこの指摘は、古礼の全面的な破壊ともとれる。

朱熹が家礼に大きな関心を寄せたのは、当時の仏教や道教の寺院において冠婚喪祭が執り行なわれるという宋代当時の習俗を儒式に変えるためであった。そこで『朱子家礼』は、家外にある寺院の代わりに家内の家廟において、そして僧侶や道士の代わりに宗子が、冠婚喪祭を行なえるようにしたのである。その一方で朱熹は「老母が仏式の葬儀に固執しています。老母に逆らえば不孝となり、従えば非礼となりますが、いかにすべきでしょうか」という弟子の質問に対し、「まずきちんと説得し、なおその意志を覆すことができなければ、親に逆らってはならない」と答えている。朱熹は、礼よりも孝が重要だという原則のもと、仏式の葬儀を許容したのである。

ただ朱熹は、時俗に実用的かつ開放的ではあったが、決して古礼を無視したわけではない。儒学者にとって三礼書の古礼は制礼において不変の基準であり、それは朱熹においても同様である。朱熹の礼学においても、『儀礼』が常に経である点は忘れられてはならない。まさにそれゆえに朱熹は古礼と時俗の折衷に苦心し、その産物の一つがこの『朱子家礼』であったといえよう。

朱熹の教えに充実な朱子学者なら、まず『朱子家礼』を準用し、その一方で古礼の基準を参酌し、また他方において彼が生きる時代の時俗を考えつつ、『朱子家礼』の変容を試みるべきであろう。朱子学者の家礼学における発展とは、『朱子家礼』を中間に据え、古礼と時俗の狭間で苦心しつつ両者を折衷し、新たな家礼書を生産していく以外にはない。時には古礼を、また時には時俗を重視することになるが、家礼学は古礼・『朱子家礼』・時俗の三角関係から脱却することはできないであろう。

ところが、朝鮮王朝においては朱子学が絶対化され、『朱子家礼』までもが修正不可能な聖経として絶対視されることにより、古礼と時俗の弁証法的相互作用が停止し、代わりに古礼に基づいた『朱子家礼』の注釈が盛んになる。

そうして「礼は時が重要である」という朱熹の原則とは異なり、朝鮮の時俗を度外視する現象が起こる。「家家礼」（家ごとの家礼）とは、共通の『朱子家礼』が各家で行なわれる際に生じる小さな差をあらわした言葉であり、それ以上の意味はないように思われる。朱子学者のうち、当時の権力を握っていた者は『三綱行実図』や『二倫行実図』といった教化書の編纂には大いに関心を寄せたが、朝鮮の時俗を積極的に反映する新たな家礼書の著述には特に関心を払わなかったようである。朱熹は『書儀』に代わって『朱子家礼』を著したが、朝鮮の朱子学者にとっての朝鮮の時俗とは、妥協と受容の対象ではなく、一方的な教化の対象に過ぎなかった。

朱熹の言動を教条とし、これに従うことで、朱熹の精神に従うことができなくなるという自己矛盾が生じたのである。李瀷（号は星湖）は朱熹の精神に基づき、老論系の朱子学者が『朱子家礼』を教条化したことによって生じた自己矛盾を鋭く指摘しつつ、自分のような無官の士庶にふさわしい簡便な『礼式』を新たに著した。李承妍は、李瀷こそが、彼自身が自負したように真の朱子学者であったとしている[33]。だが李瀷も、朝鮮の時俗をすべて肯定したわけではなかった。李瀷にとって重要なのは朝鮮の時俗でなく、礼を支える身分的位階秩序であった。理学や心学の影響がいかに圧倒的であっても、朱子学者や儒学者としてのアイデンティティを捨て去らない限り、時俗との全面的な妥協、完全なる簡便の追求は不可能である。それは必ず「無礼」という非人間的な結果をもたらすことになるからである。

七　根源的一体性と現象的差別性

先に、新儒学や朱子学における礼学が、理学や心学のためのものであり、退行的指向の消極的な礼学であると同時に、時俗と妥協し得る実用的かつ開放的な礼学だと指摘した。『朱子家礼』の中にもそうした退行性と消極性、実用性と開放性が混在している。退行性と消極性は、一見すると実用性と開放性とは正反対の性格のようでもある。退行性・消極性が自然世界や内面世界を指向する反面、実用性・開放性は人間世界を指向するからである。だが『朱子家礼』は、この相反する二つを兼ね備えている。むろん、その原因はただ一つ、すなわち理学ゆえである。言い換えれば、退行性と消極性、実用性と開放性も、すべて理学に起因するものである。

この点のみにおいても、『朱子家礼』が理学や心学に属するきわめて消極的な性格の礼書であることが充分理解できるが、この相反する二つに平等性を加えると、『朱子家礼』の特性がさらに明らかになる。最後に『朱子家礼』最大の特徴である平等主義的指向について検討し、理学と礼学の関係をさらに省察してみたい。

前述のように、筆者は『朱子家礼』が身分的位階秩序を無視することで、宗族間の差を減少もしくは消去させるという平等主義的指向がみられるとした。その一方で、宗族内部では依然として宗法的位階秩序が求められているとも述べた。だが『朱子家礼』を詳しく読むと、宗法秩序への要求が弱まっているとの印象を受ける。一例として「父在時」の「母喪」に三年喪を許容している点が挙げられる。だが全般的にみれば、宗法秩序が依然として厳格に固守されている。宗法までもが崩れると、孝悌の倫理は存立の基盤を失い、礼制の多くは瓦解してしまうであろう。

身分的位階秩序を無視することにより、宗族間の差を減少・消去させるのに貢献した『朱子家礼』の平等主義的指向が、自然世界や内面世界に回帰しようとする理学の退行性・消極性に端を発していることは言うまでもない。自然世界や内面世界への回帰において、国家は関心の対象から除外され、また同時に国家から与えられる官職に基づいた身分的位階秩序もその意味を失うであろう。だが退行的・消極的指向がいかに優勢であっても、儒学者としてのアイデンティティを捨てない限り、「宗族と宗法秩序」という、礼学における最後の砦を乗り越えるのは困難である。

だが、理学の要求するところはこれにとどまらない。先に、万物一体の思想は新儒学における共通の世界観的信念だと指摘した。理学とは、易の世界における天地万物の一体化という、根源的レベルを指向するためである。理学はその根源的レベルを「理は一つである（理一）」とか「統体一太極」という言葉で表現する。仁もまたその根源的レベルと関連づけられ、「物と同体」として再解釈される。天地万物が一体化する根源的なレベルにおいては、身分秩序や宗法秩序は超克され、あらゆる人は平等になり、そこには礼学が入る余地すらなくなるのである。

「理は一にして分は殊なる（理一分殊）」という程頤の有名な命題について考えてみよう。易の世界において、「理一」は天地万物の一体化という根源的レベルを指しているのに対し、「分殊」は、天地万物が差別化される現象レベルを指す。「理一」の根源的レベルと「分殊」の現象レベルは、論理的に見れば矛盾である。しかし新儒学は、易の世界における「理一」の根源的レベルと「分殊」の現象レベルが、体と用の関係によって、何の矛盾もなく共存していると考える。換言すれば、天地万物は、現象的には差別化されるが、根源的には一つでつながっており一体化しているというのが、易の世界における存在論的事実だというのである。

新儒学のこのような世界観的信念に従えば、「分殊」という現象レベルにおいてのみ成立し得る礼学は、「理一」の根源的レベルを指向する理学と矛盾すべき理由もなく、また理学に劣る理由もない。「理一」と「分殊」のレベルがそれぞれ異なるように、礼学は礼学として、理学は理学として、それぞれ固有の役割があるに過ぎないのである。しかし新儒学は「理一」の根源的レベルと「分殊」の現象的レベルが体用の関係によって矛盾なく共存するという世界観的信念を抱きつつ、一方では「理一」が「分殊」より優れているとして理学を礼学より優位におき、「分殊」と礼学を無視し、「理一」への一超直入を試みる。

朱熹はこれを憂慮し、「分殊」のレベルとそこにあらわれる差別的秩序に基づいた礼学に、大きな関心を寄せていたが、やはり「理一」という根源的レベルへの憧憬は捨てきれなかったようである。新儒学者であれば誰もが抱くであろうその憧憬が深まれば深まるほど、無意識に「理一」を実体化し、「理一」と「分殊」が体用の関係として矛盾なく共存するという易の世界の存在論的事実を忘却したまま、天地万物の根源的一体性に基づく平等主義を、天地万物がすべて異なる「分殊」の現象レベルにまで求めるようになるかもしれない。

朱熹は、「分殊」の差別性を否定したことはない。彼は終生、「理一」の根源的一体性と「分殊」の現象的差別性の狭間にあって、両者の均衡を保つため不断の努力を傾けた。だが「理一」の根源的一体性に対する憧憬を捨てきれなかったことも事実である。この点は彼の著作からも容易に理解し得る。そのため彼もまた、万物一体の根源的平等性を現象的差別性より優位とみなし、現象的差別性を希薄にさせることで、差別性の上にのみ成立可能な礼学にまで平等主義的指向を植え付けようとしたのではないだろうか。『朱子家礼』の平等主義的指向は、「理一」の根源的一体性を憧憬する朱子学の根深い志向が反映したものと考えるべきであろう。

そのような朱子学を教条的に崇めたて、『朱子家礼』を移風易俗の絶対的基準とみなした朝鮮社会がいかなる姿であったのか、察しても余りある。宋俊浩《ソンジュンホ》は朝鮮社会について、班常の差別が厳格な「徹底した階級社会」だとするが、同時に「意外にも、同質性が非常に強い社会」だと鋭く指摘している。朝鮮社会を規定する「同質性」は、「理一」の根源的一体性に対する執権朱子学者の憧憬が作り上げていった朝鮮社会に残した痕跡でないだろうか。朝鮮社会は、我々が今日考えるより遥かに平等主義的な社会であったようである。だが亡国をみずから招き、植民地化によって幕を閉じた朝鮮王朝の悲劇的な運命は、平等主義が必ずしも良いものではないことを、雄弁に物語っている。商工業が発達しない農業社会において、平等主義は無秩序と混乱、無気力と沈滞の一因であったかもしれない。

注

（1）イム・ミンヒョク訳『朱子家礼』（芸文書苑、一九九九年）および *Chu Hsi's Family Rituals*, tr. by Patricia B. Ebrey, Princeton University Press, 1991.

（2）イ・スンヨン「朝鮮朝における『朱子家礼』の「絶対性」とその「変容」の論理」（『退渓学と韓国文化』二〇、慶北大学校退渓研究所、一九九二年）一五五頁。

（3）マルティナ・ドイヒラー、イ・フンサン訳『韓国社会の儒教的変換』（アカネット、二〇〇三年）四五頁。

（4）四庫全書総目提要は、「書儀はかつての私家儀注の通名」だとしている。四庫に著録された雑礼書とは、司馬光の書儀、朱熹の家礼、黄佐の泰泉郷礼、李光地の朱子礼纂、毛奇齢の辨定祭礼通俗譜の五種を指す（張寿安『十八世紀礼学考証的思想活力』、台北・中央研究院近代史研究所専刊八六、二〇〇一年、六四～六五頁）。

（5）Patricia Ebrey, *Confucianism and Family Rituals in Imperial China*, Princeton University Press, 1991, p.79.

（6）Ibid. p.65.

（7）Ibid. p.64.

（8）Ibid. p.64.

（9）Ibid. p.165.

（10）「『儀礼』中心の礼学」は宗権を中心とし、「『周礼』中心の礼学」は君権を中心とする（鄒昌林『中国古礼研究』、台北・文津出版社、一九九二年、一四八～一五八頁）。

（11）チェ・ジンドク「『朱子家礼』と死の儒学的意味」（『精神文化研究』二三―三、韓国精神文化研究院、二〇〇〇年）。

（12）Patricia Ebrey, *Confucianism and Family Rituals in Imperial China*, p.104.

（13）イーブリー教授は、朱子家礼の革新的内容を十項目挙げ、その第一を俗節祭祀の受容とする。十項目は次の通りである。①俗節祭祀の受容、②祭田の整備、③神主の配列を西側からに変更したこと、④宗子による冠礼・婚礼の主宰、⑤大宗の宗子のみによる始祖・先祖祭祀、⑥婚礼の式次の縮小、⑦新婦の廟見を三日目とする、⑧司馬光の択日法とは異なる方法、⑨墓の築造法、⑩風水に対する中立的立場（Patricia Ebrey, Ibid. p.106）。

（14）Patricia Ebrey, Ibid. p.228.

（15）Ibid. p.228.

（16）Ibid. p.229.

（17）Ibid. p.4.

(18) 同文に引き続き、彼女は「先祖にどのような食べ物を献じるべきか、棺や墓をつくる際、どのような材料を用いるべきか、あるいは墓祭をいつ、どのように行なうべきか、などに関する彼の低次元的思考（low-order ideas）は、個人的な経験に大きく影響されている。……こうした低次元的な思考は、高次元的思考（high-order ideas）をも決定し得る。礼の細かな曲折に対する（低次元的）思考が、行為と道徳一般に対する（高次元的）思惟を提供しているのである」（Ibid. p.220）としている。

(19) イ・スンヨン「『小学』と性理学」（『東洋礼学』四、東洋礼学研究会、二〇〇〇年）。

(20) 筆者はかつて、朱熹の礼学を「理学のための礼学」、丁若鏞の礼学を「法学のための礼学」と捉え、両者を対比したことがある（「朱子礼学と茶山礼学」、『茶山学』三、茶山学術文化財団、二〇〇二年）。

(21) 三浦國雄、キム・ヨンシク　イ・スンヨン訳『人間朱子』（創作と批評社、一九九六年）。

(22) 『論語集註』子張篇、「灑掃応対、便是形而上者、理無大小故也」。

(23) チェ・ジンドク「理と気——力学的言説としての理気論」（『韓国語哲学辞典』五、知識産業社、二〇〇七年）。

(24) 体用の関係において、体と用は相互的である。体が用に影響を及ぼすように、用も体に影響を及ぼす。だとすれば、理学が礼学に影響を及ぼすように、礼学もまた理学に影響を及ぼすことになろう。ただ本稿では、礼学が理学に影響を与える側面については詳論しない。

(25) 『小学』の細かな儀節が持つ意味については、イ・スンヨン「『小学』理念の連続性と不連続性」（『東洋哲学研究』五五、東洋哲学研究会、二〇〇八年）。

(26) チェ・ジンドク「欲望と礼、そして身体の訓練——小学に対する分析を中心に」（ハン・ドヒョンほか『儒学の礼と現代的解釈』、チョンゲ、二〇〇四年）。

(27) 『小学』の編纂過程については東景南『朱子大伝』（福建教育出版社、一九九二年）七六一～七六五頁。

(28) 『朱子語類』巻八四、二一七九頁、「看孟子不去理会許多細碎、只理会許多大原大本」。

(29) 『朱子語類』巻八四、二一八四頁、「古者礼学是専門名家、始終理会此事……凡欲行礼有疑者、輒就質問」。

（30）『朱子語類』巻八四、二一七七頁、「古礼繁縟、後人於礼日益疏略。然居今而欲行古礼、亦恐情文不相称、不若只就今人所行礼中刪修、令有節文・制数・等威足矣」。

（31）『朱子語類』巻八九、二二七五頁、「衣冠本以便身、古人亦未必一一有義、又是逐時増添、名物愈繁。若要可行、須是酌古之制、去其重複、使之簡易、然後可。……康節説、『某今人、須著今時衣服』。忒煞不理会也」。

（32）『朱子語類』巻八四、二一八五頁。「礼時為大。使聖賢用礼、必不一切従古之礼。疑只是以古礼減殺、従今世俗之礼、令稍有防範・節文、不至太簡而而……今所集礼書、也只是略存古之制度、使後人自去減殺、求其可行者而已」。

（33）イ・スンヨン「読み直される『朱子家礼』――星湖李瀷の礼論を中心に」（『東洋礼学』二、東洋礼学会、一九九九年）。

参考文献

『朱子語類』（中華書局）
『朱熹集』（四川教育出版社）
『近思録』（漢文大系）
『論語集註』
『小学集註』
『張載集』（理学叢書、中華書局）
宋俊浩『朝鮮社會史研究』（一潮閣、一九八七年）
임민혁 옮김『주자가례』、예문서원（イム・ミンヒョク訳『朱子家礼』、芸文書苑、一九九九年）
이승연「『소학』과 성리학」、『동양예학』4、동양예학연구회（イ・スンヨン「『小学』と性理学」、『東洋礼学』四、東洋礼学研究会、二〇〇〇年）
――「조선조에 있어서 『주자가례』의 ″절대성〃 과 그 ″변용〃 의 논리」、『퇴계학과 한국문화』20、경북대학교퇴계연구소

（「朝鮮朝における『朱子家礼』の絶対性とその「変容」の論理」、『退渓学と韓国文化』二〇、慶北大学校退渓学研究所、一九九二年）

――「『소학』 이념의 연속성과 불연속성」、『동양철학연구』55、동양철학연구회（「『小学』理念の連続性と不連続性」、『東洋哲学研究』五五、東洋哲学研究会、二〇〇八年）

――「다시 읽혀지는 『주자가례』――성호 이익의 예론을 중심으로」、『동양예학』2、동양예학회（「読み直される『朱子家礼』――星湖李瀷の礼論を中心に」、『東洋礼学』二、東洋礼学会、一九九九年）

장동우「조선후기 가례 담론의 등장 배경과 지역적 특성――『주자가례』에 대한 주석서를 중심으로」、『국학연구』13、한국국학진흥원（チャン・ドンウ「朝鮮後期の家礼言説の登場背景と地域的特性――『朱子家礼』に対する注釈書を中心に」、『国学研究』一三、韓国国学振興院、二〇〇八年）

최진덕「『주자가례』와 죽음의 유학적 의미」、『정신문화연구』23―3、한국정신문화연구원（チェ・ジンドク「『朱子家礼』と死の儒学的意味」、『精神文化研究』二三―三、韓国精神文化研究院、二〇〇〇年）

――「주자예학과 다산예학」、『다산학』3、다산학술문화재단（「朱子礼学と茶山礼学」、『茶山学』三、茶山学術文化財団、二〇〇二年）

――「욕망과 예、그리고 몸의 훈련――소학에 대한 분석을 중심으로」、『유학의 예와 현대적 해석』（한도현 외、청계「欲望と礼、そして身体の訓練――小学に対する分析を中心に」、ハン・ドヒョンほか『儒学の礼と現代的解釈』、チョンゲ、二〇〇四年）

――「이와 기――역학적 담론으로서의 이기론」、『우리말철학사전』5、지식산업사（「理と気――力学的言説としての理気論」、『韓国語哲学辞典』五、知識産業社、二〇〇七年）

마르티나 도이힐러、이훈상 옮김『한국사회의 유교적 변환』、아카넷（マルティナ・ドイヒラー、イ・フンサン訳『韓国社会の儒教的変換』、アカネット、二〇〇三年）

미우라 구니오、김영식・이승여 역『인간주자』、창작과비평사（三浦國雄、キム・ヨンシク　イ・スンヨン訳『人間朱子』、創

作と批評社、一九九六年）
束景南『朱子大伝』（福建教育出版社、一九九二年）
張寿安『十八世紀礼学考証的思想活力』（台北・中央研究院近代史研究所専刊八六、二〇〇一年）
鄒昌林『中国古礼研究』（台北・文津出版社、一九九二年）
Patricia Buckley Ebrey, *Confucianism and Family Rituals in Imperial China: A Social History of Writing about Rites*, Princeton University Press, 1991
―――― *Chu Hsi's Family Rituals*, Princeton University Press, 1991

家族、儀礼、善政——朱熹礼学の形成過程

宋《ソン》　在《ジェ》倫《ユン》
吾妻重二訳

要旨

本稿は朱熹晩年の力作『儀礼経伝通解』の思想的形成過程を追跡する。朱熹は『周礼』を「礼経」としていた当時の通念をうち破り、『儀礼』を礼の本質とした。さらに士大夫の礼に限定されていた儀礼を果敢に改編し、家礼から郷礼へ、そして邦国礼および王朝礼へと進むボトムアップ的な経世理念を盛り込んだ。このような構成はその全生涯にわたる漸進的で持続的な企画の産物であった。朱熹は二十代、地方官の頃から民間礼俗矯正のために簡素な礼書の普及を推進しており、家族儀礼を再度確立するために『家礼』を編纂した。さらに、新儒教教育の理念を明らかにした『小学』を再構成した。朱熹は儀礼を中心に礼学を再編し、普遍的な道徳訓練の方法を明らかにすることで、道徳実践の自立的な共同体を構成することを目指したのである。その運動の中心には自発的な士大夫階層の参与が前提とされていた。体系的な教化のプログラムを通して道徳的個人を輩出することで、下からしっかりと道徳の共同体を結成し、「平天下」を成し遂げるというのが朱熹の方法であった。

キーワード
礼、家族、儀礼、家礼、共同体

はじめに

南宋（一一二七～一二七九）の時代以後、東アジアの社会では『家礼』が大きな影響力を持つようになったため、朱熹の礼学に関する研究はおのずと『家礼』に集中するようになった。(1) その反面、『家礼』を朱熹礼学の構造全体の中で理解しようとする研究はほとんど行われなくなった。(2) だが、『家礼』は朱熹礼学の完成版ではなく、中間段階の副産物にすぎない。そのため『家礼』について正しく理解するには朱熹礼学全般を包括的に理解する必要がある。

朱熹礼学の集大成は、晩年の大作で未完成のまま残された『儀礼経伝通解』（以下、『通解』）である。朱熹は『通解』を通じて政府主導で編纂された既存の礼書を否定し、士大夫層（貴族階級）を中心とした新しい礼学体系を確立しようとした。すでに二十代の頃には実践的な「考礼」の方法を開発し、民間で適用する礼書の編纂に大きな関心を見せていた。その後、社倉や郷約を考案する一方、『家礼』を編纂して家庭の儀礼を確立し、『小学』を強調して道徳教育の基盤を整えた。こうした活動は、「已発・未発説」から「太極説」へ、さらに「格物致知説」へと彼の哲学的思索が深まる過程と密接に関わっている。彼の哲学は、純粋な理論的思索（contemplation）で終わるのではなく、経世、治国、教育の方法を模索する過程で並行して深まっていった実践的な事由の産物だからである。

彼は、なぜ（目的）、どんな必要に応じて（効用）、またどんなプロセスで（方法）、新しい礼学体系を打ち立てたのだろうか。

この質問に答えるには、礼書のテキスト分析にとどまるのではなく、彼が礼学を形成していった過程を具体的に明らかにする必要がある。わかりやすく理解するため、まずは『通解』の分析から議論を始め、再び初期の礼学思想に立ち返りつつ、朱熹礼学の形成過程を追うことにしたい。

一　『通解』と礼学の集大成

すでに述べたとおり、『通解』は長い年月をかけて作成された朱熹哲学の集大成である。この書には、朱熹本人の注釈が「集注」という形で含まれているが、その大部分は過去の代表的な注釈書を体系的に整理したものであり、その量は膨大である。したがって、その内容を具体的に分析することにより、この書の構成を理解するところから議論を始めていきたい。『通解』の構成自体に、過去の礼書には見られない型破りな編纂方法が採用されており、それを調べることで編纂の意図や哲学を読み取ることができるからである。

1　儀礼の再構成

朱熹は、寧宗の慶元年間（一一九五〜一二〇〇）に「三礼」（『周礼』・『儀礼』・『礼記』）を包含した体系的な礼書の編纂が急務であることを訴えつつ、史料の閲覧権限と写本作成の資金を要請する上奏文を作成する。(3) この上奏文に、朱熹礼学を貫くいくつかの重要な主張が含まれている。

第一に、朱熹は『儀礼』が「三礼」の中心であると考えた。鄭玄以降、一般的には『周礼』が「礼」の中心であり、『儀礼』は副次的なものと考えられてきた。南宋時代にも、『周礼』を「礼」の中心と見なす見解が一般的であった。(4) もちろん朱熹は『周礼』を「礼の綱領」であると定義し、周公時代の遺作として高く評価するなど、『周礼』の権威を認めてはいた。しかし、この上奏文の中で朱熹は、「三礼」の核心は『儀礼』であり、『周礼』と『礼記』は副次的なものだという見解を明確に述べたのである。

第二に、朱熹は『儀礼』の根本的な再構成を主張した。彼は本来の『儀礼』が焚書坑儒によって失われてしまい、その一部しか伝えられていないと考えた。当時の『儀礼』には、周代の支配階級のうち「士」と「大夫」の礼だけが不完全な形で保存されている。つまり、「王」と「諸侯」の礼は『周礼』と『礼記』の諸篇に散見されるだけで、『儀礼』の原文には含まれていない。そこで、『礼記』をはじめとするさまざまな文献に散逸した条項をもう一度集め寄せ、体系的な礼書を新たに構築しなければならないと主張した。すなわち「士」と「大夫」の礼を拡張することで、「王」と「諸侯」の礼まで整えようと考えたわけである。北宋時代の人である司馬光（一〇一九～八六）の『書儀』に、すでに「士」や「大夫」層の儀礼を再確立しようとする動きを見ることができるが、朱熹は司馬光の後を継ぎ、さらに積極的に儀礼の復元を推進した。『通解』の構成を見ると、『周礼』を『儀礼』の一部に位置づけ、『礼記』や他の古文献を注釈としている。まさに朱熹の考えが具体的に表れているといえよう。その表現を見ると、『儀礼』を本経と見なし、『礼記』をはじめとする経書と史書の文章を集めて各項目の下に付記するという方法により、(5)『儀礼』、『周礼』、『礼記』の「三礼」を統合した包括的な礼学体系を確立したのである。(6)(7)

第三に、朱熹は『儀礼』を復元することによって経世の理念と方法を明らかにしようとした。この上奏文で朱熹は、科挙の科目から『儀礼』を全面的に廃止して『礼記』だけを残した王安石の新法改革を批判している。王安石は、科挙の科目で「三経新義」（特に『周官新義』）を採択し、新法改革の理念とした。「靖康の変」以後、多くの学者たちが王安石の『周礼』解釈の批判を始め、その結果、南宋時代には八十種を超える『周礼』の注釈書が出版された。北宋道学の先駆者たちが王安石を排除するかたちで孔子廟に祭られた一二四三年、平民だった王与之が集大成した『周礼訂義』が皇帝に献上されている。(8)この書物に載る南宋時代の注釈家たちはおおむね、新法改革のような中央集権的裁定の拡大に反対し、周代の分封制や封建制の原理を復活させ、権力の分散と郷村の自治に基づく政府縮小計画の青写真を提示している。(9)こうした注釈家の中心人物としては、永嘉学派の巨頭である陳傅良（一一三七～一二〇三）などが知られている。朱熹は、彼らの方法に対して多少批判的な言葉を残しているが、直接『周礼』に関する注釈書を残すことはしなかった。その代わり、晩年になって「礼書」に『周礼』を統合しようとしたわけである。他の学者たちと異なり、朱熹は儀式の手順や基礎を再確立し、向上的で自律的な人間の秩序（ethical order）を回復しようとしたのである。

第四は、朱熹が具体的に主張したわけではないが、政府主導で編纂され、当時広く使われていた礼書の代わりとなる普遍的な礼書の編纂を意図していたことは明らかである。徽宗（在位一一〇〇～二六）の時代に編纂された『政和五礼新儀』の構成を見ると、朝廷の典章制度の大部分が「士」や「大夫」ではなく、「王」や「諸侯」を対象に記述されていることがわかる。朱熹は、こうした既存の礼書の代わりに、士・大夫階級が日常的に実践できる礼書を編纂しようとしたのである。実際に『通解』は『政和五礼新儀』と根本的に対立する構成になっている。

2　『通解』の構造

『通解』は、『儀礼』を家礼、郷礼、学礼、邦国礼、王朝礼、葬礼、祭礼の七門に再構成した膨大な体系である。当時伝わっていた『儀礼』はこのようにカテゴリ化されていなかったばかりか、「学礼」、「邦国礼」、「王朝礼」に相当する項目は含まれていなかった。『礼記』の各章を追加する形で前半部分を構成したあと[10]、再び『儀礼』とは関係のない部分を五種類に分けて分類する方式だが[11]、表向きは儀礼の復元を推進しているものの、実際には三礼を解体し、『儀礼』を中心として再編成したものと見ることができる[12]。当時の礼書に全面的な改訂を大胆に加えながらも、朱熹は具体的な典拠を明示してはいない[13]。つまり、『通解』の構成自体に朱熹の思想が凝縮されていると考えられるのである。

『通解』の体系において、「家礼」を除く「郷礼」、「学礼」、「国礼」、「王朝礼」は朱熹自身が考案した名称である[14]。朱熹は、家族から郷村へと、さらに郷村から国家や天下へと進む空間的拡大にふさわしい礼体系を確立しようと考え

〈表１〉『儀礼経伝通解』の体系

家礼	郷礼	学礼	邦国礼	王朝礼	（喪礼）	（祭礼）
1.**士冠礼**	1.**士相見礼**	1.学制	1.**燕礼**	1.**覲礼**	1.**喪服**	1.**特牲饋食礼**
2.（冠義）	2.士相見義	2.学義	2.（燕義）	2.朝事義	2.**士喪礼**	2.**少牢饋食礼**
3.**士昏礼**	3.（投壺）	3.弟子職	3.**大射義**	3.暦数	3.**士虞礼**	3.**有司徹**
4.（昏義）	4.**郷飲酒礼**	4.（少儀）	4.（大射義）	4.卜筮（欠）	4.（喪大記）	4.諸侯遷廟・諸侯釁廟
5.内則	5.**郷射礼**	5.（曲礼）	5.**聘礼**	5.夏小正	5.卒哭・祔・練・祥・禫記	5.祭法
6.内治	6.（射義）	6.臣礼	6.（聘義）	6.（月令）	6.補服	6.天神
7.五宗		7.鍾律	7.**公食大夫礼**	7.楽制	7.喪服変除	7.地示
8.親属		8.鍾律義	8.公食大夫義	8.（楽記）	8.喪服制度	8.百神
		9.詩楽	9.諸侯相朝礼	9.王制之甲〔分土〕	9.喪服義	9.宗廟
		10.（礼楽記）	10.諸侯相朝義	10.王制之乙〔制国〕	10.喪通礼	10.因事之祭
		11.書数（欠）		11.王制之丙〔王礼〕	11.喪変礼	11.（祭統）
		12.（学記）		12.王制之丁〔王事〕	12.弔礼	12.祭物
		13.（大学）		13.王制之戊〔設官〕	13.喪礼義	13.（祭義）
		14.（中庸）		14.王制之己〔建侯〕	14.喪服図式	
		15.保傅		15.王制之庚〔名器上〕		
		16.践阼		16.王制之辛〔名器下〕		
		17.五学		17.王制之壬〔師田〕		
				18.王制之亥〔刑辟〕		

※　この表では、『儀礼』十七篇に該当する篇名は太字で、『礼記』の篇名は括弧内に入れた。これ以外については、他の経書や史書から借用されている。また「喪礼」と「祭礼」は『通解』にはなく、黄榦が編纂した『儀礼経伝通解続』で付け加えられたものである。

たのである。また「家礼」、「郷礼」、「邦国礼」、「王朝礼」を根幹とする『通解』の中間に「学礼」を挿入し、「喪礼」と「祭礼」を後半部分に付け加える形で構成した点も特筆すべき点である。朱熹が四十代の時に編纂した『家礼』が冠婚喪祭という家族単位の礼制を網羅しているのに比べ、『通解』では冠礼と婚礼に限定して「家礼」が取り上げられている。喪礼と祭礼の重要性を強調しているようにも見えるが、未成年の通過儀礼（rites of passage）と死者に対する祭礼を分離したとも見ることができる。

こうした構成の中には『大学』の八条目に見られるボトムアップ的な構成が反映されているようだ。「斉家」に相当する「家礼」はもちろんのこと、「治国」に相当する「邦国礼」や、「平天下」の主体といえる皇室や朝廷の礼、すなわち「王朝礼」が含まれている。また「家礼」と「邦国礼」の間に「郷礼」というカテゴリを別に設定した点も特筆できる点である。社倉、郷約、郷村単位の共同体の形成を強調した朱熹の政治的立場がそのまま反映されている。

加えて、「修身」に相当する「学礼」を設定し、『大学』と『中庸』までを包含するようにした。このように包括的な体系として『儀礼』を再構成したところに、礼に対する朱熹の見方が表れているといえよう。彼にとって『儀礼』とは、単に儀式を行う際の形式的手順を定めたものではなかった。むしろ、個人の道実践徳、家族という共同体の確立、郷村秩序の確立、地方政治の回復、ひいては国家全体の安寧を図る、経世のためのマスタープラン（master plan）のようなものであった。

『通解』の編纂は朱熹の晩年に行われたため、未完のままで終わったが、彼の死後の一二一七年以降に南康で出版された。彼の弟子で女婿でもあった黄榦（一一五二～一二二一）が続篇を編集し、「喪礼」と「祭礼」を補充した。朱熹は、すでに一一八一年以前から『儀礼』の再確立に関する具体的な構想を持っていたようである。[15] こうした初期の構想は、それ以降に生じた、国全体を包括する膨大な礼書の体系化へと発展する過程で修正が加えられ、『通解』に至って整理されたと考えられる。朱熹が『家礼』を編纂したのが四十代の半ばだったことを考えると、すでにその当時から新しい儀礼の体系を念頭に置いていたのは確実であろう。したがって、朱熹の礼学体系の全体像をつかむには、彼の思想がどのように進化したのか、その過程を調べてみる必要がある。

二　朱熹礼学の出発点

冒頭で説明したように、朱熹の礼学思想は晩年の未完成の大作である『通解』でようやく体系化された。朱熹が『儀礼』を中心にこれほど膨大な体系の礼書を編纂した理由は何だろうか。この問いに答えるには、まず朱熹礼学の思想が形成された歴史的背景を知る必要がある。よく見落とされる点であるが、礼制の確立と礼書の編纂は、朱熹の生涯を貫く重要なテーマだった。朱熹は二十代の頃に、師であった李侗の影響を受け、二程の哲学を吸収しつつ、いわゆる中和論争を経て緻密な心性論についての啓発を得た。同時に、民間に広く通用する礼制の確立をたゆまず試行し、礼書を作成してそれを頒布しようとした。一見すると、これら二つの作業は何の関係もないように思われるが、その思索においては、心の奥深くを問いただす哲学的探求と、礼儀という形式を明確化する制礼の努力は、切っても切れない関係にあった。朱熹が青年時代にどのように礼学思想を形成していったのか、その過程を調べると、両者の関係をさらに明確に理解することができる。

1　青年時代における制礼活動

朱熹が礼の再確立に本格的な関心を示したのは、地方官としての第一歩を踏み出した二十代半ばのことだった。彼は、特に民間の礼俗を正すために「典章儀礼」の原則を打ち出そうとした。聘礼を省略したまま「友の妻を自分の妻とする」(引伴為妻)ような野蛮な風俗を打ち壊し、「政和五礼」に基づく正しい礼俗の回復を主張した。(16) 彼は、「男女のけじめを定め、夫婦の関係を確立すること」が「風俗を正し禍乱を防ぐ鍵」であると考え、乱れた「婚礼の弊害は、単に礼典に違反して国章を汚すにとどまらず」、社会の道徳律を破壊し、破局を招くであろうと警告した。(17) 当時の朱熹の思想は「民臣礼議」という時論の中に体系的に表れているが、その中で彼は次のような主張を展開している。

「礼」は、上(朝廷)ではたやすく守られるが、下(民間)では守るのが難しい。朝廷で礼が実施できるのは、礼制と典章が完備されており、礼を守って監察する専門の官僚集団が確立され、各自の職掌を遂行しているからである。(18) だが、州県の士大夫や庶民の家では礼が正しく守られていない。民間の退廃的風俗を根絶し、儒教の伝統的礼法を実現するための基盤を醸成することが地方官にとっての急務である。そのためには何よりも次の五つの問題点を解決しなければならない。

第一に、「政和五礼」が公式な礼書として広く頒布されているものの、律令と共に理官の管轄下で法理を遂行すべき官吏たちさえ、その内容を十分に理解できないでいる。地方官もまたこの礼書を適切な時期に配布し民間で守られるようにしてこなかったし、そればかりかこれを廃棄処分にしたところもある[19]。すなわち、礼書が難解で、現実とかけ離れているのである。これを解決するには、州県の官民が実際に用いている礼俗を受け入れ、最近の制度を参考にしつつ、「政和五礼」を補完する「紹興纂次政和民臣礼略」を制定しなければならない。そして、これを版刻して広く民間に流布させなければならない[20]。言い換えると、煩雑な礼の手順を簡素化し、実用的な礼制を再確立して民間で実践するための基盤作りをしなければならない。

第二に、損なわれた礼書の中で運良く残った条項のいくつかが民間で実施されたものの、平素まったく実践されないものを儀礼の実施にあたって急いで身につけようとしたため、間違いだらけになってしまった。それなのに朝廷では、こうした状況を観察しているにもかかわらず、矯正せずに放置した。その結果、礼俗は次第に薄れてしまった[21]。これを解決するには、州県の知識人を集めて礼書の講義を行い、実際に実践させ、州県から何人かずつ選抜して俸禄を与え礼の専門家を養成しなければならない。また、監察制度を作って、間違った礼俗を矯正しなければならない[22]。

第三に、当時の州県では、「政和五礼」に明示された「古礼」の「祭器」を無視し、聶氏の三礼の間違った方式が通用している[23]。朝廷ですべての祭器を提供するのは不可能だという現実を認識し、これに対する対案として、各礼式にかなった祭器を確定し、州郡に送って太守の庁舎に補完したあと、各州県に分配して使うことができるようにしなければならない[24]。

第四に、州県では、三献官のみが制服を着ており、分献・執事・陪位は普段着を着ている。これは古今の秩序を乱すものであり、風俗が定まっていない状態である[25]。県邑において普段着で業務が行われ、礼典に応じていないのは、まさに礼が行き渡ってない証拠である。そこで「政和五礼」に基づき、各職分に相応しい服飾を確立して古礼に合わせるようにしなければならない[26]。

第五に、「政和五礼」自体が前後矛盾し、あまりにも粗略な部分が多い。[27]朱熹は、政府から公式に配布された礼書の欠陥を指摘し、これを克服するにはより詳細な考察を行い、不備な点を補完する必要があると主張したのである。

2　初期礼学における一般原則

上記の文章は同安赴任時代に作成されたもので、正確な年次は特定できないが、遅くとも官職が満了して家に戻った一一五七年、二十八歳になる前に作成されたと見られる。朱熹は同安に赴任していた一一五〇年代に、礼制を本格的に確立するための理論的な模索を始め、その結果いくつかの重要な原則と哲学的立場を立てた。

第一に、朱熹が民間の礼制を正すために努力した点に注目しなければならない。北宋時代に編纂されたさまざまな礼書には、一般庶民が守るべき礼俗は含まれていなかった。司馬光の『書儀』も、貴族層の家礼を確立し、士大夫の文化的同質性を回復することが目的だった。朱熹が修正と補完が必要だと主張した「政和五礼」とは、欧陽修による嘉祐年間（一〇五六～六三）編纂の『太常因革礼』を増補し、一一〇七年～一一一三年の間に二百二十巻という膨大な規模で頒布された『政和五礼新儀』のことをいう。『政和五礼新儀』は、尚書省の傘下に一時的に設置された議礼局が編纂したものであり、百姓のための礼を制定し、一般庶民まで含めようとした。[28]つまり『政和五礼新儀』は、徽宗の統治下で、王安石系の新法党による新法改革が再び推進された時期に、政府の主導で制作され、頒布されたものである。実際に『政和五礼新儀』の構成を見ると、天子・太子・親王と続く位階秩序に従い、古代の周から北宋に至るまでの典章制度の沿革を通時的に記述している。

反面、士と庶民の礼については、おおざっぱにしか述べられていない。つまり、『政和五礼新儀』は、北宋時代の徽宗年間に政府の手で編纂され、国家の行政網を通じて広く普及していた天子中心の礼書であり、当然のごとく、新政当時の中央集権および皇室中心主義を反映している。前引の文章では具体的に触れていないが、政府の礼書に対する朱熹の痛烈な批判は、その行間から読み取ることができる。これ以後、朱熹は『政和五礼新儀』を批判し、「奸悪な輩が勝手な判断で礼を損益した」と酷評さえしている(29)。

第二に、朱熹は煩雑な古礼の項目をそのまま復元しようとする頑固な原則主義を固守するよりは、民間の礼俗を積極的に取り入れて新たな礼制の基盤として活用し、煩わしい日常の礼制を簡素化して、簡潔で実施しやすい体系に改編しようという実用的な面を見せている。こうした実用性は、晩年の礼学体系にも表れる重要な理論的前提である。

第三に、祭器や服飾の統一を力説する朱熹の主張からは、日常生活の細かい部分にまで儀礼の秩序を構築しようとした「形式主義」(formalism)の側面も見出すことができる。彼は時宜にそぐわない煩わしい礼規を拒否したが、儀式については、祭器や服飾に至る微細な項目まで定式化した統一的規範を確立しようとした点で、形式主義を堅持していた。こうした形式主義は、彼が礼について考える際の重要な特徴となっている。たとえば、廟制を明らかにする過程では長安の防制を詳細に検証し(30)、また周代以来の冠服の変遷を明らかにするために、小説や肖像画はもちろん、民間の資料を徹底的に調査した。すでに述べた実用性と形式主義は、けっして相反する概念ではなく、補完的な規範体系を形成するのに必須の要素である。なぜなら「形式」が実現するためには「実用的」でなければならないからである。

三　『家礼』編纂の目的、意義、方法

青年朱熹の礼学に対する関心は、四十歳前後で体系的な礼書を編纂することによりいっそう明確になった。湖南学派の張栻（一一三三〜八〇）との「中和論争」を経て、いわゆる「四十歳の定論」を確立した頃、朱熹は『祭儀』・『家

礼』・『古今家祭礼』という三つの礼書を編纂した[31]。どんな目的で朱熹は『家礼』を編纂したのだろうか。また、その際どのような原則と方法を用いたのだろうか。

1　『家礼』の体系化

彼は初めて地方官として赴任した時に婚礼の退廃を目にし、これを矯正しなければならないと強く主張した。北宋時代に刊行された『政和五礼新儀』が、当時の一般的教本として使われてはいたものの[32]、これには多くの問題が内在していた。朱熹は、現実の必要を満たす新しい礼制を創り上げ、「古人の煩雑な儀礼にいちいち従わなくても、古礼の大意に則ること[33]」を望んだ。貧富の差に関係なく、普遍的に活用できるやさしい礼書を提供しようとしたのである。まさにこの点が、士大夫の家礼に限定した司馬光の『書儀』とは違い、朱熹が大衆的同意を得ることができた理由のように思える。しかし、単に大衆に広めて風俗を同質化するために朱熹が『家礼』を編纂したと考えることはできない。朱熹は、人の内面に道徳を植え付けるためには、家族という共同体の中で日常的に訓練する必要があると考えた。つまり『家礼』は道徳を訓練するための媒体だと考えたわけである。『家礼』の序文には、そのことが簡潔に説明されている。

礼には「根本」と「文飾」がある。家庭で実行する点からいえば、「名分の遵守」と「愛敬の充実」とがその根本であり、冠婚喪祭の儀章と度数がその文飾である。その根本は儒家の日常における本質であり、したがって一日たりともおろそかにすることはできない。その文飾もまた人道の紀綱を定める始まりであり、終わりである。礼を実践するにはしかるべき時と場所があるが、平素からこれを明らかにし、習熟しておかないと、何か大きな出来事が生じたとき、ふさわしい節度をもって振る舞うことができない。したがって、毎日これを読んで慣れ親しまなければならない[34]。

「名分の遵守」という表現に凝縮されているとおり、「礼」とは位階と序列の上に行われる厳粛な儀式である。「名分」とは、共同体の上下の秩序において各構成員に与えられる役割や任務を表す。家庭は社会へと至る過程の最初の場であるため、「家礼」の乱れは社会倫理の崩壊を意味する。そのため、厳格に名分を遵守する必要があるが、その核心はあくまで愛と敬意である。愛と敬意の気持ちをふさわしく表すためには、日常生活の中で文飾を実践しなければならない。

朱熹は、冠婚喪祭の手順を明示した校本に満足するのではなく、誰もが日常生活できちんと実践できる、実生活向けの礼書を作ろうとした。また、日常的に礼に習熟するため、文飾を簡素化した。朱熹は『家礼』の編纂にこの原理を反映させたのである。共同体に倫理を確立するには、当然のことながら規範を定めて訓練する必要があるが、こうした訓練を行うには日常生活で簡便に実践できる最小限の規範を提示しなければならないと考えたのである。

夏殷周の三代にはすべての礼経が整えられていた。しかし、そのうち今日まで伝わっている宮廷の器物服飾のつくりはもちろん、日常生活にかかわる項目のほとんどは今の現実にはそぐわないものだ。世の君子が時代の変化を斟酌して現代の礼法を再度作ろうとしても、ある部分は非常に詳細で、ある部分は非常に粗略であったりするため、両者を折衷する方法がない。その上、根本を見失って言葉じりに着目し、実質を後回しにして文飾にとらわれる場合もある。「礼」を好む士人でさえ本質を見失うことがあるのだから、ぎりぎりの生活に苦しむ人たちが礼を守るよう努力できるかどうか憂慮される[35]。

こういうわけで朱熹は、実用的な礼書の再編を試みたと述べている。古礼の形式にのみ執着する「好礼の士」の弊害を退け、苦しい生活の中で礼を守るゆとりのない一般人を助けるためだった。また「浮文」（軽薄な文飾）を省略して「根本と実質」（本実）を重視し、実践しやすくしたとも付け加えている[36]。

2　考礼の方法

ここに朱熹が直面した「制礼」のジレンマが垣間見える。「礼」は、時宜にかなっていることが何よりも重要である。「礼」の原則的復元を主張するなら、時代の流れに応じておのずと通用してきた民間の礼俗はすべて捨て去らなければならなくなる。しかし、民間の礼俗をすべて廃棄するのは不可能であるばかりか、そんなことをしたら「礼」の原則からも外れてしまうのである。では、どのような基準にもとづき、当時の礼俗と古代の「正礼」を融合させることができるだろうか。どのような原則を適用して礼俗の妥当性を判別し、公式の礼制として認定するのだろうか。

これについて朱熹は「三王の制礼は因革の差はあるが、すべて風気としては妥当であり、義理が正しく守られていた」[37]と述べた。つまり彼は、「風気」と「義理」という制礼の二つの原則を堅持したのである。「風気」とは文化的な妥当性（cultural propriety）を意味し、「義理」とは普遍的な道徳的原理を意味する。道徳的原理を具現するには、時代に通用可能な形式、言い換えれば、文化的妥当性を持った礼制を築く必要がある。こうした原則にもとづいて朱熹は、過去の「礼」を大幅に修正し、残りについては「二程の説を基本として、諸家の見解を参考にした」[38]と語った。朱熹が三代の古礼を復元するよりも、時代に合った制礼（因時制礼）と現実への適合性を重視したことは、晩年の礼学にまで続く重要な特徴である。[39]

具体例を挙げてみよう。朱熹は、一一七三年に汪尚書に送った手紙の中で、家廟に関する所見を述べている。朱熹は、至和年間（一〇五四～五五）に実行された家廟制度は、古礼には合致しないものの現実には適合しており、政和年間（一一一一～一七）に実行された制度は、それとは逆に古礼の形式には合致するものの、現実に適合しないという欠陥があるという。[40]古礼によると、諸侯は始封君である太祖の廟の左右にそれぞれ二世・四世と一世・三世の廟（二昭二穆）を配置する「五廟」の形を取るのが正道である。[41]しかし、至和年間の制度では、太祖廟をなくして「四廟」の形を取っている。これは当時の公侯が、現実には「国」を持っていない状態を反映した結果である。政和年間の制度では、こうした歴史的な背景が考慮されていないばかりか、五礼の形式を墨守するという過ちを犯した[42]。また、古制では天子および諸侯の大夫は実際の位階において大きな差がなかったため、すべて三廟の制度が用いられたが、宋代の場合、天子の大夫には侍従官以上の官僚だけがなり、諸侯の大夫は州鎮の幕職官に相当する。至和年間の制度では、こうした歴史的な背景を考慮して天子の大夫にのみ三廟の制度を許可した[43]。しかし、政和年間の制度ではこのような実情が考慮されず、古制を一字一句踏襲した結果、大侍従と升朝官の序列が区分されないという過ちが生じてしまった[44]。朱熹は「どうして古制に縛られて、天子と諸侯の大夫に同じ制度を適用するのか[45]」という。「古制に縛られること」（拘於古制）は、礼の意味するところを傷つけてしまうのである。この家廟の問題は、礼について考証し、制定する作業（考礼・制礼）に伴う困難の一例にすぎない。

3　考礼の意義

朱熹はなぜこれほど考礼に没頭したのだろうか。朱熹にとって廟制とは、単に廟の形式的な配置の問題ではなかった。家廟は、君臣間の主従関係と官僚の位階を形式的な秩序として定型化している。したがってその中には、すでに階層的な秩序が具現されているわけである。もし古礼の内実を参考にすることなく、無条件に古制を墨守するとしたら、古制に縛られて、礼の意味するところを傷つけることになる。したがって、朱熹は煩雑な礼制をあえて省略し、不必要な規定を取り除いて礼を簡素化することを試みた。朱熹は、冠婚喪祭の礼について尋ねた弟子に対して、次のように述べている。

今の時代に行うのであれば、簡素でなければならない。簡素であれば、人々は容易にそれに従うことができる[46]。

司馬光の『書儀』でさえ人々はもはや実践が難しいと考えている[47]。

礼とは、聖人が時代の必要に応えて作り上げた人為的な制度であるから、その形式は時代の必要に従って常に変容しなければならない。そして、歴史的役割を終えた古礼を捨てて新しいものに代えるためには、もう一度その礼制の歴史的意味を明らかにする必要がある。朱熹にとって「考礼」とは、旧制の矛盾を是正するための「制礼」の論理を模索する過程ということができる。その意味で、考礼の作業は単なる考古学的探究というより、「正名」を実現するための哲学的解釈（hermeneutics）であった。

四　小学——礼の訓練と道徳の内面化

朱熹は、『通解』の中で「学礼」を別に設定し、道徳教育、道徳学習、道徳的形而上学に相当する『礼記』のさまざまな諸篇を新たに『儀礼』の中に含めた。朱熹が『儀礼』の本経にはない「学礼」を別途設定した理由は何だろうか。その理由は朱熹が五十八歳の時に編纂した『小学』の中に見出すことができる。

『小学』は、南宋の孝宗の淳熙十四年（一一八七）に朱熹が編纂した、内外篇六巻の書物である。(48) この書は、単なる児童教育のための指針書ではなく、道徳律を内面化する過程を体系的に示した教育理論書と見ることができる。朱熹は青年時代から、礼の教育的機能、すなわち礼儀の実践による道徳律の内面化について強調していたが、『小学』の編纂によりそのことが体系化されたのである。朱熹は、『家礼』もまた家族の成員を道徳的に涵養するためのものだと明言していた。朱熹の礼学は、こうした道徳的育成の媒体（medium）として礼の教育的機能を強調した。彼が『通解』の中に「学礼」を含めた理由も、おそらくここにあると思われる。

1　『小学』の編纂

一一八二年、「耳順」の年齢に達し円熟した学者となった朱熹は、自己修養の「己れの為の学」を超え、教育改革と礼学の確立による平天下の社会的実践に力を注ぐ晩年期を迎えていた。『小学』は、具体的な教育制度と教授方法を終生模索した朱熹の思想が凝縮された力作である。朱熹はすでに一一七五年、四書を学習するための予備課程の教科書として『近思録』を編纂している。『近思録』は、宋代に新しい儒学を創設した北宋の巨儒の著作から核心となる文章を抜粋して編集したものであり、当時の自然学や宇宙論までを包含する、深遠な道学的アフォリズムを含んでいる。朱熹は、後序で「師や良友のいない初学者が、聖賢の大きな道に踏み入るための入門書」と述べている。[49]しかし『近思録』は北宋の四君子の学問を紹介し、学問の深遠な境地を示す入門書としては適していたが、初学者たちを道徳的実践へと導く修身の教科書には適していなかった。その十五年後に朱熹は、初学者のために、より基礎的な教科書を作る社会的必要があると痛感した。朱熹は『近思録』の後、『小学』が編纂されるまでの間、『論語集註』と『孟子集註』を完成させ、白鹿洞書院を再建するなど、より具体的な教育事業へと情熱的に身を投じた。湖南省衡州で書院を建て、初学者向けの教科書を編纂したことのある劉清之（一一三四〜九〇）と出会ったことは、朱熹にとって幼年期の基礎教育の重要性を今さらながら思い起こさせるきっかけとなった。

一一八三年、劉清之の原稿を受け取った朱熹は、篇巻の配列を修正し、初学者たちの効率的な学習のための題辞を付けて、今に伝わる『小学』を編纂した。劉清之は一一五七年に進士科に合格し、湖北・湖南・江西などの地でさまざまな官職に就き、湖南省の衡州に精舎形式の書院を二棟も建立し、『訓蒙新書』や『戒子通録』などの書物を編纂した活動的な教育者だった。特に朱熹は、隋代の『顔氏家訓』や唐代の『柳氏家訓』、宋代に呂本中が著した『童蒙訓』などを収録した『戒子通録』に大きな感銘を受け、『小学』の初稿の作成を劉清之に依頼したのである。[50]『小学』の「小」という語は古代の教育機関の名称である「小学」に由来するものだが、その内容を調べてみると、単に「小さい」という意味で使われているのではなく、「基礎的な、根本的な」という意味が含まれていることがわかる。

朱熹は教育事業に努力を傾けつつ、道学の理念を実現しうる体系的な教育方法論の確立に尽力した。『小学』の編纂は、朱熹が初等教育の重要性を認識し、程朱学の学問論を二段階の過程に整備する決定的なきっかけとなった。しかし『小学』は、幼少の初学者たちの読解力に合わせたやさしい入門書ではなく、膨大な礼書の原文をそのまま収録した難解な書物だった。語彙だけをとっても、四書の水準をはるかに超えているというのはよく知られた事実である。したがって、初学者の読本として活用するにはやはり不都合な面が多かった。朱熹の意図は、単に児童向けの教科書を編纂することではなかったのである。朱熹は、冒頭で「師たる者に何を教えるかを知らせ、弟子たちには何を学ぶかを知らせる」(51)と述べている。また「修身の大法は『小学』に具備されており、義理の詳細については『近思録』が扱っている」(52)との言葉も残している。初学者向けの実用的読本にとどまるのではなく、初等教育の目的と方法を明らかにしているわけである。言い換えれば、『小学』は自己修養の方法と内容を明示した、包括的な教育の指針書であったといえる。

2　『小学』の構造

朱熹は、消失した古代の『小学』の記述が、『礼記』の曲礼篇や少儀篇、内則篇、『管子』の弟子職篇などに散らばって、断片的に伝わっていると考えた(53)。そこで朱熹は、消失した古文献の復元を表向きの理由に掲げて『小学』を編纂した。『小学』の復元は、「小学」―「大学」という二つの段階に分かれていた古代の教育制度をよみがえらせるものであり、朱熹にとって、道学の教育課程を公式の体系として整理するという意味をもっていた。消失した古代の「小学」を「再構築」(reconstruct)することは、単なる考証という次元を超え、「小学」の目的と方法を明らかにする哲学的解釈の問題だったのである。

朱熹は、古代の礼書に記された数多くの規範と行為の細則から、現実的な効力を失ったり手順が煩雑だったりする古礼はもちろんのこと、特殊な儀礼や副次的な内容は捨て去り、基本的な内容を厳選して体系的に再構成した。その構成を見ると、①掃除や挨拶という基本的な生活教育から始まり、②社会的にしてはならないことを習得して規範を内面化する段階を経て、③反復訓練を通して習慣を形づくり道徳的意志を養うという、段階的な道徳教育の手順が示されている。

『小学』は、大きく二つの部分に分かれている。『礼記』・『儀礼』・『論語』などの古経から抜粋して編まれた内篇と、古代の賢人の言行や北宋時代の道学者たちの語録で構成された外篇である。内篇はさらに「立教」・「明倫」・「敬身」・「稽古」の四章で構成されており、外篇は「嘉言」と「善行」に分かれている。内・外篇の区分とは別に、内容に着目して構造を分析してみると、原則や理念を明示する部分と、規範や典範を列挙した部分とに分かれる。明代の薛瑄（一三八九～一四六四）の「理」と「事」の概念を適用すると、『小学』は以下のように分類される。

〈表2〉理と事の概念にもとづく『小学』の構造(55)

理言	「内篇」	立教、明倫、敬身
	「外篇」	嘉言
事言	「内篇」	稽古
	「外篇」	善行

朱熹が『小学』を編纂する際に、教育の理念や正当性に関する哲学的警句と箴言で構成された「理教」の原理に相当する文章と、行動倫理の具体的細則や事例で構成される「事教」の実例に相当する文章を並立させた点は特筆に値する。「理教」と「事教」はそれぞれ教育の理念と、その理念の実現方法を表しており、相互に密接な関わりを持っている。「理教」が原理を探求することであるとすれば、「事教」は行為の具体的実践である。そして、両者を結びつけることこそ、「形而上」の天理を日常行為の秩序に具現する『小学』の学習理論である。薛瑄によれば、「精緻で本質的な理念と、粗くて末端にある日常事とが一つになっているのが『小学』である(54)」。原理（理）は、日常の事柄（事）

を通してのみ表れる。「事」とは、まさに「理」を実現する具体的な行為である。その意味で『小学』は、「理」と「事」の統合を指向しているのである。

行動の訓練が「小学」での学習であるとすれば、道徳論による啓発は「大学」での学習といえる。朱熹は、人間の道徳的発展過程において、道徳の訓練（moral discipline）が道徳論（moral reasoning）より優先されるべきだという立場を堅持している。朱熹は「小学」と「大学」の相関性について、次のような意味深長な言葉を残した。「「小学」は日常でとりくむことだ。「大学」は「小学」でとりくんだ日常の事柄の原因を窮めることだ[56]」。つまり、「礼」は道徳訓練（moral discipline）のための媒介であり、「小学」は最も基礎的な礼節の学習を説くものなのである。

結　論——経世の原理、治国の方法

『通解』はさまざまな古経の原文（経）と、それ以後の注釈（伝）を結集したものであるため、テキスト分析だけではその編纂意図を明らかにすることができない。我々は、朱熹が新しい分類法を導入し、三礼を下から上に向かう経世の原則として再構成した意図を読みとる必要がある。その意図を理解するには、何よりも礼学を形成した過程を明らかにしなければならない。『通解』は、朱熹が長い時間をかけて体系的に築き上げた礼学の集大成だからである。そのような理由から、本稿では朱熹の青年時代から中年期を経て晩年に至るまで、段階的に形成されていった礼学思想の進化過程をたどってみた。実際、『通解』の形式は、朱熹が礼学を形成していった過程と大体において対応するのである。

まず、『通解』が「家礼」門に始まることに注目しなければならない。朱熹は『通解』の「家礼」を士階層に限定するのではなく、その対象を拡大して天子や諸侯に適用した。「士礼」を中心に、天子や諸侯が守るべき家庭儀礼

〈家礼〉を再構成したわけだが、朱熹はこうした作業を「補欠」といっている。[57] 周の衰退期に、諸侯が周代の法をないがしろにして文献を毀滅させたと考え、失われた古経の原形を復元しようとしたのである。[58] 天子から庶民に至るすべての人が「修身」を根本に据えたという『大学』の言葉を想起するならば、かの『家礼』が階層的普遍性を持つことも容易に理解できよう。しかし、本来『儀礼』にない内容を新しい編制によって全く新しい構造へと作り直した点に、朱熹がある種の知的変換を試みたことが見て取れる。青年時代から朱熹は、礼書を編纂しながら古経の再構成を大胆に試みた。『家礼』や『小学』の編纂過程で彼が適用した「考礼」や「制礼」の方法は、古文献の煩雑さに縛られることなく礼儀の原理をよみがえらせ、当時の現実に合うよう果敢に改編を行ったものといえる。これに加えて、司馬光の『書儀』から続く伝統を生かして、士大夫中心の礼制の確立を目指したのである。

さらに朱熹は「学礼」門を別に立てて、道徳の訓練や道徳的省察と関係のある古経の諸篇を輯集した。『儀礼』の本経にはない「学制」「学義」「臣礼」などの篇名を新たに設定し、古代の文献から適切な内容を選んで再構成した点にも朱熹の意図がよく表れているといえるだろう。『小学』の編纂において確認したとおり、朱熹にとって「礼」とは単に外的な形式や手順にとどまらず、社会を構成する人々の道徳性を向上させるための、積極的な教化手段であった。

そのような角度から考えるとき、「学礼」の中に、『小学』の根幹をなす文献のほかに『大学』や『中庸』を含めた意図を理解することができる。要するに朱熹は、儀礼自体を学習の媒体として解釈し直したのである。これ以外にも、「郷礼」・「邦国礼」・「王朝礼」を設けて、郷村共同体の建設、諸侯の治国、天子の平天下に至るという向上的な視点から再構成した点にも朱熹の包括的な経世論のあり方を見ることができる。

そもそも『通解』は長い時間をかけて形成された朱熹礼学の最終的な成果であった。その中には「修身」の学習や「斉家」の方法はもちろん、治国の方策や天下経営の原則が含まれている。だが、それにしても疑問が残る。なぜ、よりによって『儀礼』なのだろうか。朱熹が古経の体例をねじ曲げてまで、多少強引に『儀礼』を中心として三礼を統合させようとした理由は何なのだろうか。朱熹は、当時伝わっていた『儀礼』の編制を全面的に修正し、「補欠」すなわち欠損したものを補うという大義名分を立てた。こうした果敢な古経の解体と再構築を支えたものは何だったのだろうか。

その答えは、彼の礼学が形成される過程の中に見出すことができる。朱熹は、二十代で李侗から道南学を伝授された頃から、いわゆる天理が顕現した「日常の事物」の重要性を切実に自覚していた。この自覚は、二十代の地方官時代に礼書を編纂しようとする努力として表れた。その後、張栻との接触により、天理が発現する「分殊の処」の重要性を痛感するようになり、こうした彼の考えが、具体的な礼の細目を明らかにする、いわゆる「考礼」と「制礼」の作業へとつながっていった。彼が四十代の時に編纂した『家礼』は、まさにこのような過程で形成されたものである。その後、朱熹は教育者として書院を開くとともに、『小学』を編纂した。朱熹は、礼に関する哲学的議論を展開するよりも、礼儀の具体的細目を考証し、人々が日常生活の中で実際に行いうる重要な礼書を編纂し、普及させようとしたのである。朱熹が『儀礼』を重視した理由はおそらくこの点にあるだろう。

『儀礼』は、具体的な行動規範から成り立っている。『周礼』が周公時代の官制を借りて統治の組織を明らかにしたものだとすれば、『礼記』は基本的にこれ以後に書かれた論文集といえる。『礼記』の中でも具体的な行為の準則を説いた篇、たとえば曲礼篇などは、朱熹の立場からすると、後代になって『礼記』の中に便宜的に挿入されたものであった。そのため朱熹は、『儀礼』の原形をよみがえらせるため、新しく構成した『儀礼』の体系に『礼記』のさまざまな章を編入したのである。

朱熹は道徳的哲学者として、天下の秩序を回復するには体系的な教化プログラムを通して道徳的人間を数多く育てることが急務だと考えた。また、教化プログラムは『家礼』や『小学』などに示されている具体的な行動の訓練や道徳規範の学習を通してのみ発揮されるとした。『家礼』と『小学』は、朱熹が大衆の必要に応じて『儀礼』関連文献の一部を要領よく抜粋し、編集したものといえる。結局のところ、朱熹の礼学は『儀礼』に始まり『儀礼』に終わるのである。このように見るとき、朱熹が古経に載っている詳細な行為の手順を重視しながらも、実際の必要に応じて礼の簡素化を主張した理由も理解できるのである。

最後に、朱熹の礼学に込められた政治哲学的含意は何であろうか。はじめに触れたとおり、南宋時代の多くの学者たちは、王安石の新法が引き起こした政治論争の中で新たな政治的対案を模索するため、『周礼』の全面的な再解釈を試みた。彼らは王安石の新法に見られる、国家主導によるトップダウン的政治改革を拒否し、周代の分封制や封建の理念を踏まえつつ権力の分散と自律の拡大を主張した。朱熹も彼らと同様、ある程度その時代の認識を共有していたように見える。だが彼は『周礼』の再解釈を通して政治・制度論争上の解答を探すよりも、『儀礼』に代表される礼儀の具体的細目を明らかにすることで、体系的な道徳訓練の伝統を回復しようとした。礼書の編纂は、まさに普遍的な道徳訓練の方法と手順を明示したものなのである。道徳的訓練を回復する目的は、究極的に自律した道徳実践の主体を数多く育てることにあった。もちろん、その運動の中心には士大夫階層の自発的な参加が前提となる。体系的教化プログラムを通して道徳的個人が輩出することにより、社会の下層から強固な道徳の共同体を結成し、ついには「平天下」を成し遂げようというのが朱熹の方法だった。そしてそのことが晩年、『通解』の中で儀礼の全面的復元を試みた理由だったと思われる。

注

（1）『家礼』は明清時代に最も広く読まれた書物の一つである。一七二〇年にフランス人の宣教師 Jean-Francois Foucquet（一六六五～一七四一）は、『論語』の次に一般大衆に広く受け入れられているのは『家礼』であると述べた。一八八〇年代に Charles de Harlez は、朱熹の著作の中でもっともよく知られているのは『家礼』であり、中国の四大著作の一つであると語った。オランダ人の学者 J. J. M. de Groot は、十九世紀にアモイ（Amoy）で宗教生活を探求しながら、『家礼』が家庭儀礼の入門書（vademecum）であると述べた。『家礼』は中国だけでなく、韓国・ベトナム・日本などにも大きな影響を与えた（Patricia Buckley Ebrey, *Chu Hsi's Family Rituals*, Princeton University Press, 1991, p. XV）。

（2）呉展良編『朱子研究書目新編　一九〇〇―二〇〇二』（台北：台湾大学出版中心、二〇〇五年）、三五一～三五八頁。

（3）『朱熹集』巻一四「乞修三礼劄子」（四川教育出版社、一九九六年）、五六九～五七〇頁。

（4）たとえば、朱熹とも親交があった葉時の『礼経会元』は南宋時代の代表的な周礼注釈書の一つだが、この書で「礼経」と呼ばれているのは『周礼』のことである。

（5）朱熹は「三礼」以外にも、経書では『書経』、『詩経』、『論語』、『孟子』、『孝経』、『爾雅』を、史書では「春秋三伝」、『国語』、『戦国策』、『呂氏春秋』、『史記』、『資治通鑑』を、また雑書では『大戴礼記』、『孔子家語』、『白虎通』、『孔叢子』、『尚書大伝』、『逸周書』、『説苑』などの史料を活用した。

（6）朱熹は、『礼記』は『儀礼』を解説する文献と見なした。それで、『儀礼』の「士冠礼」・「士昏礼」に『礼記』の「冠義」や「婚義」を付け加える方法で『通解』を構成したわけである。『朱子語類』巻八五に「儀礼是経、礼記是解儀礼。如儀礼有冠礼、礼記・有冠義、儀礼有婚礼、礼記別有婚義」という（二一九四頁）。

（7）『朱熹集』巻一四「乞修三礼劄子」に「欲以儀礼為経、而取礼記及諸経史雑書所載有及於礼者、皆以附於本経之下、具列注疏諸儒之説、略有端緒」という（五七〇頁）。

（8）『宋史』本紀四二、中華書局、八二五頁。

（9）Jaeyoon Song, "Tension and Balance: Changes of Constitutional Schemes in Southern Song Commentaries on the Rituals of Zhou," in *Statecraft and Classical Learning: The Rituals of Zhou in East Asian History*, edited by Benjamin Elman and Martin Kern, Brill, 2009.

（10）たとえば、『儀礼』の「射礼」の下に『礼記』の「射義」を付け加える方法である（『朱子語類』巻八四、「如射礼、即附以

射義」、二一八六頁）

（11）『朱子文集』巻五〇「答潘恭叔」に「礼記可附儀礼者附之、不可者分入五類、第一類皆上下大小通用之礼、第二類即国家之大制度、第三礼乃礼楽之説、第四類皆論学精語、第五類論学之組者也」とある（『朱熹集』二四三八頁）。

（12）礼の分類方法は、伝統的に古文学派が『周礼』に基づいて分類した五礼（吉礼・凶礼・軍礼・賓礼・嘉礼）の体系をとっていた。朱熹の時代にまで影響力を行使した『大唐開元礼』も、五礼の体系で編纂されていた。この分類法は、周代の邦国を中心としたものである。『儀礼』は士礼が中心であるため、朱熹は伝統的な五礼の区分法を拒否したと考えられる。加えて彼は、冠・婚・喪・祭・朝・聘・軍旅・賓盟・郷飲酒礼という九つのカテゴリで礼を分類する、今文学派の方法もまた拒否した。

（13）朱熹は、『儀礼』の中の天子と諸侯の礼は、春秋時代に全土で生じた争乱のため消失したと推測した。加えて、『礼記』の「冠義」と「婚義」は『儀礼』の「士冠礼」と「士昏礼」を解説したものだという点を引き合いに出し、『礼記』が『儀礼』の解説書であると断定した。要するに、『儀礼』は礼の根本であり、『礼記』はその枝葉であるとされた（「儀礼礼之根本、而礼記乃其枝葉」。『朱子語類』巻八四、二一八六～七頁）。

（14）Robert P. Hymes, *Statemen and Gentlemen: The Elite of Fu-Chou, Chiang-Hsi in Northern and Southern Sung*, Cambridge University Press, 1986, p.134.

（15）上山春平は、こうした初期の構想の痕跡が「答呂伯恭書」や「三礼編次」に表れている点を挙げ、少なくとも呂祖謙（伯恭）が亡くなった一一八一年八月以前であると考証している。上山春平「朱子の『家礼』と『儀礼経伝通解』」（『東方学報』五四、一九八八年、二四四頁）。

（16）『朱熹集』巻二〇、「訪問本県自久相承、無婚姻之礼、里巷之民貧不能聘、或至奔誘、則謂之引伴為妻、習以成風」（八〇〇頁）。

（17）『朱熹集』巻二〇、「窃惟礼律之文、婚姻為重、所以別男女、経夫婦、正風俗以防禍乱之原也」（八〇〇頁）。

（18）『朱熹集』巻六九「民臣礼議」、「礼不難於上、而欲其行於下者難也。蓋朝廷之上典章明具、又自尚書省置礼部尚書、侍郎以下至郎吏数十人、太常寺置卿、少以下至博士、掌故又数十人、每一挙事、則案故事施行之。而此数十人者、又相与聚而謨之、於其器幣牢醴、共之受之、皆有常制。其降登執事之人、於其容節又皆習熟見聞、無所違失。一有不当、則又有諫官、御史援拠古今而質正之。此所謂不難行於上者也」（三六二八頁）。

(19)『朱熹集』巻六九「民臣礼議」、「蓋今上下所共承用者、政和五礼也。其書雖嘗班布、然与律令同蔵於理官、吏之従事於法理之間者、多一切俗吏、不足以知其説、長民者又不能以時布宣、使通於下、甚者至或并其書而亡之、此礼之所以不合者一也」（六二八頁）。

(20)『朱熹集』巻六九「民臣礼議」、「曰礼之施於朝廷者、州県士民無以与知為也、而尽頒之、則伝者苦其多、習者患其博、而莫能窮也。故莫若取自州県官民所応用者、参以近制、別加纂録、号曰紹興纂次政和民臣礼略、鋟板模印而頒行之。州県各為三通、皆櫝蔵之、守視司察、体如詔書。而民庶所用、則又使州県自鋟之板、正歳則摹而掲之市井村落、使通知之、則可以永久矣。此一説也」（三六二九頁）。

(21)『朱熹集』巻六九「民臣礼議」、「書脱幸而存者、亦以上下相承、沿習苟簡、平時既莫之習、臨事則驟而学焉、是以設張多所謬盭、朝廷又無以督察縄糾之、此礼之所以不合者二也」（三六二九頁）。

(22)『朱熹集』巻六九「民臣礼議」、「礼書既班、則又当使州県択士人之篤厚好礼者講誦其説、習其頒礼。州県各為若干人、稟之於学、名曰治礼。每将挙事、則使教焉。又詔監司如提学司者、察其奉行不如法者、挙縄治之。此二説也」（三六三〇頁）。

(23)『朱熹集』巻六九「民臣礼議」、「祭器嘗経政和改制、尽取古器物之存於今者以為法。今郊廟所用、則其制也。而州県専取聶氏三礼制度、醜怪不経、非復古制。而政和所定未嘗頒降、此礼之所以不合者三也」。

(24)『朱熹集』巻六九「民臣礼議」、「祭器不一、郡県所用至広、難以悉従朝廷給也。但每事給一、以為準式、付之州郡、櫝蔵於太守庁事、使以其制為之、以給州用、以賦諸県。其器物用者自為一庫、別置主典与所櫝蔵者。守令到罷、挙以相付、書之印紙、以重其事、此三説也」（三六三〇頁）。

(25)『朱熹集』巻六九「民臣礼議」、「州県惟三献官有祭服、其分献執事陪位者皆常服也。古今雑糅、雅俗不辨。而県邑直用常服、不応礼典、此礼之所以不合者四也」（三六三〇頁）。

（26）『朱熹集』巻六九「民臣礼議」、「祭服則当準政和礼、州県三献、分献、執事、賛祝、陪位之服、挙其所有者、議其所無者補之、使皆為古礼服。製造頒降如祭器法、此四説也」（三六三〇頁）。

（27）『朱熹集』巻六九「民臣礼議」、「五礼之書、当時修纂出於衆手、其間亦有前後自相矛盾及疏略不備処、是以其事難尽従。此礼之所以不合者五也」（三六二九頁）。

（28）Patricia Buckley Ebrey, "Education through Ritual", *The Neo-Confucian Education: The Formative Stage*, ed. by Theodore de Bary and John W. Chaffe, University of California Press, 1989, pp.293～294.

（29）『朱子語類』巻九〇（二三〇三～二三〇四頁）。

（30）『朱子語類』巻九一（二三二四頁）。

（31）束景南『朱子大伝』（福建教育出版社、一九九二年）三〇五頁。

（32）一一一三年に成った『政和五礼新儀』は、思想上類例がないほど庶民の冠礼、葬礼、婚礼について明示している。その後、政府は、士大夫と庶民のための礼官を派遣して『政和五礼新儀』を大々的に出版して普及させた。Patricia Buckley Ebrey. *Chu Hsi's Family Rituals*, p. XXI.

（33）『朱子語類』巻八四、「必不一一尽如古人之繁、但放古之大意」（二一七八頁）。

（34）『朱熹集』巻七五「家礼序」に「凡礼有本有文。自其施於家者言之、則名分之守、愛敬之実、其本也、冠婚喪祭、儀章度数者、其文也。其本者儒家日用之常体、固不可以一日而不修、其文又皆所以紀綱人道之終始、雖其行之有時、施之有所、然非講之素明、習之素熟、則其臨事之際、亦無以合宜而応節、是不可以一日而不講且習焉也」という（三九四〇頁）。

（35）『朱熹集』巻七五「家礼序」に「三代之際、礼経備矣。然其存於今者、宮廬器服之制、出入起居之節、皆已不宜於世。世之君子雖或酌以古今之変、更為一時之法、然亦或詳或略、無所折衷。至或遺其本而務其末、緩於実而急於文、自有志好礼之士、猶或不能挙其要、而困於貧窶者、尤患其終不能有以及於礼也」という（三九四〇頁）。

（36）『朱熹集』巻七五「家礼序」に「大抵謹名分、崇愛敬以為之本、至其施行之際、則又略浮文、敦本実、以窃自附於孔子従先進之遺意。誠願得与同志之士熟講而勉行之、庶幾古人所以修身斎家之道、慎終追遠之心猶可以復見、而於国家所以敦化導民

之意亦或有小補云」という（三九四〇頁）。

（37）『朱熹集』巻三〇「答張敬夫」に「夫三王制礼、因革不同、皆合乎風気之宜、而不違乎義理之正。正使聖人復起、其於今日之議、亦必有所処矣」という（一三〇一～一三〇二頁）。

（38）『朱熹集』巻三〇「答張敬夫」に「大抵多本程氏而参以諸家、故特取二先生説」という（一三〇一頁）。

（39）東景南、前掲書、三〇六頁。

（40）『朱熹集』巻三〇「答汪尚書論家廟」に「窃謂至和之制雖若不合於古、而実得其意、但有所未尽而已。政和之制則雖稽於古者、或得其数、而失其意則多矣」という（一二八二頁）。

（41）『礼記』王制、「天子七廟、三昭三穆、与太祖之廟而七。諸侯五廟、二昭二穆、与太祖之廟而五。大夫三廟、一昭一穆、与太祖之廟而三。士一廟。庶一、祭於寝」。

（42）『朱熹集』巻三〇「答汪尚書論家廟」、「今世公侯有家而無国、則不得有太祖之廟矣。故至和四廟、特所謂二昭二穆、四世有服之親、而無太祖之廟、其於古制雖若不同、而実不害於得其意也。……政和之制、蓋皆不考乎此、故二昭二穆之上、通数高祖之父以備五世。夫既非始封之君、又已親尽而服絶矣、乃苟以備夫五世而祀之、於義何所当乎」（一二八二頁）。

（43）『朱熹集』巻三〇「答汪尚書論家廟」、「至於大夫三廟、説者以為天子諸侯之大夫皆同。蓋古者天子之大夫与諸侯之大夫品秩之数不甚相遠、故其制可以如此。若今之世、則唯侍従官以上乃可以称天子之大夫、至諸侯之大夫、則州鎮之幕職官而已爾。是安可以拘於古制而使用一等之礼哉。故至和之制専以天子之大夫為法、亦深得制礼之意」（一二八二～一二八三頁）。

（44）『朱熹集』巻三〇「答汪尚書論家廟」、「政和之制固未必深考古者天子諸侯之大夫同為一等之説、然其意実近之。但自大侍従至陞朝官並為一法、則亦太無隆殺之辨矣」（一二八三頁）。

（45）『朱熹集』巻三〇「答汪尚書論家廟」、「是安可以拘於古制而使用一等之礼哉」（一二八三頁）。

（46）『朱子語類』巻八九、「問、冠婚喪祭礼。曰、今日行之正要簡、簡則人易従」（二二七二頁）。

（47）『朱子語類』巻八九、「与温公書儀、人已以為難行、其殽饌十五味、亦難辨」（二二七二頁）。

（48）「小学」は通常「下庠」、「西序」、「左学」などとも呼ばれるが、西周で「小学」と呼ばれるようになり、公式または非公式の教育機関の汎称として使われた。『尚書大伝』には、「小学」は公卿の太子や大夫・元士の嫡子が十三歳になると入学した教育機関であると記されている。したがって、上古の時代の大衆教育に関する『大学章句』序の記述は、過去の理想的な教育制度を過去に依託して示したものであり、意図的な歪曲であったことがわかる。また、漢の時代以後、種々の文字学も「小学」という呼称で呼ばれた。これは主に「小学」で文字を習ったことに由来する名称である。隋唐以降は、訓詁学や音韻学の総称として用いられた。この場合の「小」という字には、基礎という意味以外にも、「理論的学問」のための「補助的な道具としての学問」という軽視したニュアンスが含まれている。それはたとえば、「小説」の「小」と同じである。

(49)『近思録』朱子後序に「無明師良友以先後之者、誠得此而玩心焉、亦足以得其門而入矣」という。

(50) M. T. Kelleher, "Back to basics: Chu Hsi's Elementary Learning", in *Neo-Confucian Education*, University of California Press, pp.221〜222.

(51)『小学』立教、「俾為師者知所以教而弟子知所以学」。

(52)『小学』輯説、「修身大法、小学書、備矣。義理精微、近思録、詳之」。

(53)『大学章句』序、「若曲礼少儀内則弟子職諸篇固小学之支流余裔」。

(54)『小学集解』、「理精也本也、事粗也末也本末精粗、一以貫之、其小学之書乎」(一二四頁)。

(55)『小学集解』輯説、「内篇之立教、明倫、敬身通論言其理也。稽古之立教、明倫、敬身、通論、言其実之以事也。外篇嘉言之広立教、明倫、敬身、又以理言也。善行之実立教、明倫、敬身、又実之以事也」。(ただし、薛瑄の分類法が「理」を教育の目的や方法を指す広範な概念として用いている反面、「事」を過去の歴史的事例という限定された意味で用いていることは見逃せない。『小学』の明倫章と敬身章は、そのほとんどで具体的な規範を提示している。これは、弟子の行動を導く「事教」の典型的な方法で構成されたものである。したがって、「事」を具体的な歴史事例としてのみ理解することは正しくないと思われる。)

(56)『小学集解』、「小学是直理会那事、大学是窮究那理、因甚恁地」(一二四頁)。

(57) 朱熹は、『儀礼』の本経に含まれた「士冠礼」と「士昏礼」を中心に据え、『礼記』では「冠義」と「婚義」を分離して後代の注釈として配置した。次に、「内則」・「内治」・「五宗」・「親族」を付け加えたが、古代にはなかったものを（「古無此編」）さまざまな古代文献から集めて「補欠」したものであることを明らかにしている。たとえば「内治」の場合、朱熹は目録で具体的典拠を次のように明示している。「古無此篇、今取小戴昏義、哀公問文王世子内則篇、周礼、大戴礼、春秋内外伝、孟子、書大伝新序、列女伝、前漢書、賈誼新書、孔叢子之言人君内治之法者、創為此記以補経闕」（『儀礼経伝通解』儀礼経伝目録、文淵閣四庫全書本、七頁）。

（58）同上、「及周之衰、諸侯将踰法度、悪其害己、皆滅去其籍」（二頁）。

参考文献

『近思録』

『大学章句』

『小学』

『小学集解』

『礼記』

『儀礼経伝通解』（文淵閣四庫全書本）

『朱子語類』

『朱熹集』（四川教育出版社、一九九六年）

束景南『朱子大伝』（福建教育出版社、一九九二年）

呉展良編『朱子研究書目新編 一九〇〇—二〇〇二』（台北：台湾大学出版中心、二〇〇五年）

上山春平「朱子の『家礼』と『儀礼経伝通解』」（『東方学報』五四、一九八八年）

Benjamin Elman and Martin Kern ed., *Statecraft and Classical Learning: The Rituals of Zhou in East Asian History* (Brill: 2009)

Jaeyoon Song, "Tension and Balance: Changes of Constitutional Schemes in Southern Song Commentaries on the Rituals of Zhou," in *Statecraft and Classical Learning: The Rituals of Zhou in East Asian History*, edited by Benjamin Elman and Martin Kern, Brill: 2009.

M. T. Kelleher, "Back to basics: Chu Hsi's Elementary Learning", in *Neo-Confucian Education*, University of California Press.

Patricia Ebrey, *Chu Hsi's Family Rituals*, Princeton University Press, 1991.

———— "Education through Ritual", in *The Neo-Confucian Education: The Formative Stage*, edited by Theodore de Bary and John W. Chaffe, University of California Press, 1989.

Robert P. Hymes, *Statemen and Gentlemen: The Elite of Fu-Chou, Chiang-Hsi in Northern and Southern Sung*, Cambridge University Press, 1986.

『朱子家礼』における人間と社会
――新たな宗法理解と再構成に見られる古礼的脈絡の考察

朴《パク》　礼《レ》　慶《ギョン》
篠原啓方・吾妻重二 訳

要旨

『朱子家礼』が古今の儀礼をうまく折衷しているかどうかに関しては、同書が当時の礼的現実を、古礼のあり方を通してどのように表わしているかを考察する必要がある。このことは『朱子家礼』の礼学的理想とその宗法的本質を古礼的脈絡から解読し、同書の新たな宗法理解と再構成の方式に見られる「因革」（踏襲と変革）の側面を調べることで明確にすることができる。

『朱子家礼』は古礼の制定原則であった「礼の根本と文飾との折衷」を礼学上の理想として提示するとともに、祖先の神位を奉祀し祭祀儀礼をとり行なう祠堂制をまず実現することで「祖先」を人間と儀礼行為の根源とする古礼の精神を改めて確立した。しかし、礼儀の根本と文飾のとらえ方や、古礼が因革の要素として示した親親・尊尊の規範、あるいは儀礼の形式規定については、当時の現実を表わしうる方式に改められている。

『朱子家礼』が提示した士庶人に通用する四代奉祀の祠堂制と高祖以下の子孫によって構成される小宗の宗法は、伝統的な五服制度にもとづいて正当化された。しかしこれは、親親および尊尊の原理のうち「尊尊」の原理に含まれる多様な政治的含意と機能を排除して「親親」の意味だけを採ることにより、古礼では不可能だった士庶人の四代奉祀を可能にしたものである。これは結局、古礼に盛られた「尊尊」の意味と秩序を『家礼』的意味と秩序により再定義した結果である。こうして新たに措定された宗法的人間モデルは、国家の既存の「尊尊」的差等秩序に帰属しながらも、同じ範囲の祖先を尊崇し、同じ「親親」の宗法原理を実現するという平等な原則への帰属を内包する。こうして『家礼』の中で新たに定義された「親親」と「尊尊」の秩序を通して、新たな宗法の現実が構築されていくのである。

キーワード
朱子家礼、朱熹、『礼記』、古礼、宗法、五服制度、祠堂

一　序　文

『朱子家礼』は、宋代において、新興の士大夫・庶人の希求のもとに作成・実践された士庶人のための礼書である。冠婚喪祭のすべての行礼とそれによって具現する礼義は、「祠堂における四代奉祀」に集約され、それは宗法に関する『朱子家礼』の新しい理解を基礎にしていた。古礼の礼学的理想を継承した『朱子家礼』の核心には古代の宗法に対する新たな理解があり、『朱子家礼』が主張した小宗中心の宗子の法は宋代の歴史的現実から新たな社会構成原理として提示された宗法の再構成・再解釈であったといえる。

我々は、家礼を「古礼」や「時礼」の文脈から実証的に考察し、折衷の実例や、その礼学的な意味をより正確に把握していく必要がある。本稿の目的は、こうした方向性に沿って、『朱子家礼』における礼学的理想とその宗法的本質の中から古礼的要素を読み取ることにある。『朱子家礼』における宗法の新解釈と再構成が、古今の礼の折衷に成功しているかどうかの判断は、宋代礼学の現実を古礼的要素に取り込むという構造をどのように理解するかにかかっ

ている。

本稿ではまず、『朱子家礼』の「家礼序」に見られる礼学的理想とは礼の根本に対する省察と国家の礼教体系を補完するものと理解した上で、この二つから古礼的要素と歴史背景を考察し、『朱子家礼』の志向と礼学史的な位置づけを検討する。儒家思想における「本」と「末」、「質」と「文」の構造は、『論語』から朱熹に至るまで、人間の内面（本性）と外面（形式性）の相関関係を示すものとして用いられてきた。また『朱子家礼』は礼学的理想を「礼の本と末」と要約している。これは『礼記』の用語と因革という視点を発展させたものであるが、本稿ではそれがもたらす結果について考察した。さらに国家の礼教体系の補完を掲げた『朱子家礼』の成立背景について、同書に影響を及ぼした歴代の「書儀」類および「時王之制」と称される歴代王朝の礼典の現実的な背景と古礼的な文脈から検討する。

古礼の礼学的理想を受け継いだ『朱子家礼』の核心には、古代宗法に対する新たな理解がある。周代の宗法は原形が崩れていったが、本稿は『朱子家礼』が宋代の現実に直面し、新たな社会構成原理として掲げた「小宗」中心の宗子の法の意味についても検討した。一方、『朱子家礼』は礼学的理想として、礼の根本の確立と、根本と文飾の折衷という古礼的な目標を掲げ、新しい宗子の法に基づく「祠堂における四代奉祀」を家礼の根幹に据えた。本稿では、宗子の法の枠組みを作り上げた程頤が、古礼の廟制の厳格な身分秩序を打破し、士庶人による四代奉祀を可能にした礼学的根拠を探り、古礼の五服制と廟制に見られる宗法の「親親」と「尊尊」の原理のうち、「親親」を重視して両者の結合をはかった点にも注目した。これらを通じ、『朱子家礼』が理想とした礼の根本と文飾の折衷とは、「親親」を中心とする宗法原理を社会と人間の根本原理とすることにあったことが明らかになるだろう。

二　『朱子家礼』の礼学的理想

1　礼の根本と文飾の具現

士庶人という階層を取り出し、彼らにふさわしい儀礼の形式と方法を示した『朱子家礼』は、礼学における明確な理想と、それに伴う現実的な実行目標を有している点で、単なる著作を越えた一つの巨大な企画であったといえよう。「文公家礼序」（以下、家礼序）には、家礼の礼学的理想が、礼の根本（本）と文飾（文）の具現にあると述べられている。

およそ礼には、根本があり、文飾がある。家庭における実践は、名称や職分を守り（名分之守）、愛と敬意を実らせる（愛敬之実）ことを根本とし、冠礼・婚礼・喪礼・祭礼における儀章と度数を文飾とする。

根本は、家庭の日常における不変の根幹であり、毎日実践して培わなければならない。文飾もまた、人の道理の始まりから終わりに対して紀綱を立てるものであり、それを行なう時と場所が違っても、普段からよく心がけ、身につけておかなければ、いざという時に正しい礼節を行なえないため、これまた毎日よく考えて習得しておかなければならない(1)。

家礼の「根本」は、家族関係という秩序の中において、時間の経過によって生じる様々な地位や名称にふさわしくふるまい、互いの愛や敬意を具現することにある。この根本は、家庭において様々な礼を実践するにあたって不変の根幹となる。この根本を根幹として日常生活の中で行なわれる冠・婚・喪・祭の儀式は、互いに異なる格式や限界の中で礼の根本を表現し実行する「文飾」である。冠・婚・喪・祭の儀礼がこうしたかたちで行なわれるのは、儀章と度数の形式性のゆえである。儀章とは、儀式の開始前と儀式の中で用いられる象徴的かつ装飾的な装置として、礼の根本を一定の格式に作り上げる。度数とは、式次第や装飾に用いられる礼数であり、回数や大きさ、種類や期間の差異によってそれぞれの役割を知らしめる。

ところが、礼の根本（本）と文飾（文）という構図は、『礼記』礼器篇が古礼の原則として唱えた命題である。先王が礼を定めたとき、根本があり、文飾があった。忠信が礼の根本であり、義理は礼の文飾である。根本がなければ礼は定まらず、文飾がなければ礼は行なわれない(2)。このような「忠信」と「義理」を根本と文飾に対比させる古礼的観点について、漢の鄭玄は、「内と外がすべて備わっていなければならないこと」（言必外内具也）だとし、陳澔はさらに次のようにつけ加えている。先王が制定した礼は、広範かつ精緻である。ただ心が素直で誠実な者だけが、それを学ぶことができる。しかし、繊細かつ緻密な物事にも、すべて意味（義）があり理致（理）がある。素直さと誠実さがなければ礼は成立しない。意味と理致に暗ければ礼を行なえない。常に内と外が備わり、根本と末端が同時に実践されてこそ、文飾は根本を飾りすぎず、根本は文飾によって節度ある行為となる(3)。

内面の素直さと誠実さ（忠信）は、礼が確立するための根本であり、礼の意味と理致（義理）は、その内面の素直さと誠実さを行なう文飾であるという。「名分之守」と「愛敬之実」を礼の根本とし、儀礼の儀章と度数を文飾とする『朱子家礼』の観点は、このような古礼的解釈と同じではないが、『礼記』に述べられた、礼の制定において遵守または変更すべき「因革」の基準や内容に通じるものがある。『礼記』によれば、礼の中でも時代によって変更が可能なのは、度量衡の制定、礼儀の是正、正朔の改正、車馬の色の変更、旗の改名、器物の新調、衣服の区別といった形式的なものであって、親親、尊尊、長長、男女有別などの宗法的倫理規範は変更不可能な原則である(4)。これはそのまま『朱子家礼』が述べる儀章・度数の文飾と名分・愛敬の根本に置き換えることができる。

しかし、「家礼書」の悩みとするところは、伝存する古礼の記録が現実に合致せず、当時作られた儀礼書は礼の根本と文飾を適切に折衷していないため、士庶人にとって要を得た指針書ではないという点であった。

三代の時には礼経が備わっていたが、現存する記録を見ると、家屋や器物の服飾制度や、行動や生活の手順などにおいて、今の世にふさわしくないものばかりである。世の君子は昨今の変化を斟酌し、時代に合わせて礼法を作ったが、ある内容は細かすぎ、またある内容はおおざっぱで、適切に折衷されていない。場合によっては根本を見過ごして末端にのみこだわり、実質において見るべきものがなく、文飾にばかり汲々としている。礼節の遵守を志す士は要諦が把握できず、貧しさに苦しむ者たちは礼節にまで気が回らないのではないだろうか(5)。

「世の君子が作った時代の礼法」とは、司馬光の『書儀』(以下、『司馬氏書儀』)をはじめ、程頤、張載、高閌など宋代の学者たちが時宜を考慮して作った儀礼書や儀礼案、さらには当時の国典だった『政和五礼新儀』も含まれている(6)。これらの問題点は士庶人が要諦を把握できず、礼を実践する物質的余裕のない士庶人の実情にふさわしくないというだけでなく、より根本的なことは「礼の根本と文飾」を折衷しうち立てるという問題であった。

2　祖先の尊重による根本の最定立

『家礼』の制作にあたって、礼の根本と文飾という構図を省察し、古礼制定の原則である因革の要素をその内容とすることは、『礼記』の中で論じられる根本と文飾に対する多様な文脈、多様な位相の意味が『家礼』の中で新たに解釈され、再び位置づけられることでもある。

『礼記』では、礼の根本とともに人間の根本に対する省察が重要な礼学的主題として扱われている。『礼記』祭義篇では、祭祀儀礼の意味を説明しつつ「天下の礼は始まりへと反《かえ》っていくもの」、「始まりに反るとは、根本(本)を厚くすること」だとする(7)。また郊特牲篇では、人間の根本は先祖であり(人本乎祖)、先祖の祭祀は、人間がみずからの根本に恩を返し、その始まりへと回帰する(報本反始)行為だとしている(8)。すなわち、すべての儀礼の頂点には祭祀があり(9)、祭祀は人間が自分の根本に恩を返し、その始まりへと回帰する意味をもつ。そしてその根拠が「祖先」である。先祖は人間の出発点かつ基底であり、人間の「根本」となるだけでなく、すべての儀礼行為の核心要素なのである。

このような文脈の中で、祖先の祭祀はすべての儀礼行為の中で最も根本的な位相をもっている。したがって、祭儀の項目を立てず、儀礼に用いられる書式類を巻頭に置く『司馬氏書儀』はその体裁において「根本を見過ごして末端にのみこだわり、実質において見るべきものがなく、文飾にばかり汲々としている」ものであった。『朱子家礼』が魏晋以降の「書儀」類の頂点ともいうべき『司馬氏書儀』を、多くの部分で準用したことは周知の事実である。だが『朱子家礼』は、礼の根本と文飾という古礼的本質と理想を呼び覚まし、それと同じ文脈の中にみずからを置いた点で、それまでの「書儀」とは明らかに異なっている。礼の根本を尊び、篤くしようとする古礼書の礼学的理想は、『朱子家礼』の編集スタイルによく表われている。『朱子家礼』の巻頭には、『司馬氏書儀』のような実用的書式類ではなく「祠堂制度」が配された。また『司馬氏書儀』では喪儀篇の末尾に付されていた祭礼儀式を独立させ、喪礼と同等の比重で扱った。四仲月の祭祀のほか、初祖や先祖、禰に対する祭祀、忌祭や墓祭に至るまでを整理し、後の士大夫儀礼の典範となる四礼〔冠婚喪祭〕の制度を定めたのである(10)。

『朱子家礼』が古今の典籍をあまねく研究し、家庭で行なうことのできる家礼の制作に力を入れたのは、礼の根本を立てるためであった。

およそ名称と職分を謹んで守り、愛と敬意を高めることを根本とし、それを実践するにおいては、不要な文飾を省き、根本となる実質を篤くすることで、「先進に従おう」とされた孔子の遺志に従った。願わくは、志を同じくする学者と十分に議論し、力の限り実践し、先人が己れを修めて家庭を治めた方法と、喪礼を謹んで行なって故人を慕う心を取り戻し、国家が教化を高めて、人民を導く上でいささかなりとも助けにならんことを(11)。

新たな家礼の編纂に求められたのは、礼の根本に忠実であり、当時の時代背景と士庶人の現実にふさわしい簡素な礼の文飾を備えることであった。洗練された礼の文飾ではなく、名と実を尊び、礼に質朴とした先人の意志に従うことで、古人が追求した「修身斉家」の方法と、彼らが重視した「慎終追遠」の心を回復するという礼学的理想を示すことであった。

『朱子家礼』は先祖の神主を安置し、先祖祭祀をはじめ冠・婚・喪・礼が執り行なわれる中心的空間としての「祠堂」を冒頭に掲げ、祠堂を家礼行為の中心かつ出発点とすることで、礼の根本を作り上げる礎を築いた。これは、祠堂という新しい形式にこめられた古礼的価値と、社会秩序の中心主題、すなわち宗法の問題とを相対せしめたことを意味する。

三　『朱子家礼』が目指した宗法的社会と人間

1　新しい社会構成原理としての宗子の法

『朱子家礼』は、礼の根本と文飾の折衷という古礼の原則を礼学的理想として明示することにより、古礼の編纂と施行という具体的な課題と明確な目標を持つことになった。それとともに、祠堂制度という新たな新しい形式を通じ、以上を実現しうる形式的しくみを準備した。これは古礼的価値と秩序の核心であった宗法を直視し、同時代の形式の中でこれを再現するためであった。『朱子家礼』ではもともと「祭礼」篇にあった「祠堂」章を巻頭に掲げ、「尊祖敬宗」の宗法精神を強調している。

この章は、もともと「祭礼」篇にあった。いま、根本に恩を返し、その始まりへと回帰する（報本反始）心と、先祖を尊崇し恭敬する（尊祖敬宗）心は、家庭を持つ者の名分の中でも最も重要な事柄であり、功業を成し、それを代々伝えていく（開業伝世）ための根本である。それゆえ、このことを特に強調して全篇の冒頭にすえ、根本を定めた理由を読者がまず理解し、後の篇で扱われる多様かつ詳細な内容についても、その根拠を考察できるようにした。ただ、古代の家廟制度は経典には見えず、今日士庶人の低い地位では実践しがたい内容もある。そこで特にこれに祠堂と名づけ、制度面においても俗礼を数多く援用した[12]。

「もともと『祭礼』篇にあった」の語が意味するところは、『朱子家礼』の篇題が現行のものとは異なっていたということか、あるいは『司馬氏書儀』の「喪儀」の六篇に「祭儀」と一緒にあった「影堂雑儀」を指しているのかの、いずれかである。劉垓孫の注によると、程頤は、庶人には祠堂がないが、影堂は建てることができると述べた。一方、朱子は祭祀において影幀を使ってはならないという程頤の説に従い、影堂を祠堂と言い換えたのであるから[13]、「祠堂」の名は朱子がつけたことになる。しかし、士庶人の地位の高低を問わず高祖以下を祀れるようにし、ただ祭祀の「豊殺」（盛大と簡素）、「疏数」（回数の多寡）にのみ差を設けた『朱子家礼』の祠堂祭祀の基本構想は、程頤の発案だったといえるだろう[14]。

祖先を尊重し宗子を敬うという意味の「尊祖敬宗[15]」は、古代宗法の基本精神として古礼の宗廟制度を貫通する理念といえる。『朱子家礼』は「報本反始」とともに、この「尊祖敬宗」の精神を名分において最も重要なもの、すなわち礼の根本として明示したのであり、そのことが祠堂制度を家礼の冒頭に置いた理由と考えられる。これは、冠婚喪祭のすべての儀礼行為が、究極的に祖先の尊崇と宗子への恭敬にあることを意味する。したがって、黄瑞節が注において「『家礼』は宗法を中心とする。……冠婚喪祭のいずれにおいても、その中に宗法の存在しないものはない[16]」と述べたのは、『朱子家礼』の本質を最も的確に表現したものといえる。

ところで、歴代の天子七廟、諸侯五廟、大夫三廟、士一廟の制度は、礼経における古礼の明文と考えられてきたもので、廟制と関係をもたない庶人は廟がないため、普段生活している寝（居室）で祭祀を行なうよう定めている[17]。しかし、士のみならず、庶人も独立した祭祀空間である祠堂を家に設け、古礼の廟制の昭穆制度にも比肩させるかたちで、諸侯に該当する高祖の祭祀まで祠堂で行なえるようにしたことは、礼制の秩序や意味体系を打ち破った変革といわなければならない。ただ、朱子もまた士庶人の四代祭祀が「僭越だ」という考えを捨てきれず[18]、宋代の国家礼典である『政和五礼新儀』においても、他の礼制と違い、士庶人の家廟制度を認めるのは困難であった。のち、一時的ではあれ品官の家廟制度を『朱子家礼』の祠堂制に準じるよう明示した明の国家典礼である『明集礼』すら、庶人の祭祀は祖父母や父母の時享のみとし、家廟ではなく寝で行なわせたように[19]、廟制は容易に変革しうる文飾ではなく、厳格な宗法的秩序と結びついていたためである。したがって、『朱子家礼』祠堂制に示される変化の本質は、等級秩序を壊し、貴賤の別なく四代祭祀を可能にしたこと自体よりも、そこに内在する宗法の新たな解釈にあるといわなければならない。

通常、宗法の古義を含むとされる『礼記』の大伝篇と喪服小記篇の大宗・小宗に関する記録は、西周時代の宗法の現実や社会現象の実態を理解するには抽象的かつ原理的なものにすぎない[20]。にもかかわらず、別子を「祖」とし、別子の継承者を「宗」とし、百代にわたって遷らない「大宗」と、五世たつと遷る「小宗」から構成される集団が、同一の祖先を尊び、大宗の宗子を敬う。そして大宗の宗子が小宗の宗族を集め和合させる（収族）という宗法の基本原理は[21]、漢代以降、多くの学者によって、周代の宗法社会の構成原則であるとともに、古礼の中心原理であるとされてきた。特に周代の宗法制度は、分封制度と結びつくことにより、単なる宗族の法規を超え、宗君合一による国家統治の道具へと拡大されたと見られる[22]。

このような原始宗法制度は、東周時代の商鞅の変法に始まり、原始宗族組織が瓦解して個体家長制が成立する過程でその原形を失ったといえる[23]。宗法制度を血縁関係の絆という広い意味で見ると、秦漢時代の個体家長制の家族から、魏晋から隋唐にかけての門閥世族に至るまで、家族内部の秩序と糾合のための規範として残ったとはいえるが、秦漢以降、分封制度や世卿世禄制度の廃止に伴い、厳格な宗法体系は存在しなくなったと見るべきである。したがって、大小宗の宗法に代わり、官職や財力に基づく門閥制度と残存する宗族制度が結びついた魏晋時代以降、士族階級は、唐代末期から宋代初期における科挙制度や土地売買が盛行し、庶人階級が浮上するにつれて没落していった。(24)

北宋の学者たちが宗法の没落を憂慮したのは、まさにこうした時代背景を反映している。『朱子家礼』の注には、「今の世には宗子の法がないため、朝廷に累代の臣下がいない。宗子の法を立てれば、人々は先祖を大切にし、根本を重んじることを知る。人々が根本を重んじれば、朝廷の威勢も日増しに高まるであろう(25)」という程頤の語が引用されている。「宗子の法」とは、彼が示した「高祖以下の先祖を祀る」小宗の法のことである。これと同じ意味の論説が『張載集』にも見える。(26)張載は、おのれの傍親兄弟がやって来ておのれを宗と見なすことを「宗」といい、祭祀を宗主する者が宗子であると規定した。(27)したがって、「宗子の法」とは宗子を立てる法を指すことになろう。彼の宗子の法によると、支子は別個に祭祀を執り行なうことができないという古礼的宗法の厳格な原則を強調しながらも、朝廷に入仕して強盛になった支子が宗子の不在時に収族を代行するなど、補助的な役割をするよう鼓舞している。朝廷に累代の世臣を置いて朝廷の威勢を高めようとしたのは、新官僚の支柱として成長した庶人階級の得た経済的・政治的成果が一、二代という短期間に分散してしまうことを懸念したためである。(28)彼らは宗法によって家門を守り、さらにそれによって朝廷を守るという大義名分を掲げた。張載は「宗法が立てば、各人はみずからの来し方を知り、朝廷にとっても有益である」としたが、その利益とは、公卿らがそれぞれ家門を守るなら、忠義が立ち、朝廷を強固なものにできるというものである。(29)

『朱子家礼』の祠堂制に示される宗子の法とは、四代の祖先を中心に結束した宗族集団によって社会の基層を再構成しようとする新たな社会構成原理である。古礼の注釈家が解釈したように、別子を継承する宗子が公卿に限られるなら、(30)士大夫はその公卿を大宗とするが、彼自身は五代以内の小宗組織以上に拡大した宗族を取り込むことができない。(31)これは、古礼の宗法がその政治的位相に沿って宗族集団の範囲を厳格に限定することにより、士大夫以下の宗族集団が無限に拡大するのを防ぐ意図をもっていたためである。

ところが宗子の法は、宋代の社会に高祖を同心円とする士庶人の宗族集団を作り出すものである。古礼の観点から見るならば、これは小宗の法といえる。始祖を祭る大宗はいるが、五代以上隔たって親族関係が尽きれば（親尽）、その神主を墓所に埋める。(32) 大宗は宗人たちを率いて年に一度墓祭を行ない、それを永く続けることで大宗の収族という古義を生かしてはいるが、行事の規模が物語っているように、大宗の意味と役割がひどく縮小されているのは、宗子の法の限界をも示すものとなっている。

士庶人の祠堂制度を通して新たな宗法社会を再構成しようとするこのような構想は、一般人民の祖先崇拝が国家に対する忠義に連なるという理念なしでは実現されない。これは『朱子家礼』の祠堂制度にもとづく士庶人の「宗」組織が国家の脅威とならない形態でなければならないことが前提になっていることを示している。

2　宗法の再解釈と新たな宗法的人間型

宗子の法を立てて家門を守ることは国家を守ることだと考えた北宋学者の主張は、彼らのいう宗子の法が「大宗」と「君」を同一する宗君合一、家国同型(33)という西周宗法の擬制であったことを示している。そうであれば、時代が移り、宗と君が分けられ、厳格な意味での宗法が瓦解した現実において、宗子の法は古礼的宗法をいかに擬制することで、新しい社会構成原理となりうるのだろうか。

程頤は、士庶人が四代を奉祀する祠堂制度を正当化する根拠として、喪服の五服制度を挙げた。彼は「高祖に対しては進んで喪に服するのに、その祭祀を行なわないのは、大きな過ちだ」と述べ、「天子から庶人に至るまで、五服の制度はこれまで変わっていない。喪服についてそうであれば、祭祀もそうあるべきだ(34)」と述べた。程頤のこうした主張について、朱子は次のように同意している。

程子の語を見るに、高祖に対しては喪に服するのだから、これを祭らないわけにはいかない。かりに七廟や五廟であっても高祖まででやめ、三廟や一廟、さらに寝での祭祀でも高祖まで及ぶようにし、祭祀の回数が異なるだけにする。おそらくは、祭祀の本来の意味を最もよく把握した言葉というべきだろう(35)。

五服制度とは、死者との親疎関係に応じて、斬衰・斉衰・大功・小功・緦麻の五種類の喪服を着る古礼の制度であり、その親疎関係は当人を中心として上下それぞれ四代までの範囲に及ぶ。程朱の論理は、高祖までの直系尊属に対しては身分に関係なく喪に服することから、高祖までの四代奉祀も身分に関係なく執り行なわなければならない、というものである。これは古礼における廟制の原則に五服制度の親族関係を結びつけて、高祖を祭祀対象における上限と見なしたのである。その結果、高祖への祭祀は、廟数の等差の影響を受けない不変かつ独立的な要素となり、七廟を有する天子も、廟を持たない庶人も、すべて高祖への祭祀が本意となった。

しかし、古礼的観点から見れば、官爵の違いによる廟制と宗族間の親疎関係による五服制度は別個のものである。任銘善が指摘したように、宗の義が親族の親疎によって宗子の地位を保つことにあるのに対し、廟の義は遠い祖先を追慕しつつ爵位を尊重することにあるからである(36)。爵位をもたない庶人に廟がないのは古礼の義理を表わしている。庶人は寝においてのみ父母への祭祀を行なうというのが古礼の合理性なのである。

もっとも、廟制と五服制度は、いずれも宗法の「同一の祖先を根源とする宗族集団内部の結束」という、同一の現象または目的をもっていた。廟制と五服制度には宗法の二大原理である「親親」と「尊尊」がはたらいているからである。「親親」は宗法内の親疎関係に沿って親愛の情を表現すること、「尊尊」は身分の違いにより尊敬の意を表現することである。程頤はまさに廟制と五服制度が具現する「親親」と「尊尊」の原理のうち、「尊尊」の原理が持つさまざまな政治的意味と機能を排除し「親親」の意味のみを採ることで、古礼的意味では決して結びつかない両者を結合し、「士庶人の四代奉祀」たる祠堂制度を創案したのである。

『礼記』喪服小記篇では、五服制度の大原則が「親親」の原理であることを説明している。

血縁の親族関係を親愛する範囲（親親）は三から五になり、五から九になる。親愛の情は上に行くほど減り、下に行くほど減り、横に行くほど減っていって、親族関係が尽きるのである。(37)

九代は五服制度の限界である。自分を中心として、父親から子までの三代、祖父から孫までの五代、高祖から玄孫までの九代とその傍系が、血縁に応じた親愛の情の及ぶ親族関係の範囲である。「減っていく」（殺）とは、親愛の情感が薄れていくにつれて喪服が軽くなることを意味している。(38)「親親」は五服制度の基本原則なのである。

『礼記』の喪服小記篇では、喪服の隆殺を決めるこの基本原則が、さらに親親・尊尊・長長・男女有別として説明されている。(39)ここでいう「親親」とは両親を指し、「尊尊」は祖父と曾祖父・高祖を、「長長」は兄および旁親を指し、男女の別とは、父に対しては斬衰服を着用し、母に対しては斉衰服を着用し、おばや姉妹で嫁に行っていない者には期年服を着用し、嫁に行った者には大功服を着用し、男性には斬衰服を着用し、妻には期年服を着用するといったことを指す。五服制度が具現するこれらの四点は、人間の道理の中で最も重要なこととされる。(40)程頤が「天子から庶人に至るまで、五服の制度はこれまで変わっていない。喪服についてそうであれば、祭祀もそうあるべきだ」と述べたのは、このことを指しているのである。

このほか、『礼記』は五服制度の六つの細かい原則（服術）を親親・尊尊・名・出入・長幼・従服に分けて説明している。鄭玄は注で「親親」は両親を第一に置き、「尊尊」は君主を第一に置き、「名」は世母や叔母などを第一に置き、「出入」は嫁いだ女性と嫁いでいない女性であり、「長幼」は大人と子供であり、「従服」は男性が妻の両親のために着たり、妻が男性の親族のために服する喪だと解釈した。(41)喪の軽重を決めるこの六つの条項は、親親の原理にもとづき、親親・尊尊・長長・男女有別の原則を具現する五服制度の細かな原則であるといえる。ところが、ここでは「尊尊」に関する鄭玄の解釈が、直系尊属である「祖」に対する尊崇を意味する「尊尊」の意味を超えて、「君主」への尊崇にまで拡大されている。「祖を尊重し宗を恭敬する」（尊祖敬宗）という宗法精神が意味する「尊尊」の根本的意味、すなわち祖先を尊敬するという意味[42]に、尊君の意味を重ね合わせているのである。

「親親」を根本原理とする五服制度が「宗君合一」の周代宗法社会において政治的関係に適用されたとき、「尊祖」と「尊君」は重層的に作用せざるをえない。鄭玄が「君を第一に置く」（君為首）とするのは、喪服制における数多くの尊尊的要素の中でこれを最も重視することであり[43]、五服制度の中でも尊君の要素は、親族関係による服制には従わず、尊尊による降服の形で表わされる[44]。したがって、程頤が五服制度は天子から庶人まで同一に適用される高祖までの服制だという場合は、「宗」と「君」が分離した現実にもとづき、尊尊の要素を排除して、親親の根本原理を適用した「正統の親」への服制のみを想定していることになる。

こうした状況は、廟制にもそのまま適用される。祭祀は基本的に、親を敬愛する孝子の心の表現であり[45]、これは親親の原理に従ったものである。しかし、祭祀対象の範囲を示す廟制には、親親の原理だけでは説明できない要素が含まれている。『礼記』の王制・礼器・祭法篇に明示されている天子七廟、諸侯五廟、大夫三廟、士一廟、庶人無廟の原則は、祭祀を行なう祖先の代数が、政治的な身分に応じて差別的に制限されるという大原則を示している。士大夫や庶人だからといって、祖父や曾高祖父がいないわけがなく、服喪して哀悼を表わす対象としての親愛の情がないはずがない。にもかかわらず、宗子の権利である収族の行事空間においてさえ、宗廟数の制限によって祭祀対象を限定するのは、まさに古礼宗法の大小宗の原則が、宗君合一の政治的要素と結びついているからである。したがって、廟とは単に先祖に対する恭敬の心を表わす空間ではなく、『礼記』大伝篇でも述べられているように、政治的な公共の価値を具現する空間なのである。

親しい者を親しく思う（親親）がゆえに先祖を尊び（尊祖）、先祖を尊ぶがゆえに「宗」を敬う（敬宗）。「宗」を敬うがゆえに親族を収め（収族）、親族を収めるがゆえに宗廟が厳かになり、宗廟が厳かになるがゆえに社稷を重んじる。社稷を重んじるがゆえに百姓を愛し、百姓を愛するがゆえに刑罰が正当になる。刑罰が正当となるがゆえに、庶民が安らかになる。(46)

儀礼の文飾はさまざまな礼数によって表現される。『礼記』礼器篇では、宗廟の数が多いほど高貴だという。これについて孔穎達は、大夫や士は徳が少ないため、廟の数を減らすことが「適切（称）」だと解釈した。(47)礼数の多さは徳の大きさを示し、(48)廟数の多寡は為政者の徳の大きさを表わす。この「功徳」という要素が漢代以降の歴代王朝において廟数論争の根拠となったのはこうした文脈からである。

程頤が廟制の本質、換言すれば天子から庶人に至るすべての者が高祖に対してまで服喪し、無廟である庶人すら高祖まで祭祀を行なえるようにしたのは、天子七廟の本質が高祖までの四代奉祀にあるとする点で、祭法篇の記録(49)や鄭玄の説(50)にかなっている。だが、新たな時代に儀礼の根本と文飾を折衷しようとした独創の核心は、廟制の中に幾重にも重なった「尊尊」という政治的要素にとらわれずに、廟制の本質を「親親」という宗法の大原則から再解釈した点にある。これは「親親」の大原則のもとに「尊尊」のさまざまな含意を調整し、蓄積してきた儒家的規範体系の内面的努力であったといえる。(51)

『朱子家礼』は五服制度と廟制を「親親」の宗法原理にもとづき、祠堂における四代奉祀として再構成した。これは、士庶人をすべて祠堂で祀り、宗子を中心として親族を収束する宗法的人間モデルを再構成することでもあった。彼らは国家礼典体系が有する「尊尊」的階級秩序に依拠しつつも、同じ範囲の祖先を尊崇し、同じ「親親」の宗法原理を具現していくという平等な原則への帰属を内面化した。かくして「尊尊」の政治的含意は制限され、宗族内の父系尊属に対する尊崇が強化された。宗子の収族権そして宗族の和合のための象徴的意味が強まるだけ、古礼の大宗君主がもつ強力な政治的凝集力は薄められたのである。しかし、積極的な仕宦による宗族強盛化への道は開かれていた。宋代以後、宗子とは別の、政治的権力と富裕をそなえた族長を立て、宗譜と族田の運営などを通して宗族の収族権を行使するようになる傾向がそれを物語っている。[52] これは『家礼』の遵守によって国家に対する忠義の確立をはかるものであり、したがってまた家々の「開業伝世」が意味するところでもある。

3　国家の礼教体系と『家礼』的知識人

上記第二章の引用に見たように、『朱子家礼』は国家による「崇化導民」、すなわち教化を強めて民を導くという意思を促していた。こうした『朱子家礼』の理想には、中国の士大夫層が伝統的に、国家権力や体制に対して抱いてきた二重性が表われている。士大夫層は、後漢帝国以後、国家の秩序と権力の中でみずからの自律的空間や秩序を確保しようと不断の努力を続けてきた。彼らは魏晋時代以降、国家体制樹立の中心勢力であるとともに、統治権の重要な担い手として、国家体制を積極的に受容していった。[53] 彼らは伝統的儀礼の遵守と礼学的知識を通じ、みずからの自律的な地位の確保と国家体制への編入とを同時に成し遂げたのである。

このような流れの中で、すでに魏晋南北朝時代から、士大夫層には儀礼のマニュアル化と実践の必要性が生じており、また実際に実践されてきた。[54] 南北朝時代、士大夫たちにより編纂されるようになった多くの「書儀」類は宋代士大夫の「家礼書」の源流ともいうべきものであるが、主に儀礼的な書式を扱っている点で「私家儀注の通名」[55] ともいえよう。これら「書儀」類は、貴族や士大夫層の家庭における規範として活用された点で、儀礼的書式の他に冠・婚・喪（祭）の儀注を整理・編纂した司馬光『書儀』の前身といえる。

一方、西晋時代には、中国最初の国家礼典である「晋礼」[56] が編纂され、国家儀礼は吉・凶・軍・賓・嘉の五礼制度をもって体系化された。これにより、社会全般を規制する儀礼的根拠が整えられた。『晋書』礼志に残存しているこの新礼の内容を見ると、皇族の儀礼に関する規定に加え、王侯大夫の喪服に関する規定があり、のち唐代に成立した『開元礼』同様、王室や品官の儀礼規定がすべて整っていたようである。これは、国家の礼典体系が整備されていくのに従い、国家が儀礼行為全般を主導し、規制していったことを意味する。実際、『晋書』礼志には朝廷の儀礼論争が見られ、士大夫の儀礼行為が適法かどうかを国家が決定し、干渉したことが記されている[57]。

国家が国典の編纂を通して、王室だけでなく士大夫から庶人に至るまで礼の秩序体系に編入し、彼らを規制・教化する意志を表明したことは、その後、唐代の『開元礼』や北宋時代末に編纂され南宋時代に国家の礼典となった『政和五礼新儀』にも明らかに見られる。『開元礼』では、王室の儀礼以外にも、三品以上、六品以下の品官の冠・婚・喪・祭礼が明文化され、『政和五礼新儀』では品官以外の庶人の儀礼が規定された。「品官時享家廟儀」は項目のみ設けられ、内容が整わないまま失われたが、「庶人婚儀」、「庶人嫡子冠儀」、「庶人庶子冠儀」、「庶人喪儀」は、簡略ではあれ、きちんとした内容が収められている[58]。『政和五礼新儀』は、内容が粗雑でまとまりに欠けており、多くの批判を浴びた国家礼典書であるが、庶人の儀礼が国典に記載された点は重要な意味をもつものとして評価すべきである。

「国家が教化を高めて、人民を導く上でいささかなりとも助けにならんことを」という『家礼』の願いは、高度な礼学的知識と実践意志を持ち、国家権力に対してみずからの独立性と責務を維持しつつも、国家の支配体系に組み込まれ、順応しようとしてきた中国士大夫層の立場と理想の宣言にほかならない。特に、士庶人の冠・婚・喪・祭礼が国家の礼典に記載されていた当時の状況を考えると、『朱子家礼』の編纂と構成は国典からの独立を意図したというより、国家の礼典体系を補い、それに呼応する機能を持たせることを目指したものといえよう。唐の『開元礼』を踏襲した宋初の『開宝通礼』に続き、粗略で誤りの多い『政和五礼新儀』を国典と定めた南宋において[59]、士庶人の実情をより的確に反映した家礼書を準備し実践したのは、国家制度を背景としつつ「礼、庶人に下る」の実現を可能にする方法を得たことになる。実際に明代には、勅撰の『明集礼』において品官や士庶人の家廟制度に『朱子家礼』が準用されていることは先に指摘したとおりである。そればかりか、「士庶冠礼」については「『文公家礼』を基準として定める[60]」とし、「品官喪儀」おいては『朱子家礼』の名物と儀節を参照したという[61]。『朱子家礼』は、国典がこれを模倣、準拠し、参照する基準としての地位を占めるに至ったのである。

『朱子家礼』は士庶人の困窮した現実を汲み取りつつ国家の礼教体制を補うという、現実的かつ遠大な目標を掲げ、そのことによって国家権力に対する自律と牽制力を堅持しようとした宋代知識人の理想を盛りこんでいる。これは中国歴代の士大夫に共通する願いであり、『朱子家礼』はこれに対して注目すべき成果を収めたわけである(62)。これは、「晋礼」から『開元礼』を経て『明集礼』に至る国家礼典体系が整備される基礎となった古礼的要素と、宋代士庶人の礼学的理想との出会いを可能とするものだったといえよう。

四　結　論

『朱子家礼』は、礼の根本（本）と文飾（文）という古礼的用語により儀礼の本質と理想を喚起し、これを士庶人の文脈に位置づけようとした点で、それ以前の「書儀」類とは性格を異にする。

礼の根本と文飾は『礼記』が古礼制定の原則として提示した命題である。「名分の守」と「愛敬の実」を礼の根本とし、冠礼・婚礼・喪礼・祭礼とその儀章・度数を文飾とする点は、忠信と義理を根本と文飾として対比させる古礼的観点とは異なるが、古礼が礼を制定する際に継承される要素として示した親親、尊尊、長長、男女有別の観念、および変革の基準として提示した形式的規定に共通点があったという点では、古礼の立礼精神にのっとったものといえよう。さらに『朱子家礼』では、人間の根本に関する『礼記』の考察が重要な礼学的主題として扱われている。「祖先」は人間自身の中に礼の根本を原初的に確認できる質朴な体験そのものだという意味において「根本（本）」的である。したがって、礼の根本を篤くすることを標榜した『朱子家礼』は、祖先の神主〔位牌〕を祀り、冠婚喪祭の儀礼を行なう中心空間としての祠堂を書の巻頭にすえ、祠堂を家礼行為の中心または出発点としたのである。

『朱子家礼』はこうした礼学的理想を持っていたため、古礼的価値と社会秩序の核心である宗法問題に直面することとなった。なぜなら、四代奉祀の祠堂制は、根本を重視する「報本反始」の精神と、「尊祖敬宗」という宗法精神を名分の第一と見なすからである。士庶人が、古代諸侯の五廟制を越える高祖祭祀まで祠堂で行なうというのは、礼制の伝統的等級秩序と意味体系を破る変革であり、その本質は宗法の新しい解釈にあった。「宗子の法」は、高祖以下を中心とする、いわゆる小宗の法である。新しい官僚地主として成長した庶人たちは、彼らが築き上げてきた経済的・政治的成果を後の代まで維持するため、宗法によって家門を守り、さらに朝廷をも守るという大義名分を考え出した。このような構想は、大宗と君が同一であった「宗君合一」、「家国同型」という周代の宗法を擬制したものである。

宗と君が分離し、厳格な意味での宗法が瓦解した現実において『朱子家礼』が示したのは、宗法の新しい解釈であった。程頤は、士庶人すべてに通じる四代奉祀の祠堂制を正当化する根拠として、五服制度を持ち出した。宗と君が分離した現実をふまえて、五服制度に具現される「尊尊」の政治的要素を制限、排除し、「親親」の根本原理を適用した「正統の親」に対する服制のみを想定し、天子から庶人に至るすべてが高祖に対して服喪することが五服制度の本質だと主張したのである。また「宗廟」はがんらい、単なる祖先への孝心を表わす空間ではなく、政治的な公共の価値を具現する空間であり、廟数の多寡は為政者の徳業の大きさを象徴するものであったが、これに対して程頤は庶人であっても廟に比肩する祠堂を持てるようにした。これは、廟制と重なり合う「尊尊」的要素を排除し、廟制の本質を「親親」の宗法原理としてとらえ直したことを意味する。こうして、古礼的意味では決して結びつくはずのない両者を「親親」の原理を通して結びつけ、士庶人の四代奉祀という祠堂制度を創案したのである。したがって、『朱子家礼』が提示する新たな宗法的人間のあり方とは、国家礼典制度の「尊尊」的階級秩序に帰属する政治的現実の中にあって、一族が同じ範囲の祖先を尊崇し、同じ「親親」の宗法原理を具現するという平等な原則への帰属を夢見るとともに、父系尊属に対する「尊尊」意識を強化するものでもあったのである。

『朱子家礼』は国家の「崇化導民」を補うものとして高い礼学的知識と実践意志を持ち、国家権力に対して、みずからの独立的地位と役割を担保しようとしつつも、国家の支配体系に積極的に編入され、順応しようとした中国士大夫層の立場を共有している。これは、「晋礼」から『開元礼』を経て『明集礼』に至る国家礼典の体系が準備されるのに対し、その根幹となった古礼的背景と『朱子家礼』の礼学的理想が出会うことで可能となったのである。

注

（1）丘濬『家礼儀節』文公家礼序、「凡礼有本有文。自其施於家者言之、則名分之守、愛敬之実、其本也。冠婚喪祭儀章度数者、其文也。其本者、有家日用之常礼、固不可以一日而不修。其文又皆所以紀綱人道之始終、雖其行之有時、施之有所、然非講之素明習之素熟、則其臨事之際、亦無以合宜而応節、是亦不可以一日而不講且習焉者也」（大田、学民出版社、影印本、二〇〇七年）。なお、この序文は『性理大全書』巻一九の家礼二では題目なしで収録されている。

（2）『礼記』礼器、「先王之立礼也、有本有文。忠信、礼之本也。義理、礼之文也。無本不立、無文不行」。

（3）陳澔『礼記集説大全』巻一〇、礼器、「先王制礼、広大精微、惟忠信者能学之。然而纖悉委曲之間、皆有義焉、皆有理焉。無忠信、則礼不可立、昧於義理、則礼不可行、必内外兼備、而本末具挙、則文因於本、而飾之也不為過、本因於文、而用之也中其節矣」（保景文化社影印本、一九九五年）。

（4）『礼記』大伝、「立権度量、考文章、改正朔、易服色、殊徽号、異器械、別衣服、此其所得与民変革者也。其不可得変革者則有矣。親親也、尊尊也、長長也、男女有別、此其不可得与民変革者也」。

（5）『家礼儀節』文公家礼序、「三代之際、礼経備矣。然其存於今者、宮廬器服之制、出入起居之節、皆已不宜於世。世之君子、雖或酌以古今之変、更為一時之法、然亦或詳或畧、無所折衷。至或遺其本而務其末、緩於実而急於文。自有志好礼之士、猶或不能挙其要、而困於貧窶者、尤患其終不能有以及於礼也」。

（6）『家礼儀節』文公家礼序の楊復注によると、朱熹は『家礼』を執筆した際、司馬光の『書儀』や高閌の『送終礼』のような礼書以外にも、程頤、張載などの礼説や韓琦の行礼手順など、当時の礼書や礼説、行礼記録の問題点や正当性を分析していた。ただし、胡伯量宛ての書信（『朱子文集』巻六三「答胡伯量」）などを見ると、『家礼』が、他にも『政和五礼新儀』やその前身である唐代の『開元礼』の礼制まで熟考していたことがわかる。

（7）『礼記』祭義、「天下之礼、致反始也。……致反始、以厚其本也」。

（8）『礼記』郊特牲、「万物本乎天、人本乎祖、此所以配上帝也。郊之祭也、大報本反始也」。

（9）『礼記』祭統、「礼有五経、莫重於祭」。

（10）〈四礼の体例〉

『司馬氏書儀』目録	『性理大全書』「家礼」目録
巻一　表奏／公文／私書／家書	家礼一（図）
巻二　冠儀	家礼二（家礼序）／通礼：祠堂・深衣制度・居家雑儀／冠礼／婚礼
巻三～巻四　婚儀上～婚儀下／居家雑儀	家礼三　喪礼
巻五～巻九　喪儀一～喪儀五／居喪雑儀	家礼四　喪礼／祭礼
巻十　喪儀六：祭／影堂雑儀	

（11）『家礼儀節』文公家礼序、「大抵謹名分崇愛敬、以為之本。至其施行之際、則又畧浮文務本実、以窃自附於孔子従先進之遺意。誠願得与同志之士、熟講而勉行之、庶幾古人所以修身斎家之道、謹終追遠之心、猶可以復見、而於国家所以崇化導民之意、亦或有小補云」。

（12）『性理大全書』巻一九、家礼二、「通礼祠堂」の自注。「此章本合在祭礼篇、今以報本反始之心、尊祖敬宗之意、実有家名分之守、所以開業伝世之本也。故特著此冠於篇端、使覧者知所以先立乎其大者、而凡後篇所以周旋升降出入向背之曲折、亦有所拠以考焉。然古之廟制不見於経、且今士庶人之賎、亦有所不得為者、故特以祠堂名之、而其制度亦多用俗礼云」。

(13)『性理大全書』巻一九、家礼二、「通礼祠堂」劉垓孫増注。
(14)『性理大全書』巻一九、家礼二、「通礼祠堂」小注、朱子の説。
(15)古礼的観点における儒家的礼規範の根拠として「尊祖敬宗」の理想と意味を考察したものとしては、拙稿「規範の根拠としての「親親」「尊尊」の正当化問題」（『東洋哲学研究』第五四輯、二〇〇八年）四章を参照。
(16)『性理大全書』巻一九、家礼二、「通礼祠堂」の黄瑞節注、「家礼以宗法為主、……至於冠婚喪祭、莫不以宗法行其間」。
(17)『礼記』王制、「天子七廟、三昭三穆、与大祖之廟而七。諸侯五廟、二昭二穆、与大祖之廟而五。大夫三廟、一昭一穆与大祖之廟而三。士一廟。庶人祭於寝」。『礼記』礼器、「天子七廟、諸侯五、大夫三、士一」。
(18)『性理大全書』巻一九、家礼二、「通礼・祠堂」小注、朱子の説。「朱子曰、而今祭四代已為僭。古者官士亦只祭得二代」。
(19)『明集礼』巻六、「吉礼」六、「品官家廟」条参照。「庶人無廟」の観念を打破し、国家から民間の立廟を正式に許可するようになったのは明の世宗（在位一五二二～六六）時期になってからである（盛冬玲「中国古代的宗法制度和家族制度」、『中国古代文化史』一、北京大学出版社、一九八九年、一〇四頁）。
(20)銭宗范・河海龍「関于中国宗法制度研究中幾個問題的探討」（『歴史学研究』第二五巻第六期、二〇〇三年）八八頁参照。
(21)『礼記』大伝、「別子為祖、継別為宗、継禰者為小宗。有百世不遷之宗、有五世則遷之宗。百世不遷者、別子之後也。宗其継別子之所自出者、百世不遷者也。宗其継高祖者、五世則遷者也。尊祖故敬宗、敬宗、尊祖之義也」、「尊祖故敬宗、敬宗故収族」。
(22)周代の宗法制度における宗君合一の特色については、劉広明『宗法中国』を参照。
(23)銭宗范・河海龍の前掲論文、八六頁。
(24)盛冬玲「中国古代的宗法制度和家族制度」、九八～一〇一頁参照。
(25)『性理大全書』巻一九、家礼二、「通礼祠堂」小注、程子の説。
(26)張載『張載集』、「宗法」。
(27)同上、二五九頁。

(28) 盛冬玲、前掲論文、一〇〇頁。
(29) 『性理大全書』巻一九、家礼二、「通礼祠堂」小注、張子の説。
(30) 『礼記』大伝の「別子為祖、継別為宗」に対する鄭玄の注、「別子謂公子、若始来在此国者、後世以為祖也」。
(31) 『礼記』大伝、「公子有宗道。公子之公、為其士大夫之庶者、宗其士大夫之適者、公子之宗道也」。
(32) 『性理大全書』巻一九、家礼二、「通礼・祠堂」自注、「大宗之家、始祖親尽、則蔵其主於墓所」。
(33) 周代の宗法制度における「宗君合一」と「家国同型」の特性については、劉広明『宗法中国』（上海三聯書店、一九九三年）を参照。
(34) 『性理大全書』巻二一、家礼四、「祭礼・四時祭」小注、程子の説、「自天子至於庶人、五服未嘗有異。皆至高祖、服其如是、祭祀亦須如是」。
(35) 『性理大全書』巻二一、家礼四、「祭礼・四時祭」小注、朱子の説。
(36) 任銘善『礼記目録後案』四〇頁、「宗之義、親親而持重者也。廟之義、追遠而尊爵者也」。
(37) 『礼記』喪服小記、「親親以三為五、以五為九。上殺、下殺、旁殺、而親畢矣」。
(38) 右の経文に対する鄭玄の注、「殺謂親益疏者、服之則軽」。
(39) 『礼記』喪服小記、「親親尊尊長長、男女之有別、人道之大者也」に対する鄭玄の注、「言服之所以隆殺」。
(40) 『礼記』喪服小記、「親親尊尊長長、男女之有別、人道之大者也」に対する孔穎達の疏、「此論服之降殺。親親謂父母也。尊尊謂祖及曾祖高祖也。長長謂兄及旁親也。不言卑幼、挙尊長則卑幼可知也。男女之有別者、若為父斬、為母斉衰、姑姉妹在室期、出嫁大功、為夫斬、為妻期之属、是也。此四者、於人之道為最大」。
(41) 『礼記』大伝、「服術有六、一曰親親、二曰尊尊、三曰名、四曰出入、五曰長幼、六曰従服」に対する鄭玄の注、「術猶道也。親親、父母為首。尊尊、君為首。名、世母叔母之属也。出入、女子子嫁者及在室者。長幼、成人及殤也。従服、若夫為妻之父母、妻為夫之党服」。
(42) 『礼記』大伝、「自仁率親、等而上之至于祖、名曰軽。自義率祖、順而下之至于禰、名曰重。一軽一重、其義然也」。鄭玄は、

これを「恩を用いる場合、父母が重く祖父が軽い。義を用いる場合、祖父が重く父母が軽い。恩が重い場合は三年服を用い、義が重い場合は斉衰服を用いる（用恩則父母重而祖軽、用義則祖重而父母軽。恩重者為之三年、義重者為之斎衰。然如是也）」と解釈した。

(43)　このような意味で丁鼎が、服術における「尊尊」を「君臣関係の服制原則」と定義した銭玄の観点について、不十分な解釈だと指摘したことは妥当である。（『「儀礼喪服」考論』、二〇〇三年、一八九頁）。

(44)　代表的なものが、『礼記』の「中庸」篇で例示されている「期年喪」である。「期之喪、達乎大夫。三年之喪、達乎天子。父母之喪、無貴賤一也」。

(45)　『礼記』祭義、「君子生則敬養、死則敬享、思終身弗辱也」。

(46)　『礼記』大伝、「親親故尊祖、尊祖故敬宗、敬宗故収族、収族故宗廟厳、宗廟厳故重社稷、重社稷故愛百姓、愛百姓故刑罰中、刑罰中故庶民安」。

(47)　『礼記』礼器、「礼有以多為貴者、天子七廟、諸侯五、大夫三、士一」の疏、「徳転薄、故廟少為称也」。

(48)　『礼記』礼器、「礼之以多為貴者、以其外心者也。徳発揚、詡万物、大理物博。如此、則得不以多為貴乎」。

(49)　『礼記』祭法、「王立七廟、一壇一墠、曰考廟、曰王考廟、曰皇考廟、曰顕考廟、曰祖考廟、皆月祭之。遠廟為祧、有二祧、享嘗乃止。去祧為壇、去壇為墠。壇墠、有禱焉祭之、無禱乃止。去墠曰鬼」。

(50)　『礼記』王制、鄭玄注、「七者、大祖及文王武王之祧、与親廟四」。

(51)　儒家的「尊尊」概念は法家の国家主義的「尊尊」概念と違い、基本的に「親親」とともに宗法内部の循環的な構図をもつ概念であり、孟子以後、さまざまな含意を模索し、重層的意味を形づくってきた。拙稿「規範の根拠としての「親親」「尊尊」の正当化問題」、一五二〜一六五頁参照。

(52)　盛冬玲の前掲論文、一一一〜一一三頁。

(53)　魏晋時代から南北朝時代の士大夫層が政治的に覚醒し、皇帝が支配する国家権力との拮抗関係および互助関係を同時に構築した過程については、洪承賢『士大夫と中国古代社会』（慧眼、二〇〇八年）を参照。

(54) 南北朝時代に編纂された「書儀」の目録は『隋書』経籍志に見えるが、その具体的内容は散逸したため分かっておらず、敦煌から発見された唐代の「書儀」文書を通してその内容を推測できるのみである。「書儀」の意味と淵源、および敦煌で発見された唐代「書儀」類の性格については、張小豔『敦煌書儀語言研究』(商務印書館、二〇〇七年)六〜四四頁を参照。
(55) 『四庫全書総目』巻二二、経部、礼類四「司馬氏書儀」。
(56) 『晋書』第一九、志第九「礼上」、「及晋国建、文帝又命荀顗因魏代前事、撰為新礼、参考今古、更其節文、羊祜・任愷・庾峻・応貞並共刊定、成百六十五篇」(北京、中華書局、一九八七年)。
(57) 晋代の貴族・士大夫の喪礼が国家儀礼体系の規制と干渉下に入る過程を分析したものとしては、洪承賢「晋代喪服書の編纂と性格」(『東洋史学研究』第一〇二輯、二〇〇八年)を参照。洪承賢は、国家礼典として編纂された「晋礼」が士大夫の私家で自律的に実践されていた家礼に干渉し、当時の私撰の喪服書は王法に順応して王法を補完する性格を帯びるようになったと考え、士大夫の家礼や私撰の喪服書が王法に対抗する自律的性格を持つことにのみ重きを置く見方を批判した。
(58) 『政和五礼新儀』巻一三五、吉礼条の「品官時享家廟儀」、巻一七九以下、嘉礼条の「庶人婚儀」、「庶人嫡子冠儀」、「庶子冠儀」、巻二一八以下、凶礼条の「庶人喪儀」。
(59) 『朱子語類』巻八四の「論考礼綱領」と「論後世礼書」は、『政和五礼新儀』の粗略で矛盾した点について何度も不満を表明している。また「唐有開元・顕慶二礼、顕慶已亡、開元襲隋旧為之。本朝修開宝礼、多本開元、而頗加詳備。及政和間修五礼、一時姦邪以私智損益、疏略牴牾、更没理会、又不如開宝礼」という(『朱子語類』第六冊、中華書局、一九八六年、二一八二頁)。
(60) 『明集礼』巻二四、嘉礼条の「士庶冠礼」に「今以文公家礼為準而定」という。
(61) 『明集礼』巻三七、凶礼条の「品官喪儀」。
(62) 歴代正史の「礼志」には、各朝代の礼典編纂をとりまく君臣間のさまざまな議論が記録されているが、その議論と論争の核心には、古礼の正確な解釈と適用という課題が横たわっている。中国歴代王朝の吉礼体系の確立過程における古礼の経典的根拠とその理想、機能については、拙稿「圜丘祭の形成過程の礼学的含意」(『韓国実学研究』第一六号、二〇〇八年)参照。

参考文献

（漢）鄭玄注（唐）孔穎達等正義『礼記正義』（北京大学出版社、二〇〇〇年）
（唐）房玄齢等撰『晋書』礼志（中華書局、一九八七年）
（唐）蕭嵩等撰『大唐開元礼』（三貫文化社影印本、一九九八年）
（宋）司馬光『司馬氏書儀』
（宋）黎靖徳編『朱子語類』（中華書局、一九八六年）
（宋）張載『張載集』（中華書局、二〇〇八年）
（宋）鄭居中等撰『政和五礼新儀』、「文淵閣四庫全書」第六四七冊（商務印書館影印本）
（宋）朱熹『朱子文集』（中華書局、一九八五年）
（元）陳澔『礼記集説』（上海古籍出版社、一九九六年）
（明）丘濬『家礼儀節』（学民出版社影印本、二〇〇七年）
（明）徐一夔等撰『明集礼』、「文淵閣四庫全書」第六四九～六五〇冊（商務印書館影印本）
（明）胡広等撰『性理大全』（保景文化社影印本、一九八四年）
（清）永瑢等撰『四庫全書総目』（中華書局、一九八七年）
박례경「圜丘祭 형성 과정의 예학적 함의」、『韓国実学研究』第一六号（パク・レギョン「圜丘祭の形成過程の礼学的含意」、韓国実学学会、二〇〇八年）
――「규범의 근거로서 친친（親親） 존존（尊尊）의 정당화 문제」、『東洋哲学研究』第五四輯（「規範の根拠としての「親親」「尊尊」の正当化問題」、東洋哲学研究会、二〇〇八年）

盛冬玲「中国古代的宗法制度和家族制度」、『中国古代文化史』一（北京大学出版社、一九八九年）
劉広明『宗法中国』（上海三聯書店、一九九三年）
任銘善『礼記目録后案』（斉魯書社、一九八二年）
張小豔『敦煌書儀語言研究』（商務印書館、二〇〇七年）
銭宗范・河海龍「関于中国宗法制度研究中幾個問題的探討」、『歴史学研究』第二五巻（二〇〇三年）
丁　鼎『「儀礼喪服」考論』（社会科学文献出版社、二〇〇三年）
홍승현『사대부와 중국 고대사회』、혜안（ホン・スンヒョン『士大夫と中国古代社会』、ヒョアン、二〇〇八年）
――「晋代 喪服書의 편찬과 성격」、『東洋史学研究』第一〇二輯（東洋史学会、二〇〇八年、ホン・スンヒョン「晋代喪服書の編纂と性格」）

第二部　『家礼』の伝播と変容

中国明清時代における『朱子家礼』の普及と定着

楊　志剛
井澤耕一　訳

要旨

中国明清時代における『家礼』の普及は、明代初期に朱子学が尊ばれ、『家礼』が国家礼制に組み込まれるという時代背景に沿って展開した。その後『家礼』をめぐっては、「家礼学」という独特の著述群が形成されるとともに、おびただしい関連著述が出現して『家礼』は広く普及することになった。『家礼』への評価も徐々に多元化し、場合によっては『家礼』を斥けたり批判する意見も出されたが、「家礼学」の範囲においてその独尊的地位は変わらず、また、より広い思想意識レベルにおいても、その位置は実質的に揺らがなかった。そのため、明清時代、『家礼』は広範な地域において多かれ少なかれ伝播・普及して重大な影響をもたらし、民間の通用礼となっていった。

本稿は四つの面から明清時代に『家礼』が普及し定着していく過程を論じる。まず明初において『家礼』がどのようにして国家礼制に組み込まれたのかを考察し、ついで『家礼』の独尊的地位と多様な評価について論じる。さらに各地の礼俗レベルにおける『家礼』の伝播・普及の具体的状況を検討し、最後に『家礼』テキストについて若干の整理を行なうこととする。

キーワード
『家礼』、家礼学、明、清、礼制、礼俗

はじめに

中国明清時代における『家礼』の普及は、明代初期に朱子学が独り尊崇され、『家礼』が国家礼制に組み込まれるという時代背景に沿って展開した。その後、『家礼』を巡っては、「家礼学」という独自の著述群が形成されるとともに、大量の関連書籍が出現した。これにより『家礼』はさらに広範囲に普及することになったのである。『家礼』への評価も徐々に多元化し、それを排斥あるいは批判する声すら聞かれるようになったものの、「家礼学」の範疇において、その独尊的地位に変化はなく、また、より広い思想意識の次元においても『家礼』の位置は実質的に揺らぐことはなかった。これにより明清時代、『家礼』はかなり広い地域、そして異なった階層において伝播・普及するとともに、多大な影響をもたらし、民間の通用礼となったのである。

本稿では四つの観点から、明清時代に『家礼』が普及し定着していく過程を論じる。まず明代初期、『家礼』がどのようにして国家礼制に組み込まれたのかを考察し、続いて『家礼』の独尊的地位と多元的評価について論じていく。さらに礼俗の方面から、『家礼』が各地で伝播・普及していった具体的状況を分析し、最後に『家礼』の版本に関して若干の整理を行なうこととする。

一　『家礼』の地位の国家礼制次元における確立

『明史』礼志一に「明太祖初定天下、他務未遑、首開礼、楽二局、広征耆儒、分曹討究」と記述されているとおり、明の太祖朱元璋が在位した三十年あまりの間、勅令により編纂された礼書として、『存心録』『大明集礼』『孝慈録』

『洪武礼制』『礼儀定式』『諸司職掌』『稽古定制』『国朝製作』『大礼要議』『皇朝礼制』『大明礼制』『洪武礼法』『礼制集要』『礼制節文』『太常集礼』『礼書』などがあった。(1) このように大規模かつ続けざまに礼制が定められたことは、中国歴代の皇帝のなかではあまり類を見ない。『明史』礼志一の冒頭では「三代以下、治出於二、而礼楽為虚名」という欧陽脩の語を引き、ついで、

要其用之郊廟朝廷、下至閭裏州党者、未嘗無可観也。惟能修明講貫、以実意行乎其間、則格上下、感鬼神、教化之成即在是矣。安見後世之礼、必不可上追三代哉。

と述べている。この言はある意図があって発せられたもので、明代の礼儀教化には、明初における礼楽に対する極度の尊尊が盛り込まれていたことを明らかにしている。

『明史』礼志や『大明令』に示されているように、洪武元年（一三六八）、明朝は即座に命令を下して、民間に『家礼』を普及させた。(2) その後、洪武二年八月、朱元璋は、

詔諸儒臣修礼書。明年告成、賜名『大明集礼』。其書准五礼而益以冠服、車輅、儀仗、鹵簿、字学、音楽、凡升降儀節、制度名数、纖悉畢具。(3)

とした。『大明集礼』（以下『明集礼』と略称）は家における冠婚喪祭の儀礼について、その多くを『家礼』から取り入れており、国家制度のレベルから『家礼』を肯定、踏襲していた。このことは『家礼』の伝播史、または明清礼制の沿革史いずれにおいても重要なことであり、検討する価値があろう。

そもそも『明集礼』は徐一夔、梁寅、劉于、周子諒、胡行簡、劉宗弼、董彝、蔡深、滕公琰、曾魯らによって撰集されたものである。(4)『明太祖実録』巻五六によると、『明集礼』は洪武三年（一三七〇）九月に成り、全五十巻であった。しかし現在見ることができる刊本は、嘉靖年間刊行の五十三巻本である。(5) では次に、『家礼』が『明集礼』に組み込まれていった具体的な状況を明らかにしてみたい。

1　祠堂制度

まず朱熹が創設した祠堂制度が、明初においてどのように公的礼制に組み込まれたのかを考察していこう。『明集礼』巻六・吉礼六・宗廟所載の「品官家廟考」[6]「祠堂制度」「神主式」「櫝韜籍式」「櫝式」「尺式」の各条は、『家礼』と関連している。『明集礼』の「品官家廟考」は以下のようにいう。

……先儒朱子約前代之礼、創祠堂之制、為四龕、以奉四世之主、並以四仲月祭之。其冬至、立春、季秋、忌日之祭、則又不与乎、四仲之内、至今士大夫之家遵以為常。凡品官之家、立祠堂於正寝之東、為屋三間。外為中門、中門為両階、皆三級、東曰阼階、西曰西階。階下随地広狭、以屋覆之、令可容家衆叙立。又為遺書、衣物、祭器庫及神廚於其東、繚以外垣、別為外門、常加扃閉。祠堂之内、以近北一架為四龕、毎龕内置一桌。……国朝品官廟制未定、於是権仿朱子祠堂之制、奉高・曾・祖・禰四世之主、亦以四仲之月祭之、又加臘日、忌日之祭、与夫歳時俗節之薦享。至若庶人、得奉其祖父母、父母之祀、已有著令、而其時享於寝之礼、大概略同於品官焉。

また「祠堂制度」では次のように記述されている。

祠堂三間、外為中門、中門外為両階、皆三級、東曰阼階、西曰西階。階下随地広狭、以屋覆之、令可容家衆叙立。又為遺書、衣物、祭器庫及神廚於其東、繚以周垣、別為外門、常加扃閉。祠堂之内、以近北一架為四龕、毎龕内置一桌。高祖居西、曾祖次之、祖次之、父次之。神主皆蔵於櫝中、置於桌上南面、龕外各垂小簾。簾外設香桌於堂中、置香爐香盒於其上。両階之間又設香桌、亦如之。若家貧地狭、則止為一間、不立廚庫、而東西壁下置立両櫃、西蔵遺書衣物、東蔵祭器亦可。地狭、則於庁事之東亦可。

この『明集礼』の「祠堂制度」は全部で百九十字余りだが、全てを『家礼』から引用しており、とくに後半は巻一「通礼　祠堂」の注を省略して載せたものである。[7]

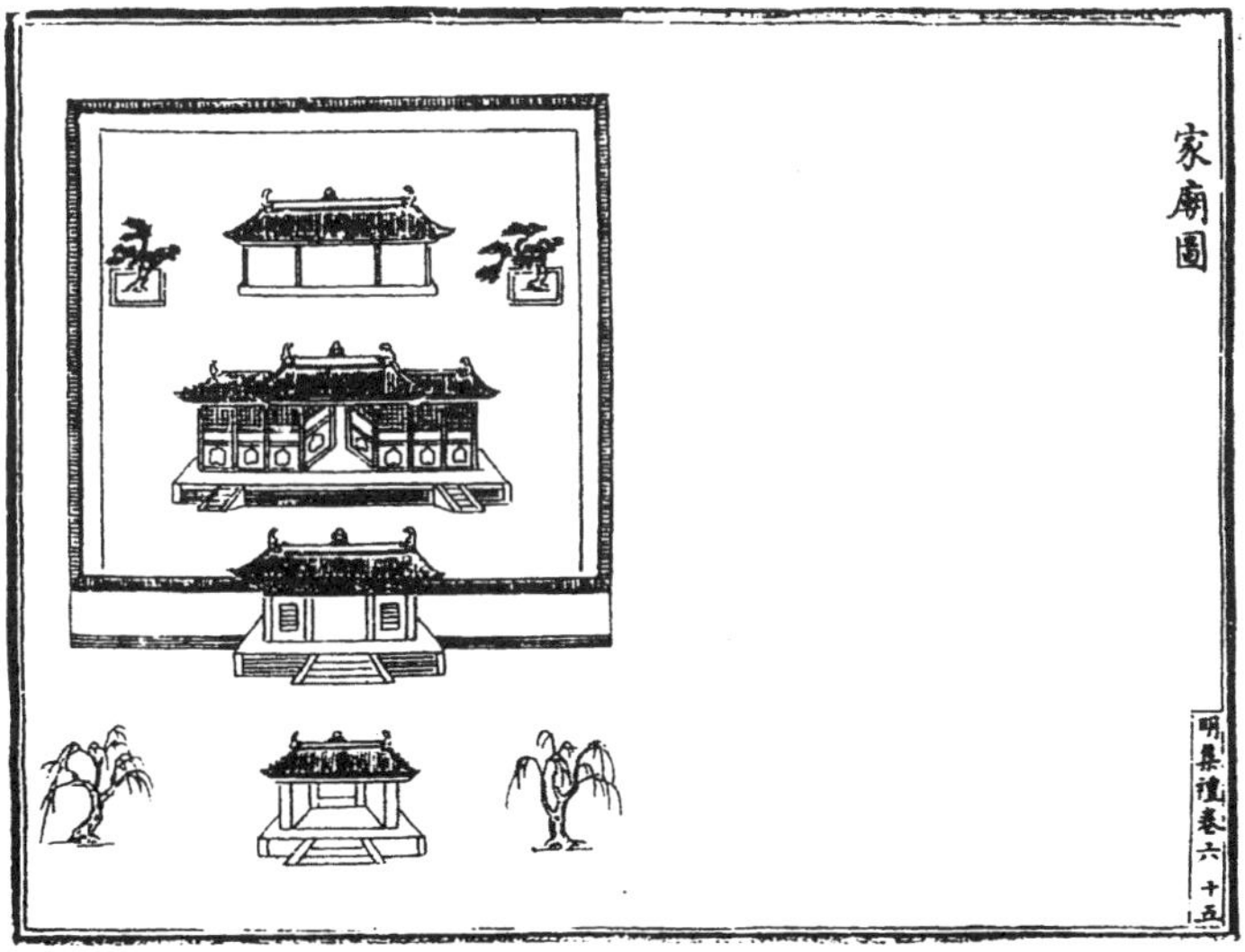

図1　『明集礼』家廟図

これと対照しうるものとして、『明史』礼志六「群臣家廟」があり、それは『明集礼』巻六「品官家廟考」および「祠堂制度」を踏襲したものである。

明初未有定制、権倣朱子祠堂之制、奉高・曾・祖・禰四世神主、以四仲之月祭之、加臘日、忌日之祭与歳時俗節之薦。其庶人得奉祖父母、父母之祀、已著為令。至時享於寝之礼、略同品官祠堂之制。堂三間、両階三級、中外為両門。堂設四龕、龕置一桌。高祖居西、以次而東、蔵主櫝中。両壁立櫃、西蔵遺書衣物、東蔵祭器。旁親無後者、以其班附。庶人無祠堂、以二代神主置居室中間、無櫝。

ここで留意すべきは、『明史』礼志六が、前述の「群臣家廟」の文に続いて、

洪武六年定公侯以下家廟礼儀。凡公侯品官、別為祠屋三間于所居之東、以祀高・曾・祖・考、並祔位。祠堂未備、奉主於中堂享祭。

と述べていることである。以上の諸史料を総合してわかるのは、洪武六年（一三七三）以前、各家の祖先祭祀に対して、明王朝が国家礼制のレベルで「権《かり》に朱子祠堂の制に倣《なら》う」こ

とを提唱していたことである。その「権仿」の方法は、各家の状況により定められたが、主な施行対象は品官階層であった。

祖先祭祀に用いられた木主制については、『家礼』の「神主式」「櫝式」「櫝韜藉式」（すべて図に解説が添えられている）もそのまま『明集礼』に踏襲された。

2　士庶冠礼

『明史』礼志八「庶人冠礼」には「故冠礼之存者惟士礼、後世皆推而用之。明洪武元年詔定冠礼、下及庶人、織悉備具。然自品官而降、鮮有能行之者、載之礼官、備故事而已」と記されている。

『明集礼』巻二十四・嘉礼八冠礼は「親王冠礼」「品官冠礼」「士庶冠礼」に分かれており、「士庶冠礼」総叙では以下のように記されている。

古者冠礼唯士独存。後世之所謂冠儀、皆推士礼為之也。漢晋以来士礼廃而不講、至於唐宋乃有士庶通礼。雖采士冠儀文、然失之太繁。今以『文公家礼』為准、而定士庶冠礼。有官者、公服、帯、靴、笏。無官者、襴衫、帯、靴、通用皂衫、深衣、大帯、履、櫛、須、掠。其筮日、戒賓、醴、祝之儀、一遵『儀礼』、具著於後、以為今日通行之制。

洪武元年にはわずか「詔定冠礼、下及庶人」にすぎなかったのが、一年後の『明集礼』「士庶冠礼」では『家礼』がかなり参照されており、注目に値する変化といえよう。これにより明朝によって定められた「士庶冠礼」も簡単で実施しやすくなり、「親王冠礼」「品官冠礼」が煩瑣であったのとは明らかに一線を画すものとなった。また『明史』礼志八「品官冠礼」条の「古者男子二十而冠」、「庶人冠礼」条の「凡男子年十五至二十、皆可冠」は、双方ともに『明集礼』「士庶冠礼」と同じであるが、それらがひとしく『家礼』に拠ったためである。(8)

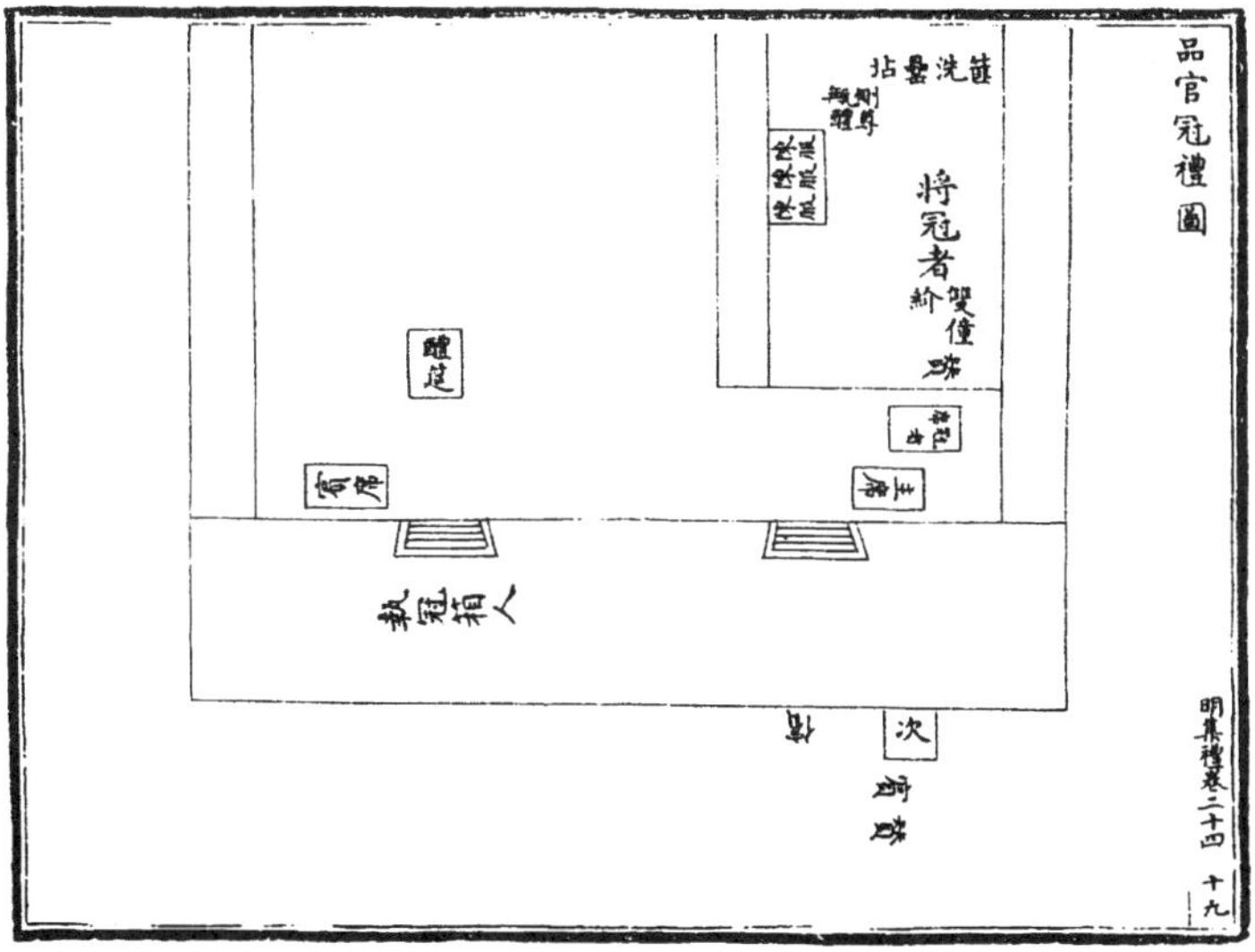

図２　『明集礼』品官冠礼図

3　庶人婚儀

『明史』礼志九「庶人婚礼」条に、「礼云、婚礼下達、則六礼之行、無貴賤一也。『家礼』無問名・納吉、止納采・納幣・請期。洪武元年定制用之、下令禁指腹、割衫襟為親者。凡庶人婚娶、男年十六、女年十四以上、並聴婚娶」という。『家礼』は伝統的婚礼における「六礼」を簡素化し、洪武元年、明王朝によって採用された[9]。そのため「指腹」を「婚」とすることが禁じられ、男子は十六歳以上、女子は十四歳以上になれば結婚することが許されたが、これも『家礼』の見解に拠ったものである[10]。

『明集礼』巻二十八・嘉礼十二・婚礼は「品官（婚礼）」と「庶人（婚儀）」に分かれているが、その「庶人（婚儀）」条で特に強調しているのは、『家礼』の「庶人婚儀」「擬国朝庶民婚儀」に依拠したということである。一方「品官（婚礼）」については、唐代の礼を取り入れてはいるが、『家礼』には言及していない。ここから、筆者は、『家礼』が国家礼制に組み込まれた際、（一）『家礼』の祠堂制度はまず品官階層に享受され、その後、士庶階層に伝わり拡散した、（二）それ

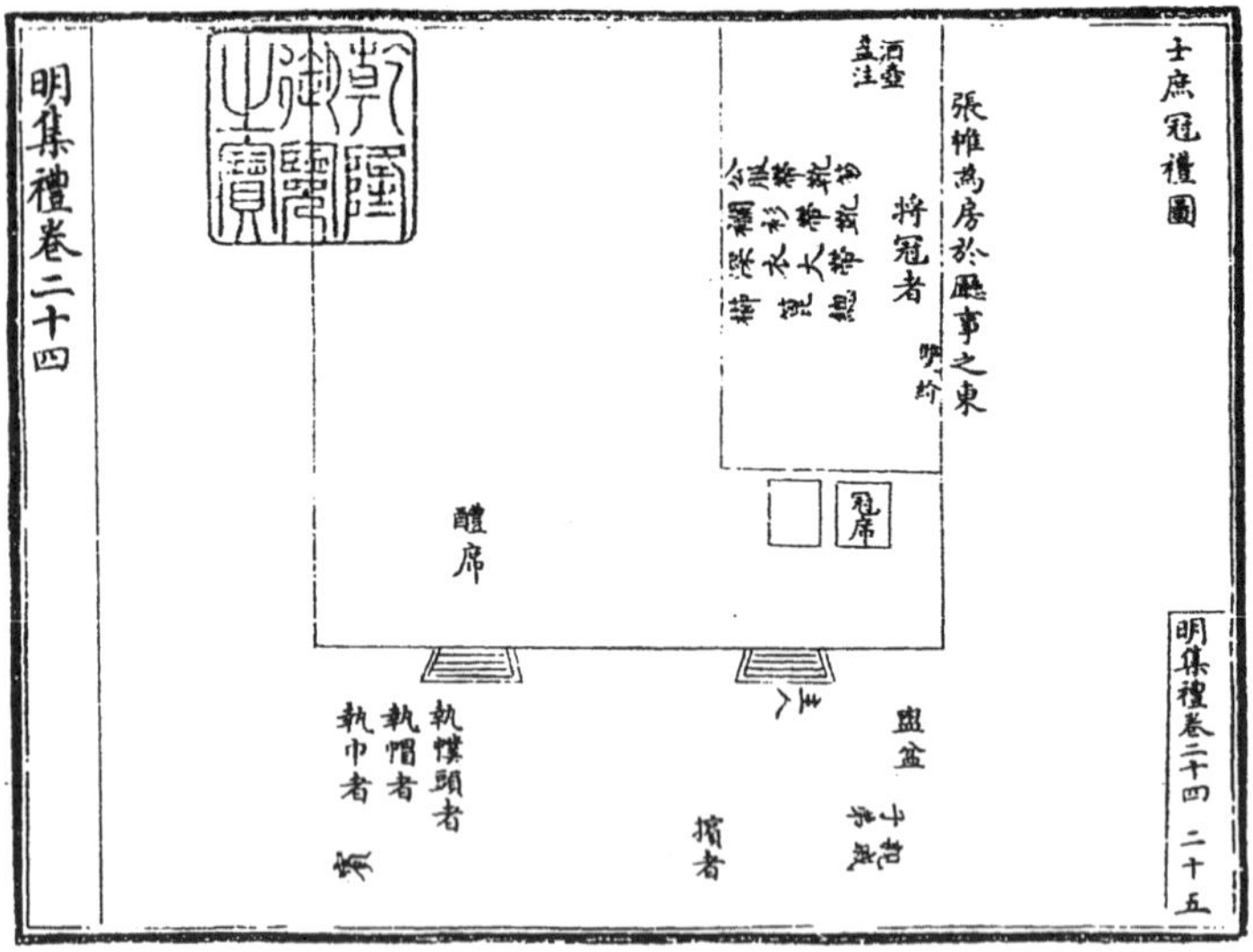

図3　『明集礼』士庶冠礼図

と対照的に、『家礼』の冠婚儀制はまず庶民社会に浸透し、その後、品官階層に広まった、(三)『家礼』の喪儀については、品官・士庶に同時に浸透した、という三つの異なった形態を取ったと考える。第三の点については次節で述べることとする。

4　品官喪儀、庶人喪儀

『明集礼』巻三十七・凶礼二・喪儀は「品官（喪儀）」と「庶人（喪儀）」に分かれているが、「品官（喪儀）」総叙では「……今本之『周経』、稽諸『唐典』、而又参以『家礼』之編、列其名物之概、次其儀文之節、斟酌之以著於篇、俾有所法」と述べられている。

また「庶人（喪儀）」総叙にも、

……故五服之制、無間乎上下。礼所載、公卿士庶之礼、多可通行。而唐宋所定『家礼』之所載、庶人与品官亦不甚懸絶。所不同者、衣衾、棺槨、儀物、器饌之厚薄而已。今酌之于古、准之於今、務為可行、以著於篇。

とあり、『明集礼』「庶人（喪儀）」は唐制、宋制さらに『家礼』を交えて取り入れていたことがわかる。

これを裏付けるものとしては、『明史』礼十四「品官喪礼」条に「品官喪礼載在『集礼』、『会典』者、本之『儀礼』士喪、稽諸『唐典』、又参以『家礼』之編、通行共曉」とあり、同巻「士庶人喪礼」条に「『集礼』及『会典』所載、大略仿品官制、稍有損益」とあるのを参照されたい。

5　喪服制度、喪儀図

『明集礼』巻三十八・凶礼三では喪服制度を列挙し、あわせて図を配している。そのうち喪服制度は『家礼』に拠っており、「喪服図」の三百二十字余の文章も、『家礼』から直接引用している。『明集礼』凶礼三には「本宗五服之図」「三父八母之図」「妻為夫党服図」「襲含哭位之図」「小斂図」「大斂図」および二十三頁半の喪服図が配されているが、文淵閣四庫全書影印本『性理大全書』所収の『家礼』と比較してみると、「本宗五服之図」「三父八母之図」「妻為夫党服図」「襲含哭位之図」「小斂図」「大斂図」は『家礼』のそれを引用しており（部分的に簡略化している）、半数を超える喪服図も『家礼』から採っている（一部は簡略化され、配列も変更されている）。

ここで言及すべきは、『明集礼』が完成して間もない洪武七年（一三七四）、朱元璋が孫貴妃の死により、礼官に喪服制度を新たに定める勅命を下していることである。礼書はその年に完成し、『孝慈録』と名付けられ、五服喪制が記述されている。朱元璋はみずから序を書き、さらに「復図列於『大明令』、刊示中外」とした[11]。朱元璋は『孝慈録』の編纂により伝統的喪制を少しく改めたが[12]、『孝慈録』の大部分は依然として『家礼』を踏襲したのであった。

二　『家礼』の「独尊」と多元的評価の中における継続

『明史』礼志一に「永楽中、頒『文公家礼』於天下」とあり、この「『文公家礼』を天下に頒つ」に関して、最も重要な出来事として指摘しなければならないのは、『性理大全』（別名『性理大全書』、以下『性理大全』と称する）が編纂され、そこに『家礼』全文が収められたことであろう[13]。

永楽年間、明の成祖朱棣は思想を統一し、「天下士所為学、言人人殊、俗異而政無統[14]」となるのを防ぐため、翰林学士胡広に命じて『四書五経大全』および『性理大全』を編纂し、宋元理学者の説を集めさせた。そして、これを全国に頒行し、学校教育の基本教材、または科挙の標準解答とし、程朱の理学思想に合わないものは異端と見なして排斥した。朱棣はさらに『性理大全』序を作り、

……集先儒成書及其論議、格言、輔翼五経、四書、有裨於斯道者、類編為帙、名曰『性理大全』。……遂命工鋟梓、頒佈天下、使天下之人、獲睹経書之全、探見聖賢之蘊。由是窮理以明道、立誠以達本、修之於身、行之於家、用之於国、而達之天下。使家不異政、国不殊俗、大回淳古之風、以紹先王之統、以成熙雍之治、将必有頼於斯焉。

と述べている。

侯外廬等主編『宋明理学史』は、明代初期の朱子学に基づく統治の確立および『性理大全』に見える朱子学に対して詳細に考証しており参考となるが[15]、ここではくりかえし述べない。しかしここで強調しておきたいのは、朱棣『性理大全』御制序中の「所謂道者、人倫日用之理、初非有待於外也」という一節が、朱子学の本旨が「家孔孟而戸程朱」を標榜する『大全』にあること、さらに『家礼』がなぜ『大全』に収められたのかを最もよく説明していることである。いわゆる「人倫日用之理」は礼、とりわけ『家礼』とは不可分なものである。それについて、朱熹の『家礼』序はこう指摘している。

凡礼有本有文、自其施於家者言之、則名分之守、愛敬之実、其本也。冠婚喪祭、儀章度数者、其文也。其本者、有家日用之常礼、固不可以一日而不修。其文又皆所以紀綱人道之始終、雖其行之有時、施之有所、然非講之素明、習之素熟、則其臨事之際、亦無以合宜而応節、是亦不可以一日而不講且習焉者也[16]。

朱熹はまた、家礼を編纂、実践することにより「庶幾古人所以修身斉家之道、謹終追遠之心、猶可以復見、而於国家所以崇化導民之意、亦或有小補」となりうると述べている。黄榦は「書家礼後」で「是書已就、而切於人倫日用之常、学者其可不盡心与[17]」と強調している。こうしたことから、宋元以降、なぜ「家礼学」が盛行したのかを了解することができよう。実際、『家礼』は「治国」「崇化導民」の基礎として強調されたのである。

『家礼』が明代の学者に尊崇され、独尊の地位を保ったことについて、丘濬と楊慎の語が例として挙げられよう。丘濬（一四一八～九五、字は仲深、号は瓊台）は『文公家礼儀節』を編集し、『家礼』の伝播に大いに功績があった。丘濬は同書の序の冒頭でこう述べている。

礼之在天下、不可一日無也。中国所以異于夷狄、人類所以異於禽獣、以其有礼也。礼其可一日無乎。成周以礼持世、上自王朝、下至於士庶人家、莫不有其礼。秦火之厄、所余無幾。漢魏以来、王朝君国之礼、雖或有所施行、而民庶之家、則蕩然無余矣。……文公先生因温公『書儀』、参以程張二家之説、而為『家礼』一書、実万世人家通行之典也[18]。

さらに続いて、

礼之在人家、如菽粟布帛然、不可斯須無之。読書以為儒、而不知行礼、猶農而無耒耜、工而無縄尺也、尚得為農工哉。夫儒教所以不振者、異端乱之也。異端所以能肆行者、以儒者失礼之柄也。時之学儒者、徒知読書而不能執礼、而吾礼之柄遂為異教所窃弄而不自覚。自吾失吾礼之柄、而彼得以乗間。……噫、吾家之礼為彼所窃去、而不知所以、反求顧欲以口舌争之哉、失其本矣。窃以為『家礼』一書、誠辟邪説正人心之本也。使天下之人人誦此書、家行此礼、慎終有道、追遠有儀、則彼自息矣、儒道豈有不振也哉。

と述べている。丘濬は、儒教の振興と人々の希望を『家礼』の宣伝と実践に託したのである。

楊慎（一四八八～一五五九、字は用修、号は升庵）は、正徳年間の状元。明代随一の博学強記で著作を多く残した学者として名高い。嘉靖三年（一五二四）、「大礼の議」で世宗の怒りを買い、杖笞を受けた後に雲南に左遷され、そこで一生を終えている。楊慎の多数の著述の中に『別本家礼儀節』[19]があり、彼が「家礼学」に関心をもっていたことがわかる。彼には「家礼序」があり、『家礼』は『周礼』の不備を補ったもので、「人」を「孝子慈孫之列」「端人正士之林」「安分循理之地」に導くことができると主張している。楊慎はさらに、

人不熟二経（『周礼』『家礼』を指す）者、猶之人不為『周南』『召南』、面牆而立、跬歩行不去、何以申孝思、何以裕後昆、何以敦教化、何以厚風俗。

とも述べている。楊慎の主張は、清代の儒者朱彝が「道伝録序」において、明代、朱子学が思想界を独占していたことにつき「世之治挙業者、……以言『詩』、非朱子之伝義弗敢道也。以言『礼』、非朱子之『家礼』弗敢行也。……言不合朱子、率鳴鼓而攻[20]」と論評したことを想起させるものである。

ただし『家礼』が尊崇されたのは多くの場合、おそらく「名分」のレベルにおいてであった。『家礼』の儀軌全体が結局どの程度現実の生活で実践できたかは、それ自体が一つの問題である。これに加えて、時代が推移すると、『家礼』も時の流れの中で次第に「古礼」となり、それがまたどの程度各地の風習に受け入れられたのか（『家礼』が風俗を規範化し変化させたのか）もまた問題となろう。

そうであれば、我々は、明代においてなぜ『家礼』の注解や『家礼』を増删した家礼類書籍が絶えず出版されたのかを、一定の角度から解釈することが可能となろう。近年、この問題に注目した研究として、台湾・何淑宜氏の論文『明代士紳与通俗文化的関係――以喪葬礼俗為例的考察』がある。そこでは「（明代）知識人が儒礼を提唱する際には、復古を標榜することに決してこだわらなかった。彼らは古代の礼経の一部が時流に合致していない事実を正確に理解するとともに、儒礼が民間で有効に実行されることを望んだため、礼制を検討し、適時改め、当面の急務を成し遂げようとした。これは当時、大量に出版された『家礼』類注釈書籍および喪葬類礼書から知ることができる。これら私

修礼書のほとんどは、形式と内容について『家礼』を模したが、『家礼』の条文に対する釈疑と増删を加えたことから、当時の士人が、礼文を用いて儒礼と民間喪俗の差を解消しようとしていたことがわかる[21]」といっている。

実際、宋元以後出現した家礼類の著述は、『家礼』の普及にきわめて大きな役割を果たした。これらはすべて、清朝が滅亡するまで、ほとんど『家礼』を模範としている。『家礼』は明清の「家礼学」において一貫して主導的、中心的地位を占めていた。言い換えれば、『家礼』は明清の「家礼学」において「経」の地位を獲得し、他の著述は「伝」「注」「疏」の類であったといってもいいだろう。

いくつか例を挙げてみると、明の王叔杲は『家礼要節』を撰し、隆慶辛未（一五七一）の春三月、叙を撰した。そこに「予家自先世敦行族約、其所以節文之者、実惟『文公家礼』。因删繁撮要、稍稍損益、俾簡而易従、総為一帙、曰『家礼要節[22]』」と述べている。また、元末明初の鄭泳は『鄭氏家儀』を著したが、巻首の欧陽玄「義門鄭氏家儀序」では、

……宋司馬文正公、本『周礼』而酌古今之儀、著為『書儀』、有『居家雑儀』、冠婚喪祭等礼皆実行之於家、以為後人法。其後子朱子略加去取、定為『家礼』、而天下後世始可遵而行之矣。婺浦江有義門鄭氏、自宋迄今十世同居。其孫泳字仲潜、又遵『書儀』『家礼』、而以謂古礼於今不能無少損益、必求其可行於今不悖于古者、並録其家日用常行之礼、編次成書、名曰『鄭氏家儀[23]』。

という。鄭泳は『鄭氏家儀』において「今遵『家礼』而略有損益者、蓋時或有所禁、而礼楽之器之文不得不異、吾求其質而已。嗚呼、是編也、乃吾家日用之儀、序次成書、伝之子孫、使謹守而勿廃」と述べている。

このほか、万暦の進士呂坤は『四礼疑』を撰し、「嘗就『儀礼』『礼記』及『家礼会成』『儀節』所未解者、作『四礼疑[24]』」と述べているが、『四庫全書総目提要』はこれについて「大旨亦本於『書儀』『家礼』、然好用臆説、未可拠為典要」と指摘している。

実際、宋元以後、社会生活の規範と関連した著述は、多かれ少なかれ『家礼』の影響を受けている。たとえば『泰泉郷礼』は王安石に始まる保甲制度、藍田呂氏以来の郷約制度、明代から行なわれた里社祭祀制度のほか、『家礼』等の内容を参照、吸収して「郷礼」のシステムを構築した(25)。この種の著作が広く伝播することにより、『家礼』の尊崇的地位がさらに際立つこととなった。

清代に入ると、状況にいくらか変化が生じた。第一に、清朝は『清通礼』を編集し、それを庶民生活の規範として『家礼』に取って代えようとした節がある。「御制大清通礼序」の冒頭では、「郷閭」に重きを置いた上で、「伊古承天之道、治人之情、莫善乎礼。顧其為用、往往詳於朝廟、略於郷閭」と述べている。乾隆元年発布の『清通礼』編纂を命じた上諭の冒頭「上諭朕聞三代聖王縁人情而制礼、依人性而作儀、所以総一海内、整斉万民、而防其淫侈、救其凋敝也」において際立っているのは「整斉万民」の語である。『清通礼』は唐の『開元礼』、北宋の『太常因革礼』、『元通礼』、『明集礼』における五礼の体系を踏襲したが、その重点は庶民に移り、いかに民を教化することに重きが置かれるようになった(26)。上諭は続けて、

漢唐以後、雖粗備郊廟、朝廷之儀、具其名物、蔵於有司、時出而用之、雖縉紳学士皆未能通曉。至於閭閻車服、宮室飲食、嫁娶喪祭之紀、皆未嘗弁其等威、議其度数、是以争為侈恣、而耗散亦由之。将以化民成俗、其道無由。

と説き、ついで乾隆帝は、

前代儒者、雖有『書儀』『家礼』等書、而儀節繁委、時異制殊、士大夫或可遵循、而難施于黎庶。

と述べている。こうして乾隆帝は「将冠婚喪祭一切儀制、斟酌損益、匯成一書。務期明白簡易、俾士民易守」になることを期待したのである。その後、「御制大清通礼序」において強調されたのは、『清通礼』を「家誦而戸習」させ、長い間、礼制が上流社会に留まり楼閣に隠されていた弊害を大いに改めてこれを社会に普及させ、後世の模範とすることである(27)。『四庫全書総目提要』はこのことを明確に看取し、「賜名曰『通礼』、信乎酌於古今而達於上下、為億万

年治世之範矣」と看破したのであった。

第二に、思想の意識形態は礼学思想の変動を含みつつ、『家礼』に対する疑義、さらには批判をもたらした。典型的な事例として、清朝顔李学派を代表する思想家の一人、李塨（一六五九〜一七三三、字は剛主、号は恕谷）が挙げられよう。李塨は『家礼』を厳格に守ったが、結局、或る服喪期間にある時、饑餓と哀痛が度を超したため、生命を失いそうになった。そこで彼は『家礼』が人情に合わないと主張して程朱学を批判した。

第三に、清人王懋竑は『白田雑著』の「家礼考」において『家礼』が朱熹の自作であることを否定した。これ以前、元の応氏も『家礼弁』を著わし、『家礼』は朱熹の作ではないとしていた。その文章は伝わっておらず、丘濬輯『文公家礼儀節』のなかに引用されているだけだが、丘濬は応氏の偽作説を明確に否定するとともに、「愚恐学者惑於其説、故載其語而略弁之」[28]と述べている。それにもかかわらず、王懋竑の説は『四庫全書総目提要』に採用され、四庫館臣も「是書之不出朱子、可灼然無疑」とし、また「雖云尊用其書、実未有能行者。故於其中謬誤、亦不及察、徒口相伝、以熟『文公家礼』云爾」と断言している。

以上の三点は、『家礼』の価値、意義、役割に対して負の影響をもたらしたことは間違いない。しかし、そうはいっても、「家礼学」の範疇において、『家礼』の地位に実質的変化は起こらず、これに取って代われる書物も出現しなかった。そのため『家礼』は家庭の儀礼の規範となり続けたのである。これについては、清・郭嵩燾校訂『家礼』の序言を読めば、より明らかになろう。

二千余年天下相為法守、独康成鄭氏及朱子之書耳。『家礼』一書、其大端一依司馬氏『書儀』、而多本之鄭氏。其于宗法所以系其族行之尤力、言之尤詳、誠欲敦本善俗、以蘄復乎古、舍是奚由哉。……自宋以来、代詳礼制、而於品官家礼猶守朱子之遺説、其文或繁或略、民間所尊尚、但知有『家礼』、不知其他。其間為今世所遵行者、蓋亦十無二三也。嵩燾読家礼之書、反而求之礼意、以推知古今因革之宜、而達其変。稍仿秦渓楊氏家礼附注之例、発明所以異同、条次於後、以蘄合乎人心治安、而通乎事変之会、使人不敢疑礼之難行、以楽従事於復古。丘氏所訂『家礼』為近世通行本、頗删削原文、参以己意、而益其繁。亦疑其増損之或未尽当、今一還朱子之旧、而疏通所疑。参稽討論要於可行、俟言礼之君子択焉。[29]

郭嵩燾の言はみずからの価値観によって誘引している嫌いがあるが、ただ、ここで説かれる『家礼』の独尊的地位は、基本的には実情に即しており、種々の地方志における『家礼』に拠った多数の記述も、その証左となろう（次章で述べる）。もちろん、これらがおおむね「名分」における尊崇であることは言うまでもない。

三　民俗資料から見た『家礼』の伝播と普及

明代初期、国家による制度設計と価値の方向づけがなされる中で尊崇体制が確立されると、『家礼』は強大な力に後押しされて民間に伝播、拡散していった。以前、筆者は『中国地方志民俗資料彙編』[30]の「華北巻」の資料を例として『家礼』の民間における伝播と普及の度合いを説明したことがある。拙文では「本書所載の北京、天津および河北地区の婚・喪・祭礼に関する資料の中で、三十二種もの州県の地方志は「均しく『文公家礼』に遵う」とか、「率ね『文公家礼』の如し」といった説明を加えている」と指摘した。このことから、筆者は『家礼』は実際、近世中国の民間通用礼[31]であったと考える。

以下、地方志の記事、特に『中国地方志民俗資料彙編』に拠りつつ、華北以外の地区について考証するとともに、『家礼』が各地に伝播し普及していった状況を述べていこう。

1　東北地区

この地方の風俗は、北方諸民族の風習が融合しているのを特色としている。地方志所載の礼制は、多くが『清通礼』を踏襲しており、『儀礼』や『礼記』まで遡れるものもある。『家礼』の影響は主に、①漢人の大家族が一定程度形成され、祠堂が建てられるという伝統、②喪葬儀式が『家礼』によって行なわれる場合がある、の二点に現われている。

たとえば『遼陽県志』（四十巻、民国十七年鉛印本）には「祭祖之礼、漢与満、蒙不同。漢人世家大族、皆立宗祠、歳時致祭、備牲牢、陳俎豆、献帛、侑食如儀。至庶人、則奉木主或宗譜而祭於寝、不過薦其時食而已[32]」とある。これに類似した記録は多く、たとえば『西豊県志』（二十四巻、民国二十七年鉛印本）に「祭祖之礼、漢与満不同。漢人世家大族、皆立宗祠、歳時致祭、備牲牢、陳俎豆、献帛、侑食如儀。至庶人致祭、則将木主之龕門展開、影像之幕解除、或以紙絹書先人姓諱、以輩次排列、此即所謂『宗譜』、或曰『家譜』。若小戸人家、或以紅紙書某氏某門先遠三代宗親之位、懸之以代木主、宗譜[33]」とある。ただし、『営口県志』（十篇、民国二十二年石印本）では「東三省建宗祠者少、皆祀主于中堂[34]」という。

喪制については次のような例がある。

『開原県志』（八巻、咸豊七年刻本）：「（喪礼）行『文公家礼』之儀[35]」。

『復県志略』（不分巻、民国九年石印本）：「（喪礼）遵宋司馬温公『家礼』、然惟詩礼家行之、普通人民不爾也[36]」（なお、司馬光が著わしたのは『書儀』で、朱熹はその影響を受けて『家礼』を撰した）。

『荘河県志』（十八巻、民国二十三年鉛印本）：「喪制沿用『家礼』、而繁簡不同、貧富有差[37]」。

『荘河県志』（同上）：「荘境小康之家、遇有斉衰期功之喪、毎遵文公所訂『家礼』[38]」。

『鳳城県志』（十六巻、民国十年石印本）：「喪礼、漢与満、蒙大同小異[39]」。

2　西北地区

本稿では華北、東北、西北、西南、中南、華東の六地域に分けて述べているが、ただこれらの地域内にあっても、場所によって礼俗の特徴や文化伝統が多少相異していることに留意しなければならない。西北地方でいえば、儒礼の影響は総体的に見て陝西は大きく、甘粛がこれに次ぎ、寧夏がさらにこれに次ぐ。逆に新疆、青海ではその影響は弱いので、取り上げる必要はないだろう。

寧夏の地方志では所々『家礼』に触れており、『家礼』が彼の地において、ある程度伝播していたことがわかる。甘粛の情況については、『甘粛新通志』（一百巻、光緒三十四年修宣統元年刻本）のいくつかの資料に現われている。

喪礼用『朱子家礼』、不做仏事。葬前設奠、如『朱子家礼』。喪、大殮、成服、致奠、題主、皆如『家礼』、惟多動鼓楽、宴賓客、作仏事、制紙彩、殊非古矣。士大夫家、喪遵『家礼』、惟習俗移人、奢靡是競……喪、不事浮屠、略循『家礼』。祭、視『文公家礼』、雖未具備、猶不甚遠。祭奠（依）『文公家礼』、視家世斟酌行之。仕宦家建宗祠、士庶即以主房作影堂、奉祖禰木主。俗無宗祠、各奉祭木主於寝、歳時会親属祭奠於墓。[40]

陝西では、かなりの地域で『家礼』が用いられている。たとえば『陝西通志』（一百巻、雍正十三年刻本）には「喪、縉紳家多行『文公家礼』、不做仏事。郷民雑用俳優、屢禁少止」（「咸陽県志」）[41]、「葬祭之礼、文太青酌『文公家礼』分以三献、豳之士大夫有遵行者」（「三水県志」）[42]とあり、また『咸陽県志』（二十二巻、清道光十六年重刻本）には「喪礼士大夫家遵循『家礼』而行、然習俗移人、侈靡是競、乃有盛作仏事、或招優酣飲者。甚有惑於陰陽家言、停棺不葬者」[43]とあり、『涇陽県志』（十六巻、宣統三年鉛印本）にも「婚礼　允親似納采、下花似納幣。先期送奩、亦如陳設其室。次晨問安、亦如朝見舅姑。雖与古之六礼未能尽合、然較『朱子家礼』似不相背」、「祭礼　旧族多建祠宇、壬戌後無存者、歳時伏臘、皆各就其家設位而祀」[44]と記されている。

『三原県新志』（八巻、清光緒六年刻本）においても『家礼』の現地における影響が見て取れる。たとえば、

冠者、所以責成人之道也。冠礼廃、天下無成人。昔張南軒疑其難行、朱子曰、冠是自家屋裏事、関了門、将巾冠与子弟戴、有甚難。今亦空谷足音矣。閑同県中一二友人行之、人亦未有甚非之者。自本『家礼』大意、略注儀節、願与好礼者講焉。

邑中旧家世族、各立祠堂、四時享祭、俗節献薦、与『家礼』倶不相遠。惟元旦奠献、懸像中堂、十月一日焚紙寒衣、冬至門外焚紙、猶沿習俗。

とあり、『家礼』や「略注儀節」に依拠したと述べるほか、『家礼』の注釈である劉九畹『家礼補注』(45)にも言及している。

『盩厔県志』（八巻、民国十四年西安芸材印書社鉛印本）の記述には、同じく『家礼』伝播の事例および民俗的多様性が示されている。

冠礼久未奉行、惟明孝廉劉来鳳考『朱子家礼』一行之後、督学曾公訪求遺典、来鳳具陳儀注、択未冠数人、行於鱔堂。今又廃。士大夫之家、隆重婚姻、納幣、親迎、遵行鼓励。至世俗之輩、好尚侈糜、又有較量財帛、……士大夫之家、喪事倶仿『家礼』而行。其小民之家、乃有盛作仏事、……有心世道之君子、亟宜訓誡如礼。祭礼、民家多未有家廟、惟一二旧家世族有之。享祭献薦与『家礼』所載尚不甚殊(46)。

このほか、『幹州新志』（六巻、清雍正五年刻本）には「祭礼　前輩先達教人、必以『文公家礼』、至今相習、日久不増減。礼数従容、周折合度、或喪或葬、頗有可観(47)」、『新続渭南県志』（十二巻、光緒十八年刻本）には「喪礼　紳士家一尊『家礼』(48)」、『臨潼県志』（九巻、乾隆四十一年刻本）には「喪礼　紳士家仿『家礼』(49)」とある。

3　西南地区

西南地区の場合、チベットでチベット族の風俗が行なわれていた以外は、四川、貴州、雲南は『家礼』の影響を大きく受けていた。四川『重修成都県志』（十六巻、同治十二年）、『華陽県志』（四十四巻、嘉慶二十一年刻本、三十六巻、民国二十三年刻本）、『金堂県志』（九巻、道光二十四年楊得質補刻本）、『金堂県続志』（十巻、民国十年刻本）などには『家礼』に関する記載が見られ、特に成都地区におけるその影響は顕著である。関連資料としては、「喪礼……均与『文公家礼』相符[50]」、「喪礼、俗以『家礼』為法。祭礼、俗多建祠堂[51]」、「喪礼、皆以『文公家礼』為法[52]」などがある。

また『貴州通志』（百七十一巻、民国三十七年貴陽文通書局鉛印本）には、「喪礼、士大夫家衰経、苫塊、哭踊、悉如『家礼[53]』」とあり、『遵義府志』（四十八巻、道光二十一年刻本）には「祭礼 士民家必設香火位於中堂、中大書『天地君親師位』、……士家或別建宗祠、然百不一二[54]」、雲南『呈貢県志』（八巻、光緒十一年増刻雍正本）には「喪事宜遵『文公家礼』、俗尚建斎誦経、治酒宴客、殊為非礼[55]」とある。さらに『陸涼州志』（八巻、鈔本）にも以下の記載がある。

冠礼　男女冠、笄遵三加之礼、告于祖祠、速賓示以成人之道。
婚礼　遵行六礼。……旧俗婿毋往娶、今遵『家礼』行奠雁、婿往親迎。
喪礼　自殯至葬、遵『朱子家礼』、惟酬客靡費実多。
祭礼　立神主於祠堂、四時致祭[56]。

4　中南地区

まず河南について見てみよう。『汜水県志』（二十二巻、乾隆九年刻本）には、「婚姻於六礼中不問名、納吉、納徴、因『家礼』有従簡之説也」、「喪葬一衷『家礼』、第閭里多作仏事、読礼之家或不能免、且好為冥器之類……祭祀不設

祠堂、惟奠木主於庭除、往拝於墓首」[57]とある。『新鄭県志』(三十一巻、乾隆四十一年刻本)にも、

婚礼　先遣媒通言、然後納采、納幣、親迎、皆有宴会以召郷党親友、較古礼為簡約。……

喪礼　大小殮之属久不行、余自始死至服終、与『家礼』不甚相遠、但用楽為異耳。

祭礼　士大夫家有設祠堂用『家礼』者、余惟堂上供祖先……[58]

とあり、ここから河南においても、多くの地区、及び階層が『家礼』の影響を受けていたことがわかる。

湖北、湖南の情況もこれに近く、湖北『大冶県志』(十八巻、同治六年刻本)に次のようにいう。

婚礼　一遵『家礼』、豊約視其貧富、而六礼鮮備挙者……。

喪礼　因『家礼』而損益之、惟殯用楽。

祭礼　清明掃墓、登穀薦新、中元、歳初及忌日焚楮致奠。大家則建祠堂興瑞……[59]。

また、湖北『徳安府志』(二十巻、光緒十四年刻本)には、「祭礼、士大夫家有力者建祠堂、無祠堂者祭於寝。毎歳清明節謁墓、七月望日、孟冬朔及歳暮皆有祭。其儀不尽依『家礼』[60]」とある。湖南『長沙県志』(二十八巻、嘉慶二十二年増刻本)には「喪礼、好礼之士有遵『朱子家礼』不作仏事者、亦有同志撰家礼、従宜為簡而易行者[61]」、湖南『善化県志』(三十巻、嘉慶二十三年刻本)には「喪葬、自殯殮以至帰窆、士族多遵『家礼』、有不作仏事、撰家礼従宜従簡行之者[62]」と見える。

次に広東を見てみよう。『増城県志』(二十巻、同治十年増刻本)には「族必有祠、其始祖為之大宗祠、其支派所自為之小宗祠、或謂之幾世祖祠[63]」、『番禺県志』(五十四巻、同治十年刻本)には「喪礼、昔有用楽、近来士大夫悉遵『家礼』。……俗最重祭。縉紳之家多建祠堂[64]」と記載されている。これに比べて、広西における『家礼』の影響は比較的小さく、『横州志』(十二巻、光緒二十五年刻本)には「喪　信巫道或浮屠、間有遵『文公家礼』者[65]」、『全州志』(十二巻　嘉慶四年刻本)には「喪礼……其准紫陽『家礼』而行者、不過数族焉。祭、郡俗有先祠者少、大半奉主於家、中元備物致祭、

一二知礼家稍有改易」[66]とある。

5　華東地区

福建における『家礼』の伝播と影響は突出している。たとえば『連江県志』（三十四巻、民国二十二年鉛印本）には「近世於冠礼鮮能行者、「婚礼……納采、定聘、請期、悉依『家礼』」[67]、『平潭県志』（三十四巻、民国十二年鉛印本）には「吾閩婚礼、由納采、納幣、請期而親迎、多依『家礼』」とある。[68]『永泰県志』（十二巻、民国十一年鉛印本）には、郡中惟一二礼法之家偶一挙行」、さらに『福清県志』には「吾閩婚礼、由納采、納幣、請期而親迎、多依『家礼』」と

冠礼　冠礼久廃、乾、嘉諸老有行之者、亦只在婚娶時。……喪礼……凡含、殮、奠、献、陳設、尚准『家礼』行之。……祭礼……毎節辰除夕、有祠者祭於祠、無祠者則列饌焚楮于中堂。[69]

とあり、『同安県志』（四十二巻、民国十八年鉛印本）には「婚嫁之礼、従前未詳、今遵『朱子家礼』、坊間有『文公家礼通用』一書」[70]、『建寧府志』には（四十八巻、康熙三十二年刻本）「喪、大率用『文公家礼』、毎越七日必祭、間有用浮屠者」[71]と記載されている。

さらに、『政和県志』（三十五巻、民国八年鉛印本）に「冠礼、近世惟通都大邑礼法之家偶一挙行、政邑褊小、此礼之廃久矣。……祭礼、惟世族之家有宗祠、四時薦献、悉照『朱子家礼』。此外、則清明、中元、民間普遍致祭」[72]といい、『安渓県志』（十二巻、乾隆二十二年刻本）には、

冠、婚、喪、祭、風俗攸関、安渓為朱子過化之区、遵『家礼』者久矣。然貧富不一、奢倹頓殊、城邑郷村習尚不無各別。……喪礼、士大夫尚依朱子『家礼』。……祭雖為吉礼、而祭則親喪之日。世俗于祭日盛饌致薦、主人飲酒食肉、与生忌無異。李文貞公『家訓』云、当以『朱子家礼』[73]。

とあり、『漳州府志』（五十巻、光緒三年芝山書院刻本）には、

婚姻為正家之始、礼之大者。吾閩婚礼由納采、納幣、請期而親迎、皆依『家礼』、但郷 俗間有不親迎者、有親迎而不奠雁者、有略於醮子、醮女一節者。……『家礼』有高曾祖禰之四時祭、又従伊川有冬至初祖之祭(74)。

とある。さらに『漳浦県志』（二十二巻、民国二十五年鉛印本）の「大宗、小宗之祠、各春秋二祭、儀節悉依『文公家礼(75)』」、『長泰県志』（十二巻、乾隆十五年刻本）の「邑重宗祠、比戸皆然。其富厚知礼者、有大宗、小宗之祠、歳時致祭、長幼序拝、秩然可観。又有書田以贍族之士夫、故四民皆知向学、紫陽之遺沢其猶未泯乎(76)」、『龍岩州志』（二十巻、光緒十六年張文治補刻本）の「各族均建宗祠、分支復設支祠、……升降献酬之節、率准『文公家礼(77)』」などの記載を挙げることができる。

『家礼』は浙江においてもかなりの影響をもたらしている。たとえば『富陽県志』（二十四巻、光緒三十二年刻本）には「祭不一処、蓋郷村無族不立宗祠、祖先神主皆蔵祠内、家不供立祖先神位(78)」、『巌州府志』には（三十五巻、乾隆二十一年刻本）「喪、大率用『文公家礼』、惟不行殮、不用布絞(79)」とある。

『家礼』は江蘇においても一定の影響を与えたが、それほど大きなものではなかったようである。とりわけこの地には祠堂があまり無く、祭礼も比較的簡単であった。たとえば『首都志』（十六巻、民国二十四年南京正中書局鉛印本）には「明婚礼、大都本『文公家礼』……明代喪礼、大抵本之以『儀礼』、唐典、参以『朱子家礼』。……清代金陵喪礼、多軼於官定之制(80)」とあり、『呉県志』（八十巻、民国二十二年蘇州文新公司鉛印本）には、

宗祠之立、在士大夫家固多、而寒門単族鮮有及之者、以故祭礼愈形簡略、奉神主者惟有家堂而已。家堂之制、如朱子之所謂長龕堂、而中無板隔、自始祖以下之主皆在高懸樑間(81)。

とある。『周荘鎮志』（六巻、光緒八年元和陶氏儀一堂刻本）は『書儀』『家礼』『通礼』に多く言及しているものの、「宗祠為近地所鮮、故祭礼愈略(82)」とも述べている。また『句容県志』（十巻、光緒二十六年楊世沅刻本）には「喪事、衾棺必勉力従厚、其『文公家礼』所載一切儀文、或闕而未備……(83)」、『揚州府志』（二十七巻、万暦三十三年刻本）には「揚俗喪

礼、士大夫家或用司馬及考亭『家礼』。……祭、唯縉紳家間有家廟、亦弗尽制。民庶多従寝堂設龕祏奉之(84)」と記されている。

山東は『家礼』の影響をかなり受けている。『淄川県志』（八巻、乾隆四十一年刻本）には「喪礼　士大夫家概作仏事、雖執礼者不能違俗也。五七有祭、告葬有祭、皆喪主親之。将葬、作行述、為志銘、立神主、一遵朱文公『家礼(85)』」といい、『徳県志』（十六巻、民国二十四年鉛印本）には「祭礼……有宗祠者祀於祠、無宗祠者祀於庁事、無庁事者祀於居室、亦『家礼』士庶寝薦之意(86)」という。

現在の上海地区における『家礼』の影響は小さく、たとえば『青浦県志』には（四十巻、乾隆五十三年刻本）「祭祀率従苟簡、而凶事又皆従俗、輒多縻費(87)」と記載されている。『宝山県続志』「今世俗祭其先世以四代為断、蓋猶遵『文公家礼(88)』」のように、ごく少数の資料が『家礼』に言及しているのみである。

四　『家礼』版本概説

巻一から巻三まで現存する影宋抄配宋刻本『家礼』（五巻、附録一巻）が中国国家図書館（もとの北京図書館）に所蔵されており、顧廷龍主編『中国古籍善本書目』に著録されている。一九九二年、孔子文化大全編輯部が「孔子文化大全」を編纂し、山東友誼書社より出版した際、「述聞類」の一冊として、『帝範』『家範』『帝学』とともに『家礼』が影印された。この影印本『家礼』は北京図書館所蔵の影宋抄配宋刻本であり(89)、孔子文化大全編輯部による「出版説明」では、南宋淳祐年間杭州刊刻本に相違ないと指摘されている(90)。『中国古籍善本書目』および翁連渓編校『中国古籍善本総目』によれば、宋代刊印の『家礼』は、中国大陸にはこれしか残っていない(91)。『中国古籍善本総目』の書誌には「宋刻本（巻一至三配清影宋抄本）七行十六字、小字双行同、白口、左右双辺(92)」とあり、「孔子文化大全」に収められた『家礼』はこれらの特徴と合致している。

四庫全書所収の『性理大全』本『家礼』は、四巻（『性理大全』巻十八〜二十一）に分かれ、巻一は家礼図、巻二は「家礼序」と通礼、冠礼、婚礼、巻三は喪礼、巻四は喪礼（「虞祭」以降）と祭礼である。日本の吾妻重二氏は特に『性理大全』本『家礼』に留意しており、その研究成果は参考となろう。(93) 韓国の盧仁淑氏は「韓国で広まった『家礼』は、『性理大全』の翻刻である。そして日本の浅見絅斎点本は『性理大全』本に拠り文字を校正して作成したものである」(94)と指摘している。

四庫全書本『家礼』は五巻に分かれ、巻首は「家礼序」、巻一は通礼、巻二は冠礼、巻三は婚礼、巻四は喪礼、巻五は祭礼（「四時祭」以降）であり、最後に「家礼附録」が付されている。テキストの構成は前述した影宋抄配宋刻本と基本的には同じであるが、(95) 相違点としては、宋刻本は巻首に黄幹の「書家礼後」（『勉斎集』にも所収）、木主全式、分式（図）および潘時挙、仲善父の識語があり、附録には「裁辟領四寸之図」等の図四頁半が付されていることが挙げられる。

日本の阿部吉雄氏の研究によれば、(96) 宋本『纂図集注文公家礼』十巻があり、楊復附注、劉垓孫増注を収めている。このテキストは清の瞿鏞『鉄琴銅剣楼蔵書目録』にも著録されており、通礼、冠礼、婚礼各一巻、喪礼五巻、祭礼二巻に分かれ、書中に図が散見しており、瞿鏞によると「序文」は「朱子手書」とされる。(97) また元本『纂図集注文公家礼』十巻もあり、図は若干で、楊復附注、劉垓孫増注、劉璋補注も収録している。一般にこの書は、元人が前述の宋本『纂図集注文公家礼』に劉璋補注を付して成ったものと考えられている。二〇〇五年出版の『中国古籍善本総目』には十巻本の元刻本『家礼集注』も著録されている。(98) 以上のことから『家礼』版本の系統は五巻本以外に、十巻本という流れも存在していたことになる。

四巻本（『性理大全』本）、五巻本（北京図書館蔵宋刻本、『四庫全書』本）、十巻本以外に、元代には『文公家礼』七巻

本があり、瞿鏞『鉄琴銅剣楼蔵書目録』の記事は阿部吉雄氏により指摘された。明代にも七巻本があり、孔子文化大全編輯部の注意を引き、前述の「出版説明」には「それは『文公先生家礼』に他ならない。五巻正文は旧のままで、最初に「礼図」一巻を置き、附図をそこに収めた。さらに深衣制度を抜き出して「深衣考」一巻とし、巻末に置いた」とある(99)。ただ七巻本は『中国古籍善本書目』および『中国古籍善本総目』には著録されていない。

明の成化年間、丘濬は『文公家礼儀節』八巻を編纂したが、これは『家礼』注釈本、増删本の中で最も大きな影響をもたらした書物である。他に明の湯鐸は『文公家礼会通』十巻本を撰し、景泰元年（一四五〇）の湯氏執中堂刻本などが現存している。また明の魏堂は『文公家礼会成』(100)八巻本を撰し、嘉靖三十六年（一五五七）刻本などが現存している。明清時代、『家礼』に関する注釈本、増删本は絶え間なく出現し、家礼あるいは冠婚喪祭という「四礼」に関する著作も数えきれないほど多く出版された。そこで以下、丘濬が撰した『文公家礼儀節』に限定して論じてみよう。

丘濬は広東瓊山（海南）の人で、景泰五年（一四五四）進士に挙げられ、文淵閣大学士にまで昇進した。経筵講官に任命された折り、南宋の真徳秀によって著わされた『大学衍義』の「有格物致知之要、誠意正心之要、修身之要、斉家之要、而于治国平天下之要闕焉」を重視し、十年の月日を費やして『大学衍義補』を編纂し、「採集五経諸史百氏之言、補其闕略、以為治国平天下之要(101)」とした。さらに『文公家礼儀節』を編纂したが、それは治学と致思の道においては『大学』とは異なり、「斉家之要」に重きを置いていた。『大学衍義補』および『文公家礼儀節』はともに創作物ではなく、伝注解釈類に属するが、思想の涵養と価値の選択方向を相互に補完する体系を構築している。嘉靖年間に刑部尚書となった何鼇が『文公家礼会成』の序を書いた際、『文公家礼儀節』について、

王源為之『（家礼）易覧』、馮善為之『（家礼）集説』、然皆瑣鄙繁雑、有偏駁之私、而鮮融会之識、本欲発明『家礼』、而不知其為『家礼』之戾多矣。善乎瓊山丘氏之『儀節』也、発所未発、備所未備、而『家礼』為之復明。

と評価し、四庫館臣は「文公家礼儀節提要」において、

是書取世伝『朱子家礼』、而損益以當時之制。毎章之末、又附以余注及考証、已非原本之旧。惟所称『文公家礼』五巻、不聞有図、今刻本載於巻首、而不言作者、多不合於本書。

と述べている。

丘濬は礼の役割を極めて重視するとともに、『家礼』をあたかも宝典のごとく重んじた。その「家礼儀節序」は以下のとおりである。

文公先生因温公『書儀』、参以程張二家之説、而為『家礼』一書、実万世人家通行之典也。……世之好議人者、已憒然于儀文節度之間、而忌人有為也。聞有行礼者、則曰彼行某事、未合於礼。彼行某礼、有戻于古。甚者又曰、彼行之不尽、何若我不行之之為愈也。殊不思人之行礼、如其読書然。読書者未必皆能造於聖賢之域、然錯認金根為金銀者、較之並与金銀不識者、果孰勝哉。濬生遐方、自少有志於礼学、意謂海内文献所在其於是礼、必能家行而人習之也。及出而北、仕於中朝、然後知世之行是礼者、蓋亦鮮焉。詢其所以不行之故、咸曰礼文深奥、而其事未易以行也。是以不揆愚陋、窃取『文公家礼』本注、約為儀節、而易以浅近之言、使人易曉而可行、将以均諸窮郷浅学之士。若夫通都巨邑、明経学古之士、自当考文公全書、又由是而上、進于古儀礼云。(102)

さて、『文公家礼儀節』巻首には、①丘濬自撰「家礼儀節序」、②引用書目、③「文公家礼序」（朱熹自序）、④黄榦「書家礼後」、⑤その他『家礼』の由来、主旨を明らかにした資料五則、すなわち「陳氏淳曰……」、「李氏方子曰」、「楊氏復曰……」、「周氏復曰……」、「黄氏瑞節曰……」、⑥「李氏方子曰……」および「周氏復曰……」に対して丘濬が作った按語（「濬按」）が記載されている。

『文公家礼儀節』の巻之一は「通礼」、巻之二は「冠礼」、巻之三は「婚礼」、巻之四は「喪礼」、巻之五は「朝夕哭奠　上食」以下で、版心には「喪葬」と記されている。巻之六は「虞祭」以下で、版心には「喪虞」と記されている。

巻之七は「祭礼」、巻之八は「家礼雑儀」などで、版心には「雑録」と記されている。それぞれの巻末には図が付される。巻之一を例にとると、巻末に「通礼図」があり、その内訳は「大宗小宗図」「祠堂三間之図」「祠堂一間之図」「祠堂時節陳設之図」「家衆敘立之図」「義門鄭氏祠堂位次図」「五世並列之図」「祭四世之図」「神主尺式」「神主全式」「神主分式」「櫝式」「深衣前図」「深衣後図」「深衣掩袷図」「新擬深衣図」「大帯　緇冠」「幅巾図」「履図」「屈指量寸法図」「伸指量寸法図」である。

基本的に『家礼』の正文をそのまま踏襲し、原注に対して増删を加え、「儀節」、「祝文」、「書式」、按語、「考証」、「余注」を撰して正文のあとに配し、巻末には図例を付すというのが『文公家礼儀節』の体例の主な特徴である。「儀節」部分は本書の重要な核心内容をなすもので、書名の意味を如実に体現しており、これを用いて民衆の生活や規範的行為を直接指導することが可能な内容となっている。「冠礼」第一則の「儀節」を例にとると、それは「前期三日主人告于祠堂」のあとに置かれている（さらに正文と注に分かれる）。正文は次のとおりである。

序立。盥洗。啓櫝。出主。復位。降神。主人詣香案前。跪。焚香。酹酒。俯伏、興、拝、興、拝、興、平身。復位。参神。鞠躬、拝、興、拝、興、拝、興、拝、興、平身。主人斟酒。主婦点茶。鞠躬、拝、興、拝、興、平身。主婦復位。跪。読祝。俯伏、興、拝、興、拝、興、平身。復位。辞神。鞠躬、拝、興、拝、興、拝、興、拝、興、平身。焚祝文。奉主入櫝。礼畢。

按語、「考証」、「余注」では、作者の考えを述べ、あるいは疑問点につき解釈している。「考証」は約十則あり、「通礼考証」「婦人拝考証」「宗法考証」「婚礼考証」「喪礼考証（四条）」「喪服考証」「葬考証」である。「余注」は三条あり、「婚礼余注」「喪礼余注（二則）」である。

中国近世の「家礼学」においては、まず『司馬氏書儀』と『家礼』が著わされ、その後『文公家礼儀節』が作られた。『文公家礼儀節』はかなり大きな位置を占め、『家礼』を広く普及させる効果をもたらした。その状況は各地の地方志に痕跡をとどめており、最後に一例、『大興県志』（六巻、清抄本）の記述を挙げて本稿の結びとしたい。

婚礼　古有六。納采、問名、納吉、納徴、請期、親迎。『朱文公家礼』止用納采、納徴、親迎、以従簡要。丘濬謂、問名附於納采、納吉、親迎附於納徴、六礼之目自在焉。士民悉准行之。納采曰「行小茶」、納徴曰「行大茶」[103]。

注

（1）『明史』礼志一（中華書局標点本）。

（2）たとえば、『明史』礼志九「庶人婚礼」条に「『朱子家礼』無問名、納吉、止納采、納幣、請期。洪武元年定制用之、下令禁指腹、割衫襟為親者。凡庶人婚娶、男年十六、女年十四以上、並聴婚娶」とあり、ほかに『大明令』巻二に「（洪武元年）凡民間嫁娶、並依朱文公『家礼』」とある。

（3）『明史』礼志一。

（4）このうち三人の作者について、『明史』礼志一では周子諒、蔡深、滕公琰となっており、影印文淵閣四庫全書本「提要」では周於諒、蔡琛、滕公瑛となっている。

（5）『明集礼』は内府に長く秘蔵されていたが、嘉靖九年（一五三〇）、世宗が内閣に命を下し公刊された。三巻増えていることについて、清人は嘉靖の時に纂入されたとし、『四庫全書総目提要』は「嘉靖八年、礼部尚書李時請刊『大明集礼』。九年六月梓成。礼部言是書旧無纂録、故多残缺、臣等以次銓補、因為伝注、乞令史臣纂入以成全書、云云。所称五十巻者、或洪武原本、而今所存五十三巻乃嘉靖中刊本、取諸臣伝注及所銓補者纂入原書、故多三巻耳」としている。『提要』はさらに『明集礼』巻一に見える明らかな矛盾点について、「一巻之内自相矛盾若此、則其為増入可知」と指摘している。

（6）影印文淵閣四庫全書本『明集礼』の目録では「品官家廟考」となっているが、本文では「品官家廟」としている。

（7）「君子将営宮室、先立祠堂於正寝之東。為四龕以奉先世神主」の注（影印文淵閣四庫全書本）がそうである。

（8）司馬光『書儀』は「二十而冠」と述べるが、『家礼』冠礼は「男子年十五至二十、皆可冠」、注では「自十五以上、俟其能通『孝経』『論語』、粗知礼義、然後冠之、其亦可也」としている。
（9）『家礼』巻三「納幣」注に「古礼有問名、納吉、今不能尽用、止用納采、納幣、以従簡便」とある。『家礼』は「請期」という期間を最重視せず、「婚礼」では議婚、納采、納幣、親迎、婦見舅姑、廟見、婿見婦之父母に重きが置かれていた。歴史を遡ると、このような「六礼」を簡略化させる方法は、『宋史』礼志十八、『元典章』にすでに記載されている。拙著『中国礼儀制度研究』（華東師範大学出版社、二〇〇一年）三七六〜三七八頁を参照。
（10）『家礼』婚礼「議婚」の注に「世俗好于繈褓童幼之時、軽許為婚。亦有指腹為婚者、及其既長、或不肖無頼、或身有悪疾、或家貧凍餒、或喪服相仍、或従宦遠方、遂至棄信負約、速獄至訟者多多。是以先祖太尉嘗曰、吾家男女必俟既長、然後議婚」とある。また古礼では男は三十歳、女は二十歳で結婚したが、宋代では男は十五歳、女は十三歳以上で結婚することが可能となった。『家礼』は「男子年十六至三十、女子年十四至二十」で「議婚」することが可能とし、そうすれば「参古今之道、酌礼令之中、順天地之理、合人情之宜」となると主張した。
（11）『明史』礼十四。
（12）最大の変更点は、「子為父母、庶子為其母皆服斬衰三年、嫡子、衆子為庶母皆服斉衰杖期」と定めたことである。
（13）『性理大全』七十巻は宋代の理学に関する著作と理学者の学説を集めたものであり、宋代の儒者一百二十人の学説を採録している。二十五巻までは宋代儒者の著作九種、巻一は周敦頤の『太極図説』、巻二、巻三は周敦頤の『通書』、巻四は張載の『西銘』、巻五、巻六は張載の『正蒙』、巻七から巻十三までは邵雍の『皇極経世書』、巻十四から巻十七までは朱熹の『易学啓蒙』、巻十八から巻二十一までは朱熹の『家礼』、巻二十二、巻二十三は蔡元定の『律呂新書』、巻二十四、巻二十五は蔡忱の『洪範皇極内篇』であり、二十六巻以後は十三の題目、「理気」「鬼神」「性理」「道統」「聖賢」「諸儒」「学」「諸子」「歴代」「君道」「治道」「詩」「文」に分類して理学者の言説を集めている。
（14）『明史』巻六十二「選挙志」。
（15）侯外廬・邱漢生・張豈之主編『宋明理学史（下）』（人民出版社、一九九七）七〜五四頁。
（16）文淵閣四庫全書本によった。『性理大全』本『家礼』は「常礼」を「常体」、「不可以一日而不講」を「不可一日而不講」としている。
(17) 宋刻本『家礼』（孔子文化大全、山東友誼書社、一九九二年）所載。また黄榦『勉斎集』にも見える。
(18) 丘濬輯『文公家礼儀節』（八巻本）巻首『家礼儀節序』（北京大学図書館蔵明正徳十三年常州府刻本、『四庫全書存目叢書』経部第一一四冊、斉魯書社、一九九七年）。
(19) 『四庫全書総目』「別本家礼儀節提要」の同書に対する評価は低く、「旧本題明楊慎編。慎有『檀弓従訓』、已著録。是編前有慎序、詞極鄙陋。核其書、即丘濬之本、改題慎名。其図猶為猥瑣、送葬図中至画四僧前導、四楽工鼓吹而随之。真無知坊賈所為矣」とある。
(20) 朱彝尊『曝書亭集』巻三十五（影印文淵閣四庫全書本）。
(21) 台湾師範大学歴史研究所修士論文（一九九九年、指導教員：林麗月。サイト掲載資料に拠った）。
(22) 王叔杲撰『家礼要節』叙、明隆慶五年自刻本、上海図書館蔵。
(23) 鄭泳撰『鄭氏家儀』（不分巻）、上海図書館蔵清刻本、『四庫全書存目叢書』経部第一一四冊。
(24) 呂坤撰『四礼疑』五巻『喪礼』餘言一巻、北京大学図書館蔵明万暦刻清同治光緒間補修呂新吾全集本、『四庫全書存目叢書』経部第一一五冊。『文公家礼會成』八巻、明魏堂撰。上海図書館蔵『文公家礼會成』巻首には嘉靖丁巳（一五五七）刑部尚書何鼇の序があり、「（家礼）晦庵浚其源、瓊山衍其流、魏君要其極」と記されている。
(25) 広東郷紳黄佐が嘉靖九年（一五三〇）に撰した。
(26) 『清通礼』巻首『御制大清通礼序』および上諭（文淵閣四庫全書本）に見える。
(27) 同上。
(28) 丘濬『文公家礼儀節』巻首、濬の按語（『四庫全書存目叢書』本）。
(29) 郭嵩燾「校訂朱子家礼本序」（郭嵩燾校訂本『朱子家礼』巻首、光緒十七年思賢講舎刊本、中国科学院図書館蔵）。
(30) 丁世良・趙放主編『中国地方志民俗資料彙編』（北京図書館出版社、一九八九年～九五年）は華北、東北、西北、西南、中南、華東の六巻に分かれ、巻ごとに民俗資料が記載された地方志を収録し、省、市、専区、県の順序に配列している。地方志の版本を選定する際には、できるだけ古くすぐれた版本を採用している。
(31) 拙稿「朱子家礼――民間通用礼」（『伝統文化与現代化』、一九九四年第四期、中華書局）および「『朱子家礼』の中国近世文化史における位置」（関西大学東西学術研究所『東西学術研究所紀要』第三十四輯、二〇〇一年三月）を参照。
(32) 『中国地方志民俗資料彙編』東北巻（北京図書館出版社、一九八九年）六二頁。
(33) 同上、一二八頁。
(34) 同上、一三八頁。
(35) 同上、一一七頁。
(36) 同上、一四六頁。
(37) 同上、一四八頁。
(38) 同上、一五六頁。
(39) 同上、一七一頁。
(40) 『中国地方志民俗資料彙編』西北巻（北京図書館出版社、一九八九年）一五九～一六三頁。
(41) 同上、四頁。
(42) 同上、五頁。
(43) 同上、一一頁。
(44) 同上、二九頁。
(45) 同上、三一～三五頁。劉九畹『家礼補注』の詳しい内容に関しては今後の調査を俟つ。
(46) 同上、三七頁。
(47) 同上、四〇頁。
(48) 同上、四五頁。
(49) 同上、四八頁。

(50)『中国地方志民俗資料彙編』西南巻（上）（北京図書館出版社、一九九一年）一頁。
(51)同上、一六頁。
(52)同上、一九頁。
(53)『中国地方志民俗資料彙編』西南巻（下）（北京図書館出版社、一九九一年）四二一頁。
(54)同上、四四〇頁。
(55)同上、七三四頁。
(56)同上、七九一頁。『陸涼州志』（六巻、乾隆十七年刻本）には似かよった記録がある。同上、七九〇頁。
(57)『中国地方志民俗資料彙編』中南巻（上）（北京図書館出版社、一九九一年）一一、一二頁。
(58)同上、二六頁。
(59)同上、三三五頁。
(60)同上、三四七頁。
(61)同上、四七三頁。
(62)同上、四七五頁。
(63)『中国地方志民俗資料彙編』中南巻（下）（北京図書館出版社、一九九一年）六九一頁。
(64)同上、六九八頁。
(65)同上、九〇四頁。
(66)同上、九九六頁。
(67)『中国地方志民俗資料彙編』華東巻（下）（書目文献出版社、一九九五年）一二〇五頁。
(68)同上、一二一一頁。
(69)同上、一二一九、一二二〇頁。
(70)同上、一二二八頁。

(71) 同上、一二三九頁。
(72) 同上、一二五九、一二六〇頁。
(73) 同上、一三〇三～一三〇五頁。
(74) 同上、一三〇九～一三一二頁。
(75) 同上、一三一七頁。
(76) 同上、一三二五頁。
(77) 同上、一三二八頁。各地の風俗が異なっているため、それとは逆の記録も当然存在する。たとえば『霞浦県志』（四十巻、民国十八年鉛印本）には「祭礼霞浦城居多客籍、聚族至数百年発族数千人者極鮮、故宗祠無多。城中建祠者、止一二姓。各郷稍有旧族、然宗祠亦不遍設」（同上、一二七七頁）とあり、『福安県志』には「士大夫之家遇喪事亦必成服虞祭、第不能純任『家礼』……」（同上、一二八一頁）とある。
(78) 『中国地方志民俗資料彙編』華東巻（中）（書目文献出版社、一九九五年）六〇九頁。
(79) 同上、六二一頁。
(80) 『中国地方志民俗資料彙編』華東巻（上）（書目文献出版社、一九九五年）三五二～三五五頁。
(81) 同上、三七六頁。
(82) 同上、三八六～三九〇頁。
(83) 同上、四八二頁。
(84) 同上、四八五頁。
(85) 同上、九九頁。
(86) 同上、一一三頁。
(87) 同上、四四頁。
(88) 同上、六九頁、七〇頁。

（89）一九八六年、筆者は北京図書館でこの本のマイクロフィルムを閲読した。
（90）「出版説明」では、影印本がどこに所蔵されているのか明らかでない。
（91）上述した「出版説明」では、このテキストは『鉄琴銅剣楼蔵書目録』巻四著録の「纂図集注文公家礼十巻」（毎半葉七行、行十四字）で北京図書館所蔵となっているが、今後の調査を待ちたい。
（92）翁連渓編校『中国古籍善本総目』第一冊（線装書局、二〇〇五年）八〇頁。
（93）吾妻重二『朱熹『家礼』の版本と思想に関する実証的研究（補訂版）』（科研報告書、二〇〇三年三月）。
（94）盧仁淑『朱子家礼与韓国之礼学』（人民文学出版社、二〇〇〇年）一九頁。
（95）この宋刻本は巻一「通礼」、巻二「冠礼」、巻三「婚礼」、巻四「喪礼」、巻五は標題が立てられておらず、「四時祭」以降となっている。
（96）吾妻重二『朱熹『家礼』の版本と思想に関する実証的研究』および盧仁淑『朱子家礼与韓国之礼学』にはどちらも引用されている。
（97）瞿鏞『鉄琴銅剣楼蔵書目録』巻四（『続修四庫全書』影印本、上海古籍出版社、一九九五年）を参照。
（98）三条に分かれているが、すべて宋楊複、劉垓孫撰と題されている。『中国古籍善本総目』については注（92）を参照。
（99）孔子文化大全『家礼』（山東友誼書社、一九九二年）の「出版説明」参照。
（100）魏堂は承天峴山の人で、進士に及第し蕭山県令となった。上海図書館善本部所蔵の『文公家礼会成』には他者による序文二篇が付されている。そのうちの一篇は賜進士蕭山黄九皋の作で、「峴山魏侯宰蕭之余、析『家礼』之文、而以諸注及経伝之発明礼教者、綴於逐条之下、仍以己見及儀注附之」と記されている。
（101）『丘文荘公文集』巻一「進大学衍義補奏」。
（102）丘濬輯『文公家礼儀節』（北京大学図書館蔵明正徳十三年常州府刻本、『四庫全書存目叢書』所収）巻首「家礼儀節序」、成化甲午春二月甲子瓊山丘濬序。
（103）『中国地方志民俗資料彙編』華北巻（北京図書館出版社、一九九七年）、三二頁。同様の記述は『宛平県志』（六巻　抄本、

同書一三頁）に「婚礼、古有六礼、納采、問名、納吉、納徴、請期、親迎。『朱子家礼』止用納采、納徴、親迎、以従簡要。明丘濬謂、問名附於納采、納吉、親迎附於納徴、六礼之目自在焉。郷紳士民悉准行之、納采曰「行小茶」、納徴曰「行大茶」」と見える。筆者が思うに、先に引用した『大興県志』と『宛平県志』には誤写があるが、おそらく転写を重ねた際の誤りであろう。ここで『文公家礼儀節』巻三の原文を以下に挙げて対比しておく。「濬按、古有六礼、『家礼』略去問名、納吉、請期、止用納采、納幣、親迎、以従簡省。今擬以問名併入納采、而以納吉、請期併入納幣、以備六礼之目。然惟於書辞之間略及其名而已、其実無所増益也」。

参考文献

『書儀』
『家礼』（宋刻本）
『文公家礼儀節』
『性理大全』
『明史』
『明集礼』
『清通礼』
『丘文荘公文集』
郭嵩燾校訂本『朱子家礼』
『中国地方志民俗資料彙編』（北京図書館出版社、一九八九年～一九九五年）
侯外盧・邱漢生・張豈之主編『宋明理学史（下）』（人民出版社、一九九七年）
楊　志剛「朱子家礼――民間通用礼」（『伝統文化与現代化』一九九四年第四期、中華書局）

――「『朱子家礼』の中国近世文化史における位置」（『東西学術研究所紀要』第三十四輯、関西大学東西学術研究所、二〇〇一年）

――『中国礼儀制度研究』（華東師範大学出版社、二〇〇一年）

何　淑宜『明代士紳与通俗文化的関係――以喪葬礼俗為例的考察』（台湾師範大学歴史研究所修士論文、一九九九年）

盧　仁淑『朱子家礼与韓国之礼学』（人民文学出版社、二〇〇〇年）

吾妻重二『朱熹『家礼』の版本と思想に関する実証的研究（補訂版）』（科研報告書、二〇〇三年三月）

『朱子家礼』の受容と普及——東伝版本の問題を中心に

張《チャン》 東《ドン》 宇《ウ》
篠原 啓方 訳

要旨

『朱子家礼』の東伝版本のうち、最初のものは『家礼補註』本と推定される。その後、一四〇三年には『朱子成書』本が、一四一九年には『性理大全』本の導入が確認される。『性理大全』本は十八世紀まで持続的に刊行され、これと共に『性理大全』本から『家礼』部分のみを独立させ、木版で刊行した『家礼大全』本が一五六三年に初めて刊行される。

一五一八年に導入され、中宗代に乙亥字（金属活字の一種）で刊行された『家礼儀節』の流通は、四巻本『性理大全』と『家礼大全』が中心であった状況において、七巻本という新たな版本の出現を触発する。七巻本の中で最も早いものは、一六五八年（孝宗九年）三月に咸鏡道鏡城府で刊行された木版本であり、その後も一七二六年（英祖二年）に刊行され、一七五九年（英祖三十五年）には芸閣において戊申字で刊行される。七巻本は中国にも存在するが、これは「深衣制度」を巻七に立て、「家礼図」を巻一に移したものに過ぎず、通礼、冠礼、昏礼、喪礼、祭礼という伝統的な五巻本の体裁はそのままである。これに対し、朝鮮の七巻本は、図、序、巻一通礼、巻二冠礼、巻三婚礼、巻四〜巻六喪礼、巻七祭礼という体裁であり、中国の七巻本とは異なる。

特に一七五九年に刊行された戊申字本は、「家礼図」が朱子の真作ではないことを論証した丘濬と金長生の見解を『家礼輯覧』から引用するとともに、『朱子家礼』の本文と本註に対する校勘を頭註に記している点で、注目される。

これは、戊申字本が明の丘濬の研究を継承しつつ、当時における朝鮮礼学の成果を批判的に克服した朝鮮『家礼』研究の決定版としての意味を有しているといえよう。

キーワード
家礼補註、朱子成書、性理大全、家礼大全、家礼儀節、戊申字本

一　はじめに

『朱子家礼』は高麗王朝末期において、新進士大夫を中心に普及しはじめる。一三九〇年（恭譲王二年）、鄭夢周（号は圃隠）が「『朱子家礼』にならって祠堂を建て、先祖の位牌を祀る礼俗が復興した」[1]という記録から、当時「大夫士庶人祭礼」を制定する段階に至り、『朱子家礼』の受容が本格的に行なわれていたことを知り得る。だが「国に家廟を設けるよう命じたが、一人として実行する者がいない」[2]ともあるように、当時における『朱子家礼』の施行は、依然として足踏み状態にあった。

朝鮮王朝における『朱子家礼』は、十五世紀後半〜十六世紀初頭の『朝鮮経国典』、『経済文鑑』、『経済六典』といった憲章的典書類の刊行と軌を一にする「『朱子家礼』の普及と施行の段階」、そして十六世紀後半の「郷約極盛期」を経て、十七世紀の「礼学の時代」、すなわち礼説の収集・整理や細目化、そして細目の適用・運用への探求が行なわれた時期を経て、朝鮮礼学の中心部に定着する。

『朱子家礼』の受容と普及の過程は、単に『朱子家礼』という書籍の導入と普及、拡散と定着の過程という表層的

な変化だけでなく、「朝鮮の習俗」と「中国の習俗」間の葛藤と妥協、さらには変化と熟成という、より深層的な変化の過程であった。だが本テーマに関する既存の研究[3]は、「深層的変化」に焦点をあてたものが多く、「表層的変化」にかかわる研究、特に東伝した『朱子家礼』の版本についてはほとんど究明されていない。

そこで本稿では、『朱子家礼』の受容と普及の過程を扱うにあたり、東伝の版本に焦点をあて、東伝した版本がどのようなものであったか、さらに導入された版本の刊行・普及過程について考察する。この考察は、版本から従来の研究を再確認するという性格をも伴っている。

二　『朱子家礼』の受容過程――『朱子家礼』の導入と版本を中心に

『朱子家礼』の導入時期については、「高麗末に性理学の伝来と共に導入」されたと考えられている[4]。安珦が『朱子全書』を輸入した一二八六年（忠烈王十二年）と同時とする見方[5]もあるが、明確な記録がなく、推定にとどまっている。

一三一四年（忠粛王元年）、高麗の李斉賢が燕京の万巻堂において交遊した人物の中に、姚燧という元の碩学がいたことは興味深い[6]。姚燧は許衡の弟子であり、三歳で父と死に別れると、伯父の姚枢によって養育された[7]。姚枢は許衡に理学の存在と価値を教えた人物[8]で、一二四一年から一二五〇年の間に『家礼』を含む道学関係の書籍を刊行し、元代における『家礼』の受容に核心的な役割を果たした学者である[9]。

一方、高麗では一三一四年六月に「博士柳衍と学諭の兪迪を江南に送り、経籍一万八百巻を購入」し、七月には「元の皇帝が宋の秘閣の蔵書であった書籍四千三百七十一冊、都合一万七千巻を（高麗）王に送った[10]」とある。以上の記録から、遅くとも李斉賢が生きた十四世紀初には、『朱子家礼』が東伝していたと考えられる。

『朱子家礼』の導入については、十四世紀末までは判然とせず、朝鮮王朝の開国後となる一四〇三年（太宗三年）に初めて「『家礼』百五十部を平壌で印刷し、頒賜した[11]」という記録が登場する。またこの東伝『朱子家礼』の版本がいかなるものであったのかを知り得る最初の記録が登場する。

朝廷の使臣、黄儼・朴信、翰林待詔の王延齢・鴻臚寺行人崔栄が、冕服と太上王の表裏、中宮の冠服、元子の書冊を携えてやってきた。……、『元史』一部、『十八史略』・『山堂考索』・『諸臣奏議』・『大学衍義』・『春秋会通』・『真西山読書記』・『朱子成書』が各一部である。[12]

『朱子成書』とは、「朱子学関係の書籍十種を、既存の伝注と共に収録し、さらに黄瑞節自身の注を付したもの」であり、『家礼』もそこに含まれている。「劉将孫の序によれば、一三〇五年（元大徳九年）に完成し、現存本は一三四一年（至正元年）の刊」である。[13]だがこの時導入された『朱子成書』が刊行されたという明確な記録はない。[14]

『朱子成書』本の『家礼』の特徴は、二つある。一つ目は、『朱子家礼』本文を大きな字で記し、本文に対する本註を二行からなる小字で記し、本註から二文字下げて既存の伝注を記し、さらに一字を下げて「按」と記し、黄瑞節の意見を記す、という体裁である。

伝注は、司馬光、張載、程頤、高氏ら『朱子家礼』の成立に影響を与えた先学の見解と朱子自身の言説、そして楊復、蔡淵といった朱子の門人による関連記述を幅広く抜萃、掲載しているが、そのほとんどは司馬光と楊復の言説である。

二つ目は、十九の章にわたって二十八の図を収録している点である。図の様式は『性理大全』本と完全に一致しており、それゆえ『性理大全』本の「家礼図」を現存する形でまとめたのは、黄瑞節だとされる。[15]このほか、劉垓孫の『増註』に対する言及が一か所のみ確認され、劉璋の『補註』に関する言及がない点、注釈の大部分が楊復『附註』の内容である点は、『朱子成書』本が、楊復の『附註』本、あるいは周復の『附註附録本』に基づいていることを意味する。

『朱子成書』本の導入以降、一四一九年（世宗元年）[16]と一四二六年（世宗八年）、さらに一四三三年（世宗十五年）の三度にわたって『性理大全』が輸入された[17]。『性理大全』とは、一四一五年（永楽十三年）に「五経と四書を輔翼し、斯道に益する性理学者百二十家の学説を集大成[18]」する目的から編纂された七十巻三十冊の巨秩である。このうち巻十八～巻二十一が、四巻二冊からなる『家礼』である。『性理大全』の導入は、『朱子家礼』の注釈として集大成的な性格を有する版本が朝鮮に伝来したことを意味する。この時導入された『性理大全』は、一四二七年（世宗九年）と一四二八年（世宗十年）に刊行、頒賜され[19]、その後の礼制に関する議論において、積極的に活用される[20]。

以上の事実に鑑みると、「朝鮮に『家礼』が受容されたことはよく知られているが、朝鮮において多数著わされた『家礼』の注釈書がおおむね性理大全本を底本にしていることは、案外注意されていない[21]」との指摘は、『性理大全』本の導入以降の事実とある程度符合する[22]。「『家礼』は独立した書籍ではなく、研究成果が蓄積された『性理大全』や『朱子成書』といった叢書の一部として伝来した[23]」という指摘は、前述の見解を補完し、『性理大全』本が導入される以前の状況を説明するものとみられる。

ただ『朱子成書』本と『性理大全』本の刊行以前、すなわち『朱子家礼』が導入された十四世紀初から一四〇三年までのほぼ百余年間において、いかなる版本が活用されていたかは、いまだ明確ではない。また『朱子成書』本の導入が、『性理大全』本の輸入以前の状況を説明できるかどうかも疑わしい。『朱子成書』本導入の四か月前となる一四〇三年（太宗三年）六月には、「『朱文公家礼』を併試する措置[24]」が取られ、二か月前には「『家礼』百五十部を平壌で印刷し、頒賜」する措置が取られていたからである。

一四〇八年（太宗八年）、書雲観において上書し、石室を営造するよう要請し、楊復の附註を引用した次の記録は、この疑問に手がかりを与えてくれる。

『文公家礼』「作灰隔」の注によると「灰は木根を防ぎ、水と蟻を防ぐ。石灰は沙を得ると堅固になり、土を得ると接着力が強化され、数年を経ると固まって塼石となり、蟻や盗賊が容易に近づけなくなる」とあり、附註には「炭屑と沙灰によって穴の底と四旁を接合し、平らに積みあげた後、石槨をその上に安置する」とある。(25)

ここでいう「注」とは『朱子家礼』の本註であり、後半の「附註」とは、楊復の伝注を指している。引用文は『朱子成書』本の導入以降の記録であるから、『朱子成書』本が活用されていたとすれば、『朱子成書』本に「附註」の内容がなければならない。しかし『朱子成書』本の該当部には『家礼』の本文と本註を記録した後、既往のいかなる伝注も記さず、ただ黄瑞節の「按」のみを挙げている。これは『朱子成書』本が、導入以降も活用されていなかったことを示す例である。周復の『附註附録』本には、「附録」部分に楊復の説がそのまま掲載されており、『性理大全』本も同様である。

一四〇八年（太宗八年）九月二十四日の記録には、礼曹が宗廟祭祀の施行を要請しつつ、附註の内容に触れている。『文公家礼』の附註によると、「喪事を行なう三年間は祭祀を行なわないのが通例だが、今の人が居喪する方法は以前とは異なり、卒哭の後に墨衰によって出入することを免れられないため、おおむね杜預の註に従い、四時の祭日になれば常祀を行なうことができる」とあります。(26)

引用された附註の内容は、『朱子成書』本にはない。『性理大全』本と対照してみると、これは朱子が直接述べた内容で、「伝注」に引用された一節の要約である。これは『朱子成書』本が、導入された後も活用されていなかった二つ目の根拠となる。周復の『附註附録』本にも、この内容は見られない。従って『朱子成書』本とは別の版本が活用されていたとすれば、それは『性理大全』本が作られる以前に成立した、周復の『附註附録』本がなく、楊復の附註が補充された別本であることになる。これと同じ事例がさらにある。

一四一九年（世宗元年）、礼曹が大行大王（逝去した王）の献幣礼の時期について上奏した際、次の附註に言及している。

『文公家礼』楊復の附註に、「(朱子)先生は、葬式の前には奠のみであって祭を行なわない。ただ酒を注いで饌を奉って再拝するのみで、虞祭において初めて祭礼を行なう」とあり、虞祭以前はいずれも奠です。そして「酒を注いで饌を奉るのみである」とあり、幣帛を使用しないのは明らかです[27]。

附註に引用された朱子の言葉は、『朱子成書』本においては朱子の言葉としてそのまま引用されている。楊復『附註』の内容を確認できる周復の『附註附録』本には同文が存在せず、これが『附註』の原文に存在したのかどうかは確認できない。「楊復附註」だとする『実録』の内容が正しいとすれば、『附註附録』本に未収録の『附註』が記されていた別本を参照したことになる。つまり『附註』本が「先生曰」として記した内容は、『附註附録』本には収録されなかったが、『実録』の記録者は、それが楊復『附註』に掲載されたことを明確に示した別本を参照したということになる。

一四〇三年に「平壌で印刷して頒賜」した記録と関連して、壬辰倭乱以前の冊版を記録した『故事撮要』[28]には、『八道程途・平安道』の「六日半程・平壌」の部分に「家礼補註」の冊版が保管されているという記録があり、これが太宗三年の平壌府において刊行し、分賜された『家礼』であると推定されている[29]。『家礼補註』は、劉璋の著述である。「劉璋なる人物については未詳だが、朱子成書本に引用が見られないことからすると、元代後期の人[30]」と考えられる。

現存する劉璋の補註本が、いずれも楊復の『附註』と劉垓孫『増註』、そして劉璋の『補註』を掲載しており[31]、『性理大全』本が三人の伝注に加え黄瑞節の注釈を収録していることから考えると、同書は『性理大全』本以前の版本としては、既存の研究成果を総網羅し、完結したものであったことが分かる。従って、朝鮮初における『性理大全』本の導入以前は言うまでもないが、高麗末期における『朱子家礼』の導入初期においても、『附註』と『増註』が収められた劉璋の『補註』本がもたらされ、活用されていた可能性は否定できない。

三　『朱子家礼』の刊行と普及過程

一五三一年（中宗二十六年）、『性理大全』が甲寅字により再度刊行された。これは一四二七年（世宗九年）に最初の『性理大全』が木版で刊行されてから百余年後のことである。『性理大全』はその後も、一五三七年（中宗三十二年）には慶州、一六四四年（仁祖二十二年）には済州、一七四四年（英祖二十年）には全羅道監営（全州）の完営において、木版本で刊行されている。(32)

一五六三年（明宗十八年）には、『性理大全』から『家礼』のみを独立させ、木版で刊行された四巻本が登場した。これは全羅道観察使兼兵馬水軍節度使であった金徳龍の指示のもと、都事金啓の助力を得て谷城県監の蘇邂が谷城県で開版し、その冊版を南原府に移管、印行して流通させたものである。(33) この種の版本は『家礼大全』あるいは『家礼大全書』の題目で流通することになるが、これを通称『家礼大全』本と呼ぶ。『家礼大全』本はその後も一六一一年（光海君三年）、咸興府で刊行されたことが確認される。(34)

このように十六世紀前半期には、『性理大全』本『朱子家礼』と『家礼大全』の刊行が続けられていた。『朱子家礼』の最初の注釈書とされる金麟厚（号は河西）の『家礼考誤』が著されたのは一五五〇年代末であり、(35) 李滉（号は退渓）が弟子と『朱子家礼』を講論し、これをもとに『家礼講録』(36) と『家礼註解』(37) を著したのは一五七〇年頃、「本格的な『家礼』注釈書」(38) とされる宋翼弼（号は亀峰）の『家礼註説』は一五九〇年頃、体裁と内容において完整した注釈書である金長生（号は沙渓）の『家礼輯覧』は一五九九年の著作である。このような変遷を念頭におくと、『朱子家礼』の続刊が十六世紀前半期に集中している事実は、単なる『朱子家礼』への関心とその需要の拡大を示すのみならず、

『家礼補註』の導入以降、百五十余年もの間蘊蓄されてきた『朱子家礼』研究の力量がここに至って満開し、学問的成果をあげはじめたことを意味している。

一五一八年（中宗十三年）、金安国による「『家礼儀節』の印刷・頒布要請[39]」が聴き入れられ、中宗代に乙亥字で刊行された[40]。また一五五五年（明宗十年）には忠清道清州においても板刻され、一六二六年（仁祖四年）には全羅道霊光でも板刻される[41]。

『家礼儀節』は、明の丘濬が「浅近な語を用い、人々が容易に理解し、行なえる[42]」ことを目的に、一四七四年に「『文公家礼』の本註を要約」した儀節であり、巻一通礼、巻二冠礼、巻三昏礼、巻四〜巻六喪礼、巻七祭礼、巻八家礼雑儀・家礼附録の八巻で構成されている。『家礼儀節』の導入は、四巻本の『性理大全』本と『家礼大全』本が中心であった当時の朝鮮において、七巻本という新たな版本の出現を触発する契機として作用する。だがその変化には、一世紀にわたる省察と熟成を要した。

『家礼儀節』の最大の特徴は、行礼の便宜を図るため、本註から「儀式の手順と器物」に関する内容を取り出し、元々『朱子家礼』にはなかった「儀節」という新たな項目を立てるという、体裁上の「変形」を試みた点にある。また「儀節」の編集のため取り出した本註のうち、行礼に役立つものを別にまとめた「余注」と、既存の伝注（附註、増註、補註）をなくし、代わりに三礼書を含む宋代学者の見解を紹介しつつ時制と比較してその差異を明らかにした「考証」という新項目を作った点も、「変形」の例である。

『家礼儀節』は、『性理大全』本以前の版本が維持していた伝統的な体裁、すなわち綱（本文）と目（本註）、そして伝注（附註、増註、補註）の体裁を変え、新たな体裁へと構成している。ところがその変形は、本註と伝注の解体・再構成にとどまらなかった。

たとえば、「喪礼・初終」において「司書と司貨を立てる（立司書司貨）」条目の前にある「すなわち服を易えて食さず（乃易服不食）」という条目を「復」の条目のすぐ後に移した点や、「喪礼・大祥」において「始めて飲酒・食肉して寝に復る（始飲酒食肉而復寝）」の条目を「喪礼・禫祭」の後に移した点は、『朱子家礼』の本文すら自身の義理的解釈と『礼記』間伝篇の規定に従って変形させたことを示している。

『朱子家礼』にはないが必要と判断された内容は、「補」という条目によって本文を補っている点も、本文変形の一例であり、「冠礼」二か所(43)、「昏礼」四か所(44)、「喪礼」四か所(45)、「祭礼」三か所(46)の全十三か所に補が加えられている。補は本文だけでなく「儀節」に対しても加えられており、特に「喪礼・初終」における「儀節」には、「書遺言」、「加新衣」、「属纊」、「廃牀寝地」、「楔歯」、「挙哀」の手続きに関する「補」が加えられている。「補」の根拠とされたのは、古礼の『儀礼』や『礼記』、『朱子家礼』自体の整合性、『大明集礼』、そした彼自身の義理的解釈などである。

『家礼儀節』が『朱子家礼』の伝統的な体裁を解体して再構成したのは、「人々が容易に理解、施行できるようにするため(47)」、つまり行礼の便宜を図るものであった。彼にとって行礼の核心は、朱子から丘濬に至る四百年余りの時間的空白をいかに克服すべきか、すなわち「変化した習俗との折衷」＝「時宜」にあった。「儀節」の項目において「器物の名称や制度などで既に分からなくなってしまった内容については、その意味を仔細に解説する一方、当代の制度を参酌して施行の便(48)」を図る「時俗化」を進めたのは、このためである。

このように『家礼儀節』は、伝統的な『朱子家礼』の体裁を解体・再構成し、行礼の便宜を図る「時俗化」に焦点をあてた著作である。その作業の中で、本註は「儀節」の一部として編入されたり、「余註」として残されたりする一方、既存の伝注は「考証」に取って代わられ、縮小もしくは消去された。「考証」の中心は、言うまでもなく古礼の『儀礼』や『礼記』である。ここに程頤・張載・司馬光といった『朱子家礼』の成立に影響を与えた学者の見解や、朱子自身の言説が傍証資料として加えられる。「考証」による「時俗化」、すなわち古礼と北宋代の時制を通じた『朱子家礼』の補完という『家礼儀節』の問題意識は、朝鮮儒者にも大きな影響を及ぼした(49)。

『家礼儀節』のように、『朱子家礼』の本註を解体して「儀節」化するという破格の方法は、朝鮮儒者には見られない。綱（本文）と目（本註）という従来の体裁を維持しつつ、伝注を註釈に取って代える作業は、「家礼」の名が付された朝鮮儒者たちの注釈書に一様に現われる特徴である。このような特徴は『性理大全』本を頂点とするそれ以前の時期、すなわち宋・元代の注釈作業の方向でもある。むろん、ここにも小さな二つの傾向がみられる。

第一に、楊復の例のように、「『家礼』は初年の作品であるから、後期の定説を正しいものと見なさなければならない」[50]との立場から「時俗に沿った内容には逐次注釈をつけて古礼でないことを明らかにしつつ、『礼経』に従って修正」[51]しようとした点である。第二に、周復が「『家礼』は今日通用しているものであり、『儀礼』はその詳細な内容を完備したものであって、『家礼』はその要点のみを挙げて説明したものであるから、両者を一緒に行なうことは、誤りではない」[52]との立場から、相対的に程頤・張載・司馬光など『朱子家礼』の成立に影響を与えた学者の見解と、朱子自身の言葉の収集に重きをおき、『朱子家礼』の補完を図った点である。

この二点は十九世紀まで、朝鮮儒者の中で絶えず意識され続けたものと思われる。[53]そのあり方を「時俗許容的・現実主義的折衷主義」や「古礼指向的・原則主義的折衷主義」とする立場[54]からは、「十七世紀以降の朝鮮学界の礼論は、基本的に『朱子家礼』を古礼の精神によって補うことを共に追求しているが、身分差を反映させるレベルや、時俗と古礼の調和について、相異なる立場が見られる」[55]と評されている。

これと共に、『家礼儀節』において強く表明された「行礼の便宜」は、後代の朝鮮儒者が行礼と変礼に重きをおいて著述した礼書という形であらわれた。金長生の『喪礼備要』、李縡（号は陶庵）の『四礼便覧』、柳長源（号は東巖）の『常変通攷』、李瀷（号は星湖）の『礼式』、丁若鏞（号は茶山）の『四礼家式』などは、そうした例である。これらの礼書は「四礼」あるいは「礼式」と名付けられ、「家礼」の名称を直接用いない傾向がみられる。これは、行礼の便宜を図るためには『朱子家礼』の本文と本註の変形が不可避であるが、それによって朱子の著作を恣意的に修正したとの疑いを避けるためであったと判断される。

七巻本の最も早い版本は、一六五八年（孝宗九年）三月に咸鏡道鏡城府で刊行された木版本である。その後も同書は、一七二六年（英祖二年）に、また一七五九年（英祖三十五年）には芸閣において戊申字を使って刊行された(56)。七巻本は中国にも存在するが、これは「深衣制度」を巻七に分離して「家礼図」を巻一に変えたものに過ぎず、通礼、冠礼、昏礼、喪礼、祭礼という伝統的な五巻本の体裁はそのままである(57)。これに対し、朝鮮の七巻本は、図、序、巻一通礼、巻二冠例、巻三婚礼、巻四～巻六喪礼、巻七祭礼という体裁であり、中国の七巻本とは異なる(58)。

一七五九年芸閣刊の戊申字本において特筆すべきは、冒頭の「家礼図」の最後、つまり「家礼序」の前に「家礼図」が朱子の作品ではなく後人の添入であることを論証した丘濬の見解と、金長生の『家礼輯覧』の見解を引用している点である。これは、木版の七巻本には存在しない。

元代の武林である応氏が「『家礼』偽書説」を主張する重要な根拠の一つは、「家礼図」に付された注が『朱子家礼』の内容と合致しない点にあった(59)。『家礼儀節』では、「序」部分において黄榦、黄螢、陳淳、李方子といった朱子の門人の『朱子家礼』に関する説を紹介し、応氏の他の根拠を論破している。だが「家礼図」については「『朱子家礼』は五巻からなり、図があるという話は聞いたことがない。現行本には、巻頭に図が載せられており、作者名の言及はない。文のみではその意味を説明しきれないため、絵図によってこれを補おうとしたようである。だが図に付された注は、本書と合致しない点が多く、朱子の作であればなぜこれほどの矛盾が生じるのか(60)」として六つの問題点を指摘し、「図が後人の贅入であることは明らか」と結論づけている。それゆえ『家礼儀節』は、巻首にあった「家礼図」を解体し、各図は該当部分に移され、問題とされる図は本文によって修正されている。

金長生は『家礼輯覧』において、図が朱子の真作ではないことを論証した『家礼儀節』の見解を細かに引用し、さらに一歩進んで『家礼輯覧』の「図が本文と合致しないのは、これにとどまらない」として十三の事例を挙げ、「神主式図にある「大徳」の語は元の成宗の年号であり、朱子の真作でないことは明らかだ」と結論づける。丘濬と金長生の見解はいずれも『家礼輯覧』に掲載されており、戊申字本に掲載されている内容は『家礼輯覧』の該当部分を転載したものである。

これと共に、版本を明らかにはしていないが、本文の校勘や誤字と判断されるものに関する内容が、頭註に記されている。これらの点で、戊申字本は、丘濬の研究を継承しつつ、より進んだ朝鮮礼学の成果をもとに、従来の研究を批判的に克服した朝鮮『家礼』研究の決定版としての意味を有しているのである。

四　結　語

朝鮮に伝わった『朱子家礼』の最初の版本は、『家礼補註』本と推定される。その後、一四〇三年には『朱子成書』本の、一四一九年には『性理大全』本の導入が確認される。『性理大全』本の開版と続刊は、一四二七年（木版本）、一四二六年（木版本）、一五三一年（甲寅字本）、一五三七年（木版本）、一六四四年（木版本）、一七四四年（木版本）に行なわれた。これと共に『性理大全』から『家礼』のみを独立させて木版で刊行した『家礼大全』本が一五六三年に開刊され、一六一一年に続刊される。

一五一八年に導入され、中宗代に乙亥字で刊行された『家礼儀節』の流通は、版本の面からは四巻本である『性理大全』本と『家礼大全』本が中心だった当時において、七巻本という新たな版本の出現を触発させる契機として作用しただけでなく、研究面においては、古礼と北宋代の時制を「考証」して『朱子家礼』を補い、さらに「儀節」によって行礼の便宜を図るという問題意識を朝鮮儒者に覚醒させた。

朝鮮儒者の対応は、次のように進められていった。一つ目は、「古礼の精神」によって『朱子家礼』を補う方向性を模索した点である。「現実の礼俗を正し、人情によって時俗を受容する」際、古礼志向の原則をより強調するか、あるいは俗礼の許容にやや開放的かという相対的な差はあるものの、学派的分岐を引き起こす程度の深刻なものではなかった。二つ目は、行礼の便宜を図るという問題意識が、行礼と変礼に重点をおいた礼書の著述としてあらわれる点である。

朝鮮儒者たちの一世紀にわたる省察と熟成の結果は、版本の面では一六五八年の七巻本『朱子家礼』によって顕現する。七巻本はその後、一七二六年（木版本）、一七五九年（戊申字本）に続刊される。特に戊申字本には、「家礼図」が朱子の真作でないことを論証した丘濬と金長生の見解を『家礼輯覧』から引用し、『朱子家礼』の本文と本註に対する校勘を頭註に記している点で注目される。これは、朝鮮儒者の『家礼』研究が、『家礼儀節』の問題意識を継承しつつ、批判的に克服したことを示すものといえよう。

注

（1）『圃隠集』圃隠先生年譜攷異、「先生請令士庶倣『朱子家礼』、立廟作主、以奉先祀、礼俗復興」。

（2）『高麗史』巻一二一、列伝、尹亀生、「今国家下令立家廟、無一人行之者」。

（3）高英津「十五・十六世紀における朱子家礼の施行とその意義」（『韓国史論』二一、一九八九年）。裵相賢「朱子家礼とその朝鮮における行用過程」（『東方学志』七〇、一九九一）。都賢喆「高麗末期士大夫の四礼認識」（『歴史教育』六五、一九九八年）。鄭景姫『朝鮮前期礼制・礼学研究』（ソウル大学校国史学科博士学位論文、二〇〇〇年）。鄭在薫『朝鮮前期儒教政治思想研究』（ソウル大学校国史学科博士学位論文、二〇〇一年）。

（4）裵相賢、前掲論文、二四二頁。

（5）張哲秀「中国儀礼が韓国儀礼生活に及ぼした影響」（『文化人類学』六、ソウル、韓国人類学会、一九七三年）六九〜七〇頁、黄永煥「韓国家礼書の発展系統に関する書誌的研究」（『書誌学研究』一〇、一九九四年）八一〇頁。

（6）『牧隠文藁』巻一三、鶏林府院君謚文忠李公墓誌銘。
（7）『元史』巻一七四、姚燧列伝。
（8）金承炫『元代北許南呉理学研究』（輔仁大学哲学研究所博士学位論文）三三頁。
（9）吾妻重二（李承妍訳）「『家礼』の刊刻と版本」（『東方礼学』四、二〇〇〇年）六八頁。
（10）『高麗史』巻三四、世家、忠粛王甲寅元年。
（11）『太宗実録』太宗三（一四〇三、永楽元）年八月。
（12）『太宗実録』太宗三（一四〇三、永楽元）年十月。
（13）吾妻重二、前掲論文、六九頁。
（14）中宗・明宗年間の乙亥字本二巻二冊が、日本の国立公文書館内閣文庫に所蔵されているとの報告がある（沈慶昊「朝鮮前期註解本の刊行と文献の加工について」（『大東漢文学』二〇、二〇〇四年）一七五頁。
（15）吾妻重二、前掲論文、七〇頁。
（16）『世宗実録』世宗元（一四一九、永楽十七）年十二月七日。
（17）『世宗実録』世宗八（一四二六、宣徳元）年十一月二十四日。
（18）金文植「朝鮮時代における中国書籍の輸入と刊行」（『奎章閣』二九、二〇〇六年）一二三頁。
（19）韓亨愚「五経・四書大全の輸入およびその刊板広布」（『東方学志』六三、一九八九年）を参照。
（20）『世宗実録』世宗十九（一四三七、正統二）年五月十四日、「臣等窃観『性理大全』、張子曰、宗子為士、立二廟、支子為大夫、立三廟。是曾祖之廟、為大夫立、不為宗子立、然不可二宗別統、故其廟亦立于宗子之家。劉氏曰、今議宗廟、雖因支子而立、亦宗子主其祭而用支子命数。……且『性理大全』註、高氏曰、観木主之制、旁題主祀之名、而知宗子之法不可廃。宗子承家主祭、有君之道、故諸子不得而抗焉」。
（21）吾妻重二、前掲論文、八〇頁。
（22）三章で紹介する戊申字本七巻本は、内容的には『性理大全』本を継承してはいるが、『家礼儀節』の影響を受けて七巻本の体裁に変化しており、図と関連して『性理大全』の図が偽作だとしている点で、『性理大全』本とは異なる。

(23) チェ・ギョンフン『朝鮮時代刊行の朱子の著述と註釈書の編纂』（慶北大学校修士学位論文、二〇〇九年）一九頁。

(24) 『太宗実録』太宗三（一四〇三、永楽元）年六月。

(25) 『太宗実録』太宗八（一四〇八、永楽六）年七月、「『文公家礼』「作灰隔」注云、灰禦木根辟水蟻。石灰得沙而実、得土而粘、歳久結為塼石、螻蟻盗賊、皆不能近也。附註云、炭屑沙灰、穴底四旁相接、築之既平、然後安石槨於其上」。

(26) 『太宗実録』太宗八（一四〇八、永楽六）年九月二十四日、「『文公家礼』附註曰、喪三年不祭、今人居喪、与古人異、卒哭之後、不免墨衰出入。可以略倣杜註之説、遇四時祭日、以行常祀」。

(27) 『世宗実録』世宗元（一四一九、永楽十七）年十二月二十日、「『文公家礼』楊復附註、先生曰、未葬時、奠而不祭、但酌酒陳饌再拝而已、虞始用祭礼。則虞祭以前、皆奠也、而酌酒陳饌而已、則其不用幣明矣」。

(28) 『故事撮要』は一五五四（明宗九）年に魚叔権が編纂した類書で、同書の「八道途程」には、各地域に保管されている冊版目録が収録されている。同書は一五六八（宣祖元）年、一五七六（宣祖九）年、一五八五（宣祖十八）年に改訂が行なわれ、一七七一（英祖七）年に徐命膺が内容を大幅に増補して『攷事新書』を編纂するまで、十二回もの続撰・改修が行なわれた（金致雨『故事撮要の冊版目録とその収録刊本の研究』、亜細亜文化社、二〇〇八年）。

(29) 金致雨、前掲書、二〇〇八、三八四頁。

(30) 吾妻重二、前掲論文、七四頁。

(31) 吾妻重二、前掲論文、七三頁。

(32) チェ・ギョンフン、前掲論文、二〇頁。

(33) 千恵鳳『日本蓬左文庫韓国典籍』（知識産業社、二〇〇三年）六九頁。

(34) チェ・ギョンフン、前掲論文、二一頁。

(35) 高英津『朝鮮中期礼学思想史』（ハンギル社、一九九六年）九四頁。

(36) 金隆『勿巌先生文集』巻三、家礼講録。

(37) 李徳弘『艮斎先生続集』巻五、家礼註解。
(38) 高英津、前掲書、二一八頁。
(39) 『中宗実録』中宗十三(一五一八、正徳十三)年十一月二十二日。
(40) 国立中央図書館の『文公家礼儀節』、金属活字本(乙亥字)、八二張:挿図、四周単辺、半郭二二・〇×一四・七㎝、有界、九行十七字、注双行、黒口、内向三葉花紋魚尾、二九・六×一八・六㎝がそれである。
(41) チェ・ギョンフン、前掲論文、二三頁。
(42) 『家礼儀節』序、「竊取『文公家礼』本註、約為儀節、而易以浅近之言、使人易暁而可行」。『家礼儀節』の全般的な内容については李承妍「丘濬の礼学に関する考察」(『東洋礼学』一一、二〇〇三年)を参照。
(43) 「冠礼」笄礼においては、「すなわち字す(乃字)」という条目の後に「主人が笄者を連れ、祠堂にまみえる(主人以笄者見于祠堂)」と「笄者が尊長にまみえる(笄者見于尊長)」という二つの条目を補っている。これらの補は、冠礼に関する二つの式次第と『家礼』そのものの整合性を念頭においたものである。
(44) 「昏礼」納幣においては、「書をそなえる(具書)」の後に「早朝に起き、主人が書をもって祠堂に告げる(夙興、主人以書告于祠堂)」という条目を、また次の「使者をつかわして女の家に行かせる(遣使者如女氏)」に対しては「女の家において、使者を出迎える(女氏出見使者)」という内容を付し、「遂に書を奉って祠堂に告げる(遂奉書以告于祠堂)」という条目を補っている。さらに「使者の復命は、納采の儀と同じ(使者復命並同納采之儀)」の後には「新郎側の主人は、再び祠堂に告げる(壻氏主人復以告于祠堂)」という補を付した。このうち三つ目の条目は『儀礼』に基づいたもので、それ以外は『家礼』の内的整合性を維持するためのものである。
(45) 「喪礼」治葬においては、「三か月目に葬礼を行なうが、期日の前に葬儀を行なう場所を選ぶ(三月而葬、前期擇地之可葬)」の後に、『儀礼』に基づいた「殯に啓殯する期日を告げる(告啓期)」という条目を補い、「神主を作る(作神主)」の後には「功布を用意する(功布)」を補った。さらに「禫」の後には、『大明集礼』に従って「改葬」と「返葬儀」を補っている。
(46) 「祭礼」先祖において「食べ物をそなえる(具饌)」の条目の後に「犠牲を調べる(省牲)」という条目を「四時祭」の規定

に従い補った。また「墓祭」の後に「焚黄告祭儀」と「祀竈」を補っている。
(47)『家礼儀節』序、「窃取『文公家礼』本註、約為儀節、而易以浅近之言、使人易暁而可行」。
(48)趙翼『浦渚集』巻二六、家礼郷宜序。
(49)『家礼儀節』とともに、『儀礼経伝通解』の刊行もまた朝鮮儒者の『家礼』研究に強い影響を及ぼした。『儀礼経伝通解』は一二三一年に完刊する。朝鮮に伝来した時期は不明であるが、一四一二（太宗十二）年以降、『実録』にたびたび登場する。国内での刊行については、一五六七（先祖即位）年、李滉と奇大升が刊行・頒布を請い、刊行されたという記録がある。木活字が混入した甲寅字本の前集が一五七〇年以前に印出され、一五七一（宣祖四）年には続集が印出され、さらに一七四〇年以前には、大邱と全州で板刻されたという（チェ・ギョンフン、前掲論文、二七～二八頁）。
(50)『朱子家礼』、喪礼弔奠賻、「蓋『家礼』乃初年本、当以後来已定之説為正」。
(51)鄭景姫、前掲論文、三九頁。
(52)『家礼儀節』序、「復窃謂『儀礼』存乎古、『家礼』通於今、『儀礼』備其詳、『家礼』挙其要、蓋并行而不悖也」。
(53)丁若鏞（号は茶山）の『四礼家式』（『祭礼考定』、『嘉礼酌儀』〔冠礼酌儀・婚礼酌儀〕、『喪儀節要』、一八一五年）と、李震相（号は寒洲）の『四礼輯要』などが代表的な著述である。これについては張東宇「古礼中心の礼教思想とその経学的土台に関する考察」（『韓国実学研究』一三、二〇〇七年）を参照。
(54)朴鍾天「一六～一七世紀の礼問答を通じてみた退渓と退渓学派の礼学に対する再評価」（『退渓学報』一二五、二〇〇九年）。
(55)李俸珪「実学の礼論」（『韓国思想史学』二四、韓国思想史学会、二〇〇五年）。
(56)チェ・ギョンフン、前掲論文、二二頁。
(57)『朱子全書』（上海古籍出版社、二〇〇二年）八六五頁。
(58)日本所在のものについてはよく分からないが、韓国国立中央図書館蔵の浅見安正校勘『家礼』（一六九七〔元禄丁丑〕年刊）は、「巻一通礼、巻二冠礼、巻三昏礼、巻四喪礼、巻五祭礼」の五巻本の体裁をとっている。
(59)李承妍、前掲論文、一六頁。

（60）『家礼儀節』序、「『文公家礼』五巻、而不聞有図。今刻本載于巻首、而不言作者。夫書不尽言、故図以明之。今巻首図註多不合於本書、豈文公所作自相矛盾哉」。
（61）第一に、通礼には「祠堂」を立てるとあるが、図では「家廟」としている。第二に、深衣・緇冠条に「冠の梁は、武を覆ってその先を折る」とあるが、図には「梁を武の上にかぶせる」とある。第三に、本文では「黒いくつ（黒履）」とあるが、図の下の注には「白いものを用いる」とある。第四に、喪礼・陳襲衣条には深衣などの物のみを置き、『儀礼』の「質」や「殺」の二冒は用いないが、図ではこれらが並んでいる。第五に、本文の大斂条には、布や絞などがないが、図にはある。第六に、大斂条には「棺の中で絞を結ぶ」の文はないが、図の下の注には「棺の中で結ぶ」とある。

参考文献

『高麗史』
『実録』
『牧隠文藁』
『勿巖先生文集』
『艮斎先生続集』
『浦渚集』
『朱子家礼』
『朱子全書』
『家礼儀節』
김치우『고사촬요 책판목록과 그 수록 간본 연구』、아세아문화사（金致雨『故事撮要の冊版目録とその収録刊本の研究』、亜細亜文化社、二〇〇八年）

천혜봉『日本蓬左文庫韓国典籍』、지식산업사（千恵鳳『日本蓬左文庫韓国典籍』、知識産業社、二〇〇三年）
고영진『조선중기예학사상사』、한길사（高英津『朝鮮中期礼学思想史』、ハンギル社、一九九六年）
정경희『조선전기 예제・예학 연구』、서울대학교 국사학과 박사학위논문（鄭景姫『朝鮮前期礼制・礼学研究』、ソウル大学校国史学科博士学位論文、二〇〇〇年）
정재훈『조선전기 유교정치사상 연구』、서울대학교 국사학과 박사학위논문（鄭在薫『朝鮮前期儒教政治思想研究』、ソウル大学校国史学科博士学位論文、二〇〇一年）
최경훈『조선시대 간행의 주자저술과 주석서의 편찬』、경북대학교 석사학위논문（チェ・ギョンフン『朝鮮時代刊行の朱子著述と注釈書の編纂』、慶北大学校修士学位論文、二〇〇九年）
金承炫『元代北許南呉理学研究』（輔仁大学哲学研究所博士学位論文）
고영진「15・16세기 주자가례의 시행과 그 의의」、『한국사론』21、서울대학교규사학과（高英津「十五・十六世紀における朱子家礼の施行とその意義」、『韓国史論』二一、ソウル大学校国史学科、一九八九年）
김문식「조선시대 중국 서적의 수입과 간행」、『규장각』29、서울대학교규장각（金文植「朝鮮時代における中国書籍の輸入と刊行」、『奎章閣』二九、ソウル大学校奎章閣、二〇〇六年）
도현철「고려말기 사대부의 四礼 인식」、『역사교육』65、역사교육연구회（都賢喆「高麗末期士大夫の四礼認識」、『歴史教育』六五、歴史教育研究会、一九九八年）
박종천「16~7세기 礼問答을 통해 살펴 본退渓와 退渓学派 礼学에 대한 재평가」、『퇴계학보』125、퇴계학연구원（朴鍾天「十六~七世紀の礼問答を通じてみた退渓と退渓学派の礼学に対する再評価」、『退渓学報』一二五、退渓学研究院、二〇〇九年）
배상현「朱子家礼와 그 朝鮮에서의 行用過程」、『동방학지』70、연세대학교국학연구원（裵相賢「朱子家礼とその朝鮮における行用過程」、『東方学志』七〇、延世大学校国学研究院、一九九一年）
심경호「조선전기 주해본 간행과 문헌 가공에 대하여」、『대동한문학』20、대동한문학회（沈慶昊「朝鮮前期註解本の刊行と文

献の加工について」、『大東漢文学』二〇、大東漢文学会、二〇〇四年）

이봉규「실학의 예론」、『韓國思想史學』제24집、한국사상사학회（李俸珪「実学の礼論」、『韓国思想史学』二四、韓国思想史学会、二〇〇五年）

이승연「丘濬의 예학에 관한 고찰」、『동양예학』11、동양예학회（李承妍「丘濬の礼学に関する考察」、『東洋礼学』一一、東洋礼学会、二〇〇三年）

장동우「古礼 중심의 礼教 사상과 그 경학적 토대에 대한 고찰」、『한국실학연구』13、한국실학회、（張東宇「古礼中心の礼教思想とその経学的土台に関する考察」、『韓国実学研究』一三、韓国実学会、二〇〇七年）

장철수「중국의례기 한국의례생활에 미친 영향」、『문화인류학』제6집、한국인류학회（張哲秀「中国儀礼が韓国儀礼生活に及ぼした影響」、『文化人類学』六、韓国人類学会、一九七三年）

정형우「五経・四書大全의 輸入 및 그 刊板広布」、『동방학지』63、연세대학교국학연구원（鄭永愚「五経・四書大全の輸入およびその刊板広布」、『東方学志』六三、延世大学校国学研究院、一九八九年）

황영환「한국 가례서의 발전계통에 관한 서지적 연구」、『서지학연구』제10집、서지학회（黄永煥「韓国家礼書の発展系統に関する書誌的研究」、『書誌学研究』一〇、書誌学会、一九九四年）

吾妻重二「이승연 번역「『家礼』의 刊刻과 版本」、『동양예학』4집、동양예학회（吾妻重二、李承妍訳「『家礼』の刊刻と版本」（『東洋礼学』四、東洋礼学会、二〇〇〇年）

日本における『家礼』の受容
――林鵞峰『泣血余滴』『祭奠私儀』を中心に

吾妻重二

要旨

林鵞峰の『泣血余滴』と『祭奠私儀』は江戸初期における朱熹の『家礼』受容期を代表する著作である。鵞峰のこれらの文献は従来あまり注意されていないが、その意義はこれまで考えられていた以上に大きい。ここではまず、江戸時代初期における『家礼』の歴史をたどり、ついでこれら二書の成立や内容、特色、影響について検討することで、日本における『家礼』受容のあり方をさぐってみたい。結論をいえば、鵞峰のこの二著は日本的改変が加わってはいるものも、江戸時代における儒教喪礼・祭礼のスタンダードとして以後の『家礼』実践に一つの基準を提供することになっている。したがってまた、『家礼』が日本の儀礼や文化に及ぼした影響も無視できないものがあると思われる。

キーワード

朱熹、儀礼、葬儀、喪礼、祭礼、祠堂、墓制、朝鮮儒教

はじめに

日本は儒教の影響をさまざまな位相において受けてきたが、それは江戸時代の二百六十余年間においてとりわけ著しい。儒学・漢学の教養を自家薬籠中のものとした知識人が輩出して思想界が空前の活況を呈したこと、また、それらの思想家について多くの研究がなされてきたことは周知のとおりである。

ただし、これまでの日本思想研究では儒教の儀礼面における受容・影響はあまり考慮されていない。たとえば従来の代表的見解として、尾藤正英氏は、

　一般に近世の日本では、儒学は礼法よりも精神の面だけで受け入れられた。……礼法を重んじるということが、中国でも朝鮮でも非常に厳格であった。日本の場合には、礼法から切り離して精神だけを学ぶという点に、儒学の普及の特色があったのである。(1)

といっている。確かに、日本には有職故実や服飾、しきたりなど独自の伝統が強固に持続し、儒教の礼法は根づかなかったという見方にもそれなりの理由があろう。

そもそも儀礼とは「固定した形式」である。「精神」が或る意味で広く応用可能な抽象的なものなのに対し、「儀礼」は手順や場所、器物、服装などが具体的に固定していて、細部に至るまでこまごまとしたきまりがある。実際、江戸時代において『儀礼』、『周礼』、『礼記』など三礼文献の研究は『論語』をはじめとする四書に比べて不振であり、とりわけ儀式の実践マニュアルである『儀礼』の研究は他の経書に比べてはなはだ乏しい。かくして日本における儒教儀礼研究は一部の儒教ファンの好事家的趣味で、机上の空論にすぎないという一面が生じることにもなったのであり、そのことは旧稿でも指摘したとおりである。(2)

だが、朱熹の『家礼』に関してはかなり事情が違うように思われる。同書が儒教思想家の関心を集め、多くの言説を生み出すからである。『家礼』における冠婚喪祭（冠婚葬祭）の儀礼、とりわけ喪礼・祭礼という、家族の生死にかかわる儀礼が注目されること、そこには単なる衒学趣味以上の切実な関心がある。

江戸時代における『家礼』の歴史に関しては、かつて旧稿で受容期と展開期の二つに分けて概述したことがある。すなわち、十七世紀が『家礼』受容期で、この時期には朱子学系および陽明学系の著名な人物が議論と実践の中心となった。そして、元禄時代をはさんで、十八世紀以降が『家礼』の展開期であり、この時期には朱子学系や陽明学系以外にも古学系、考証学系、洋学系といった思想家によって同書がさまざまに論じられている。日本における『家礼』の様相に関してはより綿密な検討が必要であるが、ひとまずはこのように道筋を理解しておきたい。また、これら『家礼』をめぐる議論のほとんどが喪礼（葬礼）と祭礼の二礼をめぐってなされているという特色も重要である。

林鵞峰の『泣血余滴』と『祭奠私儀』は江戸初期の『家礼』受容期を代表する著作である。これらの文献は従来あまり注意されていないが、その意義はこれまで考えられていた以上に大きいと思われるので、ここではその内容や特色、影響などについて検討し、日本における『家礼』受容のあり方をさぐってみたい。

一　林鵞峰の『泣血余滴』『祭奠私儀』と『家礼』の受容状況

1　林鵞峰と『泣血余滴』『祭奠私儀』

林鵞峰（一六一九―八〇）は林羅山の第三子で、諱は恕、別名は春勝。剃髪後は春斎と名のり、寛文三年（一六六三）、上野忍岡の学塾に弘文院の称号を賜わってからは弘文院学士と称した。字は子和、之道。鵞峰はその号である。またの号を向陽軒もしくは向陽子といい、これは青年時代の寛永十三年（一六三六）、朝鮮通信使の写字官として来日した全栄（号は梅隠）の命名による。[3]

著作としては幕府の命により編纂した『寛永諸家系図伝』や『本朝通鑑』、『日本王代一覧』など日本史学関係の著作が最も有名で、ほかに『華夷変態』など海外事情史料集の編纂、儒教関係の著述として『周易程伝私考』、『周易本義私考』、『書経集伝私考』、『詩経私考』、『礼記私考』、『春秋胡氏伝私考』などがあり、日本文学関係では『本朝百人一首』を編むなど、きわめて多い。さらに文集として『鵞峰先生林学士文集』百二十巻が伝わっている。[4] 羅山のあとをよく継承し、林家学塾や先聖殿（孔子廟）の整備をはかり、のちの昌平坂学問所の基礎を固めたことでも知られる。[5]

『泣血余滴』は明暦二年（一六五六）三月、鵞峰の母、荒川亀（すなわち羅山の妻）の葬儀を儒礼によってとり行なった記録である。同年四月に脱稿、三年後の万治二年（一六五九）七月、藤原惺窩の高弟で父・羅山の同門、石川丈山の支援を受け、京都の大森安右衛門により刊行された（後述）。巻上に鵞峰の「先妣順淑孺人事実」、および鵞峰の弟、読耕斎の「先妣順淑孺人哀辞并序」を収め、巻下が『泣血余滴』本文である。[6]

この『泣血余滴』が喪礼の書なのに対し、『祭奠私儀』は祭礼の書である。不分巻一冊で、現在、鵞峰手稿本が国立公文書館（内閣文庫）に蔵される。同館所蔵の『林家祭奠私儀』一冊、旧水戸彰考館蔵本は未見だが、その抄本であろう。

2　江戸時代初期における『家礼』受容の状況

『泣血余滴』と『祭奠私儀』の検討に入る前に、その撰述前後、江戸時代初期において『家礼』がどのような影響を与えたのかを見ておきたい。つまり『家礼』受容期の状況である。

そもそも『家礼』は、遅くとも室町時代中期すなわち十五世紀には完本がもたらされていたことが確認できるが、[7] しばらくの間、特に反響をもたらすこともなかった。『家礼』は長い空白期間をはさんで、江戸初期に初めて脚光を浴びるのである。

まず注意されるのは藤原惺窩（一五六一—一六一九）および戦国大名赤松広通《ひろみち》（一五六二—一六〇〇）の存在である。豊臣秀吉の朝鮮出兵により江戸時代直前に京都に拘留され、彼らに朱子学を教示した朝鮮の姜沆（一五六七—一六一八）は次のように伝えている。

日本将官尽是盗賊、而惟広通頗有人心。日本素無喪礼、而広通独行三年喪、篤好唐制及朝鮮礼。(8)

（日本の将官は尽《ことごと》く是れ盗賊なるも、惟《た》だ広通のみは頗る人心有り。日本に素《もと》と喪礼無きも、広通は独り三年の喪を行ない、篤く唐制及び朝鮮の礼を好む。）

このように、儒教に傾倒していた広通は中国・朝鮮の礼を好み、儒教式の三年の喪を実行したという。惺窩、広通、姜沆の親交は日本近世朱子学の幕開けを告げるトピックであるが、すでにその時点で喪礼が論じられ、また実施されていたことは注意を要する。

惺窩の門人であり鵞峰の父である林羅山（一五八三—一六五七）になると、喪礼の実施はもっとはっきりしたかたちをとる。羅山は寛永六年（一六二九）、長男叔勝（敬吉。鵞峰長兄）の葬儀を儒礼によってとり行なっている。羅山は「吾死勿用浮屠礼儀」（吾れ死すとも浮屠の礼儀を用うる勿かれ）との叔勝の遺言に従ってこれを儒葬し(9)、また翌年、その神主（位牌）に対して「今朝垂涙向神主　不用浮屠只用儒」（今朝涙を垂れて神主に向かう　浮屠を用いず只だ儒を用う）と詠んでいる。(10)浮屠（仏教）式ではない儒教式の「礼儀」というのが『家礼』を指すことは羅山の朱子学者としての面目や鵞峰の『泣血余滴』から見て間違いない。『家礼』による葬儀は後述する野中兼山によるものが最初とされることが多いが、実はこちらの方が二十年あまり早いことになる。

この頃から『家礼』にもとづく喪祭が一部の儒教思想家によって相い継いで行なわれるようになる。陽明学者として知られる中江藤樹（一六〇八—四八）はすでに寛永四年（一六二七）の時点で祖父を『家礼』によって祭り(11)、陥中をもつ『家礼』式の神主を作っているから、『家礼』の祭礼実践例としてはかなり早い。慶安元年（一六四八）の藤樹の葬儀はこれまた門人により『家礼』に沿って行なわれている。[12] これら藤樹たちの神主は、今なお滋賀県高島市の藤樹書院に見ることができる。[13]

土佐藩家老として藩政改革を推進した野中兼山（一六一五―六三）は朱子学への共鳴から藩内の火葬を禁止するとともに、慶安四年（一六五一）四月、『家礼』により母（秋田万）を儒葬した。それは、

慶安四年辛卯四月、丁母憂哀毀踰礼、衣衾棺槨必誠必信、到六月葬於釆地本山、其間行程七里、山路嶮巇、徒歩而従棺、其儀一如文公家礼、致喪三年。於其葬也、或穿壙或彫石、役夫殆千人、夜以継日。[14]

（慶安四年辛卯四月、母の憂に丁《あ》い哀毀すること礼を踰え、衣衾棺槨必ず誠に必ず信にす。六月に到りて釆地の本山に葬る。其の間、行程七里、山路嶮巇にして、徒歩にて棺に従う。其の儀、一に『文公家礼』の如く、喪を致すこと三年。其の葬に於けるや、或いは壙を穿ち、或いは石を彫り、役夫殆《ほとん》ど千人、夜以て日に継ぐ。）

と記録されるようにきわめて盛大なもので、『家礼』によってすべての儀式をとり行ない、さらに三年の喪も実行したという。周知のように、このような突出した行為が隠れキリシタンではないかとの噂を呼び、幕府から嫌疑をかけられるのだが、それを弁護したのはほかならぬ羅山、鵞峰ら林家の人々だったと伝えられる。[15]

兼山はまた、前年の慶安三年（一六五〇）に祖先をまつる祠堂を建てている。[16] この祠堂の造営は林家よりも早く、注目される。家廟としての儒教式祠堂を建てる例は日本では稀で、しかも兼山は忌日、四時祭、朔望には祭礼を欠かさず、特に四時祭の時は族人や知旧をひきつれて拝謁するという熱心さであった。[17] 祠堂のつくりに関していえば、兼山の失脚後、むすめの婉によって再興された祠堂は「一宇一間四面」であったと伝えられる。[18] 四面というのはよくわからないが、『家礼』と同様、高祖以下、曾祖、祖、父の四代の神主をまつる構えを持っていたのであろうか。

儒教儀礼に関連して、兼山は寛文二年（一六六二）、朱熹『儀礼経伝通解』正篇三十七巻の和刻本を上梓している。

これに加点し、また出版を援助したのは山崎闇斎だったらしい[19]。

山崎闇斎（一六一八―八二）は兼山が祠堂を建てたのと同じ慶安三年（一六五〇）、先祖の神主を作り、その祭祀も『家礼』によっている[20]。そして上述した兼山の母の儒葬の際には同門の友人として駆けつけるとともに、その壙誌と墓表銘を撰している[21]。兼山による盛大な儒葬を実見しているわけである。さらに闇斎は承応二年（一六五三）の姪の葬儀に際し、衣衾棺槨を『家礼』によって作り[22]、延宝六年（一六七八）には会津藩士の安西平吉なる人物を『家礼』に従って埋葬している[23]。

また、京都の朱子学者中村惕斎は明暦元年（一六五五）、住居の一隅に祠堂をかまえ、三世の木主（神主）を安置して祭祀を行なっているが[24]、これも『家礼』によるものであった。惕斎はその後、『家礼』にもとづく喪礼と祭礼を実施し[25]、さらに元禄三年（一六九〇）、喪礼の書として『慎終疏節』四巻を、祭礼の書として『追遠疏節』一巻を著わし[26]、さらに補足として『慎終通考』七巻および『追遠通考』五巻を残している[27]。

同じく京都の三宅鞏革斎（一六一四―七五）は、藤原惺窩門人の三宅寄斎の養子であり、慶安二年（一六四九）、寄斎の死去に際し、これを『家礼』および『儀礼』にもとづいて埋葬している[28]。さらに寛文元年（一六六一）に『喪礼節解』二巻を著わし[29]、寛文七年（一六六七）には『祭礼節解』二巻を刊行している[30]。

この時期、平仮名の和文による解説書も著わされている。京都の書肆兼学者の大和田気求（?―一六七二）による『大和家礼』八巻、および中村惕斎の友人、藤井懶斎（一六二六―一七〇六）による『二礼童覧』二巻が代表的なものである。『大和家礼』は寛文七年（一六六七）に刊行[31]、『二礼童覧』は万治三年（一六六〇）の著で、元禄元年（一六八八）に刊行されている[32]。

このほか、数名の有力藩主たちも儒教儀礼を実施していた。尾張藩主の徳川義直（一六〇〇―五〇）は徳川光圀の伯父であり、光圀と同じく朱子学の共鳴者であった。寛永年間、羅山と同門の堀杏庵の建議にもとづいて孔子廟を建て釈奠礼を実施していた彼は、先祖の神主を儒教式で作るとともに、みずからの墓を儒式によって作らせている[33]。

水戸藩主の徳川光圀（一六二八—一七〇〇）は早くから『家礼』を研究し、万治元年（一六五八）、正室泰姫の葬儀を儒礼によってとり行ない、さらに寛文元年（一六六一）、父頼房の葬儀を『家礼』や中国の儀礼にもとづきつつ実施するとともに、瑞龍山に儒式の墓域を作っている。また、寛文五年（一六六五）に朱舜水を招聘してからは舜水に『家礼』を講説させ、寛文六年（一六六六）には『家礼』にもとづく『喪葬儀略』を和文で撰述させ家臣に配布している。さらに光圀は祠堂を水戸城内に建てて儒教式の祖先祭祀を始めている[34]。

備前岡山藩主の池田光政（一六〇九—八二）も儒教に傾倒した大名で、陽明学者熊沢蕃山（一六一九—九一）らの教示により、承応四年（一六五五）、仏殿の位牌を廃して『家礼』にもとづく神主を作り、祖先の儒祭を始めている。その後、光政が儒教にもとづき、寺請（檀家制度）をやめて神職請を実施したこと、みずから『家礼』を参照しつつ喪礼・祭礼を敢行したこと、藩内の領民に対してもこれを推奨したことなどは、旧稿でも考察したとおりである。蕃山自身もまた、仏教批判とあいまって喪祭の規範を『家礼』に置き、『家礼』式の神主を作って祖先を祭っていた[35]。

朱子学者ではないが、伊藤仁斎（一六二七—一七〇五）も『家礼』を読み、「読家礼」一篇を著わしている[36]。ただし仁斎は「天子に非ざれば礼を議せず」という『中庸』の語を引き合いに出して『家礼』という儀礼書撰述の意義そのものに疑いの目を向けている。もっとも、彼の喪祭儀礼が『家礼』とまったく無関係だったかというとそうではなかったようである。仁斎の長孫、東所時代の状況だが、『家訓大略』に伊藤家の喪祭について、

喪祭は文公家礼等ヲ取捨シ幷古来仕来ノ例モアリ、一ヲ以テ泥ムヘカラス。

とあるからである[37]。もっぱら神仏混淆ふうの喪祭を行なっていた仁斎および伊藤家も一定程度『家礼』も参照していたことになる。仁斎の長子、東涯（一六七〇—一七三六）も『家礼』を繰り返し読み、研究している[38]。また幕末の状況だが、仁斎創設の古義堂を訪ねた岡鹿門は「請観古義堂拝祠堂、神牌陥粉表、一仍儒式」と伝えている[39]。神牌（位牌）

の「陥粉表」とは、陥中をもつことと、表面を鉛粉で白く塗っておくことをいい、いうまでもなく『家礼』にもとづく所作である。伊藤家は『家礼』に沿って祠堂を作り、その位牌も『家礼』式だったのである。

この時期には『家礼』関連文献の和刻本も出版されている。慶安元年（一六四八）、丘濬『文公家礼儀節』八巻が京都の有名な書肆、風月宗知により訓点つきで出版され、同書和刻本はその後も慶安四年（一六五一）、明暦二年（一六五六）、万治二年（一六五九）に、それぞれ別の書肆から相い継いで刊行された。(40)『性理大全』和刻本は承応二年（一六五三）、小出永庵の加点により『新刻 性理大全』七十巻、巻首一巻として出版されている。同書の巻十八から巻二十一までを『家礼』が占めることはいうまでもなく、朱熹以後の詳しい注も附されている。

また、寛文十三年（一六七三）京都で刊行された和刻本『居家必用事類全集』十集には、乙集巻四に『家礼』の節略本が収められている。続いて、元禄十年（一六九七）の跋をもつ浅見絅斎点『家礼』五巻も出版されている。

このような出版事情は『家礼』が朱子学ブームとあいまって衆人の耳目を集めたことをよく示すものである。

『家礼』に関しては深衣のことにも触れておく必要があろう。深衣は一言でいえば日常のややあらたまった儒服であり、『家礼』巻一の「深衣制度」に詳しい記述が見える。鵞峰も深衣をまとった一人であるが、彼以前には藤原惺窩以下、林羅山、松永尺五らがこれを着用し、朱子学の儀礼を服飾面でも実践していた。(41)

以上の事柄については、資料が断片的で詳しい事情を知りえないものもあるが、これらの点描によっても、江戸初期の十七世紀初めから後半にかけて多くの儒者・儒教共鳴者により『家礼』が研究されていたことがわかる。『家礼』にもとづく喪礼と祭礼がたて続けに実施されているのは注目に値する現象といえよう。当時輩出した儒教思想家の多くは、とりもなおさず儒教儀礼の実践者でもあったのである。

ここにとり上げる鵞峰の『泣血余滴』および『祭奠私儀』は、このような儒礼実践の流行を承けて著わされた。

二　『泣血余滴』について――喪礼

1　基本的立場

鷲峰には朱子学がすべての人間にとって真理であるという、一種の朱子学普遍主義がある。それは思想面のみならず、儀礼面にも当てはまるもので、寛文八年（一六六八）、『家礼』の講義を行なった際に書かれた跋文に次のようにある。

家礼跋

儀礼久矣、古制難悉倣焉。朱文公家礼取簡要而応其時也。後儒倣之、遂施行于天下、永為儒門之法。然行之有時、施之有所、則在　本朝之今、難倣乎。不然。何処何家何人不有冠婚喪祭之事、其所因其所損益、無此書則何拠何倣乎。乃知不読家礼、則惑流俗、陥異端、不能知儒礼者必矣(42)。

（儀礼は久し、古制は悉《ことごと》くは倣《なら》い難し。朱文公の『家礼』は簡要を取りて其の時に応ずるなり。後儒之に倣《なら》い、遂に天下に施行し、永く儒門の法と為る。然れども之を行なうに時有り、之を施すに所有れば、則ち本朝の今に在りては倣い難きか。然らず。何《いず》れの処、何れの家、何れの人か冠婚喪祭の事有らざらん。其の因る所、其の損益する所、此の書無ければ則ち何《いず》れにか拠り、何れにか倣わんや。乃ち知る、『家礼』を読まざれば、則ち流俗に惑い、異端に陥り、儒礼を知る能わざらんこと必せり。）

すなわち、いついかなる場合、いかなる人でも「冠婚喪祭」の事は不可避であり、よって『家礼』をそれらの儀礼実践の規範にすべきだという。もちろん、ここで「損益」というように、日本の実情や時宜に応じて取捨選択を加えることは当然考慮されているが、その場合も『家礼』を準則にすることは動かないというのである。

こうして鵞峰は、母の葬儀を『家礼』によってとり行なうことになった。もともと鵞峰の母は「常に西方を念じ弥陀を唱う」という浄土仏教信者であったが、他人によって葬られるよりは子供たちの手で葬られたいと願い、儒葬を許したのである。[43] 以上のような『泣血余滴』の基本方針に関しては、同書序文に、

昔朱文公遭其母祝孺人之喪、折衷儀礼士喪而制作家礼、後学無不由之。本朝釈教流布闔国、為彼被惑、無知儒礼者。故無貴賤、皆葬事無不倩浮屠。嗚呼、痛哉。近世、有志之人、雖偶注心於家礼、然拘於俗風、而雖欲為之而不能行者亦有之。今余丁母之憂、而其葬悉従儒礼行之。因叙其次序、滴涙以記之如左、取高柴親喪泣血之言而号曰泣血余滴。

(昔朱文公、其の母祝孺人の喪に遭い、『儀礼』の士喪を折衷して『家礼』を制作す。後学、之に由らざる無し。本朝、釈教闔国に流布し、彼の為に惑わされ、儒礼を知る者無し。故に貴賤と無く、皆な葬事、浮屠を倩《よ》しとせざる無し。嗚呼、痛ましいかな。近世、志有るの人、偶《たま》たま心を『家礼』に注ぐと雖も、然れども俗風に拘《なず》みて、之を為さんと欲すと雖も、行なう能わざる者亦た之れ有り。今、余、母の憂に丁《あ》いて、其の葬悉《ことごと》く儒礼に従いて之を行なう。因りて其の次序を叙し、滴涙して以て之を記すこと左の如し。高柴、親の喪に泣血すの言を取りて、号して「泣血余滴」と曰う。)

と表明されるとおりである。文末にいう高柴は春秋時代の衛の人で字は子皐、『礼記』檀弓篇上に「高子皐之執親之喪也、泣血三年、未嘗見歯」(高子皐の親の喪を執るや、泣血すること三年、未だ嘗て歯を見せず)と伝えられる。泣血とは、親の死を、血の涙を流すほどに悼むことをいう。

また、同書刊行の意図に関しては、出版前年の万治元年(一六五八)、京都の石川丈山に宛てた書簡に、

聞先年所借泣血余滴、可刻梓以行於世、使人知儒礼葬法。[44]

(聞く、先年借す所の『泣血余滴』、梓に刻して以て世に行ない、人をして儒礼葬法を知らしむべしと。)

とある。みずからの母の葬儀の記録を出版して世に問うというのはかなり特異な行為であるが、それも「儒礼葬法」を広めるための所作であった。出版を支援したのは丈山であり、[45] ここには朱子学の儀礼を普遍的なものとして日本にも普及させたいという彼らの先鋭的な意図が込められている。

2　内容と特色

『泣血余滴』に顕著なのは何よりも『家礼』に忠実たらんとする意志であり、内容的にも『家礼』にかなり近い内容をもっている。以下、『泣血余滴』に記された式次第を『家礼』巻四の喪礼の記述と比較しつつたどってみよう。

（三月二日、辛巳）

母、荒川亀死去。古礼では父が健在なら子は喪主にならないとされるが、[46] 憔悴した父・羅山に代わって鵞峰が喪主をつとめることにする。

内外を戒め、奥座敷（寝奥）に布団を敷いて遺体をその上に遷す。衾で覆って枕を置き、南枕（南首）にする。復の儀礼を行なったあと、哭擗を繰り返し、遺族は喪服に着替える（易服）。そして棺を作るべく命じ（治棺）、親戚に訃報を出す。さらに死者を沐浴し、死装束をつけ、幎目巾と握手巾を加える。また単被（薄着の覆い）をかけて小歛になぞらえる。ついで霊座をすえ、魂帛を設け、銘旌を立てる。銘旌の文字は「孺人荒川氏亀媼之柩」である。

このような手順は『家礼』にかなり忠実である。南首、復、哭擗、易服、治棺、沐浴、親戚への訃報、沐浴、死者に幎目巾や握手巾をつけること、さらに霊座、魂帛、銘旌をしつらえるのはすべて、『家礼』においても死去の当日に行なわれるとされるからである。このうち飯含に関しては「用米銭」（米銭を用う）とあって、米と銭を死者の口に入れており、これまた『家礼』と同じである。また、驚くべきことに、大声で泣きながら胸を打ちならす哭擗さえ行なっている。これについて読耕斎の「先妣順淑孺人哀辞幷序」では「哭踊無節」（哭踊、節無し）といっている。哭踊は大声で哭しながら、足をドンドン踏みならして悲しみを激しく表わす動作で、日本の習慣になじみにくいものだが、あえてこれを行なっているのである。

もちろん、『家礼』との違いもある。たとえば、死者の魂を呼びもどす復の礼については「持其曾経服上衣、左執領、右執腰」（死者がふだん着ていた上着を持ち、左手で領《えり》の部分を、右手で腰の部分を握る）と、『家礼』と同じ格好をするものの、家の屋根には登らずに遺体のすぐ傍らで行なっている。さらに『家礼』では「誰それよ復《かえ》れ」と死者の名を一声叫ぶだけであるが、鵞峰はきわめて長い復の詞を読み上げている。

次に喪服《もふく》であるが、鵞峰らは「黲衣素服」している。これについて鵞峰は、

斬斉・斉衰等之制、今俄難詳之。黲素者、本朝古来喪服藤衣是也。

（斬斉・斉衰等の制は、今俄かには之を詳《つまび》らかにし難し。黲素とは、本朝古来の喪服、藤衣是れなり。）

といっている。斬斉・斉衰など儒教の喪服の複雑な製法は未詳なため（『家礼』では母のために行なう喪は斉衰三年）、日本古来の藤衣《ふじごろも》を身につけたというのである。藤衣とは藤づるの繊維で作った質素な服で、公家・諸臣のまとう和風の伝統的喪服である(47)。

このほか、『家礼』では死の翌日に行なわれる小歛を、死去の当日に行なっている。また『家礼』の場合、小歛では絞《こう》という長い布を死者に幾重にも巻きつけるが、ここでは単被を上にかけるだけである。これについて鵞峰は「絞布之制未詳、且有不忍為之意、故略之」（絞布の制未だ詳らかならず、且つ為すに忍びざるの意有り、故に之を略す）といっている。

二日目（三月三日、壬午）

朝奠、上食、夕奠といったお供えを始める。供えられた食事は「斎膳」である。そして門人を遣わして墓地（上野忍岡の別墅）に壙《はかあな》を掘る（治葬）。また、棺ができたので大斂を行なう。すなわち、棺の内外に灰漆《しっくい》を塗り、底に石灰を敷きつめたうえで七星板を置く。その上に大綿衾を敷き、遺体を納棺する。また、生前に抜けた歯や髪の毛を棺の隅に置き、絹綿で遺体と棺のあいだの隙間をふさぐ。そして歛衣（単被）を上にかけ、足、首、左、右の順序で遺体を包み、蓋を釘打ちし、板の間に隙間のないよう瀝青（松脂）を塗る。そして、傍らに霊座を設け、魂帛を立て、供え物を置き、銘旌を立てておく。

これらもほぼ『家礼』の方式によっていることは明らかである。ただし、上食において供えられる「斎膳」とは質素な精進料理のことで、『家礼』の上食にいう「蔬果脯醢」とは違っている。また、大斂では、小斂の場合と同じく絞を用いていない。このほか、この日の夕刻、鵞峰は弟の読耕斎（春徳）と相談して「順淑孺人」と諡している。諡は中国では皇帝から贈られる名だが、日本にはその習慣がないため、これをみずから作ったことになる。

なお、ここで殯《かりもがり》は行なわれていない。中国古代の儀礼では大斂のあと埋葬するまでの間、殯を行なうことになっている。『儀礼』士喪礼およびその鄭注によれば、棺のまわりに木を積み上げ、泥で塗り固めるという。ただし、『家礼』も殯については「其の便に従う」というだけで明確な説明がないので、鵞峰の所作はむしろ『家礼』の記述に沿ったものともいえる。

三日目（三月四日、癸未）

前日と同じく朝奠、上食、夕奠を行なう。吉事（祭祀）には剛日を用い、凶事（埋葬）には柔日を用いるという古礼により、この日が柔日（癸の日）であることから、夕方に埋葬することとする。(48) また「家礼註」および丘濬『文公家礼儀節』にもとづき、后土と神主をまつる祝文を用意し、祝版に貼りつけておく。しかし、雨が止まないために埋葬を翌日に延期する。

この埋葬（発引）の期日に関して、鵞峰は、

古礼、三月而葬、且卜遠日。孝子之情固当然。今従国俗者、無奈之何。

（古礼は、三月にして葬り、且つ遠日を卜す。孝子の情、固より当《まさ》に然るべし。今、国俗に従うは、之を奈何ともする無し。）

といっている。『家礼』では死後三ヶ月後に葬るとするが、日本の「国俗」にやむをえず従うというのである。当時、日本では死後三日以内に埋葬するというのが定例であった(49)。ちなみに、翌明暦三年（一六五七）に行なわれた父・羅山の葬儀の時も、雪のためやや遅延したが、死後六日目に埋葬されている(50)。

四日目（三月五日、甲申）

朝奠、上食、夕奠を続ける。この日は剛日なので、埋葬は本来、翌日の柔日に行なうべきだが、不慮の出来事が起こらないとも限らないので発引（出棺）することに決める。あらかじめ門人を遣わして壙の灰隔（墓穴の枠）を作らせたうえで、夕方、門生ら十余名とともに出発する。その行列は次のとおりである。

張灯　一人
長刀　一人　擬方相
銘旌　中村祐晴捧之　黲色、有衣袴
魂帛箱　岸田清隆持之　同前
神主櫝　荒川長好持之　同前
張灯　二人

霊柩　早川道雲素服護之　歩卒三人副之、四夫八人舁之
　以布覆之、掛細索、有望四本
発子　二人
張灯　一人
春斎　小臣二人　歩卒三人　履奚一人
　徒歩　黪衣素服芒鞋
春徳　小臣二人　歩卒二人　履奚一人
　徒歩　黪衣素服芒鞋
春信　小臣二人　歩卒一人　履奚一人
　　黪色肩衣袴素服
春常　同前　小臣二人　履奚一人
　春信・春常徒歩請随行、然以幼年、故因家君命、先到別墅　婦人四五人

墓地に着くと、霊柩を発子の上に安置し、供え物をしたうえで后土を祭る。酒を注いだうえで、春信が祝文を読んだ。鵞峰の長子の春信（梅洞）が祝文を読むのは、『家礼』の「択遠親或賓客一人、告后土氏」（遠親或いは賓客一人を択び、后土氏に告ぐ。治葬章）によるのであろう。その祝文は次のとおり。

維明暦二年歳次丙申三月庚辰朔、越癸未日、哀子春斎林恕敢昭告于土地之神。今為先妣荒川氏営建宅兆、神其保祐、俾無後艱。謹以粢盛清酌、祇薦于神。尚饗。

（維《こ》れ明暦二年、歳丙申に次《やど》る、三月庚辰の朔、越えて癸未の日、哀子春斎林恕、敢て昭《あき》らかに土地の神に告ぐ。今、先妣荒川氏の為に宅兆を営建す。神其れ保祐し、後艱無からしめよ。謹んで粢盛清酌を以て、祇《つつし》んで神に

薦《すす》む。尚《こいねが》わくは饗《う》けよ。）

このあと祝文を墓側に埋め、一同、上香と再拝が済むと、霊柩を灰隔内に降ろす。その際、死者の頭が西に向くようにし（西首）、銘旌を柩の上に置く。さらに柩の前後左右の隙間に炭末石灰を詰め、大きな板で灰隔の上に蓋をして釘を打ちつけたうえで、上に土を盛り、傍らに魂帛を埋める。この窆（埋葬）の際、鵞峰以下、みな「哭泣仆地」（哭泣して地に仆《たお》れた）という。〈図1〉は同書の「窆封之図」である。

ついで、神主を櫝《はこ》の中から出して文字を書かせた（題主）。その書式は次のとおりである。また〈図2〉の「神主図式」を見られたい。

図1　窆封之図（『泣血余滴』巻下）

陥中　荒川氏亀媼神主

孝子林恕奉祀

粉面　顕妣順淑孺人荒川氏神主

ついで鵞峰が次の祝文を読んだ。

維明暦二年歳次丙申三月庚辰朔、越癸未日、哀子春斎林恕敢昭告于先妣荒川孺人。形帰窀穸、神返室堂、神主既成、伏惟尊霊舎旧従新、是憑是依。

（維《こ》れ明暦二年、歳丙申に次《やど》る、三月庚辰の朔、越えて癸未の日、哀子春斎林恕、敢て昭《あき》らかに先妣荒川孺人に告ぐ。形は窀穸に帰するも、神は室堂に返《かえ》る。神主既に成る。伏して惟《おも》んみるに、尊霊、旧を舎《す》てて新に従わん。是れ憑《よ》れ是れ依《よ》れ。）

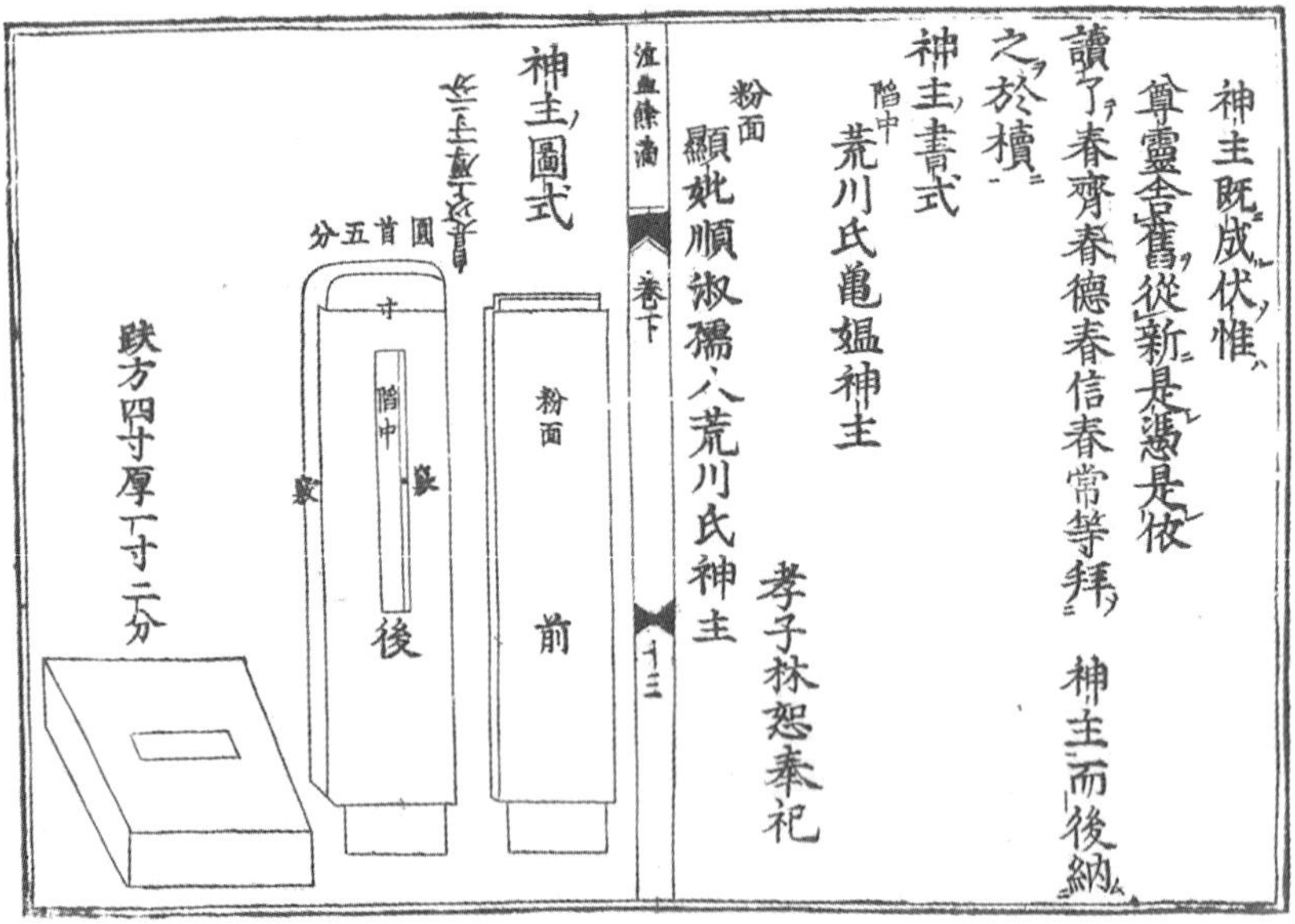
神主既成伏惟
尊靈舎舊從新是憑是依
讀了春齊春德春信春常等拜　神主而後納
之於櫝
神主書式
陷中　荒川氏亀媪神主
粉面　顯妣順淑孺人荒川氏神主　孝子林恕奉祀
泣血餘滴　巻下　十三
神主圖式

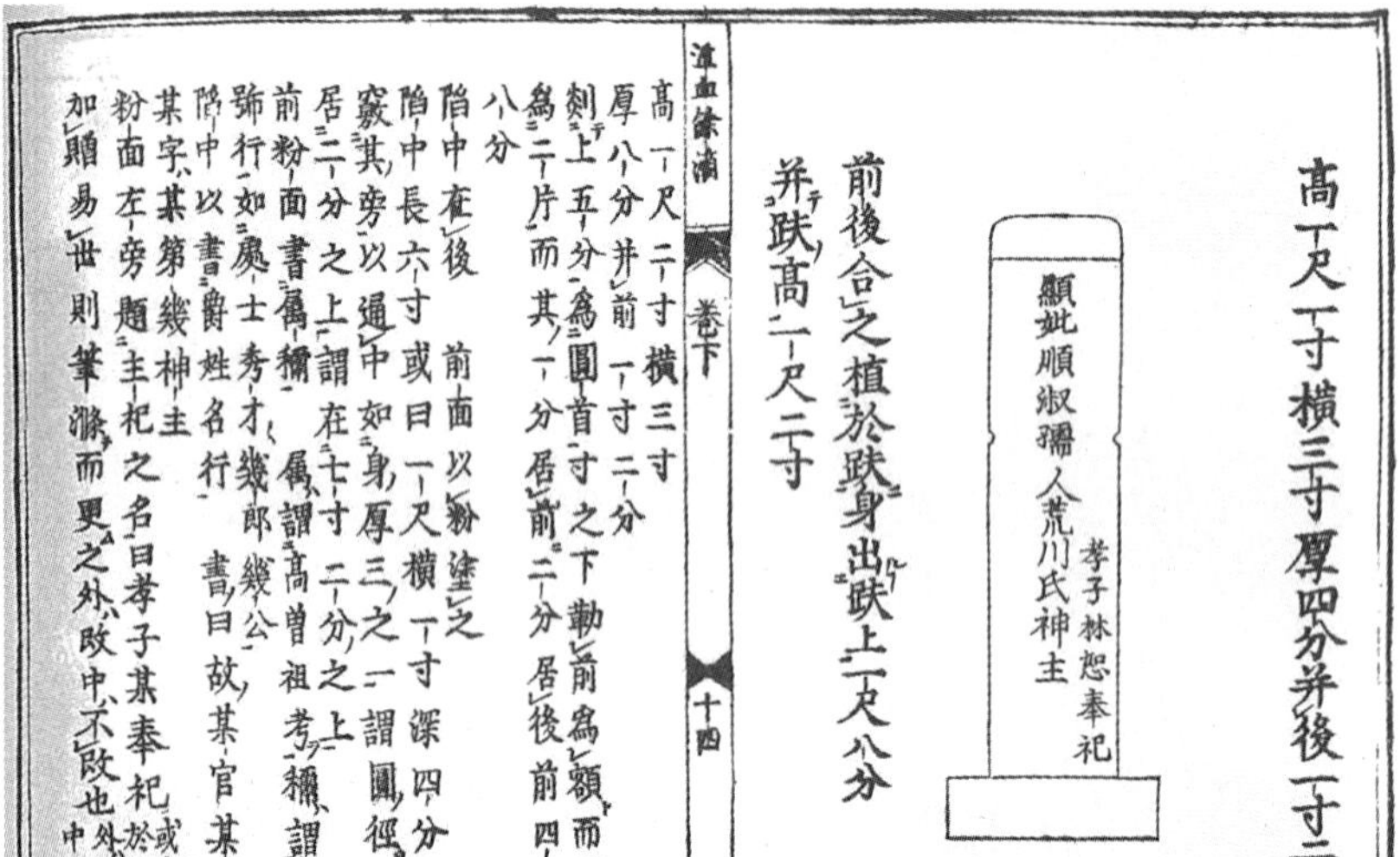
高一尺一寸横三寸厚四分并後一寸二分

前後合之植於趺身出趺上一尺八分
并趺高一尺二寸
泣血餘滴　巻下　十四
高一尺二寸横三寸
厚八分并前一寸二分
剡上五分為圓首寸之下勒前為頷而判之
為二片而其一分居前二分居後前四分後
八分
陷中在後　前面以粉塗之
陷中長六寸或曰一尺横一寸深四分
竅其旁以通中如身厚三之一謂圓徑四分
居二分之上謂在七寸二分之上
前粉面書屬稱　屬謂高曾祖考稱謂官或
號行如處士秀才幾郎幾公
陷中以書爵姓名行　書曰故某官某公諱
某字某第幾神主
粉面左旁題主祀之名曰孝子某奉祀　或書奉祀於右旁
加贈易世則筆滌而更之外改中不改也　外謂粉面中謂陷中

図2　神主図式（『泣血余滴』巻下）

祝文を読み終わると神主を櫝の中にもどし、これを奉じて一同、帰宅する。家にもどると、一番奥の座敷に神主を仮安置した。

さて、この日の儀式も『家礼』にほぼ従っているのは明らかである。〈図3〉に見るように、櫝のつくりも『家礼』によっている。[51]『家礼』との違いをいえば、まず行列が質素なことで、これに関して鷲峰は、

古礼、有大轝・竹格・功布・黼黻翣・雲翣・香案・明器・食案・霊車・功布翣・婦人布幃、以従行。今略之。

（古礼に、大轝・竹格・功布・黼黻翣・雲翣・香案・明器・食案・霊車・功布翣・婦人布幃有りて以て従行す。今之を略す。）

といっている。ここにいう功布（行列を指揮する旗）、功布翣、婦人布幃は『家礼』には見えず、『文公家礼儀節』に図が載っているものだが、それらの葬具を用意することは鷲峰にはできなかった。

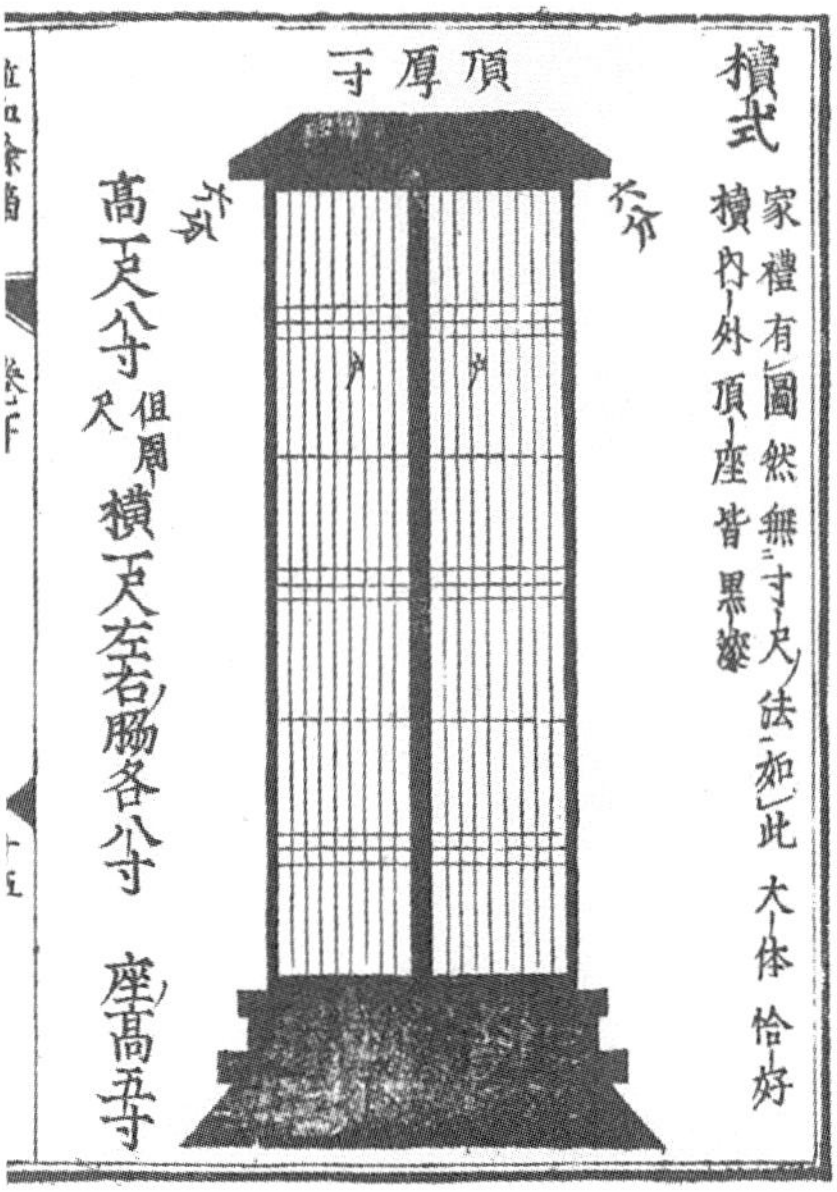

図3　櫝式（『泣血余滴』巻下）

発引を夕方に行なっていることも『家礼』との違いであり、『家礼』では早朝に発引するものとする。これは日本の習俗に従うもので、当時、日本では埋葬は夕方に行なうのが通例であった。[52]

また、『家礼』では婦人も誌石を作るものとし、題主の直前に誌石を墓の傍らに埋めるとするが（治葬章）、それは行なわれていない。鷲峰の『文集』にも墓誌は載っていないところからすると、母の誌石は作られなかったのであろう。

このほか、あらかじめ埋葬地を決める際の后土の祭

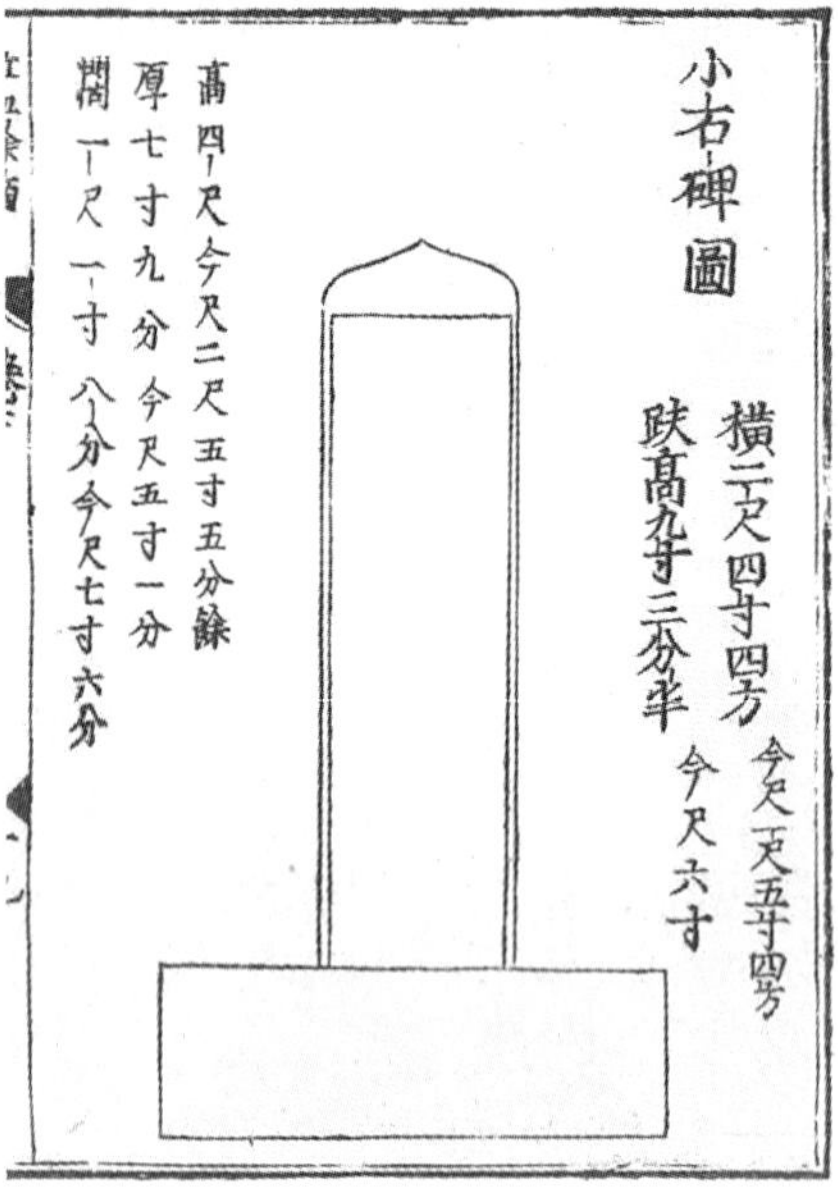

図4　小石碑図（『泣血余滴』巻下）

りが行なわなかったこと、窆の際に死者を西首（西向き）にしたこと（『家礼』では北首。西首にしたのは『泣血余滴』に「今随地形之便宜如此」というように、地形の便宜による）、魂帛を墓の傍らに埋めたこと（『家礼』では埋葬後、家での虞祭において祠堂に埋める）なども違いとして挙げることができる。

五日目（三月六日、乙酉）

早朝、沐浴し、神主に対して上香、供花したあと、斎膳を供えて虞祭になぞらえる。そのあと門人を派遣して、墳墓を築き、小石碑（墓碑）を建てさせた。

すなわち、墳の高さは周尺で四尺、『礼記』檀弓篇上およびその鄭玄注、疏に引く孫毓の説により馬鬣封《ばりょうほう》のかたちとした。また、墓碑は高さ四尺、碑の下の台すなわち趺《ふ》は高さ一尺ほどで、上面をややとがらせた圭首とする。さらに墳の上には、盛り土が崩れないように芝草を植え、墳・墓碑の前後左右に小石を敷きつめる。そして栗の木で垣根を作って周りをぐるりと囲み、墓碑の正面のところに門を設けてかんぬきをかける。さらにその手前に石を敷いて拝礼の場としたうえ、垣根の外周りに杉の木などを植え、傍らには手を洗うための小石盥盤を置いた。〈図4〉は墓碑の図であり、〈図5〉は現在、林家墓地に残る墓碑の写真である。

このうち、虞祭の祝文は『家礼』にもとづいており、墳の高さ四尺、墓碑の高さ四尺、趺《ふ》の高さ一尺ほど、墓碑上を圭首とするというのも『家礼』によっている。

『家礼』との違いをいえば、まず、虞祭を埋葬の翌日に行なっていることがある。『家礼』では埋葬して帰宅した後、その日のうちに行なわれるのであるが、これは鵞峰の場合、夜に埋葬しているためにそうなったのである。盛り土に芝草を植え、周囲を整備することも『家礼』にはない措置である。

だが、最も大きな違いは墳が馬鬣封《ばりようほう》の形をとっていることであり、そのことについて鵞峰は、

形如臥斧、前高後下、旁殺、刃上而長、上狭而難登。所謂馬鬣封是也。

（形《かたち》臥斧の如く、前高く後ろ下く、旁ら殺《そ》ぎ、刃《やいば》上にして長く、上狭くして登り難し。所謂る馬鬣封是れなり。）

といっている。馬鬣封とは斧を伏せたような墳形で、手前が高く後ろが低く、また両側面を殺《そ》ぎ落として上が狭くなっている。馬の鬣《たてがみ》部分のように上部が細くなって見えるのでこの名がある。馬鬣封は『礼記』檀弓篇上に、孔子が理想とする墳形として述べるものであるが、実際に存在した墳形であったかどうかはきわめて疑問であり、単なる『礼記』における観念上のつくりだったようである。[53]『家礼』は墳形については何も述べていないところからすると、伝統的な円墳（土まんじゅう）を想定していた。つまり、鵞峰は中国の古礼にもとづいて馬鬣封という墳形を復元したことになる。

図5　現在の順淑孺人墓碑

奥が墓碑（小石碑）。高さ77cm、幅23cm、表面「順淑孺人荒川氏亀媼之墓」、裏面「明暦二年丙申季春　孝子春斎林　恕立」。右手前の石碑は後世建てられたもの（新宿区教育委員会『国史跡林家墓地調査報告書』、1978年）

馬鬣封の墳形は以後、林家の法式となったらしく、いまとり上げている鵞峰の母のほか、林羅山、亥児（鵞峰の子）、読耕斎、みな馬鬣封の形で作られた。[54]

なお、現在、東京新宿区に

残る林家の墓はその後の改葬や区画整理のため当時の面影をとどめておらず、すでに馬鬣封の墳土は存在しないが、(55)現在、『泣血余滴』にならった水戸徳川藩主の墓にその形を見ることができる。(56)

哭については、死去の直後に哭擗もしくは哭踊が行なわれたことは先に見たが、実は『家礼』ではもっと頻繁に哭がなされることになっている。飯含、小歛、大歛、発引、窆、題主、いずれもの場合にも哭が行なわれ、埋葬直後には家で「反哭」を行ない、虞祭でも哭すというふうに続き、基本的に哭を終える「卒哭」（ほぼ死後百日目）の時まで続く。弔問者もまた哭の礼を行なう。しかし、『泣血余滴』ではそのようなたび重なる哭の礼の記述はない。このように哭の礼がさほど行なわれないのであれば、『家礼』にいう「卒哭」の礼は意味を失うことになろう。

『泣血余滴』は、最後に月忌について論じている。月忌とは死者の亡くなった日に毎月、祭祀を行なうという日本独特の習慣であり、『家礼』にはない。これに関して鵞峰は、月忌の説は日本の中古の流俗に出たものだが、「孝道」の表現の一つとして認められるべきだとしている。日本には五十日を服喪期間とする「服忌令」があり、(57)三年の喪を実施できない代わりに、月忌の日に祭ってもよいだろうというのである。これは日本の習俗を儒教の祖先祭祀観念にすり合わせたものである。

さて、これ以後、林家の葬儀は『泣血余滴』にもとづいて行なわれた。明暦三年（一六五七）に死去した羅山の葬儀、万治四年（一六六一）に死去した読耕斎の葬儀、いずれも同書の記述によっている。(58)

三　『祭奠私儀』について――祭礼

『泣血余滴』は葬儀に関する書で、祖先をまつる祭礼についてはほとんど記述がない。そこで祭礼実践のために書かれたのが『祭奠私儀』である。(59)

同書は、巻末の題記によれば万治三年（一六六〇）に成った。母の葬儀の翌明暦三年（一六五七）一月、父の羅山が亡くなり、ついで祖先をまつる祠堂を明暦四年（一六五八）二月に作ったことを受けて、祖先祭祀の方式を示すものとして書かれたのである[60]。同書が『家礼』によっていることはその序に、

其儀専宗朱文公家礼、且参考丘氏儀節、以聊損益而従時宜。

（其の儀は専ら朱文公『家礼』を宗とし、且つ丘氏の『儀節』を参《まじ》え考えて、以て聊《いささ》か損益して時宜に従う。）

というとおりである[61]。そして、鵞峰が儒教の祭礼もまた日本の定式として広めたいと考えていたことは、続いて、

庶幾後世博雅君子質正之、以使儒礼永行於本朝、則今日之私儀為他日公道之草創乎。

（庶幾《こいねが》わくは後世博雅の君子之を質正し、以て儒礼をして永く本朝に行なわしめば、則ち今日の私儀、他日公道の草創と為らんか。）

ということから明らかである。

『祭奠私儀』はまず冒頭の「戊戌春分之祭儀」において、明暦四年二月、祠堂が落成した時の春分の祭りについて述べている。祠堂は『家礼』にいうのと同じ三間からなり、中央が正室で、左室を祧廟に見たてる。祧廟とは遠祖の神主を安置する場である。そして右室には祭器を収める[62]。また「東階」、「西階」という表現があるので[63]、『家礼』と同様、独立した一棟であったようである。

「戊戌春分之祭儀」とこれに続く「祧主祭儀」および祝文によれば、この時、それまで奥座敷に仮安置していた羅山や母荒川氏らの神主を正面に安置するなど、次のような配置がとられた。

中央正室

上壇　正位　羅山（文敏先生）・荒川氏（順淑孺人）

下壇　祔食　敬吉（鵞峰長兄、羅山の長子）

左室（祧廟に擬する）
　祧主　理斎・小篠氏（羅山養父とその妻、すなわち鵞峰の伯祖父母）
　林入・田中氏（羅山実父とその妻、すなわち鵞峰の祖父母）
　永喜（林入の子）
　信貞（永喜の長子）・永甫（永喜の次子）
　長吉（鵞峰次兄）
右室　祭器を置く

わかりやすいように林家の系図を示せば次のようになる。

林家系図　＊太字は祠堂に神主が安置された者

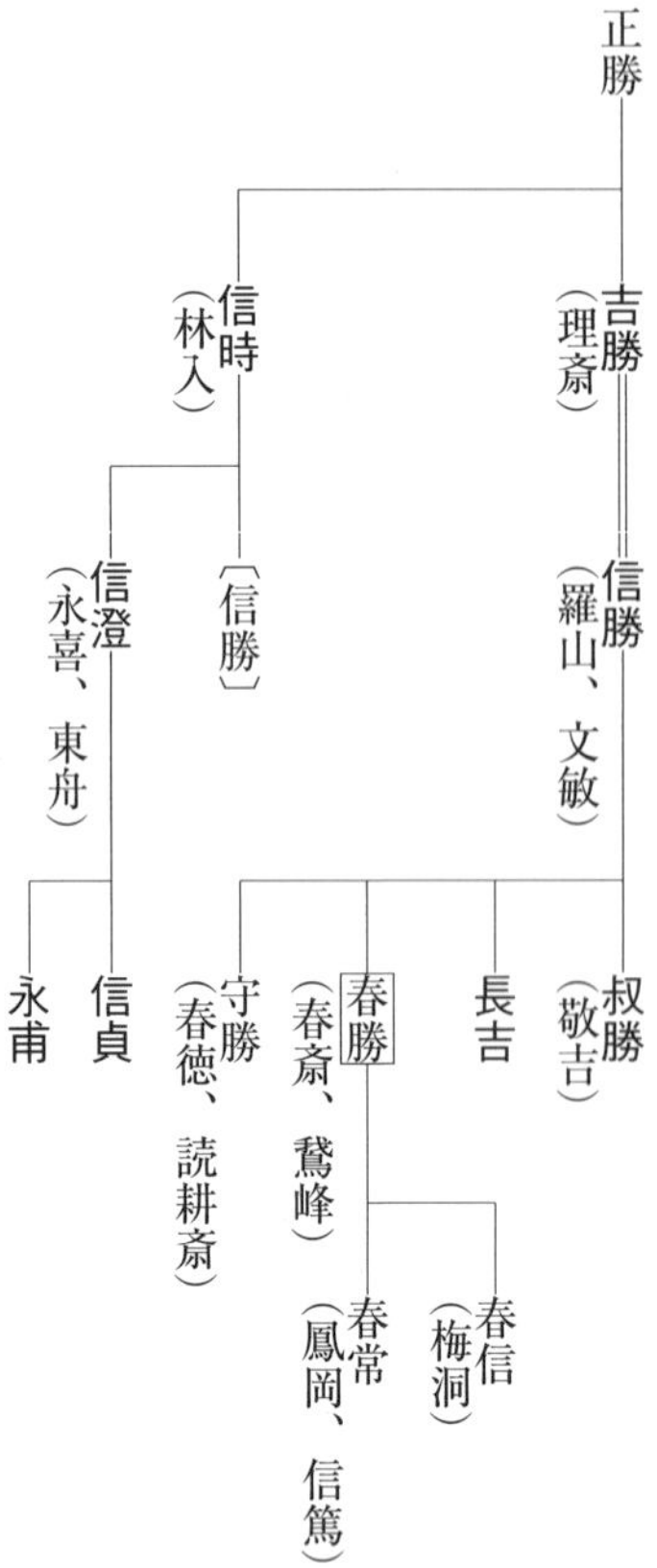

これを見ると、鵞峰造営の祠堂はつくりこそ『家礼』とほぼ同じだが、祭る対象は祖父母および父母の世代、およ

び同世代の三代に限られていて『家礼』にいう四代（高祖、曾祖、祖、父）にまで広がっておらず、一族の範囲が狭くなっている。祧廟の制も『家礼』にはないもので、特に羅山の養父で、鵞峰にとって実質的な祖父である理斎を正室ではなく、左室（祧廟）に祧《うつ》しているのは、要するに、羅山を初祖とするということなのであろう。

このほか、鵞峰次兄の長吉は五歳で亡くなっており、『家礼』にいう「無服の殤」にあたるため、本来祭るべきではないが、同胞の親族として神主を置くという。

祭祀の式次第は、香炉や茅砂、香案などの祭器を並べ、供え物をしたあと、参神、降神、進饌、初献、亜献、終献の三献を行なったうえで撤饌するとしており、基本的に『家礼』に等しい(64)。また、降神（神降ろし）の際には茅砂に酒を注いでいる。茅砂とは『家礼』にいう「束茅聚沙」（通礼・祠堂章）で、盛った砂の上に糸で束ねた茅を置いたもので、上から酒を注いで祖先の霊を降ろすのである。このほか、初献の際に祝文を読むこと、儀式が終われば部屋の戸を閉めることも『家礼』と同じである。

次に、『祭奠私儀』は「年中祭儀」として毎月祭るべき期日を定めている。その記述を整理すると次のようになる。

1・正月から十二までの毎月

朔日	正月は元日
二日	順淑孺人忌日（月忌）　三月二日のみ正忌日（命日）
十五日	正月は上元（従国俗）、それ以外の月は望日
十六日	林入忌日（月忌）　六月十六日のみ正忌日（命日）
十九日	敬吉忌日（月忌）　六月十九日のみ正忌日（命日）
二十三日	羅山忌日（月忌）　正月二十三日のみ正忌日（命日）
二十九日	理斎忌日（月忌）　正月二十九日のみ正忌日（命日）

2・これ以外の祭祀

正月三日　歳初の祭り
二月七日　人日
二月　春分祭
三月三日　上巳（国俗に従う）
三月五日　墓祭
五月五日　端午
五月　夏至祭
七月七日　供索麵（国俗に従う）
七月十五日　中元　盂蘭盆会と重なるが、仏式ではない
八月　永喜の正忌日（命日）
八月　秋分祭
九月九日　重陽（国俗に従う）
十一月二十一日　長吉の正忌日（命日）　無服の殤なので、年に一度のみ祭る。月忌はなし
十一月　冬至祭
十二月晦日　歳暮祭

これを見ると、『家礼』通礼にいう「正至朔望」、すなわち元日、冬至、毎月の朔（一日）および望（十五日）に参拝が行なわれるほか、春夏秋冬の四時、および命日（ここにいう正忌日）に祭祀が行なわれており、『家礼』に忠実である。

大きく違うのは、前述した毎月の命日、すなわち月忌にも祭っていることで、そのため祭祀がきわめて頻繁に行なわれる結果になっている。日本の習俗に従ったものとしては、ほかに上巳などの祭日がいくらか加わっている。また、中国の清明、下元、臘日は日本にはない俗節なので、その時の祭祀は行なわないとする[65]。

七月十五日前後に行なわれる日本の伝統行事としての盆について、鵞峰は、

如例月、但従国俗、供蓮飯。中華以是日為中元之節、則比他月望日則可加礼乎。世俗盂蘭盆之儀、非所取焉。

（例月の如し。但だ国俗に従い、蓮飯を供す。中華は是の日を以て中元の節と為せば、則ち他月の望日に比して則ち礼を加うべきか。世俗盂蘭盆の儀は、取る所に非ず。）

といっている。日本の習俗に従って蓮飯（もち米をハスの葉に包んで蒸したもの）は供えるが、当然のことながら仏教の盂蘭盆会は行なわないという[66]。

また、奠（供え物）についていえば、饌（食事）のあと茶を供している[67]。この順序は『家礼』と同じである。ただし饌の中身はごく質素であり、正月二十三日の羅山の正忌日の記事や立春祭の祝文によれば、供えられるのはこれまた斎膳、すなわち精進料理である。これに対し、『家礼』において四時祭や忌日において供えられるのは、

果六品、菜蔬及脯醢各三品、肉魚饅頭糕各一盤、羹飯各一椀、肝各一串、肉各二串（祭礼、四時祭章）

という豪華さで、四足獣肉ももちろん供えられ、禰（父）の祭りにおいてはさらにこれが夫婦分二セット用意される。この饌の問題について鵞峰は、

依家礼祝文、則雖忌日有牲、然姑従俗礼、且厭厨下触腥具、故如此[68]。

（『家礼』の祝文に依れば、則ち忌日と雖も牲有り。然れども姑く俗礼に従う。且つ厨下、腥臭に触るるを厭《いと》う、故に此の如し。）

といっている。すなわち血なま臭さを避けて牲すなわち四足獣肉を用いず、日本の俗礼に従ったというのである。

次に、墓祭（墓参り）に関しては、墓祭の式次第に続いて、墳墓祝文、后土祝文を載せている。式次第は、まず墳墓の内外を掃除し、供え物をささげ、ついで后土を祭り、初献・亜献・終献の三献を行なうというように、『家礼』に沿った内容である。また、期日に関していえば、墓祭する三月五日というのは『家礼』に「三月上旬」とあるのによるが、ただ、このほかに各人の正忌日には墓に詣で、さらに考妣（父母）については、毎月の月忌、朔望、俗節にも墓祭するとしているので[69]、『家礼』よりもずっと頻繁に墓祭を行なうことになる。これもまた日本の国情に沿うものであろう。

以上に見てきたように、鵞峰は祭礼に関しても、一部日本の習俗を考慮しつつ、『家礼』の所説をできるだけ保持しようとしている。このような儒教式祭礼が基本的に守り続けられたことは、その『文集』巻六十五から六十六に収める数多くの祝文や、鵞峰の日記である『後喪日録』、『国史館日録』、『南塾乗』によっても確認することができる[70]。

四　朝鮮儒教の影響

ところで、このような鵞峰の『家礼』喪祭礼実践には朝鮮儒教の影響を見ることができるので紹介しておきたい。そもそも朝鮮儒学者の日本観は朱子学を価値基準とするもので、日本は儒教儀礼とりわけ喪葬儀礼を持たない文化的後進国だというのが彼らの一般認識であった[71]。たとえば、寛永十三年（一六三六）、朝鮮通信使副使として来日した金世濂（号は東溟）は、

国無喪葬祭祀之節、君父之喪、亦不挙哀、蔬食五十日而止。関白以下、専用茶毗之法、死之翌日或三日、取屍趺坐於木桶中、積薪焼之。（『海槎録』、聞雑録見）

（国に喪葬祭祀の節無く、君父の喪も亦た哀を挙げず、蔬食すること五十日にして止《や》む。関白（将軍のこと）以

下、専ら荼毗の法を用い、死の翌日或いは三日、屍を取りて木桶中に趺坐せしめ、薪を積みて之を焼く。）

といい、明暦元年（一六五五）に従事官として来日した南龍翼（壺谷）も「君父之喪、亦無服喪之節」（『南壺谷聞見別録』、風俗、雑制）といっており、日本では仏教による火葬が浸透し、君父に対する服喪も五十日しか行なっていないと批判している。この金世濂は寛永十三年、羅山の依頼により林家学塾の先聖殿の「歴聖大儒像」に賛を書いた人物であり[72]、鵞峰がこの時の通信使の写字官、全栄（梅隠）に向陽軒の号を与えられたことは前に触れたとおりである。

鵞峰がこれら朝鮮儒者の日本評価、とりわけ朱子学――それは鵞峰にとって普遍的な文化であった――のありようを強烈に意識していたことは間違いない。「喪葬祭祀の節無し」という朝鮮朱子学者による批評が鵞峰をして『家礼』を中心とする喪祭儀礼の導入を促す一因になったといえよう[73]。

実際、鵞峰は朝鮮の李明彬（号は石湖）に会い、棺の制法について尋ねている。李明彬は上述した南龍翼の来日（母荒川亀が死去する前年）に同行した製述官である。鵞峰は、

去年乙未、朝鮮学士石湖李明彬与春徳筆談曰、「棺制、上高下低、上広下狭。其大小従死者之形」云々。然則彼国所伝聞、中華之制法者可知焉。今拠家礼、併校明彬之言以造之。（『泣血余滴』巻下）

（去年乙未、朝鮮学士石湖李明彬、春徳〔読耕斎〕と筆談して曰く、「棺制、上高く下低く、上広く下狭し。其の大小は死者の形に従う」云々と。然らば則ち彼の国の伝聞する所、中華の制法なる者知るべし。今『家礼』に拠り、明彬の言を併せ校して以て之を造る。）

という。つまり『泣血余滴』における棺のつくりは朝鮮朱子学者の意見を取り入れているのである。

次に、神主の書き方がある。『家礼』によると神主表面の左には「孝子某奉祀」と記すのであるが（喪礼、題木主章）、「左」というのが神主本体の左なのか、向かって左なのかについては明確な記述がない。鵞峰は李滉（号は退渓）の『自省録』にもとづいて神主本体の左側が正しいと判断し、神主に題している[74]。そもそも『家礼』巻頭の図では向かっ

て左側にこの文字が記されているのであるが、鵞峰は李滉の意見によってこれを変更したことになる。

このほか、李珥（号は栗谷）の意見も参照されている。まず、祭祀の際の降神と参神のどちらを先にするかについて、鵞峰は李珥の『祭儀抄』を引用して、

祭于祠堂則降神而後参神、奉主祭于正寝則参神而後降神。朝鮮李珥祭儀抄、亦弁之。

（祠堂に祭れば則ち降神して而る後に参神し、主を奉じて正寝に祭れば則ち参神して而る後に降神す。朝鮮の李珥の『祭儀抄』、亦た之を弁ず。）

といっている。[75] さらに、日本の習俗である月忌についても、李珥の意見が考慮されている。すなわち、朝鮮では正朝（元旦）、寒食、端午、秋夕（チュソク）という『家礼』とは違う時期に墓祭を行なっているという李珥の議論を紹介したうえで、そうであれば日本で月忌の祭りを行なうことは認められてよいというのである。[76]

このようなことは、鵞峰の儀礼が朝鮮朱子学から大きな示唆を受けていたことを物語っている。鵞峰もまた父の羅山と同じく朝鮮学者の影響を受けていたことになる。

そもそも、この当時の日本では中国文化について中国の学者に直接尋ねることはできなかった。かの朱舜水（一六〇〇―八二）が長崎から江戸にやって来るのは、『泣血余滴』が書かれた明暦二年（一六五六）、『祭奠私儀』が書かれた万治三年（一六六〇）のあとの寛文五年（一六六五）である。朱子学の儀礼をじかに知る朝鮮儒学者の意見は貴重なものとして鵞峰に採り入れられたのである。

小　結

「喪祭なる者は、儒家の大事なり」（『泣血余滴』跋）というのが儒者鵞峰の信念であった。この信念にもとづき、鵞

峰が『家礼』にできる限り忠実であろうとしたことが確認できたであろう。朝鮮儒学者の意見を積極的に取り入れたのも、彼らが『家礼』の儀礼を良く知っていたからであった。

もちろん、鵞峰の喪祭礼実践と『家礼』が違っている点もある。大きな違いをここで改めて整理すれば、以下の十点を挙げることができよう。これらは第五点の墓制を除けば、おおむね日本の習俗に従ったものである。

一、埋葬の時期について　『家礼』では死後三ヶ月に埋葬する。しかし、当時の日本に殯《かりもがり》の習慣はなく、死後三日以内に埋葬してしまうのが通例であった。鵞峰も母亀を死後三日後に埋葬していた。日本では埋葬を遅らすことはできないのである。

二、喪服《もふく》について　鵞峰らが身につけた喪服は「黲衣素服」であった。これはいわゆる藤衣《ふじころも》、すなわち藤づるの繊維で作った質素な服で、日本の伝統的喪服である。『家礼』には喪服について、斬斉・斉衰以下、詳細な製法を記しているが、そのようないでたちは日本にはなく、作るのは容易ではなかった。また、かりに身につけたとしたら、ひどく異様な服装に見えたに違いない。

三、小斂と大斂について　『家礼』では小斂、大斂いずれにおいても絞という長い布を使って死者を包みこむ。いわばぐるぐる巻きにしてしまうわけで、遺体を永く保とうという中国古代からの習慣であるが、鵞峰は絞布の裁法がわからないし、またそんなふうに死者をくるむのは忍びないとして、ただ単被と大綿衾を用いるにとどめている。

四、哭について　『家礼』では大声をあげて泣く哭や哭擗の礼が頻繁に行なわれ、それが、死後ほぼ百日目にあたる卒哭の日まで続く。しかし鵞峰らは、母の死去直後や窆（埋葬）の時には哭したものの、そのあと『家礼』のきまりどおりにそれを実施していない。哭の礼は日本には受容されにくいといえよう。

また、卒哭は日本では仏教の百箇日法要と重ね合わされることが多いが、実質的に哭の礼が行なわれない以上、哭の礼を卒《お》えるという「卒哭」の儀礼自体が意味を失うことになる。その代わりに鵞峰は、百日間は肉食をせず、素食を守るものとしていた。

五、墓制について　墳墓のつくりは『礼記』にいう馬鬣封の形をとっており、『家礼』とは異なっている。鵞峰は中国の古礼にもとづいて馬鬣封なる墳形を復元したのである。

六、服喪の期間について　鵞峰は「三年の喪は、天下の通喪なり」というが、理念としてはそうであれ、実際にそのような長期間喪に服するのは不可能であった。三年の喪は行なわれないのである。当時の日本には服喪に関する服忌令があり、父母の場合は五十日の喪に服すると定められていた。この日が来るといわゆる忌明けで、休暇も終わり、翌日からは出仕しなければならない。服喪期間を『家礼』どおりに守ることはできず、日本的改変が加えられざるを得ないのである(77)。

七、祠堂について　祠堂のつくりは『家礼』とほぼ同じだが、祭る対象は祖父までで、高祖までを祭るとする『家礼』に比べて一族の範囲が狭い。また、羅山を初祖と見なすという観点から祠堂内に祧廟を設けているのも『家礼』にはない点である。

八、月忌について　毎月の命日に祭祀を行なう月忌の規定は『家礼』にはなく、日本独特の習慣であるが、鵞峰はこれを孝の表現として肯定している。

九、墓祭について　『家礼』にいう三月上旬（鵞峰は三月五日とする）に墓祭を行なうほかに、考妣（父母）については毎月の月忌、朔望、俗節にも墓祭するとしている。よって、『家礼』にもとづきつつも、『家礼』より頻繁に墓祭を行なうことになる。

十、祭祀の供え物について　『家礼』では四足獣肉をはじめ、数多くの供え物がふんだんに用意されるが、鵞峰の場合、供える饌は「斎膳」すなわち精進料理であり、ひどく質素である。これは、江戸時代後期まで一般に肉食が避けられたことのほか、血の穢れを嫌うという日本的感性によるであろう。

このように、鵞峰は国情や時宜に合わせて儀式の内容に変更を加えているが、実はそうした考え方はもともと『家礼』の思想でもあったことは注意を要する。鵞峰は、

凡喪祭之事、要始終不闕。古制雖厚然各応其時、故朱子家礼比儀礼則省減之、況於殊域哉。欲復古制、亦不可得也。余所行則存泣血余滴、祭奠私儀存焉。(78)

（凡そ喪祭の事は、始終闕《か》けざるを要す。古制は厚しと雖も、然れども各おの其の時に応ず。故に朱子の『家礼』は『儀礼』に比ぶれば則ち之を省減す。況や殊域に於てをや。古制を復せんと欲するも、亦た得べからざるなり。余の行なう所は、則ち『泣血余滴』に存し、『祭奠私儀』存す。）

といっている。ここで鵞峰は、古礼の復活は不可能であり、まして日本という「殊域」においては『家礼』を「省減」する必要があると説いているのだが、もともと古礼の全面的復帰はできないというのは朱熹その人の嘆きであり、そのため朱熹は時宜を考慮しつつ古礼を省減して『家礼』を編纂したのである。(79)その意味では、『泣血余滴』と『祭奠私儀』に示された変更は『家礼』の精神を受け継ぐものともいえよう。

『泣血余滴』と『祭奠私儀』の内容的特色は以上のとおりであるが、もう一つ、この二書が江戸時代の他の関連書物に比べて貴重なのは、当時の日本において『家礼』式の儀礼が現実にどこまで実行できるのかということを示した記録になっていることである。中国の儀礼書である『家礼』が、日本でその精神を受け継ぎつつどのように受容されたのか、その具体的な姿がここに見られるのである。

鵞峰の二書はその後、日本の喪祭礼に影響を及ぼした。『泣血余滴』が長崎時代の朱舜水によって批注が加えられ、水戸藩にもたらされたこと、水戸徳川家の初期儒教儀礼に同書が採用されたことはその一端を示している。馬鬣封という独特の墓制も、水戸徳川家のほか、寛政三博士の一人、古賀精里およびその子の古賀侗庵の墓に受け継がれたこ

とがわかっている[80]。

あるいはまた、崎門学派の浅見絅斎（一六五二―一七一一）や若林強斎（一六七九―一七三二）は『家礼』の実践者、解説者として知られるが、彼らが祖先祭祀の際、灌酒茅沙による降神を不要としたこと、七月十五日に蓮飯を供えるのに反対したこと、死者の魂のよりどころとして魂帛を作る必要はないとしたことなど、いずれも鵞峰の方式を念頭に置き、これを批判していることは明らかである[81]。江戸初期に書かれた鵞峰のこれらの著作は、肯定するにせよ批判するにせよ、日本における儒教喪礼・祭礼のスタンダードとして以後の『家礼』実践に一つの基準を提供することになったのである。

そもそも『家礼』がどれほど日本社会に影響をもたらしたのかについては、なお不明な点が少なくないが、日本の仏壇に置かれる位牌の形が『家礼』の神主にもとづくことはまず間違いなく、仏壇も『家礼』における櫝が変化したもののように思われる。とりわけ重要なのは、上述したような儀礼の実践を通して、近世日本人の中に祖先崇拝の「観念」と「方式」が強く植えつけられることになったと推測されることである。祖霊観をめぐるこうした状況に関しては、思想史のみならず、歴史や宗教、民俗学の研究成果もあわせて、今後、より子細な検討が必要と思われる。

注

（1）尾藤正英『日本文化の歴史』（岩波新書、岩波書店、二〇〇〇年）一六九頁。

（2）吾妻「江戸時代における儒教儀礼研究――書誌を中心に」（『アジア文化交流研究』第二号、関西大学アジア文化交流研究センター、二〇〇七年）。なお、日本における『家礼』関係の主な著述はこの論文にリストアップしてあるので参照されたい。

（3）「鵞峰林先生自叙年譜」および「称号義述」（『本朝百人一首』附録、小島憲之校注、新日本古典文学大系 六三、岩波書店、一九九四年）による。

（4）『鵞峰先生林学士文集』、影印、ぺりかん社、一九九七年。
（5）鵞峰に関してはこれまで『本朝通鑑』に代表される歴史学がもっぱら研究されており、礼的側面については高橋章則「近世初期の儒教と「礼」――林家家塾における釈奠礼の成立を中心として」（源了圓・玉懸博之『国家と宗教　日本思想史論集』所収、思文閣出版、一九九二年）を除いてほとんど取り上げられていない。
（6）同書は元禄二年（一六八九）の『鵞峰先生林学士文集』にも収められるが、そこでは巻七三が「先妣順淑孺人事実」、巻七四が『泣血余滴』となっており、読耕斎の「先妣順淑孺人哀辞幷序」は収められていない。なお、『泣血余滴』をはじめ、本稿で引用する『家礼』関係文献は吾妻編著『家礼文献集成　日本篇一』（関西大学出版部、二〇一〇年）に収録しているので参照されたい。
（7）吾妻「近世儒教の祭祀儀礼と木主・位牌――朱熹『家礼』の一展開」（吾妻主編・黄俊傑副主編『国際シンポジウム　東アジア世界と儒教』、東方書店、二〇〇五年）。
（8）姜沆『看羊録』（『睡隠集』所収、疏・賊中聞見錄）、朴鐘鳴訳注『看羊録――朝鮮儒者の日本拘留記』（東洋文庫、平凡社、一九八四年）一八三頁。
（9）「林左門墓誌銘」（『林羅山文集』巻四三、京都史蹟会編、ぺりかん社復刻、一九七九年）。
（10）「庚午正月十九日対左門牌」（『林羅山詩集』巻四一、京都史蹟会編、ぺりかん社復刻、一九七九年）。
（11）会津本「藤樹先生年譜」（『藤樹先生全集』第五冊、岩波書店、一九四〇年）。
（12）川田氏本「藤樹先生年譜」（『藤樹先生全集』第五冊）。
（13）吾妻「藤樹書院と藤樹祭――『家礼』の実践」（『還流』第六号、関西大学アジア文化交流研究センター、二〇〇八年）参照。また、吾妻「池田光政と儒教喪祭儀礼」（『東アジア文化交渉研究』創刊号、関西大学文化交渉学教育研究拠点、二〇〇八年）九三頁。
（14）『野中兼山関係文書』（財団法人　高知県文教協会、一九六五年）九四頁。
（15）『箕浦専八筆記』に「先年土佐の国に野中伯耆と云へる賢太夫あり、学を好みて当路の時代通天下儒葬と云事はすへて無りしを土佐の国に野中初てこれを国内に令して火葬を厳戒し民間迄もすへて土葬を行はしめたるを江戸に聞へて天下より大に不審起り切支丹宗門同様の沙汰に成り重く穿鑿ある事に成り林家へ御詮議あり、林家は大学頭か春斎丈か御呼出しにて斯々の事相違もなき事也、これは如何とありたるに、林家の答へに儒葬申は礼の本式にて候、火葬して大地の君父を初め灰になす事の非礼至極云へきも無く候、若しこれを禁しらる、となりては今日の人道潰れ申候と一々弁しられしより、然れはとて夫ころになりて其後何の御沙汰なかりしといえり」とある（『野中兼山関係文書』、九八頁）。

(16)「遺事略に云、慶安三年庚寅年祠堂を建玉ひて御祖を祭り玉ふ、当国儒法祭の初也」（『野中兼山関係文書』、一〇一頁）。

(17)「先是本邦未聞有営家廟者、良継（兼山のこと）初建祠堂、日焼香参神、亹亹不倦、其忌日・時祭・朔望節序拝謁之、奠供之、悉従古礼、以為恒、方其時祭、延族人及知旧、設饌飲福、自余考用礼文、大抵皆此類也」（『野中兼山関係文書』、一〇一頁）。

(18)「野中氏祠堂記」（『野中兼山関係文書』、一〇一頁）による。

(19) 戸川芳郎「解題」（『和刻本 儀礼経伝通解』第三輯、汲古書院、一九八〇年）。

(20)「山崎家譜」（『垂加文集』巻七、『増訂 山崎闇斎全集』第二巻、ぺりかん社、一九七八年）。ただし晩年、闇斎が垂加神道を創始して先祖の神主を火にし、その霊を垂加霊社に附祭したことは周知のとおりである。

(21) 山崎闇斎「秋田夫人壙誌」（『続垂加文集』巻中、『増訂 山崎闇斎全集』第二巻）、「夫人秋田氏墓表銘」（同上）。また「帰山全記」（『続垂加文集』巻上、『増訂 山崎闇斎全集』第二巻）もこの葬儀について記述している。

(22)「甥女小三墓誌銘」（『垂加草』巻二八、『増訂 山崎闇斎全集』第一巻）。

(23)「安西平吉墓誌」（『続垂加文集』巻中、『増訂 山崎闇斎全集』第二巻）、「安西平吉墓碣」（同上）。

(24) 増田益夫「惕斎先生行状」（『事実文編』巻二五、国立公文書館蔵写本、関西大学東西学術研究所資料集刊一〇―一、『事実文編』二影印、関西大学出版部・広報部、一九七九年）。

(25) 前注所掲「惕斎先生行状」に「曾遇父喪……先生荒迷之間、具棺槨而葬之、朝夕哭奠、日往拝塋域。又遇母喪、哀慟不食、大斂畢、初歠粥、制素紬内衣・生布礼服」といい、「其祭祀也、四時・朔望・忌日之薦、終始不怠、祭器之制、典雅可観、礼文之度、詳明可法」という。

(26) 中村惕斎およびすぐあとにいう藤井懶斎と『家礼』の関係については、田尻祐一郎「懶斎・惕斎と『文公家礼』」(『文芸研究』第一一三号、東北大学日本文芸研究会、一九八六年)が考察している。

(27) 中村惕斎『慎終疏節』四巻二冊、元禄三年(一六九〇)序刊、京都大学図書館蔵、および『追遠疏節』一冊、元禄三年(一六九〇)序、享保二年(一七一七)刊、国立公文書館蔵。また、岡山大学図書館池田家文庫に蔵する惕斎の『慎終通考』七巻(慎終疏節と合四冊)および『追遠通考』五巻(追遠疏節と合三冊)を蔵する。

(28) 三宅厚元「三宅子燕墓誌銘」に、鞏革斎三十六歳(慶安二年)のこととして「三十六歳、喪寄君。茲時未有喪祭用古礼者、雖儒者大率従浮屠法。先君(鞏革斎のこと)常歎之、故読喪礼、参以文公家礼、粗酌儀礼以治葬、服喪累然焉」という(『事実文編』巻二二、国立公文書館蔵写本、関西大学東西学術研究所資料集刊一〇―二、『事実文編』二影印、関西大学出版部・広報部、一九七九年)。

(29) 三宅鞏革斎『喪礼節解』二巻、寛文元年(一六六一)序、元禄十五年(一七〇二)写、静嘉堂文庫蔵。

(30) 三宅鞏革斎『祭礼節解』二巻、寛文七年(一六六七)刊、国立公文書館蔵。

(31) 大和田気求『大和家礼』八巻八冊、寛文七年(一六六七)刊、国会図書館蔵。大和田気求については、市古夏生『近世初期文学と出版文化』(若草書房、一九九八年)第八章「大和田気求」を参照。

(32) 藤井懶斎『二礼童覧』二巻、元禄元年(一六八八)刊、国会図書館蔵。

(33) このことは、吾妻「水戸徳川家と儒教儀礼――葬礼をめぐって」(『東洋の思想と宗教』第二五号、早稲田大学、二〇〇八年)で触れておいた。

(34) 徳川光圀および水戸藩における儒教喪祭儀礼に関しては、前注所掲の拙稿および吾妻「水戸徳川家と儒教儀礼――祭礼を中心に」(『アジア文化交流研究』第三号、関西大学アジア文化交流研究センター、二〇〇八年)で検討した。

(35) 以上、注(13)所掲の吾妻「池田光政と儒教喪祭儀礼」参照。

(36) 『古学先生文集』巻六、『古学先生詩文集』(近世儒家文集集成第一巻、ぺりかん社影印、一九八五年)所収。

(37) 三宅正彦『京都町衆伊藤仁斎の思想形成』（思文閣出版、一九八七年）七九頁による。
(38) 東涯は明版『文公家礼儀節』を貞享四年（一六八七）、元禄二年（一六八九）の二度にわたって閲読し、さらに和刻本『文公家礼儀節』を宝永元年（一七〇四）に読み始めている。そのことは現在、アメリカ国会図書館と天理大学古義堂文庫にそれぞれ蔵される東涯手沢本の書き入れからわかる。王重民『中国善本書提要』（上海古籍出版社、一九八三年）二二頁、および天理図書館編『古義堂文庫目録』（天理大学出版部、一九五六年）一一六頁を見られたい。
(39) 岡鹿門『在臆話記』第三集巻四（『随筆百花苑』第一巻所収、中央公論社、一九八〇年）三七〇頁。
(40) 長澤規矩也『和刻本漢籍分類目録 増補補正版』（汲古書院、二〇〇六年）による。
(41) 吾妻「深衣について——近世中国・朝鮮および日本における儒服の問題」（松浦章編『東アジアにおける文化情報の発信と受容』所収、関西大学アジア文化交流研究叢刊第四輯、雄松堂出版、二〇一〇年）。
(42) 『鵞峰先生林学士文集』巻九八。
(43) 「先妣順淑孺人事実」。
(44) 「答石丈山」、『鵞峰先生林学士文集』巻二八。
(45) 鵞峰は、石川丈山に「泣血余滴開板之事、前書言之。既任足下之意、則今何贅焉。……如泣血余滴、則先考一見之、足下又賞之、則雖開板、亦可無妨乎」と書き送っている（「寄石丈山」、『鵞峰先生林学士文集』巻二八）。同書が丈山によって出版されたことがわかる。
(46) このことは『家礼』に規定がない。『礼記』喪服小記の「父在、庶子為妻以杖即位可也」（父が健在なら、庶子はその妻のために喪主となり、杖をついて位置についてよい）によるか。
(47) 『国史大辞典』第八巻（吉川弘文館、一九八七年）「素服」の項を参照。
(48) 「吉事には剛日を用い、凶事には柔日を用いる」という語の典拠は未詳。『礼記』曲礼篇上に「外事以剛日、内事以柔日」とあり、鄭注は剛日を陽、柔日を陰としているので、そこからの類推か。なお十干のうち、甲丙戊庚壬に当たる日が剛日、乙丁己辛癸に当たる日が柔日。

(49) 注（33）所掲の吾妻「水戸徳川家と儒教儀礼――葬礼をめぐって」、一一頁。
(50) 鵞峰『後喪日録』（国立公文書館蔵、鵞峰稿本）。この書は羅山の死去後、卒哭すなわち死後百日目までの鵞峰の日記である（明暦三年〔一六五七〕正月から五月まで）。
(51) 「先妣順淑孺人事実」に「神主之制、櫝韜之式、皆取法於家礼」という。
(52) 注（33）所掲の吾妻「水戸徳川家と儒教儀礼――葬礼をめぐって」、一六頁。
(53) 馬鬣封については、注（33）所掲の拙稿を参照されたい。
(54) 「記亥児事」（『鵞峰先生林学士文集』巻七五）、および「哀悼任筆五条　其五」（同、巻七五）。
(55) 新宿区教育委員会『国史跡林家墓地調査報告書』（東京都新宿区教育委員会、一九七八年）。
(56) 注（33）所掲の拙稿に、徳川光圀の墓の写真を掲げておいた。
(57) 江戸時代の服忌令については、林由紀子『近世服忌令の研究』（清文堂、一九九八年）が有益である。
(58) 『後喪日録』および「哀悼任筆五条　其五」（『鵞峰先生林学士文集』巻七五）。
(59) 『泣血余滴』巻下の末尾にいう「祭奠之式」、「寄石丈山」（『鵞峰先生林学士文集』巻二八）にいう「祭儀一巻」は、この書に違いない。
(60) 祠堂の設営については、『祭奠私儀』序に「明暦四年戊戌二月二十日、祠堂経営事畢」とある。
(61) また「鵞峰先生自叙譜略」（小島憲之校注『本朝一人一首』附録）の万治元年（一六五八）条にも「春、祠堂成。二月、行春分祭。自是毎歳分至之祭不懈」という。
(62) 祠堂のつくりについて、『祭奠私儀』十一葉裏に「祠堂有三間之制、有一間之制、詳家礼。今所営、倣三間之制、而以左房擬祧廟而右房納祭器、而室内上壇安考妣神主、下壇安敬吉神主」という。
(63) 『祭奠私儀』二葉裏に「東階上供玄酒・酒注・酒酹並盃、西階上有祝版並告詞」という。
(64) 『祭奠私儀』二葉表～五葉表。
(65) 『祭奠私儀』二十八葉裏。

(66) このほか、『家礼』では祭礼として冬至における冬至の初祖（始祖）の祭り、および立春における先祖（多くの先祖）の祭りが記されているが、鵞峰は、初祖の祭りについては朱熹晩年の説に従って行なわないとする。『祭奠私儀』十八葉裏参照。祠堂完成時における春分の祭儀および祧主祭儀参照。『祭奠私儀』三葉表～五葉表。

(68) 『祭奠私儀』十三葉表。

(69) 『祭奠私儀』二十葉裏に「正忌日則自前日素食、当日終日不脱黲素、不進外客、朝祭畢、詣墳墓、及暮亦拝神主」といい、二十五葉表に「凡考妣忌日及朔望、毎月詣墳墓、俗節亦然」という。

(70) 『後喪日録』については既出。『国史館日録』は寛文二年（一六六二）から寛文十年（一六七〇）まで、『南塾乗』は寛文十一年（一六七一）から延宝七年（一六七九）までの日記で、ともに『史料纂集』（続群書類従完成会、一九九七年～二〇〇五年）に翻刻が収められる。

(71) 河宇鳳、小幡倫裕訳『朝鮮王朝時代の世界観と日本認識』（明石書店、二〇〇八年）。このことは注（5）所掲の高橋論文にも指摘があるが、同論文は喪祭儀礼そのものの分析には踏み込んでいない。

(72) 「聖賢像軸」（『林羅山文集』巻六四）、『昌平志』巻三「礼器誌」。

(73) 朝鮮通信使のメンバーについては、李元植『朝鮮通信使の研究』（思文閣出版、一九九七年）、仲尾宏『朝鮮通信使――江戸日本の誠信外交』（岩波新書、岩波書店、二〇〇七年）を参照。

(74) 『泣血余滴』巻下、李滉『自省録』の「答金伯栄富仁可行富信惇叙富倫父喪遷母墓合葬等礼」。

(75) 『祭奠私儀』三葉表。李珥の意見は『栗谷先生全書』巻二七所収の『祭儀鈔』に見える。

(76) 『祭奠私儀』二十五葉表に李珥の『撃蒙要訣』を引いてこのようにいう。ただし、李珥のもとの語は『栗谷先生全書』巻二七所収の同書ではなく、同巻所収の『祭儀鈔』に見える。

(77) なお、服喪期間をどうするかが鵞峰にとって切実な問題だったことは、寛文三年（一六六三）三月、娘の久の死にあたって『本朝服暇考』を著わし、日本古来の服忌に関する令制を検討していることからもわかる。『本朝服暇考』は早稲田大学図書館蔵、写本一冊。

（78）『国史館日録』寛文七年八月二十七日。
（79）朱熹の礼思想に関しては、『東アジア文化交渉研究』別冊五「『朱子語類』礼関係部分 訳注一」（吾妻重二責任編集、関西大学文化交渉学教育研究拠点、二〇〇九年）が参考になろう。
（80）注（33）所掲の拙論を参照。
（81）絅斎・強斎のこれらの主張については、田尻祐一郎「絅斎・強斎と『文公家礼』」（『日本思想史研究』第一五号、一九八三年）参照。同論考は日本における『家礼』受容の様相をさぐった先駆的な仕事である。ただ、絅斎・強斎の主張を理解するには鵞峰の著作を念頭におく必要があろう。なお、絅斎が儒服たる深衣を非難したのはよく知られるが、これも深衣着用を心がけた林家を批判したものと思われる。

参考文献

林鵞峰『泣血余滴』
林鵞峰『祭奠私儀』
林鵞峰『後喪日録』
林鵞峰『鵞峰先生林学士文集』（影印、ぺりかん社、一九九七年）
林鵞峰『国史館日録』『南塾乗』（『史料纂集』、続群書類従完成会、一九九七年～二〇〇五年）
林鵞峰『本朝服暇考』
林鵞峰『本朝百人一首』（小島憲之校注、新日本古典文学大系六三、岩波書店、一九九四年）
姜沆『看羊録』（『睡隠集』所収、疏・賊中聞見録）
林羅山『林羅山文集』（京都史蹟会編、ぺりかん社復刻、一九七九年）
林羅山『林羅山詩集』（京都史蹟会編、ぺりかん社復刻、一九七九年）
中江藤樹『藤樹先生全集』（岩波書店、一九四〇年）

『野中兼山関係文書』（財団法人 高知県文教協会、一九六五年）
『増訂 山崎闇斎全集』（ぺりかん社、一九七八年）
『事実文編』（国立公文書館蔵写本、関西大学東西学術研究所資料集刊一〇―二、影印、関西大学出版部・広報部、一九七九年）
中村惕斎『慎終疏節』『追遠疏節』
三宅鞏革斎『喪礼節解』『祭礼節解』
大和田気求『大和家礼』
藤井懶斎『二礼童覧』
伊藤仁斎『古学先生詩文集』（影印、ぺりかん社、一九八五年）
岡鹿門『在臆話記』（『随筆百花苑』第一巻所収、中央公論社、一九八〇年）
李珥『撃蒙要訣』『祭儀鈔』（『栗谷先生全書』巻二七）
吾妻重二編著『家礼文献集成　日本篇二』（関西大学出版部、二〇一〇年）
李元植『朝鮮通信使の研究』（思文閣出版、一九九七年）
市古夏生『近世初期文学と出版文化』（若草書房、一九九八年）
王重民『中国善本書提要』（上海古籍出版社、一九八三年）
新宿区教育委員会『国史跡林家墓地調査報告書』（東京都新宿区教育委員会、一九七八年）
朴鐘鳴訳注『看羊録――朝鮮儒者の日本拘留記』（東洋文庫、平凡社、一九八四年）
天理図書館編『古義堂文庫目録』（天理大学出版部、一九五六年）
仲尾宏『朝鮮通信使――江戸日本の誠信外交』（岩波新書、岩波書店、二〇〇七年）
長澤規矩也『和刻本漢籍分類目録 増補補正版』（汲古書院、二〇〇六年）
河宇鳳、小幡倫裕訳『朝鮮王朝時代の世界観と日本認識』（明石書店、二〇〇八年）

林由紀子『近世服忌令の研究』（清文堂、一九九八年）
尾藤正英『日本文化の歴史』（岩波新書、岩波書店、二〇〇〇年）
三宅正彦『京都町衆伊藤仁斎の思想形成』（思文閣出版、一九八七年）
吾妻重二「近世儒教の祭祀儀礼と木主・位牌――朱熹『家礼』の一展開」（吾妻主編・黄俊傑副主編『国際シンポジウム　東アジア世界と儒教』、東方書店、二〇〇五年）
――「江戸時代における儒教儀礼研究――書誌を中心に」（『アジア文化交流研究』第二号、関西大学アジア文化交流研究センター、二〇〇七年）
――「藤樹書院と藤樹祭――『家礼』の実践」（『還流』第六号、関西大学アジア文化交流研究センター、二〇〇八年）
――「水戸徳川家と儒教儀礼――葬礼をめぐって」（『東洋の思想と宗教』第二五号、早稲田大学、二〇〇八年）
――「水戸徳川家と儒教儀礼――祭礼を中心に」（『アジア文化交流研究』第三号、関西大学アジア文化交流研究センター、二〇〇八年）
――「池田光政と儒教喪祭儀礼」（『東アジア文化交渉研究』創刊号、関西大学文化交渉学教育研究拠点、二〇〇八年）
――「深衣について――近世中国・朝鮮および日本における儒服の問題」（松浦章編『東アジアにおける文化情報の発信と受容』所収、関西大学アジア文化交流研究叢刊第四輯、雄松堂出版、二〇一〇年）
――『東アジア文化交渉研究』別冊五「『朱子語類』礼関係部分　訳注一」（吾妻重二責任編集、関西大学文化交渉学教育研究拠点、二〇〇九年）
高橋章則「近世初期の儒教と「礼」――林家家塾における釈奠礼の成立を中心として」（源了圓・玉懸博之『国家と宗教　日本思想史論集』所収、思文閣出版、一九九二年）
田尻祐一郎「絅斎・強斎と『文公家礼』」（『日本思想史研究』第一五号、一九八三年）
――「懶斎・惕斎と『文公家礼』」（『文芸研究』第一一三号、東北大学日本文芸研究会、一九八六年）
戸川芳郎「解題」（『和刻本　儀礼経伝通解』第三輯、汲古書院、一九八〇年）

琉球における『朱子家礼』の受容と普及過程

――『四本堂家礼』の性格

三浦國雄

要旨

『四本堂家礼』は、沖縄本島・久米村在住の蔡文溥（号は四本堂）によって、一七三六年に完成された冠婚葬祭の指南書である。以来、沖縄では、蔡家を超えて広く各家庭において家の礼のマニュアルとして活用された。本書は『朱子家礼』（『家礼儀節』）を範として作成されたのは事実であるにしても、『儀節』の諸儀注から逸脱している部分が多く、琉球独自の儀礼や記述が少なくない。したがって、本書は成立当初は『四本堂家礼』ではなく『四本堂規模帳』と呼ばれていた可能性が高い。しかしながら、①中国の『朱子家礼』がここまで変質していること、②十七世紀になってようやく体系的な礼式集がまとめられたこと、③特定の一家のマニュアルが普遍化していったこと――の三点に、琉球における『朱子家礼』の特異な受容と普及を認めることができる。

キーワード

朱子家礼、四本堂家礼、家礼儀節、冠婚喪祭、蔡文溥、琉球

一　『四本堂家礼』簡介

本書は、沖縄では研究者は勿論のこと、一般の住民に至るまで比較的よく知られた文書であるが、通行したのは南西諸島（いわゆる「琉球弧」）に限定されるため、他の東アジア世界では殆ど知られていない。当国際シンポジュウムに参集された学人の中でも、大部分の方は初めて耳にする名前であると思われるので、知識を共有して議論を活性化させるために最初に基礎的な情報を提供しておきたい。

まず成書年であるが、これは跋文に編者（前祝嶺親方＝蔡溥《さいふ》）の手で「乾隆元年正月吉日」と記されているから、西暦で云えば一七三六年のことになる。次は名称の問題である。本書の原本は失われて写本の形でしか伝えられていないが、現在確認しうる九種の写本のタイトル[1]は、「四本堂家礼」の他に「蔡家家憲」や「四本堂規模帳」というものもある。「蔡」は編者・蔡文溥の姓であり、「四本堂」は彼の堂号である。原題は何であったかに関して、たとえば渡口真清氏は「四本堂家礼」が本来の表題とされるのであるが[2]、私は必ずしもそのように断言できないと考えている。これは本書の性格に関わる重要な問題なので、のちに改めて取り上げたい。

編者は、上述したように久米村の蔡文溥（一六七一～一七四五）という人物である。久米村は古くは唐営（中国人の集落の意）と云い、明帝国と琉球間の通交・貿易が本格的に始まった明初の洪武五（一三七二）年以来、中国人が居住した村である。彼らは外交文書の作成、通訳、造船技術、航海術、風水術といった実務分野で活躍し、両国の円滑な関係と中国文化の導入において大きな役割を果たした。十六世紀の中頃、海外貿易に占める琉球の地位が下降するに伴い、久米村もさびれ始めて再編成を余儀なくされる。久米村に孔子廟が建立され（一六七六年）、久米村から選抜された子弟が北京の国子監に官費留学生（官生）として派遣されて、帰国後、儒教＝朱子学を広めてゆくのもこの頃のことであった。そのほか種々の行政的措置も講ぜられて久米村は再建され、「十八世紀の琉球は久米の時代」[3]と呼ばれるほどに活気を取り戻す。久米士族のアイデンティティの拠り所も、「中国」から「琉球」へと変化していった。この間、薩摩の琉球侵攻があり（一六〇九年）、冊封を受けていた宗主国も明から清へ交替している（一六四四年明滅亡）。蔡文溥が生を禀けて活躍したのはほぼこのような時代であった。

初期に琉球に移住してきた華人たちを「閩人三十六姓」と呼ぶこともあるが、この由緒正しい久米士族の中でも、蔡（琉球の姓では具志・具志頭）家の家格は抜きん出て高く、一族は歴代、多くの有能な人材を輩出してきた。その代表選手と云うべき人物がほかならぬ蔡温（一六八二〜一七六一）である。三司官（宰相）として近世琉球を導いたその卓越した能力と業績は、今日に至るまで沖縄では敬愛を籠めて語り継がれている。ここで取り上げる蔡文溥もまた、蔡家が生んだ逸材であり、かの蔡温と同族であり同時代人であった（蔡温は具志頭家十一世、対して蔡文溥は具志家十一世）[4]。蔡文溥の『四本堂詩文集』には蔡温との唱和詩が一首収められている[5]。

上で官費留学生について触れておいたが、明清の交替で長らく途絶えていたこの留学制度が復活したのは一六八六（康熙二十五）年のことであり、御歳十六歳の蔡文溥はこの年、王命を奉じて清朝最初の官生として北京に赴き[6]、国子監に特設された琉球官学で一六九二（康熙三十一）年まで七年間学んだ。二十二歳で帰国後、ただちに講解師・訓詁師に任命され、後進の教育に従事した。五年後、選ばれて王の世孫と世子（皇太子）のために『四書』や『詩経』を講じる。一六九九（康熙三十八）年、二十九歳の時、接貢存留通事（進貢使の通訳・折衝役。柔遠駅勤務）として福州に渡り、職務を果たして一七〇一（康熙四十）年に帰琉、同年、ふたたび世孫に『四書』を進講するが、一七〇四（康熙四十三）年、三十四歳の若さで病を得て公務から退く。彼の病は「肺疾」であったが、その後脊椎カリエスも発症したらしい[7]。こうして家居して養生につとめるかたわら、詩作と読書を楽しみ、乾隆十（一七四五）年、七十五歳の長壽をもって世を去り「南京墓」に葬られた。著書としては『四本堂家礼』のほか、『四本堂詩文集』が伝わる[8]。

なお、冊封副使・徐葆光《じょほうこう》との交流を追記しておきたい。徐葆光は一七一九（康熙五十八）年、尚敬王の冊封のために来琉したが、その著『中山伝信録』は使琉球録の白眉といわれ、江戸時代には訓点を施したいわゆる和刻も刊行されて江戸期日本人の琉球観に大きな影響を与えた。両者の交友は蔡文溥の北京留学時代に遡るとされているが、(9)『四本堂詩文集』には徐葆光が使節として来琉した際に蔡文溥が贈った詩が数首収められている。(10)また、同書巻頭の幾つかの序に並んで、「題四本堂集後四絶句」と題された、徐葆光が蔡文溥に贈った詩が四首掲げられており、その一首の中で蔡文溥を「君は是れ中山（琉球のこと）第一の才」と讃えている。日付は「康熙己亥十月之望」、すなわち冊封使として来琉した一七一九（康熙五十八）年である。

帰国後、徐葆光は『中山伝信録』を書き上げるのであるが、その巻五の「学」の項に『四本堂詩文集』から採ってきたのであろう、蔡文溥の「学校序」を登載している。また同書巻五「氏族」の項に、いわゆる「閩人三十六姓」の中から蔡、鄭、梁、金、林の五姓とその次に古い阮、毛の二姓とを選んでその系図を記している。蔡家はその筆頭に掲げられ、「蔡氏は福建泉州府晋江県の人、宋の端明学士・襄の後、十二世、共に八十一人」という標題のあと、「始祖・崇」（その六代先が蔡家のルーツとされる宋の蔡襄〈書で著名、北宋の四大家のひとり〉）以降、十二世代、八十一人を列挙する。蔡温とともに（その注記に「文若、康熙五十六年貢使、紫金大夫」とある）蔡文溥の名も見え、「天章（琉球名）、康熙戊辰、太学に入る（康熙二十七〈一六八八〉年、北京国子監入学を云うか）、正議大夫」と注記されている。

ついでに述べておくと、徐葆光の次の冊封使（一七五六〈乾隆二十一〉年）・周煌の使録『琉球国志略』巻十三「人物」の「文苑」の項で取り上げられている文人は程順則ひとりであるが、その記述中に同時代の名のある文人として蔡文溥も紹介されている。また、巻十五「芸文」の章には、程順則や蔡温と並べて蔡文溥の詩文五首を掲載している。(11)

このように見てくると、病弱であったことも預かっているであろうが、社会と政治の表舞台で活躍した「動」の人・蔡温に比べて、学問や文雅の世界に沈潜した「静」の人という印象を拭い難い。しかしながら、中国側から見ても、蔡文溥が当時の琉球を代表する知性であった事実は否定のしようがない。

さて、このような出自と経歴を持った人物が作成したのが『四本堂家礼』である。その成立は先述したように乾隆元（一七三六）年のことであった。この年、前祝嶺親方・蔡文溥は六十六歳になっていた。

二　『四本堂家礼』の構成

まず、『四本堂家礼』（以下『四本堂』と略称）全体の構成は以下のようになっている。頭の数字は筆者が便宜上つけたものである。(12)

1　通礼
2　冠礼
3　婚礼
4　葬礼
5　喪礼
6　祭礼
7　雑録

一見して『朱子家礼』の構成をそのまま襲っているのが見て取れ、この点に関して従来から異見はない。なお、ここでいう『朱子家礼』は、原『家礼』の再編版というべき明の丘濬《きゅうしゅん》の『家礼儀節』を指している。このテキストは、その具体的な儀注が重宝されて近世中国で広く読まれた。琉球にもこの『儀節』系統の版本が伝来したのは疑いを容れない。というのも、鄧陳霊論文が指摘するように久米島の与世永家に残巻ながら『儀節』が伝えられているからである。[13] この版本は、康熙四十（一七〇一）年の序があり、全八巻の他に付録として宋犖撰『家礼初稿』四巻、呂維祺撰『家礼約言』四巻が付せられている。余談ながら、この版本の特色はこの付録の部分にあり、本版本の江戸期の写本（「家礼初稿」のみ）が内閣文庫に伝えられているのも、付録が珍重されたからである。[14]

しかしながら、与世永家に伝わるこの版本を蔡文溥が見たという保証はどこにもない。明清時代には『朱子家礼』の多様なバリアントが競うようにして刊行されたから、蔡文溥が見たテキストについては、本版本の可能性を残しながらも、今後の精査を待たねばならない。事実『四本堂』には『斉家宝要』という書名も見える。

とはいえ、『四本堂』には『儀節』系統のテキストにしかない引用があって『儀節』を参照したのは確実なので、[15] とりあえず『儀節』をモデルにして検討を進めたい。ここで、初めの構成の問題に戻ることになる。

この構成は先述したように『朱子家礼』（儀節本）を踏襲しているが、微妙な違いもある。『儀節』本（康熙四十年序刊本）では、目次に従えば以下のようになっている。括弧内は本文の標題である。[16]

巻首　附録（附録）
巻一　通礼（通礼）
巻二　冠礼（冠礼）
巻三　昏礼（昏礼）
巻四　喪礼（喪礼）
巻五　喪葬（なし。版心は喪葬）
巻六　喪虞（虞祭。版心は喪虞）
巻七　祭礼（祭礼）
巻八　雑録（圏点を冠して家礼雑儀。版心は雑儀）

巻首の「附録」は、黄榦など朱子の門人たちや丘濬らの言説を集めたもので、そこでは『朱子家礼』という書物の成立の事情や諸版本の異同の考証といった、主として書誌上の問題が扱われている。実践的指南書である『四本堂家礼』にとって、そういう学問上の煩瑣な論議はどうでもよかったので省かれたのであろう。

問題は巻四～巻六の喪礼のパートである。丘濬による改編前の宋版『朱子家礼』のテキストでは、喪礼には「喪礼」と題して一巻が当てられるのみで、上記のように三巻に分割されていない[17]。『四本堂』が「葬礼」と「喪礼」との二部門を立てたのは、この『儀節』本の目次（巻四、巻五）の体例に倣ったのではないだろうか。「喪虞」（または虞祭）を立てなかったのは、琉球にはそもそも虞祭《ぐさい》（埋葬後の祭）の習慣がなかったからであろう。本章で扱っているのはテキストとしての構成ないし形式の問題であり、それらの実質的な中身については次章以下で検討したい。

次に、『四本堂』ではこうした構成・枠組みに従ってどのような儀礼が配列されているのか、とりあえずその標題を掲げてみる。この数字も筆者が便宜上付したものである。これらの内容については次章で考察を加える。

通礼

1　唐位牌仕立之事
2　四代祭之事
3　代替之時位牌書様之事
4　位牌絵図之事
5　亡妻神主書様之事
6　母親先ニ死去之時神主小櫝致安置候事
7　無後胤傍親位牌書様之事
8　櫝大小有之候由緒之事
9　祖母那理古普之墓ニ被葬候由来之事
10　照屋通事親雲上・北谷はん加那志・高良秀才、三人之位牌納所之事
11　年中諸礼式之事
12　子孫誕生之時礼式之事
13　父母幷一門誕生日礼式之事
14　昇官幷島知行頂戴之時礼式之事
15　島知行作得之砌霊前江備候事
16　節季之菓子霊前江備候事

17　家普請幷葺替・門明初・雪隠所仕立之事
18　子弟之家立候事
19　旅立之事
20　拝領之事
21　猶子之事
冠礼
婚礼
1　男子縁組之事
2　女子出嫁之事
葬礼
1　荼毘之事
2　我よりも年劣たる叔父母死去之時拝礼之事
3　洗骨之事
4　新墓仕立之事
5　遷葬之事
喪礼
1　葬礼之事
祭礼
1　四時之祭之事

2　忌日之事
3　禰之祭之事
4　年忌之事
5　女子を出生迄ニ而致死去候婦人祭所之事
6　先妻後妻無子者祭所之事
7　男子出生ニ而為致離別婦人祭所之事
8　為致早死子祭之事
9　八月ニ忠藎堂祭祀之事
雑録
1　首里之御論
2　祖父幷母親臨終之事
3　敦人倫之事
4　孝道之事
5　篤宗族之事
6　子弟教訓之事
7　妻女教訓之事
8　女子教訓之事
9　婦人ニ七去三不去有之事
10　婦人三従之事

11　夫婦之離別を不可軽事
12　惣領家可令扶助事
13　嫡子取持之事
14　父母之家財子共江分ケ候事
15　外祖母之儀高氏喜納親雲上墓ニ被葬候事
16　母親之儀外祖母喜納親方より養育為被成候事
17　郷党和睦之事
18　正道を以家内可相治事
19　父之親友交之事
20　久米村職分之事
21　学問之事
22　可尽善事之事
23　朱文公之教之事
24　司馬温公之教之事
25　慎字紙事
26　人常ニ事業を不可捨事
27　日月星辰不可拝事
28　猥仏神致信仰候儀停止之事
29　奴婢締方之事

30　妾子之事
31　久米村教訓之事
32　我等屋敷之事
33　所持之武具之事
34　官生之時相求候手跡之事
35　銀銭取遣之事
36　隣火之事
37　名子禁止之事
38　人之口入禁止之事
39　中議大夫官銜之事
40　照屋親雲上鹿児島詰之時繁昌之事
41　墓所細々巡見可仕事
42　子共養親設候事
43　白沢之絵書手之事
44　仕明之事
45　喧嘩口論いたし間敷事
46　清泰寺之寺号本之様ニ忠盞堂と相改候事
47　娘共市立停止之事
48　病人見舞之嫌日之事

三　『朱子家礼』との関係

『四本堂家礼』は、さまざまなアプローチを許容する奥の深いテキストであるが、従来の研究蓄積を概観してみると、おおよそ四種に大別できるかと思う。一つは、基礎的なテキストの翻字・翻刻そして校勘である。本書の文体は漢字・仮名混じりの和文であるが、草書体で筆写されていて写本が数種（現時点で九種）あるため、読みやすい定本の確定が先務となる。この作業の先鞭を着けられたのが崎浜秀明氏で、氏は「蔡家家憲」と題された写本を沖縄県立博物館所蔵本と校合して翻刻された。この仕事は氏の『沖縄旧法制史料集成』第五巻（昭和四十六年、油印）に収録されている。この作業は現在も継続中で、つい最近山里純一氏がその九種の写本を校勘した労作を脱稿された[18]。その作業の副産物といえばやや語弊があるが、山里氏は同時に「『四本堂家礼』写本の現状」と「『四本堂家礼』に関する基礎的考察」と題された二篇の論考を完成されている[19]。拙稿は氏のこれらの近作から多くの教示を得ている。

二つ目の研究は、『朱子家礼』のことはひとまず傍らに置き、本書を十七～十八世紀当時の琉球の貴重な習俗史料として、あくまで琉球史の文脈の中で取り扱うものである。平敷令治氏の『沖縄の祖先祭祀』（第一書房、一九九五年）、上江洲敏夫氏の「『四本堂家礼』と沖縄民俗――葬礼・喪礼」（『民俗学研究所紀要』第八集、一九八四年）、それに小川徹氏の一連の研究がこの方向線上にある[20]。なお、小川氏の「『蔡家家憲』あるいは『四本堂家礼』のこと」（『近世沖縄の民俗史』所収）は、蔡文溥研究としても開拓的な論考である。

三つ目は中国サイドからのアプローチである。前記二者の担い手がおおむね沖縄学の専家であるのに対して、こちらは中国学の研究者が取るスタンスである。窪徳忠氏は人も知る道教と沖縄研究の大家であるが、氏の『四本堂』に関する一連の研究は、このテキストの中に中国道教や民間習俗・信仰を探り当てようとする独自なものである[21]。

これも中国学からのアプローチなのであるが、焦点を絞って『朱子家礼』の受容それ自体を問題にするところに特色があるので、とりあえず第四の方法として立てておく。鄧陳霊氏の「琉球における「家礼」の思想――『四本堂家礼』を中心として」（『名古屋大学東洋史研究報告』二三、一九九九年）がそれであり、これまでのところこの方面では唯一の論考である。鄧論文は初めに研究史を概観し、従来の研究は「『四本堂家礼』が多くの部分で『朱子家礼』に依拠して編纂されたものであり、儒家思想の伝播に大きな役割を果たしていたという側面を強調し」ているものの「その具体像の把握にはなお不充分な面を残している」と批判する。そのあと、本書編纂の歴史的背景――時代潮流、首里王府の意向、久米士族の動向――を論じて本題、すなわち『朱子家礼』受容の「具体像」に入る。まず、両者の全体的な比較を行なったのち、位牌制度を取り上げて検討し、両書では葬礼の形式は全く異なっているが、「蔡文溥は位牌の形式や儀礼については『朱子家礼』に依拠しながらさまざまな工夫を加えている」と一応の結論を下している。中国学徒としての筆者の立場はもとよりこの第四に属し、鄧論文の批判的継承を目指すものである。

次に具体的な作業に入りたい。前章に『四本堂』の構成とその条目（項目）を掲げておいたのは、これらを全て虱《しらみ》潰《つぶ》しに検討して『朱子家礼』の痕跡を探求するためではなく、概括的な比較対照を行なうためである（将来的には逐条毎の精密な付注が必要となってくるだろう）。

まず「通礼」である。『儀節』では「祠堂」と「深衣」（儒者の服装）が扱われるのであるが、『四本堂』にはそれらは全く現れない。そもそも御先祖の位牌を納める霊廟である祠堂は、祭祀をはじめ「家礼」のさまざまな儀礼が行なわれる重要な空間であるが、琉球には独立した祠堂などという建物はなかったし、(22)「深衣」にしても琉球人がこれを身につけていたことなど寡聞にして聞いたことがない。なお、礼というと厳かで演劇的な儀式のイメージが先行するが、歴代の中国の正史に「輿服志」というパートが置かれているように、社会における位階の表現として服飾は礼の重要な構成要素であった。その「祠堂」と「深衣」の代わりを埋めるのが1の「唐位牌仕立之事」以下の二十一条目であり、十条までが「位牌」に関する決まりに当てられているが、これらは『儀節』通礼の「通礼図式考」に対応する。そこでは位牌（神主）の規定が図入りで説明されている。この問題については、先述したように鄧論文で論じられているのでそちらに譲りたい。

十一条以下は、『儀節』通礼に対応するものがない。十一条は『朱子家礼』が扱う「冠婚葬祭」以外の蔡家の年中行事であり、『朱子家礼』から見れば異質な要素である。『朱子家礼』では『儀節』にせよ、祭祀の対象は当然のことながら祖先神であるはずなのに、この十一条（本条だけでなく『四本堂』全編を通してそうだが）では「火神」「菩薩」「大和神」「土地君」などに対する祭祀が頻出する。編者もそれは承知していたようで、「その鬼でないのに大和神・菩薩を祭るのはよくないと云う人が居るのは分かっている」と断りつつも、「この二神は預け先もなく（何方江か直可申すへも無之候）、また御先祖が大切に信仰してこられた神であるから廃止することはできない」と述べるのである（十一条、十一月の項附録、また雑録二十八条、仏神）。小川徹氏はこの11「年中諸礼式之事」について、「『四本堂家礼』独自の記事であって、これこそは沖縄の民俗的な家内祭祀の好資料である」と指摘しておられる。(23)

次に「冠礼」を見てみる。目次には条目は何もないが、本文には三条ほどの記述があって、伝統的な琉球式の「十五祝い」をもって「冠礼」に当てている。髪型を「片髪結《かたかしらゆーい》」にして「烏帽子親」（親戚知人から選ばれた人格者）宅に挨拶に伺い、そのあと登城してお役人方に挨拶し、孔子廟と啓聖祠（孔子の親を祀る廟）にお参りして御香と御灯明を供える、などとある。『朱子家礼』とは異なった儀礼である。ほかに「若秀才」になった時も同様と書かれているが、これも琉球特有の習俗である。なお、女子の笄《けい》礼の記述はない。

次に「婚礼」であるが、宋版『朱子家礼』の標題を見れば分かるように、婚礼は「議婚―納采―納幣―親迎―婦見舅姑―廟見―壻見婦之父母」という儀礼を順に踏み行なう（『家礼』では古礼の「問名」「納吉」を略す）。しかし『四本堂』では、「男子縁組之事」という標題のもとに、「縁談がまとまれば、早速吉日を決め前もって嫁の家に知らせておき、媒人に〈素麵一籠飯〉を持たせて謝礼に行かせる。媒人が壻の家に帰ってくると、二汁一菜の料理を供し、当主は正装して霊前に誰それと縁談がまとまった旨を報告する」などと書き出され、あとは「附録」として、儀礼的なことよりも、主として嫁の選び方といった教訓的な事柄が記されている。このような書き方は「女子出嫁之事」でも同様である。こうした一見琉球式と見える婚儀の中にすでに中国式の儀礼が組み込まれているのかもしれないが、『朱子家礼』（および『儀節』）で示されている儀礼とは異質な印象を受ける。少なくとも『朱子家礼』には、こんなに頻繁に料理や食べ物のことは出て来ない。

次に「葬礼」であるが、『四本堂』の葬礼についてはすでに分析されており（前掲上江洲論文ほか）ここで贅言を費やすまでもない。ただ、「荼毘―洗骨―新墓仕立て―遷葬」等という構成要素は、『朱子家礼』（および『儀節』）とは儀礼的にかなり径庭がある。3の「洗骨之事」などは論者によってしばしば取り上げられる風習であるが、もとより原『朱子家礼』には記載がない。これもすでに指摘されていることではあるが、僧の読経や「七七」「三十五」「四十九」「百ケ日」の祭は仏教式の葬礼であって、『朱子家礼』はもとより『儀節』の許容するところではない（『朱子家礼』〔『儀節』〕巻四「喪礼」「不作仏事」）。ただ、明・清の『朱子家礼』の注解書の中にはこれを容認しているものもある。また、「風水」についても『四本堂』葬礼の4「新墓仕立之事」の箇所で、「風水式法があるからその通りにすべし」と書かれている。風水は『朱子家礼』でも『儀節』でも肯定されていないが、後世『家礼』はこの「俗礼」との葛藤を余儀なくされ、注釈書によっては妥協し許容しているものもある。(24) 従って、仏教や風水の導入については、『四本堂』だけを見るのではなく、明清時代の『家礼』注釈書の流れという文脈も視野に収めておく必要があろう。5の「遷葬」というのも琉球独自の葬送儀礼で、新しく築造した墓に古い遺骨を移すことをいう。

なお、この「葬礼」章の冒頭は前章で細目を出しておいたように1「荼毘之事」から始まっている。この「荼毘」という語は本来仏教語で周知のように遺体を火葬に付すことを意味するが、『四本堂』は火葬を前提にしていないし、その用語法から祭するに遺体を墓（例の亀甲墓）に入れて墓口を塞ぐことであろう（数年後に開口して洗骨の手順になる）[25]。中国や朝鮮半島での埋葬（『家礼』の語でいえば「窆《へん》」）に該当する。琉球では墓穴は掘らないのである。語義の変容という観点から見ても興味深い現象である。

ところで、第二章で確認しておいたように『四本堂』では、葬儀は「葬礼」と「喪礼」に二分されている。『四本堂』がそうしたのは『儀節』本の目次に倣ったのではないかと述べておいたが、内容は対応しない。『儀節』巻五（喪葬）では、「朝食哭奠」から埋葬にいたるまでの儀礼が記されているが、『四本堂』では「父母が死去して四十九日までの間は、主婦は白衣を着て朝夕お盆を供える……」という記述からはじまる、服喪中の心得・きまりが記されている（「四十九日」はすでに仏式である[26]）。服喪といえば、中国には古来からいわゆる「五服」（斬衰・斉衰・大功・小功・緦麻）というきわめて煩瑣な、しかしきわめて重要な礼制がある。死者との親疎の度合いに応じて服喪期間と喪服に差等を設けるのである。むろん『家礼』（および『儀節』）にも詳細な記載があるが、このシステムは『四本堂』のどこにも記されていない[27]。

次に「祭礼」である。『朱子家礼』（および『儀節』）では、「四時祭―初祖―先祖―禰―忌日―墓祭」という項目が掲げられている。一方『四本堂』では、前掲の細目に示されているように「初祖―先祖」は特別に立てられていないものの、１「四時之祭」、２「忌日」（命日）、３「禰（父）之祭」は『家礼』と対応している[28]。「墓祭」がないのは、祭するに琉球では墓は（心理的・地理的に）身近にあってしょっ中参拝しているからではないだろうか。

なお、『四本堂』祭礼の章には「祭文」（１「四時祭之事」）と「祝文」（２「忌日之事」）が挿入されている。『朱子家礼』が普及するに伴い、諸儀礼に用いる書式（たとえば冠・婚礼の招待状、葬礼での訃告状など）が付加されてゆくのであるが[29]、『儀節』でも原『朱子家礼』にない多くの文案が増補される。『四本堂』はそれらの文案を掲載しないのであるが、ただこの祭礼の章では二通採択しているのが興味深い。いずれも『儀節』掲載のものを殆どそのまま載せている。ただし、原文にあるお供えの「潔牲」や「牲醴」といった語を「酒饌」に変えている。基本的に仏式であるから、生々しい犠牲は敬遠したのであろう。

最後は「雑録」である。本章は前掲のように四十八条から成り、子孫に伝えるべき教訓が主たる内容になっている。『儀節』の「雑録」では、「司馬氏居家雑儀」という家庭構成員のあり方を説いたものを巻頭に置き（『朱子家礼』では「通礼」の末尾に置かれる）、以下「冠礼雑儀」「昏礼雑儀」「居葬雑儀」「祭祀雑儀」「居郷雑儀」という本編の補遺――儀注ではなく各儀礼の精神を古典を引いて述べる――が続き、最後は「家礼附録」として名のある古人の手になる、儀礼の各局面における模範文例――命名記、招待状、お悔やみ状、墓誌銘、祭文など――を掲載する。

『四本堂』と見比べてみると、家庭道徳という点では同じでも、内容的には『儀節』より『四本堂』の方がはるかに具体的で詳しい。たとえば、「子供が七、八歳になればまず『四書』を唐読（中国語で読む）させて音律（発音）を正しておけば、将来中国語を学ぶ時にも有益である。片髪結の歳（十五歳）になれば和読させ、『孝経』『小学』を講釈して聞かせ、その次には『四書』『詩経』を教えて、道理が分かるようになると〈勤学〉生[30]として中国に留学させ、上奏文の書き方なども学ばせる」などという条は（6「子弟教訓之事」）、もちろん『儀節』にはなく、当時の久米村士族の家庭教育を伝える資料としても貴重である。もちろん『儀節』から取ってきたと思しい文章もある。たとえば、9「婦人ニ七去三不去之事」、10「婦人三従之事」、3の「敦人倫事」中にいう「張公芸」（忍の一字を守って九世同居した人物）の記事などはそれであろう。これらは別に珍しくもない事柄であるが、『儀節』にはこれらが並んで記載されているからそう推測し得るのである。

双方とも家庭道徳が書かれていると述べたけれども、上述したように『儀節』が「司馬氏居家雑儀」の次からは儀礼に戻っているのに対して、『四本堂』雑録は冠婚葬祭以外の局面における、人として、久米士族としてのあり方にも説き及んでいて、「家礼」の枠を超えていると云わざるを得ない。のみならず、しばしば家庭内ならぬ、蔡家という特定の家事に言及する。標題からも察しうるものがあろうが、いま一例を引いておく。2「祖父幷母親臨終之事」は標題通り、蔡文溥の祖父と母の臨終記である。祖父は逝去の数日前自分で体を洗い（享年七十一歳）、母は明日死にますと云ってその通り苦しむことなく逝き（享年八十六歳）、まごころと慈悲に満ちた母はまことに子孫の亀鑑となすべし、と結ばれている。蔡文溥の伝記資料は多くはないが、この『四本堂』雑録などは、彼の家や彼自身の伝記・思想を窺う好個の資料にもなるわけである。

四　『四本堂家礼』の性格および結語

ここであらためて本書のタイトルについて考えてみよう。小論では現在最も一般的な呼称に従って「四本堂家礼」と呼んできたけれども（小論ではこのあとも取り敢えずそう呼んでおく）、果たしてこれが当初の呼び名だったのだろうか。「四本堂家礼」という呼称は多くの研究者によって支持されている。この呼称がほぼ定着しているのが何よりの証左であろうが、たとえば渡口真清氏は、先述したように、「著者の堂号が四本堂であるところよりすれば、四本堂（家礼）の方がもともとの表題であろう」と云っておられるし(31)、最近では山里純一氏も三種の呼び名（四本堂家礼、四本堂規模帳、蔡家家憲）に論及して次のように述べておられる。

三種類の名称は、あくまでその性格をどう判断するかで決まってくる。蔡文溥が作成した原本はやはり中国の『朱子家礼』に倣い「家礼」の語が用いられた可能性は高い。『蔡家家憲』はどちらかというと蔡家の関係者によるネーミングであろう。これに対して『四本堂規模帳』という名称は、公文書の呼称に倣ったのかも知れない(32)。

この問題は、山里氏も述べるように決定的な証拠の出ない現在、「可能性」の高低としてしか論じられないものであるが、筆者は「四本堂家礼」という呼称については逆に考えている。第一の理由は、現存する写本のどこにもこの名称が現れないからである。むしろ蔡文溥の序文には「規模之帳」という語が使われている。小論が依拠している八重山・石垣家本（活字翻刻）によって示そう（傍線は筆者）。

夫国ニ者国之規有之、家ニ者家之規雖有之候、其規之指南無之候得者臨時致忘却事共ニ候、依之我家往昔より勤来候所之礼式之内行来候といへとも、無益之事者止之、可行事之洩為申者増之、此節規模之帳相調置申候間、至子孫永代可相守之……。

この『四本堂家礼』が完成する十一年前の雍正三（一七二五）年、首里王府評定所は『服制』を制定し、『四本堂』がまとめられた翌乾隆二年、改訂を加えて公布した。この過程で蔡文溥が関わった可能性はすでに指摘されているが(33)、実際『服制』の本文中に「四本堂の規模帳ニ相見得候事」という記述が見えるのである(34)。本書は外からも「規模帳」と呼ばれていたことになる。外からの呼称としてもう一例挙げておく。『四本堂』が現れてより約百五十年後、本書から「深い影響を受」けた(35)久米村鄭氏池宮城家の礼式集『嘉徳堂規模帳』がまとめられる。「嘉徳堂」は本書をまとめた鄭為基池宮城親雲上の堂号で、たしかに構成や内容は『四本堂』とよく似ている。『四本堂』をモデルにしたのであれば、標題も「嘉徳堂家礼」とでもすべきはずだったのに、「嘉徳堂規模帳」になっているのは、嘉徳堂が見た『四本堂』は「四本堂規模帳」となっていたからではないのか。

いまひとつの（原題が「四本堂家礼」でないという）理由は、内容に関わるものであり、そしてこれが小論の結論になる。

小論第二章において、『四本堂家礼』が『儀節』の構成・枠組みを襲っていることを指摘しておいた。そして第三章においてその中身の大体を検証した結果、むしろ『儀節』の諸儀注から逸脱している部分が多いことが判明した。もとより『家礼』が排除されているわけではなく、『四本堂』には「……については家礼に見える」とか「……は家礼にある」といった表現が十三箇所ほどあり、位牌のように『朱子家礼』をモデルにしている部分もなくはない。しかし逆に云えば、『朱子家礼』に準拠した「家礼書」であるならば、「家礼に見える」などと云う表現は使う必要はないはずである。そのことは編者の意識において、『四本堂』と『朱子家礼』とが一体のものではなく、後者は部分的な典拠ではあるけれども両者は別物と認識されていたことを示している。もしそうだとすれば、その実質的な中身は琉球化された諸儀礼であり、自分の家の子孫のために残した教訓集でもあるテキストを、編者はおこがましくも「家礼」の名で呼ぶだろうか、という疑問を感じざるを得ないのである(36)。

なお、誤解のないように云っておくが、筆者は『四本堂家礼』に果たした『朱子家礼』の役割を過小評価しようとしているのではない。『四本堂家礼』の根幹にあるのは『朱子家礼』であって、本書は冠婚葬祭に儒教式の確固たる儀礼があることを琉球の人々に教えた重要な典籍であった。『朱子家礼』がなければ『四本堂家礼』も生まれようがない。琉球人はただその強固なシステムを琉球風に変容させていっただけである。従来、『四本堂家礼』という名称の心理的な影響もあって、一部に『朱子家礼』の影響を過大に捉える傾向がなくはなかったので小論をものした次第である。もっとも、筆者のような見解はすでに小川徹氏によって四十年も前に道破されており(37)、筆者は『朱子家礼』の側から小川説の検証を試みたにすぎない。

ともあれ、いつの頃からか本書は「家礼」の名を冠して沖縄の各地で礼式のマニュアルとして活用されていった。これを『朱子家礼』の受容と普及過程という観点から見る時、①本国の『朱子家礼』がここまで内容的に変容を遂げたこと、②十七世紀になってようやく体系化された礼式集がまとめられたこと(38)、③元来は特定の一家用のマニュアル集であったものが一家を超えて普遍的な価値を賦与されていったこと――以上の三点に、琉球における『朱子家礼』の特異な受容と普及のあり方を認めることができるように思われる。

注

（1）『四本堂家礼』の研究史、九種の写本の来歴およびそれら相互の校勘については、山里純一「『四本堂家礼』に関する基本的考察」（『日本東洋文化論集』一六号、二〇一〇年）参照。
（2）渡口真清「『沖縄旧法制史料集成』所収『四本堂家礼』にふれて」（『沖縄文化』三九号、一九七二年、七〇頁）。
（3）赤嶺守『琉球王国』（講談社選書メチエ、二〇〇四年）一二九頁。
（4）小川徹「『蔡家家憲』あるいは『四本堂家礼』のこと」（小川『近世沖縄の民俗史』弘文堂、一九八七年、三〇一頁）。
（5）「和文若移居韻」（文若は蔡温の琉球名）。
（6）「蔡氏家譜」十一世諱文溥祝嶺親方の条（『那覇市史』家譜資料二・上、一九八〇年、三〇三頁）。
（7）原田禹雄「『四本堂詩文集』解題」（榕樹書林影印本『四本堂詩文集』、二〇〇三年、所収）。
（8）同右。
（9）小川前掲論文、三〇三頁。ただし、小川氏はその根拠を示されていない。
（10）「奉呈徐徴斎太史」二首、「送徐太史帰朝」、「徐太史枉過四本堂誌喜」、「徐太史錫詩画二幅次韻酬謝」、「菊影次徐太史韻」。
（11）原田氏は、周煌は『四本堂詩文集』で対校しておらず引用は杜撰、と指摘しておられる（原田・前掲解題）。
（12）小論は、八重山・石垣家に伝わる「四本堂家礼　上下巻」「四本堂規模帳　下巻　雑録」を翻刻したもの（『石垣市史』八重山資料集1、一九九五年）を底本に用いた。
（13）鄧陳霊「琉球における『家礼』の思想――『四本堂家礼』を中心として」（『名古屋大学東洋史研究報告』二三号、一九九九年）一一九頁。
（14）寛政八年（『内閣文庫漢籍目録』による）の「述堂」による識語は以下の通り（句読は筆者）。「山本太冲蔵康熙刊家礼儀節、世所罕覯、末附四礼初稿暨約言、雖簡而畧、亦不爲無可考、使書吏影鈔一通、塾生大郷良則校勘一番、以蔵于家云、丙辰十月十八日、述堂記」。なお、この付録部分の詳細は本書の白井順論文参照。
（15）たとえば『四本堂』の以下のような記述。「鄭霖所刻家礼今本在南監者……」（『四本堂』通礼の標題4）。
（16）『儀節』の別本も同じ。

(17) 吾妻重二『朱熹『家礼』の版本と思想に関する実証的研究（補訂版）』、科学研究費補助金・研究成果報告書、二〇〇三年、一四四頁。
(18) 前掲注（1）山里論文。
(19) これらは未発表稿であったが、この三篇を一本化して前掲注（1）論文としてまとめられた。
(20) 前掲注（4）参照。
(21) 窪徳忠「『四本堂家礼』にみえる天妃信仰」（『社会と伝承』一四―一、一九七五年）、同「中国の習俗と『四本堂家礼』」（『南島史学』七号、一九七五年）、同「『四本堂家礼』に見える沖縄の中国的習俗」（『東方学』五一輯、一九七六年）など。
(22) ただし「忠藎堂」という建物がその代わりをすることもあったらしい。渡口氏は云う、「この頃〈雍正七年〉蔡温の指導によって、蔡氏三家の精神的合同のことがあったと見られる。いわば門中の結成である。忠藎堂を蔡氏家廟とし、肖像画を作らない約束をし、系図を書改めたのはこのことに関係があるらしい」（前掲注（2）七三頁）。忠藎堂は『四本堂』でも登場する（雑録の標題46）。
(23) 前掲注（4）所引小川書、三一五頁。
(24) 拙稿「『酬世錦嚢』の中の『朱子家礼』」（吾妻重二・二階堂善弘編『東アジアの儀礼と宗教』、雄松堂出版、二〇〇八年）、二二三頁以下参照。
(25) 上江洲敏夫「『四本堂家礼』と沖縄民俗――葬礼・喪礼について」（『民俗学研究所紀要』八集、一九八四年、四二頁）では、「荼毘」を葬儀の総称とする。
(26) 喪礼の詳細については注（25）所引上江洲論文参照。
(27) 王府制定の『服制』にはある。
(28) 祭礼の標題3「禰之祭之事」は、本文に相当する記述がない。
(29) たとえば内閣文庫蔵『応酬彙選二集』（木村蒹葭堂旧蔵、乾隆十八年刊）はその中に「文公家礼」を組み込んでいるが、その「家礼」の中身は、冠婚葬礼（祭はない）の儀礼ではなく、それらの各局面における挨拶の文例集である。

（30）前掲注（3）所引赤嶺書、一三〇頁。
（31）注（2）参照。
（32）前掲注（1）所引山里論文、六二頁。
（33）前掲注（25）所引上江洲論文、三六頁。
（34）同上上江洲論文、七八頁。筆者は『服制』はまだ未検討である。
（35）池宮正治「『嘉徳堂規模帳』解題」（『沖縄研究資料七　嘉徳堂規模帳』、一九八六年、ii頁）。
（36）『朱子家礼』の「家礼」ではなく、単に「蔡家一家の礼」の意味であれば分からなくもない。
（37）前掲注（4）所引小川書、三一四頁。
（38）そうすると次に、ではそれ以前はどのような礼式が行なわれていたのかが問題になってくる。

参考文献

「四本堂家礼　上下巻」「四本堂規模帳　下巻　雑録」（『石垣市史』八重山資料集1、一九九五年）
蔡文溥『四本堂詩文集』（榕樹書林影印本、二〇〇三年）
『那覇市史』家譜資料二・上（一九八〇年）
『家礼儀節』（成化十年序　種秀堂刊本、康熙四十年序　光霽堂刊本）
国立公文書館内閣文庫蔵『応酬彙選二集』（木村蒹葭堂旧蔵、乾隆十八年刊）
赤嶺守『琉球王国』（講談社選書メチエ、二〇〇四年）
吾妻重二『朱熹『家礼』の版本と思想に関する実証的研究（補訂版）』（科学研究費補助金・研究成果報告書、二〇〇三年）
池宮正治「『嘉徳堂規模帳』解題」（『沖縄研究資料七　嘉徳堂規模帳』、一九八六年）
上江洲敏夫「『四本堂家礼』と沖縄民俗――葬礼・喪礼について」（『民俗学研究所紀要』八集、一九八四年）

小川　徹「『蔡家家憲』あるいは『四本堂家礼』のこと」（小川『近世沖縄の民俗史』弘文堂、一九八七年）
窪　徳忠「『四本堂家礼』にみえる天妃信仰」（『社会と伝承』一四―一、一九七五年）
――――「中国の習俗と『四本堂家礼』」（『南島史学』七号、一九七五年）
――――「『四本堂家礼』に見える沖縄の中国的習俗」（『東方学』五一輯、一九七六年）
鄧　陳霊「琉球における『家礼』の思想――『四本堂家礼』を中心として」（『名古屋大学東洋史研究報告』二三号、一九九九年）
原田禹雄「『四本堂詩文集』解題」（榕樹書林影印本『四本堂詩文集』、二〇〇三年）
三浦國雄「『酬世錦嚢』の中の『朱子家礼』」（吾妻重二・二階堂善弘編『東アジアの儀礼と宗教』、雄松堂出版、二〇〇八年）
山里純一「『四本堂家礼』に関する基本的考察」（『日本東洋文化論集』一六号、二〇一〇年）
渡口真清「『沖縄旧法制史料集成』所収『四本堂家礼』にふれて」（『沖縄文化』三九号、一九七二年）

ベトナムにおける家礼の受容と改変
――祝文を中心に

嶋尾　稔

要旨
本稿は、家礼祝文という具体的な素材に着目して、ベトナム・中国間の儒教文化交渉史に新たな視野を開くことを目指すものである。中国からベトナムに輸入された明代の家礼注釈書の一つである彭濱『家礼正衡』が十七世紀～十八世紀のベトナムの儒者に大きな影響を与えたこと、ベトナムの諸家礼（『胡尚書家礼』、『捷徑家礼』、『寿梅家礼』）の編纂者たちがベトナムの習俗・慣行・嗜好を踏まえて、『家礼正衡』の規定を独自に解釈し改変していったこと、そのような動きに批判的な知識人も存在し続けたことを明らかにする。

キーワード
ベトナム　家礼　民間文化　女性道徳　祝文

はじめに

先に「ベトナムの家礼と民間文化」という論文において、十七―十八世紀の北部ベトナムの儒教的知識人たちが明代中国の家礼注釈書を参照してベトナム独自の三種類の家礼を編纂したことを明らかにし、それらの家礼と王朝の教化策および民間文化との関係について考察を進めた(1)。本稿は、その続編であり、まずベトナムの家礼に引用されている中国の葬礼関係のテクストについて再検討したうえで、とくに儀礼の祝文に焦点を当てて、明代の一家礼のやり方を導入したベトナムの家礼の作者たちが、それを北部ベトナムの習俗・慣行・嗜好などに併せて如何に改変したかを検討する。

十七―十八世紀にベトナムで編まれた三種の家礼とは、『胡尚書家礼』、『捷徑家礼』、『寿梅家礼』である。『胡尚書家礼』は、十七世紀後半に胡士揚が著述したテクストを一七三九年に朱伯瑠が出版したものである(2)。『捷徑家礼』については不明の点が多いが、一七〇七年に版本が刊行されたことは確かである。『寿梅家礼』は、胡嘉賓が十八世紀の後半に編纂・出版したもので、十九世紀以降（とくにその後半以降）に多くの刊本が出版されている。詳しくは上記拙稿を参照されたい。

一　ベトナムの家礼に引用された中国書

上記論文においてベトナムの諸家礼に楊慎撰『文公家礼儀節』八巻および彭濱『重刻申閣老校正朱文公家礼正衡』（以下『家礼正衡』）が引用されており、特に『家礼正衡』の影響が大きかったことを論じ、また、『胡尚書家礼』の中で「王世貞補遺」と呼ばれているテクストが王世貞と王世懋の兄弟が一緒に考校した『家礼或問須知』のことではないかという推測を示した(3)。この議論についてまず若干の補足を行うことから始めたい。

以前の論文では、楊慎撰『文公家礼儀節』八巻が、十九世紀末に編まれた『文公家礼存真』にのみ引用されているとしたが、大きな見落としがあった。実は、『胡尚書家礼』巻之下「家礼問答」においても一箇所だけ楊慎の号である楊升庵という名に言及があった[4]。このことから『胡尚書家礼』が編纂された十七世紀後半のベトナムにおいても楊慎撰『文公家礼儀節』は読まれていたと見られる。また、『胡尚書家礼』巻之上の末尾で「王世貞補遺」として引用されているいくつかの問答を『家礼或問須知』の中で確認することが出来た[5]。十七世紀後半に『家礼或問須知』も確かにベトナムで読まれていた（広く普及していたか否かは別として）と考えられる。

家礼注釈書以外の中国書に関しても、ベトナムの家礼が引用している一つの中国書の正体を確認しえた。先の論文では、『寿梅家礼』の「改葬」に関する記述が、『青鳥経』なる書物と『庸行編』「風水類記」の引用であることを述べたが[6]、原典にあたって確認することを怠っていた。今回「改葬」の記述の出典についても検討を行った。『庸行編』は、国立公文書館内閣文庫に所蔵されている。封面には、「牟叔庸會稡／庸行編／澹寧堂蔵板」とあり、康熙三十年（一六九一）の自序（「夢硯斎主人牟允中叔庸題」とある）を有する。全八巻、「達観類」から「警醒類」まで三十三類からなる勧懲の書である。巻七に「風水類」が置かれている[7]。この巻の五十八葉の裏から五十九葉の表にかけて、「青鳥経云」として[8]、改葬すべき場合の五つの条件と改葬すべきでない場合の三つの条件が述べられている。その内容は、『寿梅家礼』の「改葬」の項のそれとまったく一致している。『寿梅家礼』では、改葬すべき場合の条件を『青鳥経』から引用し、改葬すべきでない場合の条件を『庸行編』から引用したように記しているが、実際には、すべて『庸行編』巻七「風水類」所引の『青鳥経』からの引用であった[9]。以上の検討より、少なくとも、牟叔庸撰『庸行編』が十八世紀後半のベトナムの一知識人に読まれており、『寿梅家礼』の編纂に利用されたことは確かであろう。ちなみに『庸行編』の「風水類」の前には「喪祭類」が置かれており、家礼編纂に当たっては、そちらも参照はされたのではないかと推測される。

二　『家礼正衡』祝文の導入と独自の展開

上に見たとおり、十七―十八世紀のベトナムの知識人たちは、各種の喪礼関係の中国書を参照していた。しかし、なかでも一番顕著な影響を残しているのは、彭濱『家礼正衡』であった。そのもっとも明白な痕跡として、ベトナムの諸家礼に埋葬前の諸儀礼のための祝文が挿入されていることがあげられる。オリジナルの『朱子家礼』においては、祖霊に対する祝文は、埋葬後に行われる題主の儀礼において初めて読まれることになっている。[10] 楊慎撰『文公家礼儀節』もそれに倣っている。

彭濱『家礼正衡』は、埋葬前の諸儀礼の規定の中に、「入棺昭告祝文」、設霊座の際の祝文、「成服（喪服を着用する）祝文」を挿入している。しかし、それらは飽くまで補足的・付加的に挿入されているのみであり、儀礼の手順を記した儀節の中には、「読祝」あるいは「焚祝文」といった祝文に関する指示は見られない。彭濱も、埋葬前は吉礼である祭礼を避けるために「奠すれども祭らず」が原則であることを、朱子を引いて明記しており、[11] そこから大きく逸脱することは躊躇したのであろう。それでも敢えて祝文を挿入したのは、民間には埋葬前の祝文に対する需要が存在したためかもしれない。

ベトナムの諸家礼は、埋葬前の儀礼においても祖霊への祝文を読むという『家礼正衡』のやり方を踏襲した。入棺、設霊座、成服の祝文に関しては、『胡尚書家礼』巻之上「家礼国語」（十二葉裏、十三葉表、十五葉表裏）と『捷径家礼』（三十一葉裏、三十二葉裏・三十三葉表、三十四葉裏）[12] は、『家礼正衡』（巻四、十九葉表、二十葉表、巻五、一葉裏）の祝文をそのまま採用している。これに対して、『寿梅家礼』（十葉表、十三葉裏・十四葉表）は独自の祝文を創作している。一例として、設霊座の祝文を掲げておく。まず、『家礼正衡』の祝文は次の通りである。

維某年　月　日哀子某等敢昭告于
某親霊柩前曰、痛惟吾父或母奄忽棄捐、于茲吉旦敬設霊座于正寝、用伸哀奠、謹告。

一方、『寿梅家礼』は下記のような祝文を創作している。正確には、『寿梅家礼』は祝文と呼ばずに告文と称しているが、この点については後に述べる。

曰、痛惟、堂縣捐梓里、一朝永訣、惆思風木、不勝悲、両路殊分、劇想音容、何処是白雲、徒望孤飛、霊座聊憑載、置祭之以礼式、昭常道無虧、事之如存、庶表哀心、曷既、謹告。

このように、より修辞的な祝文となっているが、『寿梅家礼』の批判者であり、『文公家礼存真』の作者である杜輝琬は、『寿梅家礼』の祝文・対句が田舎びて下品であるうえに、吉礼・凶礼を区別せず、甚だ礼を失していると批判している。(13) 上述の通り、吉礼と凶礼の混同自体は、『寿梅家礼』に始まるものではなく、『家礼正衡』の逸脱に由来するものである。

とはいえ、『家礼正衡』の段階では、埋葬前の祖霊への祝文は儀節の中に正式に位置づけられることはなかったのであるが、ベトナムの諸家礼の作者たちは『家礼正衡』の自己規制を超えて祝文の標準化の方向に進んでいった。入棺祝文については、ベトナム家礼も儀節を示していない。しかし、設霊座祝文と成服祝文については、ベトナムの諸家礼はいずれもその儀節の中に「読祝（文）」「焚祝（文）」などの規定を盛り込んでいる。

こうして、「公認」された埋葬前の祖霊への祝文は、ベトナムの家礼ではさらに適用範囲が拡張されてゆくのであるが、その点を述べる前に、ベトナムの家礼の作者も、埋葬前に祝文を読むことにいささかの躊躇も無かったというわけではないことを見ておきたい。特に、胡士揚は、巻之上「家礼国語」と巻之下「家礼問答」で矛盾した態度を示している。既に論じたように、「家礼国語」では、埋葬前のいくつかの儀礼において祖霊に対しても祝文を読むことが規定されている。ところが、「家礼問答」（十四葉裏）では次のような問答が記されている。

問：（あなたは『家礼正衡』の儀節に批判的ですが—筆者）それでは如何なる儀節を用いるのですか。（「問、然則用何儀節。」）

曰：埋葬前であれば、奠儀と告辞を併用します。既に虞祭を過ぎれば、祝文を用います。卒哭以後の儀礼ではすべて用います。卒哭のときも祝文を読みます。（「曰、適当未葬則並用奠儀而用告辞。已経虞祭而有祝文。若卒哭以後則並用。卒哭亦有祝文。」）

ここでは胡士揚は埋葬前の祝文を認めない立場を明示している。このような上巻と下巻の齟齬をどのように考えるべきか。「家礼国語」と「家礼問答」が別々に執筆され、胡士揚の死後に、朱伯當が一七三九年に『胡尚書家礼』を刊行するときに、二つのテクストを結合したのではないかということが容易に推測される。「家礼国語」は現実の運用という観点から世俗に妥協的するという方針で「初級者」向けの実用書として編纂され、「家礼問答」は礼の意味について知りたい「中級者」向けに規範的・理念的な立場を表明するために執筆されたのではなかろうか[14]。

埋葬前に祖霊への祝文を読むことに対する躊躇は、『捷径家礼』『寿梅家礼』にも窺うことができる。『捷径家礼』は、設霊座の祝文を、設霊座告文と言い換えている。もっとも、儀節中では、「読祝文」「焚祝文」と規定しており、呼び名は告文と変えても実質的に祝文と同じであることを暴露している。『寿梅家礼』は入棺祝文を採用せず、短い告辞で済ませており、設霊座の祝文を「告文」と呼び、儀節の中でも「読告文」「焚告文」としている[15]。

ベトナムの家礼は、さらに独自の展開を見せている。諸俗節の祝文と上食の祝文の制定・運用である。

中元節については前稿で詳しく論じたとおりであるが、中元節祝文は、『家礼正衡』が新たに家礼に導入し、かつ民間に普及していたので、胡士揚がやむなくこの趨勢に妥協して『胡尚書家礼』にも採用した[16]。ただし埋葬後においてのみ使用されるものであった。『捷径家礼』は、これを踏襲し、さらに埋葬前についても中元節は上食の儀節に従うと規定を広げた[17]。『寿梅家礼』は、埋葬前については中元節は上食の儀節に従うとし、卒哭後は卒哭のそれに従うとした(18)。上食儀節についてはすぐ後に述べる。

夏節の祝文について、『胡尚書家礼』巻之下「家礼問答」は、夏四月儀節祝文は、家礼には規定がないが、世俗では久しく通行していると述べている(19)。中国の家礼において確かに夏四月儀節の規定は見られない。ベトナム独自の俗節ということになろう。『胡尚書家礼』巻之上「家礼国語」も夏四月儀節は載せていない。「家礼問答」において初めて取り上げられた課題である。民間で夏四月儀節・祝文が通行しているという事態をどうすべきか、という問いに対して、胡士揚は、座視するには忍びないとして、中元節祝文に倣った祝文を定めている。これは、中元儀節の場合と同様、服喪期間中のことではあるが、埋葬後を想定しているものとみられる。さらに、胡士揚は、この祝文のほかに夏節に関する新祝文を制定し、「家礼問答」の末尾（二十七葉裏）に付録として掲載している。こちらは、前四月祝文と後四月祝文からなる。「夏を迎えたとき（「於時為夏」）」と「夏が本格化したとき（「於時更夏」）」の二回祝文を読むようである。

おそらく先行するこのような状況を踏まえて、『捷径家礼』と『寿梅家礼』も夏節祝文を喪礼の中に繰りこんでいる。『捷径家礼』（四十二葉表）は「祭夏祝文」を二つ掲載している。一方には「奄及夏節」とあり、他方には「時惟孟夏」とあるので、夏四月の儀節を指すことは間違いないと思われるが、儀礼が一回なのか二回なのかは不明である。祝文は、『胡尚書家礼』のものとは全く異なっている。埋葬の前にも祝文を読むのか否かは明示されていないが、中元節に倣うことが想定されていたのではないかと推測する。『寿梅家礼』（十八葉表）の場合は、同一祝文を、孟夏（四月）だけでなく、仲夏（五月）・季夏（六月）にも読むことが規定されており、夏四月儀礼が三夏の儀礼に拡張されている。祝文は、他の家礼と異なる独自のものである。中元節同様、埋葬前は上食の儀節に従い、卒哭後は卒哭のそれに従うと明記されている(20)。

上食儀節の検討に移る。『胡尚書家礼』の場合は、中国の家礼から逸脱した規定はない。『捷径家礼』（四十葉表裏）

において初めて上食儀節に「読祝」「焚祝」の指示が加えられ、上食祝文が定められた。ここで、毎日埋葬前の祖礼に食事を差し上げるたびに祝文を読んで燃やすことが規定された。『寿梅家礼』は、『捷径家礼』の上食儀節をさらに拡張し、朝奠・夕奠・上食儀節とし、朝・夕のお供えの際にも祝文を読んで焚くこととした。[21]注意すべきは、ここでも祝文は「告文」と言い換えられていることである。『寿梅家礼』は、上記の中元節・夏節だけでなく歳除・終七・百日などの本来の家礼にない儀礼に関しても、埋葬前は上食の儀節に従い、卒哭後は卒哭のそれに従うと明記し、文公家礼を考察すると、埋葬前はその礼はなお凶であり、すべて「奠祭」を行うことになっているからという理由を述べている。[22]すなわち、『寿梅家礼』においては、上食の儀節は卒哭の儀節と対比されるものであり、かつ「奠祭」の範疇に含まれるものであるとされている点が注目される。『寿梅家礼』の作者の解釈では、祝文＝「告文」を読んで焚くことは「奠祭」の中に包含されており、凶礼の範疇を逸脱していないとされ、また、卒哭以後の初献・亜献・終献からなる本格的な三献礼と区別さるべきものとされたと考えられる。

すなわち、本来の家礼では、埋葬前＝凶礼＝祝文を読まないという前提であったものを、埋葬前＝凶礼＝三献礼は行わないというふうに再解釈し、埋葬前の儀礼で祝文＝「告文」を読むことを標準化した。この論理の発明により、霊座を設けるときであれ、成服の際であれ、その他の俗節においてであれ、三献礼さえ行わなければ、それらを（「告文」とみなして）埋葬前に読むことに何の支障もなくなった。こうして、『胡尚書家礼』や『捷径家礼』においては位置づけが曖昧であった埋葬前の儀礼における祖霊に対する祝文の使用が明確に正当化されることとなった。しかし、そのような態度を凶礼・吉礼の混同として批判する知識人がベトナムにも存在したことについては上に述べたとおりである。

三　「写祝文体式」をめぐる議論

ベトナムの家礼が比較的自由に独自の祝文を創作したことについては上に見たとおりであるが、儒式の祝文である以上は、一定の形式を守る必要があった。そのため、ベトナムの三つの家礼は、いずれも「写祝文（祭文）体式」を掲げている。それをめぐって、独自の議論が展開されている。

まず、『胡尚書家礼』巻之上「家礼国語」（十三葉表裏）に載せられている「写祝文体式」を示しておく（適宜改行した）。

維
皇号某年歳次某月干支朔干支越某日干支　孤子［或哀子或孤哀子］等、謹以某物敢昭告于
親父［或母］某官某公［母某氏号某］霊前、曰、入文云々
顕考某官某公府君、未葬称親父、已葬称顕考妣、顕妣某氏号某孺人　入文云々
無父曰孤子、無母曰哀子、若父母倶亡称孤哀子。
係祭父、其子称名、不称姓。
如祭道路・轝神・后土・河伯各神、祝文称府・県・社。

この中で、「係祭父、其子称名、不称姓。」の部分が問題となった。『捷径家礼』（三十三葉表裏）はこの文言をそのまま引用した。これに対して、『寿梅家礼』は、『胡尚書家礼』には言及せず、『捷径家礼』を批判して、子が姓を称さないのではなく、子が「父の姓を称さない（「不称父之姓」）」のであるという見解を示した。[23] この議論から、祝文の体式について、十八世紀のベトナムでは若干の混乱が生じていたことが窺われる。

当時の祝文の現物を見ていないために、実際に祝文がどのように書かれていたかを論じることはできないのであるが、ここでは代替的な資料として神主（位牌）の粉面の例を見ておきたい。父親の神主の粉面は、家礼の規定では「顕考某官某公字某府君」と書かれることになっており、祝文の書式と比べると「字某」が付加されているのみであり、それを見ることで何らかの示唆を得られるであろう。ただし時代的には随分下ることになる。少なくとも一九九〇年代半ばには二十世紀の前半に作られた神主が革命後もそのまま祠堂に置かれており、それらを調査することができた(24)。そのとき実見できた神主には、父の姓が書かれているものもあれば、書かれていないものも存在した。また、子の姓についても称している場合もあれば、称していない場合もあった。父の姓を称していないものには、「顕考／勅授正玖品百戸効力校尉／謚恭茂／府君」「顕考／原該総充領本県副県団／号廉直／府君」「顕考／寧平監臨領封辨省務翰林院侍講奉議大夫／号嗣忠謚瑞直／府君」などとある(25)。ここでは、『寿梅家礼』刊行以降においても このような父の姓を称さない書き方がなされる場合があったのではないかという推測を提示するにとどめたい。祝文においてもこのような父の姓を称さない書き方がなされる場合があったのではないかという推測を提示するにとどめたい。

上記の議論については、家礼の作者たちの誰もそう書かねばならない理由を説明しておらず、やや形式的な問題に過ぎないように見える。一方、これから取り上げるもう一つの問題は、民間の習俗と儒教的倫理の齟齬を明白に反映している。

『胡尚書家礼』「家礼国語」（十六葉表裏）に載せられた体式は上記の通りであるが、「家礼問答」でも、祝文の書式に関する追加の議論がなされている。その問答は次の通りである。

父が先に亡くなり、母が存命である場合に、世間では概ね「恭承母命」という文言を祝文に加えますが、あなたはそれを採用しません。何故ですか。（「或父先亡而母独在、其祭祝文、世率以恭承母命為辞。而公独不用、何也。」）

母を疎んじているわけではありません。しかし、この表現を用いると、ただ母を尊ぶことのみを知り、母を抑えることを知らない、ただ母を褒めることのみ知り、母を貶ることを知らないということになります。愛の礼を害するゆえんと言えましょう。喪主は、およそ喪礼に関わることを一切を取り仕切ります。そして婦人が主喪をつとめるという礼はありません。ましてや女性には三従の道徳があります。家にあっては父に従い、嫁しては夫に従い、夫が死んだときには子に従わねばなりません。今、子が喪主となり、「承母」という表現を使うとなると、子を母に従わせることになります。母に三従の教えに背かせることにならないでしょうか。というわけで、祝文では「某々等、協与母某氏、敢昭告于」と書くべきでしょう。（「曰、何薄視其母耶。以此為辞、徒尊母而不知抑母、徒褒母而不知貶母、故曰、愛之所以害之礼。喪主凡喪事一皆咱之。而婦人無主喪之礼。矧女有三従之道、在家従父、出嫁従夫、夫死従子。今以為喪主而以承母為辞、是以子而従母也。得非以不従之道而待其母耶。此如當作文至某々等協与母某氏敢昭告于。」）

十七世紀には、民間では、父が他界し母が残った場合、喪主となった子は、祝文において「恭しく母の命を承けて」と書き添えるという習慣が出来ていたようである。これは中国の家礼には見られないものであり、夫に先立たれた母の子に対する権限を尊重する（父系の関係のみを絶対視しない）[26]ベトナム独自の習俗と見ることができよう。儒教的な礼を推進する立場の知識人としては、この習俗と三従の教え、とくに夫死しては子に従うという教えとの齟齬を見過ごすわけにはいかなかった。とはいえ、中国のやり方そのままに母親への言及を削除することも憚られたようである。それほど、母の力は軽んじ得ないものであったと見られる。結局妥協点として、子を母親に従属させるような表現から、子と母の協力関係を示すような表現に替えることで解決を図っている。「命」の字が省略され、母は命じる主体としての権限を否定されている。

しかし、十八世紀後半に至っても、胡士揚の提案は落ち着きの悪いものであったらしく、『寿梅家礼』の作者胡嘉賓はこの問題を蒸し返し、彼なりの代案を提起している。胡嘉賓も儒教的知識人として、三従の教えを否定するわけではない。それゆえ、民間で使われている「恭承母命」をそのまま認めるわけには行かなかった。彼の祝文体式では、

「恭協母某氏命」という文言が採用されている。これを胡士揚の「協与母某氏」と比べると、母への尊敬を示す「恭」が復活し、さらに「命」の字により母が命じる主体であることが再び示されている。[27]

夫に先立たれた母の命に子が従うという意思表明のスタイル自体は民間の実践では根強かったようである。嗣徳二十年（一八六七）に作られた村の一碑文に、そのような表現が見られる。ナムディン省ヴバン県タインロイ社旧百穀社内に建てられた「裴門約條記」は、匪賊討伐で殉死した贈巡撫裴輝璠[28]の墓の維持管理についての規約を記したものであるが、その末尾に次のようにある。

子裴輝瑠、承　母武氏命、与衆弟、定為約条、用伝永久、世世万子孫毋変也。

わずか一例にすぎないが、十分示唆的な事例といえよう。

おわりに

家礼ごとに祝文の取り扱い方を整理して結びとしたい。

『胡尚書家礼』巻之上「家礼国語」は、埋葬前には祖霊に祝文を読まないという慣例を破った中国の『家礼正衡』に倣い、埋葬前の入棺、設霊座、成服の儀礼で祝文を読むことを規定した。祝文は『家礼正衡』のものをそのまま使用したが、『家礼正衡』では補足的な扱いであった祝文について、「家礼国語」は儀節の中に正式に位置づけ、「読祝」「焚祝」などの規定を盛り込んだ。また、中国の家礼には見られない夏四月節の祝文を独自に創作し、初めてベトナムの家礼に導入した。しかし、その使用は埋葬後に限られた。祝文の書式については、子が父を祭るときには、姓は称さないとした。

『胡尚書家礼』巻之下「家礼問答」では、「家礼国語」の規定とは矛盾する認識が示され、埋葬前は奠儀と告辞に限り祝文を読まないという儀節の構想が示された。これは、「家礼国語」が、初心者向けの実用マニュアルであるのに対して、「家礼問答」が中級者向けの規範的な解説として著述されたからではないかと推測した。祝文の書式についても追加的な規定が示され、父が他界し母が存命の場合に主喪である子が父のために読む祝文に「恭承母命」と付け加えるベトナム独自の民間の習俗が三従の教えに背くとして批判し「協與母某氏」と変えるように提案している。しかし、母親への言及をやめるようには主張していない。

『捷径家礼』は、「家礼国語」同様、入棺、設霊座、成服の儀節と祝文を掲載している。祝文は、『家礼正衡』ものと同じである。夏節については独自の祭夏祝文を二つ載せている。『捷径家礼』の新趣向は、毎日埋葬前の祖霊に食事の差し上げる際の上食祝文と儀節を定めたことである。祝文の書式は「家礼国語」のそれを踏襲している。

『寿梅家礼』において埋葬前の祝文は面目を一新し、位置づけも明確化された。『寿梅家礼』は埋葬前については極力祝文と言う言い方を避け、「告文」と称している。入棺に際しては簡単な告辞のみとし、設霊座と成服の祝文は独自に創作している。夏節祭文は、孟夏（四月）だけでなく、仲夏（五月）、季夏（六月）にも使用されることになった。また、上食だけでなく、朝奠・夕奠においても同じ祝文が読まれることになった。埋葬前の儀礼で祝文＝「告文」を使用すること自体は奠儀を逸脱するものとはされなくなった。そこでは本格的な三献礼を行うか否かが大きな区別の基準とされた。夏節祭文は埋葬前にも使われることになったが、儀節は埋葬前と卒哭後で区別され、埋葬前は上食儀節に従い、卒哭後は卒哭儀礼（三献礼）に従うとされた。祝文の書式については、『捷径家礼』を批判して、子が父を祭るときには、子が自分の姓を称さないのではなく、父の姓を称さないとした。さらに、父が他界し母が存命の場合には、「恭協母某氏命」とし、命じる主体としての母の役割を回復し、尊重した。

十九世紀後半に版を重ねた『寿梅家礼』の社会的影響力は小さくなかったと思われる。埋葬前に祝文＝「告文」を読む実践も全く空文であったとは考えられない。しかし、すべての知識人がこれに賛成なわけではなかった。十九世紀末に編まれた『文公家礼存真』は、本来の『朱子家礼』の精神に戻ることを主唱し、再び題主以前の祖霊に対する祝文をすべて排除している。

注

（1）嶋尾稔「ベトナムの家礼と民間文化」山本英史編『アジアの文人が見た民衆とその文化』（慶應義塾大学言語文化研究所、二〇一〇年）。この論文は、二〇〇九年十一月三日に韓国国学振興院（安東市）で開かれた国際シンポジウム『朱子家礼と東アジアの文化交渉』における報告「ベトナムにおける家礼の受容と変容」と内容的に重複している。本来ならば、この論文を、シンポの記録であるこの論集に掲載すべきであったが、先約があったため果たせなかった。替りに続編を寄稿して責めをふさぐことにさせていただきたい。この論文を若干修正したものとして、Shimao Minoru. forthcoming. "Confucian Family Ritual and Popular Culture in Vietnam". *Memoirs of the Research Department of the Toyo Bunko*. 69. なお、ベトナムの家礼については、嶋尾「『寿梅家礼』に関する基礎的考察（四）」『慶應義塾大学言語文化研究所紀要』四〇、二〇〇九年も参照。

（2）嶋尾「ベトナムの家礼と民間文化」一〇四頁、一三七頁注6において「永祐五年（一七三七）年」とあるのは、「永佑五（一七三九）年」の誤りである。

（3）嶋尾「ベトナムの家礼と民間文化」一一三―一一六頁。

（4）「問、挙哀相弔之礼、挙世鮮行。今但見其儀節、未施於行。願為陳之。曰、哀弔之礼儀出於大明集礼。楊升庵採而補入文公家礼之編」。『胡尚書家礼』巻之下、十一葉裏。

（5）『胡尚書家礼』の引用する「王世貞補遺」と『家礼或問須知』の記述が明らかに対応していると見られるものを下に掲げる。まず、『胡尚書家礼』のテクストである（三十九葉裏―四十葉裏、四十二葉表裏）。「王世貞補遺。嫡妻無子、一妾生少子、次妾生長子、宜立何人奉祀。只論其子之長幼、可也」。「王世貞補遺。問、嫡母出、其子何服。曰、還家不嫁、則雖得罪于夫、未嘗得罪于子。若父不幸早喪、則迎婦奉養、及其卒也、為之服斉衰杖期別葬、而祀于別室、余皆不得以自尽。生母亦然」。「王世貞補遺。問、成服及朝夕朔望四奠、皆為未用辞神而且拝、至虞祭・卒哭、方行四拝与辞神。何也。曰、虞祭以前、柩尚

在室、日夜不離、欲辞何去、至虞而卒哭、則出葬明白、其主附廟遇祭則請主出正寝、故有辞神之理、而首尾皆四拝也」。「王世貞補遺。問、父母葬、其小祥・大祥祝文宜何称。曰、未葬、奠而不祭、二祥・大祥、只奠一盃、挙斟三遍、祝文則称云孤哀子。之霊二字尾書、用伸哀奠」。これらに対応すると見られる『家礼或問須知』の文は以下の通りである。「或問、嫡妻無子、諸庶各有子、一妾生子少、次妾生子長、宜立何人奉祀。曰、止論其子之長少、可也。故聞近時徐国公二子之事、可思也」。「或問、嫡母被出、其子何服。曰、還家不嫁、則雖得罪於夫、未嘗得罪於子。若父不幸蚤喪、則迎婦奉養、及其卒也、為之服斉衰杖期別葬、而祀於別室、若嫁則止為服斉衰杖期、余皆不得以自尽也。生母亦然」。「或問、成服及朝夕朔望四奠、皆未用辞神而且再拝、至虞祭・卒哭、方行四拝与辞神。何也。曰、卒哭以前、柩尚在堂、日夜不離、欲辞何去、至虞而卒哭、則其主附廟、遇祭則請主出正寝、故有辞神之理、而首尾皆四拝也。間惟降神及奠酒読祝後、行再拝」。「或問、父母未葬、小祥・大祥其祝文宜何如称。曰、未葬、但奠而不祭、二祥止奠一盃、挙斟二遍、祝文則書云孤子哀子、及之霊二字尾書、用伸哀荐。不可拘如家礼文所載。其忌祭亦然。大抵不用祝文。更得長子則不可去白綱巾」。

（6）　嶋尾前掲論文、一二三頁。

（7）　これより、前稿で「庸行編風水類記に、云う」と読んだ部分は、正しくは「庸行編風水類に、記して云う」と読むことが知られた。

（8）　風水の呼び名として、青烏術と青鳥術という二通りの言い方が通用していた。何暁昕（三浦國雄監訳、宮崎順子訳）『風水探源——中国風水の歴史と実際』（人文書院、一九九五年）、二二一—二二四頁。そのため、引用書名に混乱が生じたのかもしれない。あるいは、粗悪な版本・写本において、「鳥」と「烏」の字が見分けにくいことに起因するのかもしれない。

（9）　『庸行編』巻七「風水類」の『青烏経』を引用した部分と其の前後の記述は、三浦國雄先生が紹介しておられる『地理人子須知』（宣統三年本）「瑣言」の中の改葬に関する記述と一致しているようである。三浦國雄『風水講義』（文春新書、二〇〇六年）、四九—五一頁。二つのテクストの関係については、後攷を俟つ。

（10）　『朱子家礼』の校訂テクストについては次を参照。吾妻重二『朱熹『家礼』の版本と思想に関する実証的研究』平成十二年度〜十四年度科学研究費補助金・基盤研究（C）（2）研究成果報告書（二〇〇三年）。

（11）「朱子曰、礼未葬、奠而不祭、但酌酒陳饌再拝。以祭為吉礼故也」。『家礼正衡』巻五、一葉表。

（12）『捷径家礼』の葉数については、元来のテキストの葉数ではなく、所蔵機関である漢文字喃院がアラビア数字で書き込んだものによる。

（13）嶋尾前掲論文、一三一頁。

（14）『胡尚書家礼』が、胡士揚の死後半世紀を経て初めて刊行されたことからして、「家礼国語」と「家礼問答」のいずれか（あるいは両方）が、胡尚書の名に仮託した偽作であるという可能性を検討してみる必要があるのかもしれないが、いまのところ筆者にそのような作業を進める用意がない。

（15）ただし、『寿梅家礼』（十三葉裏）も、成服儀節では「読祝」「焚祝」と記しており、一貫していない。

（16）嶋尾前掲論文、一一七―一一八頁。

（17）「中元儀節［若未葬、儀節並同上食］」。『捷径家礼』四十二葉表。

（18）「夏節・中元・歳除・終七・百日等礼乃是国俗古礼所無。但考文公家礼、未葬則其礼尚凶、一一皆行奠祭、主人不得預事、則向上諸俗礼未葬、則儀節並同上食。既卒哭後則礼従漸吉儀節、並依卒哭」。『寿梅家礼』十七葉裏。

（19）「夏四月儀節祝文、家礼並無、而世俗通行已久。當如之何。曰、不忍坐視。而従者儀節並同中元。逐次増減。祝文亦同。但改秋節為夏節而已」。『胡尚書家礼』巻之下、十六葉表。

（20）注（18）参照。

（21）「朝奠、夕奠、上食。儀節同。序立、挙哀、盥洗［執事］、帨巾、詣香案前焚香［執事］、斟酒［執事］、奠酒、哀止、皆跪、読告文［主人之右］、俯伏、興平身、復位、点茶、挙哀、鞠躬、拝［凡二］、興平身、焚告文、礼畢。祭文同。曰、痛惟、某親奄［音衍］棄塵世、定省、嗟難覔音容、悲号［音ㄨ］嘆靡、供甘旨、聊用菲儀式、昭常礼」。『寿梅家礼』十四葉裏。

（22）注（18）参照。

（23）『寿梅家礼』（九葉表）の引用する『捷径家礼』のテクストは、原文とかなり異なっている。『寿梅家礼』には「捷径謂、子祭父、子則称名、不称姓、謂之父不称姓」とある。この相違が、記憶違いなどのケアレスミスによるものか、彼の見たテクストの異文に起因するものか、不明である。

(24) 一九九四年十二月、ベトナム・ナムディン省ヴバン県タインロイ社で行った調査で収集した資料。この調査については、桜井由躬雄『歴史地域学の試み　バックコック』（東京：東京大学大学院人文社会系研究科南・東南アジア歴史社会専門分野研究室、二〇〇六年）。

(25) 父の姓を称しているものとしては、「顕考／原副総／姓阮／字克家／府君」「顕考／前中副郷会／姓裴内公諱■／字温■／府君」（■は判読困難）など。国家の官職を持たない村役人レベルの人間に多いのかもしれないが、このようにわずかな例で積極的に何かを言うことは不可能であろう。

(26) 末成道男『ベトナムの祖先祭祀：潮曲の社会生活』（風響社、一九九八年）、三一三—三一八頁。

(27) 『寿梅家礼』（九葉表）の引用するテクストは、ここでも原文と若干異なっている。「家礼問答」の採用した表現を、「協与母某氏」ではなく「協与母命」と記している。つまり、胡嘉賓の理解では、母が命じる主体であることを胡士揚も否定していないことになる。主観的には、彼としては母への尊敬表現をつけ加えただけである。

(28) 嶋尾「19世紀～20世紀初頭北部ベトナムにおける族結合再編」、吉原・鈴木・末成編『〈血縁〉の再構築：東アジアにおける父系出自と同姓結合』（風響社、二〇〇〇年）、二三六—二三八頁。

参考文献

胡士揚『胡尚書家礼』
『捷徑家礼』
胡嘉賓『寿梅家礼』
楊慎『文公家礼儀節』
彭濱『重刻中閣老校正朱文公家礼正衡』
王世貞・王世懋『家礼或問須知』

『青鳥経』

『庸行編』

「裴門約條記」

吾妻重二『朱熹『家礼』の版本と思想に関する実証的研究』（平成十二年度～十四年度科学研究費補助金・基盤研究（C）（2）研究成果報告書、二〇〇三年）

何　暁昕（三浦國雄監訳、宮崎順子訳）『風水探源——中国風水の歴史と実際』（人文書院、一九九五年）

桜井由躬雄『歴史地域学の試み　バックコック』（東京：東京大学大学院人文社会系研究科南・東南アジア歴史社会専門分野研究室、二〇〇六年）

末成道男『ベトナムの祖先祭祀：潮曲の社会生活』（風響社、一九九八年）

三浦國雄『風水講義』（文春新書、二〇〇六年）

嶋尾　稔「ベトナムの家礼と民間文化」（山本英史編『アジアの文人が見た民衆とその文化』、慶應義塾大学言語文化研究所、二〇一〇年）

——「『寿梅家礼』に関する基礎的考察（四）」（『慶應義塾大学言語文化研究所紀要』四〇、二〇〇九年）

——「19世紀～20世紀初頭北部ベトナムにおける族結合再編」、吉原・鈴木・末成編『〈血縁〉の再構築：東アジアにおける父系出自と同姓結合』（風響社、二〇〇〇年）

第三部　東アジアにおける『家礼』の様相

Ⅰ　中国における『家礼』文化の諸相

南宋期における『周礼』学について
――朱熹の『周礼』解釈を中心に

井澤耕一

要旨
本稿は、「斉家の礼」を説く『家礼』ではなく、その次の段階の「治国の礼」を説く『周礼』に敢えて焦点を当て、南宋期における『周礼』解釈を朱熹の視点を中心に考察したものである。
その結果、朱熹は、『周礼』を周公が構想を練り、官吏によって執筆された礼の「綱領」とみなしていたこと、『周礼』を解釈する際には、王安石や陳傅良のように「私意」に沿って読み解くのではなく、「且要就切実理会受用処」、すなわちまずは切実に対応できるところから取り組まなければならないと主張していたことが明らかとなった。

キーワード
朱熹、三礼、『周礼』、周公、王安石、陳傅良、永嘉学派

一　はじめに

南宋の思想家として第一に挙げられるべき人物は、朱子、つまり朱熹（一一三〇―一二〇〇）であり、彼が集大成し

た朱子学は、中国はもとより韓国や日本にも影響を与えている。彼の思想の詳細は、『文集』や『朱子語類』に述べられており、特に、宇宙論から人物批評に至るまで浩瀚なテーマに関して、門弟との間で交わされた議論を記録した『朱子語類』は、朱子の思想を理解する上で不可欠な資料といえよう。筆者自身、現在『朱子語類』の『周礼』部分の訳注作成(1)を通して、朱子学の門径を歩き始めたばかりであるが、様々なテーマに則して多角的な視点から自身の学説を開陳した朱熹の巨大な知力に圧倒されているというのが実情である。

さて今回「朱子家礼と東アジアの文化交渉」シンポジウムにおいて、なぜ筆者が朱熹の『周礼』解釈を論じるのか説明する必要があろう。朱熹の『周礼』をはじめとして『儀礼』『礼記』のいわゆる「三礼」を如何に評価していたのかについては、『朱文公文集』巻十四「乞修三礼劄子」で端的に述べられている。

臣聞之、六経之道同帰、而礼楽之用為急。遭秦滅学、礼、楽先壊。漢、晋以来、諸儒補緝、竟無全書。其頗存者、三礼而已。『周官』一書、固為礼之綱領、至其儀法度数、則『儀礼』乃其本経、而『礼記』郊特牲、冠義等篇乃其義説耳。（略）熙寧以来、王安石変乱旧制、廃罷『儀礼』、而独存『礼記』之科、棄経任伝、遺本宗末、其失已甚。（以下略）

つまり朱熹は、『周官』すなわち『周礼』を礼の「綱領」として認めつつも、実際の「儀法度数」については、『儀礼』こそが根本の経であり、『礼記』郊特牲、冠義篇などはその解説であると主張している。それをふまえて北宋の王安石（一〇二一―八六）が『儀礼』を科挙の科目から排除したことを「本を遺《わす》れ末を宗とす」ものだとして厳しく批判した。そして劄子の後半部分において、彼は新たなる礼書編纂事業を、国家的支援の下で推進していきたい旨を述べている。結局この朱熹の願望は実現することはなかったが、礼書編纂は弟子の協力を得て開始され、その死後、『儀礼経伝通解』として刊行された。

以上のことから、朱熹は『儀礼』を「本経」、『周礼』を「綱領」としてより重んじ、『礼記』を『儀礼』の輔翼と考えたことが理解できるが、この「三礼」の中で、最重要視していたのが『儀礼』であった。朱熹の礼学の思想構造における『儀礼』の位置づけに関して、上山春平氏は以下のように分析している。(2)

> 朱子にとって、礼は性であり、性であるから理であり、理であるから形而上のものであった。性には「本然の性」と、「気質の性」の別が考えられ、礼は五常（仁・義・礼・智・信）の一環として「本然の性」とみなされた。「本然の性」は「天命の性」とも呼ばれ、比喩的に天与のものとされ、「先天」と訳される“apriori”に近い意味を持っていた。（中略）彼の礼論は、以上のように礼を形而上で先天的なものとしてとらえる側面と同時に、礼を形而下的で後天的（もしくは経験的）なものとしてとらえる側面をふくんでいる。（中略）朱子が小学における学習内容として想定していた「事」としての礼というのは、このようにきわめて卑近な形のもの、つまり形而下的で経験的な礼に他ならなかったのである。

つまり氏は、朱熹の礼学には、「理」即ち「形而上」的な面と「事」即ち「形而下」的な面があると指摘した上で、朱熹の著作のうち『四書集註』を「理」としての礼を主題とした著作、『小学』を「事」としての礼を主題とした著作とし、さらに『儀礼経伝通解』をその両面を統一的にとらえる視点から構成された礼学体系の書と規定した。その上で『儀礼経伝通解』の篇目を、八条目のうち三条目に重ね合わせて、次のように分類している。

斉家　→　治国　→　平天下

「家礼」→「郷礼」・「学礼」→「邦国礼」→「王朝礼」

ここで氏は「学礼」を「「家礼」と「郷礼」という小さな習俗的な世界の礼から「邦国礼」と「王朝礼」という大きな政治的な世界の礼への橋渡し」として位置づけしたうえで、「学礼」の内容そのものについても「「事」としての礼と「理」としての礼が、体系的な聯関においてあつかわれている」ことを明らかにしている。(3)

さて今回のシンポジウムの主題である『朱子家礼』、筆者が論じていく『周礼』を、上山氏の論に沿って、朱熹の礼学思想体系にあてはめていくと、『家礼』は「斉家」の礼、『周礼』は「治国」の礼を具体化したものといえよう。両書は扱う対象が異なるため一見すると関連性がないように思えるが、しかし前述したように朱熹の礼学には「理」としての礼と「事」としての礼の両面が有り、それが体系的に聯関していることを考え合わせてみると、朱熹の礼学の全容を知るためには、『儀礼』を含め、この三書がいずれも看過することができない存在であることが理解できよう。

そこで筆者は、今回、敢えて「斉家の礼」を説いた『家礼』ではなく、その次の段階の「治国の礼」を説いた『周礼』に焦点を当てて論を進めていこうと思う。その手順として、まず北宋に至るまでの『周礼』解釈の歴史を振り返り[4]、続いて南宋期における『周礼』解釈を朱熹の視点を中心に据えて考察していく。

二　宋代までの『周礼』解釈略史

1　唐代までの『周礼』解釈の歴史

古来、礼（禮）という文字は、醴（あまざけ）を用いて行う饗礼などの儀礼を意味しており、後漢の『説文解字』で「所以事神致福」と解釈されているように、もっぱら祭祀儀礼に対して用いられていた[5]。春秋戦国時代に入ると、儒家によって「礼」は、個人的な行動基準から国家の秩序構築に至るまで幅広く適用され、特に荀子は「礼者、治弁之極也、強固之本也、威行之道也、功名之総也。王公由之所以得天下也、不由所以隕社稷也」（『荀子』議兵篇）と述べて、礼に政治的効用を付与している。

そして前漢において、礼が「経」の一つとして尊崇されると、それを解釈する礼学が成立したのであった。

漢興、魯高堂生伝『士礼』十七篇。訖孝宣世、后倉(蒼)最明。戴徳、戴聖、慶普皆其弟子、三家立於学官。（『漢書』芸文志）

まず高堂生によって『士礼』（＝『儀礼』）十七篇が伝授され、宣帝（紀元前七四―四九在位）の時代、后蒼がそれを受け継ぎ、その後、彼の下《もと》から戴徳、戴聖、慶普が出て、戴徳が『大戴礼』、戴聖が『礼記』をそれぞれ編集したのである。

一方『周礼』は、河間献王によって民間より「発見」されたが、一部が欠けていたので代わりに「考工記」が補われて献上された（『漢書』景十三王伝及び『経典釈文』序録(6)）。しかしそれは当時世に出ることはなく、新の王莽の時代に劉歆（?―二三）によって博士が立てられ、ここでようやく国家的に顕彰されたのである(7)。そして後漢・鄭玄によって『周礼』、『儀礼』、『礼記』三書を統一的、総合的に解釈した「三礼注」が成立した。さらに鄭玄は当時『周礼』に対して提起された様々な批判を論破して、『周礼』こそ「周公致太平之迹」だと称賛し、かくして『周礼』は天下に広く通行したのである(8)。

さて『周礼』が経書としての地位を確立するに伴って、それに対する注釈書も作成されていった。『周礼』の注釈書は、『漢書』芸文志に著録されている「『周官伝』四篇」を嚆矢とするが、『隋書』経籍志・経部には、後漢から六朝期までの解釈書が十七種著録されており、そこから鄭玄以後、特に晋代において『周礼』の解釈書が多く作成されたことが了解できる。

続いて唐人の注釈書を『旧唐書』経籍志及び『新唐書』芸文志から抜き出していくと、それまでとは様相を一変させ、王玄度撰(9)『周礼義決』三巻及び賈公彦撰(10)『周礼疏』五十巻の二書のみにとどまっている。その理由としては、賈公彦の『周礼疏』が成立したことによって、鄭玄以来の『周礼』解釈学が一つの頂点に到達し、その権威が絶対化してしまったことが挙げられる。以上唐末に至るまでの『周礼』学の流れをまとめてみると、前漢末の劉歆の顕彰に端を発し、後漢・鄭玄により「三礼」の一つとしての地位を得て、唐代に入り賈公彦によって集大成されたと結論づけられるだろう。

2　宋代における『周礼』解釈書について

前節で述べたように『周礼』は漢唐訓詁学、即ち「注疏の学」の一つに組み込まれて以来、その権威は絶対的なものとなった。しかし北宋期に入ると、従来決して批判されることがなかった経書自体が論難の対象となり、『周礼』に対する疑義も出されるようになった。このようないわゆる「疑経」の風潮を、司馬光（一〇一九—八六）は、

竊見近歳公卿大夫、好為高奇之論、喜老荘之言。流及科場、亦相習尚。新進後生、未知臧否、口伝耳剽、翕然成風。至有読『易』未識卦爻、已謂十翼非孔子之言、読『礼』未知篇数、已謂周官戦国之書、読『詩』未尽周南、召南、已謂毛鄭為章句之学、読『春秋』未知十二公、已謂三伝可束之高閣、循守注疏者、謂之腐儒、穿鑿臆説者、謂之精義。（以下略）（『司馬文正公伝家集』巻四十二「論風俗劄子　熙寧二年六月上」）

と厳しく批判しているが、ここからも熙寧年間（一〇六八—七七）以降、従来の「注疏の学」に拠らない新たな解釈書が陸続と世に出されていたことが分かる。

それでは宋代において、いかなる『周礼』の注釈書が出版されたのだろうか。

まず北宋の慶暦元年（一〇四一）に王堯臣等によって編纂された『崇文総目』には、鄭玄注、賈公彦疏を除いて、『周礼』に関する著作は著録されていない。宋人の著作が初めて著録されたのは、南宋初の晁公武（一一〇一—七四頃）[11]『郡斎読書志』巻二においてであるが、そこには王安石撰『新経周礼義』二十二巻と楊時（一〇五三—一一三五）撰『周礼義弁疑』一巻が見えるのみである。このように南宋初期において『周礼』の新注として広く通行していたのは王安石注のみであったが、南宋も後半に入ると状況に変化が生じてきた。趙希弁『読書附志』（淳祐九年（一二四九）

頃成書）[12]には、陳傅良撰『周礼説』三巻、楽思仲撰『周礼攷疑』七巻、易祓撰『周礼総義』三十巻が著録され、陳振孫（一一七九―一二六二）[13]『直斎書録解題』には、従前のものに加えて以下のような注釈書が新たに出現している。

『周礼中義』八巻　劉彝撰
『周礼詳解』四十巻　王昭禹撰
『周礼講義』四十九巻　林之奇撰
『周礼井田譜』二十巻　夏休撰
『周礼丘乗図説』一巻　項安世撰
『周礼説』五巻　黄度撰
『周礼綱目』八巻　林椅撰
『鶴山周礼折衷』二巻　魏了翁撰

さらに『宋史』芸文志にのみ著録されている新解釈書は、以下の通りである。

『周礼図』十巻　龔原撰
『周礼秋官講義』一巻　江与山撰
『周官講義』十四巻　史浩撰
『周礼解義』二十二巻　鄭諤撰
『周官弁略』十八巻　徐煥撰
『周礼微言』十巻　徐行撰
『周礼伝』八巻　胡銓撰
『周礼復古編』三巻　俞庭椿撰

『周礼要義』三十巻　魏了翁撰
『周礼訂義』八十巻　王与之撰
『周礼類例義断』二巻

さて以上列挙した注釈書の殆どは現在亡佚しているが、目録の解題に拠って撰者の思想的立場が明らかなものを選び分類してみると、以下の四種に分けることができる。

①王安石学派またはそれに連なるもの
『周礼義』(14)　王安石
『周礼詳解』　王昭禹
『周礼講義』　林之奇
『周礼図』　龔原
②反王安石学派またはそれに連なるもの
『周礼中義』　劉彝(15)
『周礼訂義』　王与之
『鶴山周礼折衷』『周礼要義』　魏了翁
③道学派またはそれに連なるもの
『周礼義弁疑』　楊時（二程の門人、反王安石学派を標榜）
『周官講義』　史浩（張九成の門弟）
④永嘉学派またはそれに連なるもの
『周礼説』　陳傅良

『周礼井田譜』　夏休
『周礼説』　黄度
宋代に出現した『周礼』解釈書の特徴について、『四庫全書総目提要』経部十九・礼類一『周礼注疏刪翼』の解題は次のように解説している。

『周礼』一書、得鄭注而訓詁明、得賈疏而名物制度考究大備。後有作者、弗能越也。周（惇頤）、張（載）、（二）程、朱（熹）諸儒、自度徴実之学、必不能出漢唐上、故雖盛称『周礼』而皆無箋注之専書。其伝於今者、王安石、王昭禹始推尋於文句之間、王与之始脱略旧文、多輯新説、葉時鄭伯謙始別立標題、借経以抒議。其於経義、蓋在離合之間。於是考証之学、漸変為論弁之学、而鄭、賈幾乎従祧矣。

『提要』は、宋代の『周礼』解釈について、漢唐訓詁学のような「考証之学」から、王安石学派や永嘉学派が自ら学説を主張するために作成した、いわゆる「論弁之学」へ次第に変化していったと指摘しているが、それはほぼ正鵠を射たものといえるだろう。また書名および撰者を通覧して改めて実感されるのが、王安石『周礼義』が時代に与えた衝撃の大きさである。反王学派や道学派は言うまでも無いが、永嘉学派の陳傅良が『周礼』注を執筆したきっかけも『周礼義』への反発であり（『止斎先生文集』巻四十「進周礼説序」）、皮肉な見方をすれば、『周礼義』の存在なくして、宋、特に南宋における『周礼』注の作成はありえなかったと思える程である。

そこで次節では、『周礼義』から見える王安石の『周礼』観を考察し、朱熹の『周礼』観を明らかにする上での足掛りとしてみたい。(16)

3　王安石『周礼義』の成立とその内容

『周礼義』とは、王安石が編纂した『書』、『詩』、『周礼』の新解釈書『三経義』の一つである。この注は新法を施行する際の思想的基盤として重視され、また科挙のテキストとして国家的公認を得たことによって広く通行し、その結果、北宋後期から南宋に至るまで、当時の士大夫たちに少なからず思想的影響をもたらしたのである。

『周礼義』は熙寧八年（一〇七五）六月に完成したのだが、その成立の経緯を明らかにするためには、そこから十年ほど時をさかのぼる必要がある。嘉祐八年（一〇六三）八月、彼の継母の呉氏が開封で死去し、十月江寧（現在の南京市）の蔣山に葬られると（『曾鞏集』巻四十五「仁寿県太君呉氏墓志銘」）、服喪のため、治平四年（一〇六七）まで彼地に滞在した。この時期彼は講学活動に励み、多くの弟子を育てていったのである。当時の状況を、高弟の一人である陸佃（一〇四二―一一〇二、陸游の祖父）は次のように語っている。

公曰、三経所以造士、春秋非造之書也。学者求経当自近者始。学得詩、然後学書、学得書、然後学礼、三者備、春秋其通矣。故詩書執礼、子所雅言、春秋罕言以此。（『陶山集』巻十二「答崔子方秀才書」）

王安石は士を養成するための書として、『詩』、『書』、『礼』の習得を推奨しているが、この言は後に王安石が新解釈書を作成する際、なぜ十二ある経書の中から三経を選択したのかを考察する上で大変重要なものといえよう。そう考えると、この時期の研究が、『三経義』作成の基盤となったともいえるだろう。

さて王安石は熙寧三年（一〇七〇）同中書門下平章事に任命されると、翌年には科挙制度改革に着手する。経書については暗記を主とする帖経、墨義を廃止して、本経として『詩』、『書』、『易』、『周礼』、『礼記』、兼経として『論語』、『孟子』を採用した。さらに受験者には「務通義理、不須尽用注疏」ことを求めたのである（『続資治通鑑長編』巻二百二十）。これにより科挙における『五経正義』の絶対的権威はゆらぎ、制度上それに取って代わる新解釈書の出現を可能にしたのである。

熙寧五年（一〇七二）正月には、新法の庇護者である神宗が「経術、今人人乖異、何以一道徳。卿、有所著、可以頒行、令学者定於一」と、王安石に新解釈書編纂を打診した。彼は「『詩』已令陸佃、沈季長（王安石の妹婿）作義」

と答え、さらにその出来ばえを懸念する神宗に「臣毎与商量」と編纂に参画していることを明らかにしている（『続資治通鑑長編』巻二百二十九）。翌年、神宗は「挙人対策、多欲朝廷早修経義、使義理帰一」と述べて（『長編』巻二百四十三）、王安石に編纂を再打診した。それを受けて『三経義』編纂のための「経義局」が設置され、熙寧七年（一〇七四）四月『書義』が、熙寧八年（一〇七五）六月に『周礼義』と『詩義』が完成したのであった。

次に王安石の『周礼』解釈から見える、彼の『周礼』観を考察していく。まず「周礼義序」（『王臨川集』巻八十四）において、王安石は次のように述べている。

制而用之存乎法、推而行之存乎人。其人足以任官、其官足以行法、莫盛乎成周之時、其法可施於後世、其文有見於載籍、莫具乎『周官』之書。

彼は、『周礼』が、法と官が完備されていた周公の時代に作成されたものであり、かつ「其法可施於後世、其文有見於載籍」、つまり後世においても施行可能な「法」が記載された典籍だとして、その政治における実用性を高く評価している。では実際に王安石は新法を施行する際に、『周礼』で説かれた思想をその根拠にしていたのだろうか。この問題は後年、王安石が『周礼』の権威をかりて新法の正統性を説いたという「周礼藉《しゃ》口論」に連なっていくのだが(17)、以下、反王学派から批判を受けた『周礼』地官泉府に対する解釈と青苗法との関係を考察していくことにしよう。

泉府　掌以市之征布、斂市之不售、貨之滞于民用者、以其賈買之、物楬而書之、以待不時而買者。買者各従其抵、都鄙従其主、国人、郊人従其有司、然後予之。凡賒者、祭祀無過旬日、喪紀無過三月。凡民之貸者、与其有司弁而授之、以国服為之息。凡国事之財用、取具焉。歳終、則会其出入而納其余。

泉府とは市場において物価の調整、租税の徴収を掌る官であり、民がそこから物や金銭を借りた場合には、「以国服為之息」、各種税率に応じて利息が付加されるのである。一方、青苗法とは熙寧二年（一〇六九）九月に発布された法律で、農家に対して小口の資金を低利（後に二割に固定）で融資し、高利の借金から農民を救済するのを目的とした。

この法案に対して、利息を取ることは逆に民を窮乏させてしまうとの反対論も出されたが、王安石は、『周礼』「以国服為之息」に拠って、利息を付加することの正当性を主張し続けたのである。この箇所に対する王安石注は残念ながら残されてはいないが、例えば「答曾公立書」（『王臨川集』巻七十三）において、彼は、利息を徴収する意義を次のように述べている。

政事所以理財、理財乃所謂義也。一部『周礼』、理財居其半、周公豈為利（＝利益）哉。（中略）然二分不及一分、一分不及不利而貸之、貸之不若与之、然不与之而必至於二分者何也。為其来日之不可継也。不可継、則是恵而不知為政、非恵而不費之道也。故必貸。

つまり、財政をおさめるとは所謂ゆる「義」であり、周公がそうであったように、利益を追求してはならない。それではなぜ二割の利子を取るのかといえば、王安石はこの法案を存続させるために基金を蓄えておく必要があると説明している。

筆者が考えるに、王安石は『周礼』のシステムやそこに反映されている政治思想を意識しながら新法を施行し、その上で、王安石自身の政治理念と『周礼』のそれとが相い矛盾すること無く道理に適っていることを、『周礼義』という著作を通して世に知らしめようとしたのではないだろうか。そう考えると、『四庫全書総目提要』などが説く「周礼藉口論」は三浦國雄氏、庄司荘一氏、吾妻重二氏が述べているように(18)、余りにも短絡的で感情的な意見であり、大いに否定されるべきものであろう。

三　朱熹の『周礼』解釈について

さてこれまで王安石を中心に、宋代の『周礼』解釈史を概観してきたが、本章では、朱熹の『周礼』解釈を、（一）

『周礼』の成立および注疏に関する問題、（二）永嘉学派の『周礼』注への批判の二つに絞って論を進めていこうと思う。なぜ（二）の問題を取り上げるかといえば、朱熹による他学説への批判の内容を明らかにすることによって、彼自身の『周礼』にたいする見方がより明確になると考えたからである。朱熹には残念ながら『周礼』に関する専著が無いので、ここでは『語類』や『文集』の関係部分に拠って考察していく。

1　『周礼』の成立および注疏について

まず初めに『周礼』は誰の手によっていつ頃作成されたという問題を検討していく。そもそも『周礼』は第二章第一節で述べたとおり、漢代に「発見」された書であるから、その真偽について様々な意見が提起された(19)。そのうち『周礼』の作者について、鄭玄は「周公居摂而作六典之職、謂之『周礼』」と述べて（『周礼』天官冢宰注）、周公作成説を主張し、王安石も前節で述べた通り周公の作と考えていた。では朱熹はこの問題についてどのように考えていたのだろうか。以下その所説を列挙してみよう。

・『周礼』只疑有行未尽処。看来『周礼』規模皆是周公做、但其言語是他人做。今時宰相提挙敕令、豈是宰相一一下筆。有不是処、周公須与改。至小可処、或未及改、或是周公晩年作此。（『朱子語類』巻八十六―周礼 総論2）

・『周礼』畢竟出於一家。謂是周公親筆做成、固不可、然大綱却是周公意思。某所疑者、但恐周公立下此法、却不曾行得尽。（『朱子語類』巻八十六―周礼 総論3）

・未必是周公自作、恐是当時如今日編修官之類為之。又官名与他書所見、多有不同。恐是当時作此書成、見設官太多、遂不用。亦如『唐六典』今存、唐時元不曾用。（『朱子語類』巻八十六―周礼 総論4）

・『周礼』、胡氏父子以為是王莽令劉歆撰、此恐不然。『周礼』是周公遺典也。

（『朱子語類』巻八十六―周礼　総論5）

・後人皆以『周礼』非聖人書。其間細砕処雖可疑、其大体直是非聖人做不得。

（『朱子語類』巻八十六―周礼　天官1）

朱熹は、『周礼』の骨子は周公によって作られたものであるが、実際にその文章を執筆したのは当時の官吏であると推測した。また『周礼』中に錯誤や矛盾箇所が多く見られる点については、『周礼』自体、唐・開元二十六年（七三八）頃に成った『大唐六典』と同じく、統治の理想を官制により表現した書であり、実際に施行されなかったためと考えたのである。[20]『周礼』内の官制における誤りや矛盾点としては、記載された官吏の定員が多すぎるという冗官の問題（欧陽脩『居士集』巻四十八「問進士策」）や、『周礼』が説く封国と実際との面積の違い（『蘇軾文集』巻七「天子六軍之制」）などが挙げられるが、『周礼』が周公の遺典であることを前提とするならば、朱熹が主張したように、周公はあくまでも理念の構築者であり、彼の目が行き届かなかった末端部分に問題や矛盾が起きたとしても、それを根拠に『周礼』を後世の偽書と見なすべきではないと考えるのが最上ではないかと思われる。

次に朱熹は漢唐訓詁学の集大成である『周礼注疏』をどのように評価していたのかについて論じてみたい。朱熹は、

五経中、『周礼』疏最好、『詩』与『礼記』次之、『書』『易』疏乱道。『易疏』只是将王輔嗣注来虚説一片。

（『朱子語類』巻八十六―周礼　総論13）

と述べ、五経の疏のうちで、『周礼疏』（後漢・鄭玄注、唐・賈公彦疏）が最もすぐれており、『毛詩正義』（前漢・毛亨伝、鄭玄箋、唐・孔穎達疏）と『礼記正義』（鄭玄注、孔穎達疏）がそれに次ぎ、『尚書正義』（前漢・孔安国伝、孔穎達疏）及び『周易正義』（魏・王弼、韓康伯注、孔穎達疏）はでたらめと評価している。『易』疏を「乱道」とした理由について、朱熹は「王弼注に拠って虚言を並べたてているにすぎない」と述べているが、『周礼疏』を「最好」とした理由については残念ながら述べられていない。また『語類』中において、朱熹が鄭玄注を是とする発言がしばしば見られ、[21]盲従

はしないまでも、『周礼注疏』を『周礼』解釈の基礎として尊重していたとみて間違いない。

2　永嘉学派に対する批判

『朱子語類』巻八十六の『周礼』部分を読み進めて気づくのは、朱熹が折りに触れて永嘉学派の『周礼』解釈を俎上に載せて、それを批判していることである。特に陳傅良（一一三七—一二〇三）の『周礼』学を舌鋒鋭く攻撃し、さらに陳氏の門下生であった曹叔遠に対しても、極めて厳しい態度でその説を否定している。そもそも朱熹の永嘉学派に対する批判は、『周礼』にとどまらず、『詩』の解釈についても論争し[22]、果ては永嘉学派を陸学よりも「甚しく憂うべき」存在と見ている[23]。そこで本節では陳傅良の『周礼』解釈と朱熹のそれとの違いを考察して、朱熹の『周礼』解釈を明らかにしていこう。

①陳傅良の事績

まず最初に陳傅良の事績を、『宋史』本伝、『宋元学案』巻五十三「止斎学案」、清・孫鏘鳴編『陳文節公年譜』などをもとに考証してみよう[24]。

陳傅良、字は君挙、温州瑞安県の人。父陳彬は郷里で学問を教授していたが、陳傅良が九歳の時に没している。乾道五年（一一六九）、三十三歳のときから三年間、教師として越州新昌の黄度宅に滞在し、その間、永嘉学派を切り開いた薛季宣（一一三四—七三）のもとを訪れ、彼に師事している。また太学に入学する目的で臨安に赴いた際には、張栻、呂祖謙とも親交を結んだ。乾道七年（一一七一）進士甲科に及第すると、泰州州学教授に任命されたが、参知政事の龔茂良の推薦により、淳熙三年（一一七六）太学録に改められた。その後福州通判として彼の地に赴き、そこで丞相であった梁克家の信任を受けたが、弾劾を受けて罷免され、一時期帰郷している。淳熙十四年（一一八七）知桂陽軍に任命されてから、提挙常平茶塩事、湖南転運判官、浙西提点刑獄、吏部員外郎と地方官を歴任した。任を終えて都に十四年ぶりに戻ってきた時には、彼の鬚髪は雪のように真っ白となり、そのため都の人々からは、「老陳郎中」と呼ばれている。紹熙三年（一一九二）時の光宗皇帝の求めに応じて『周礼説』十三篇を上り、祕書少監兼実録院検討官、嘉王府賛読に任命された。紹熙五年（一一九四）光宗から寧宗に帝位が譲られると、中書舎人兼侍読、直学士院、同実録院修撰として宮中に参内した、当時朱熹が煥章閣待制兼侍講として出仕しており、両者の間で「宗廟」に関する論争も展開されたが、(25)朱熹が韓侂冑の計略により罷免されそうになると、陳傅良はそれに反対する上奏文をたてまつっている。しかし逆に弾劾を受け、宮中を去ることとなった。陳傅良は故郷に帰ると門を閉《と》ざして、書斎を「止斎」と名付けた。慶元三年（一一九七）に「偽学の禁」が起こると、党籍に名を列ねられ、祠禄を剝奪された。嘉泰二年（一二〇二）復官して集英殿修撰、宝謨閣待制を授けられたが、翌年六十七歳で卒した。謚は文節。本伝には、著作として、『詩解詁』、『周礼説』、『春秋後伝』、『左氏章指』が著録されているが、現存しているのは『止斎文集』五十二巻、『春秋後伝』十二巻、『歴代兵制』八巻、『論祖』四巻、『奥論』六巻、『永嘉先生八面鋒』十三巻である。彼の『周礼説』はすでに亡佚してしまったが、近年、王宇氏が王与之『周礼訂義』に採録された陳氏注を輯《あつ》めて「陳傅良『周礼説』輯佚」を発表しているので、(26)次節ではそれも参照して、朱熹の陳傅良批判の詳細を明らかにしていく。

②陳傅良『周礼説』に対する批判

『語類』巻八十六・周礼 論近世諸儒説及び巻百二十三・陳君挙において、朱熹は陳傅良及びその『周礼』解釈について門弟たちと議論を交わしているが、その評価は一部分を除きかなり手厳しいものとなっている。それでは、最初に陳傅良の学問論についての批判を紹介していく。

大概推周官制度亦稍詳、然亦有杜撰錯説処。儒用録云、但説官属、不悉以類聚、錯綜互見。事必相関処、却多含糊。（『朱子語類』巻八十六―周礼 論近世諸儒説1）

朱熹は、陳氏の学説について、「周の官制についてはおおむね詳しく記述、考察しているものの、内容については杜撰で誤っている箇所がある」と批判した。なぜそうなるか、朱熹は次のように指摘する。

君挙胸中有一部『周礼』、都撐拄腸肚、頓著不得。（『朱子語類』巻百二十三―陳君挙2）

永嘉又自説一種学問、更没頭没尾、又不及金渓（陸学）。大抵只説一截話、終不説破是箇甚麼。（『朱子語類』巻百二十三―陳君挙3）

つまり陳傅良は『周礼』を読んではいるものの、その内容を消化しきれずに、真に理解できていないのである。これは永嘉学派全般に言えることで、その学問には一貫性が無く、学説は唱えるけれども、結局その本質をずばり言い当てることはできない。陳傅良のこのような研究姿勢について、朱熹は次のようにも述べている。

君挙所説、某非謂其理会不是、只不是次序。如『荘子』云「語道非其序、則非道也」、自説得好。如今人須是理会身心。（『朱子語類』巻八十四―論考礼綱領8）

つまり朱熹は、陳氏はその理解が誤っているのではなく、学ぶ順序が誤っていると指摘し、『荘子』天道篇の「語道而非其序者、非其道也」を引用して、自己の身心から先に取り組まなければならないと主張している。この発言は実践のみを優先させて、心身の修養を軽視する永嘉学派を批判したものとみてよいだろう。それと同趣旨の発言が、『朱子語類』巻八十六―周礼、総論1にも記載されている。

曹問周礼。曰、不敢教人学。非是不可学、亦非是不当学。只為学有先後、先須理会自家身心合做底、学『周礼』却是後一截事。而今且把来説看、還有一句干渉吾人身心上事否。

曹（曹叔遠のことか）が『周礼』について尋ねたところ、朱熹は「あえて学ばせてはいない。『周礼』は学ぶことができないものでもなく、学んではならないものでもない。ただ学問には順序があり、先ずは自分の身心において為すべきことに取り組まなければならない。『周礼』を学ぶのはその後のことだ。今はまず『周礼』というものに、いったい自分の身心にかかわることが一句でも書かれているのか、考えてみよ」と答えて、ここでも自己の心身に取り組んでから礼を学ぶという順序の重要性を主張しているのである。本稿冒頭で述べたように、朱熹にとって「礼を理会する」とは「事」としての礼から始まり、段階を踏まえて「理」としての礼に進んでいくことであり、陳傅良のように過程を無視して、実効性のみを求める手法は、とても容認できるものではなかった。そこで前述したような議論を展開し、陳氏を批判したのである。

続いて、陳傅良が『周礼』を自己の学説にひきつけて解釈したことに対する批判を見ていこう。

君挙説井田、道是『周礼』、『王制』、『孟子』三処説皆通。他説千里不平直量四辺、又突出円算、則是有千（衍字か）二百五十里。説出亦自好看、今考来乃不然。（中略）君挙於『周礼』甚熟、不是不知、只是做箇新様好話謾人。

（『朱子語類』巻八十六—周礼　論近世諸儒説２）

陳氏は「井田制」[27]を解釈して、実際には異なっている『周礼』と『礼記』王制、『孟子』の説はともに通じ合うと主張した。[28]つまり彼は『周礼』の「方〇〇里」を土地の四辺の総和ととらえ、『礼記』、『孟子』の記述とほぼ等しくなると考えたのである。[29]それに対して朱熹は「君挙は『周礼』にすこぶる習熟しているので、知らないわけではなかろうに、ただ新奇な説を出して人をだましたに過ぎない」と切り捨てている。また同様の議論として、

「王制」、『孟子』、「武成」分土皆言三等、『周礼』乃有五等、決不合、永嘉必欲合之。

（『朱子語類』巻八十六—周礼　論近世諸儒説４）

が挙げられるが、これは『礼記』王制、『孟子』万章下篇及び『尚書』武成篇においては、「封土が公侯、伯、子男の三階級に与えられた」と記されているのに対して、『周礼』地官司徒・大司徒では「公、侯、伯、子、男の五階級に分けられた」と異なった記述がなされている問題である。それに対して永嘉学派は諸説を無理に調停させようと図ったが、[30]朱熹はそれを「決不合」として退けたのである。

それではなぜ朱熹はあくまで陳氏の学説に反対し続けたのであろうか。ここでそれを解明するための鍵となる朱熹

の言葉を紹介し、その答えとしたい。

古人見成法度不用於今、自是如今有用不得処。然不可将古人底析合来、就如今為可用之計。（中略）古人事事先去理会大処正処、到不得已処方有変通。今却先要去理会変通之説。（『朱子語類』巻百十四―訓門人19）

朱熹はいう、「古人がつくった法度が今用いられないのは、当然今に適用できないところがあるからなのだ。であるから古人の制度をこじつけて、現代において役立たせようとしてはいけない。（中略）古人は何事もまずその本質を理解し、やむを得ない場合になってようやく変通をした。今は最初から変通の説を理会しようとしている」。つまり朱熹から見れば、陳傅良の『周礼』解釈はまさに古代の制度を自らの学説に適うよう、無理に「変通」させたもので、真の古典理解からはまったく程遠いものだったのである。このような思想は、朱熹にとっては肯定されるべきことではなかった。よって彼は舌鋒鋭く陳傅良の『周礼』解釈を批判し続けたのである。

四　おわりに

以上、南宋までの周礼解釈史および朱熹の対陳傅良批判を考察してきたが、最後に朱熹が『周礼』をどのように読み解こうとしていたのかを明らかにしていく。

前に述べた通り、朱熹は、『周礼』を周公が構想を練り、官吏によって執筆された礼の「綱領」であるとみなしていた。その上で彼は『朱子語類』巻八十四―論考礼綱領8で次のように述べている。

理会『周礼』、非位至宰相、不能行其事。自一介論之、更自遠在、且要就切実理会受用処。（以下略）

朱熹は、冒頭で「『周礼』に取り組むなら、宰相の地位に昇らなければその内容は実行できない」と述べているが、ここで注目すべきはむしろその後に続く「自一介論之、更自遠在、且要就切実理会受用処」の一節である。なぜなら科挙により立身出世が決まる宋代とはいえ、やはり宰相になれるのは至難の業であり、その確率は万に一つというのが現実である。しかしそれであきらめてはならず、朱熹のいうように「まずは切実に対応できるところからとりくむ」ことが肝要なのである。では実際にどのように取り組んでいけばよいのであろうか。朱熹は次のように言う。

須是先理会本領端正、其余事物漸漸理会到上面。若不理会本領了、仮饒你百霊百会、若有些子私意、便粉砕了。只是這私意如何卒急除得。

（『朱子語類』巻八十四―論考礼綱領8）

我々がまず行うべきことは、「理会本領端正（本質を正しく理解する）」ことであり、そうすれば、ほかのことも徐々に上の段階へと進むことができるようになる。しかしそこに僅かばかりでも「私意」が入ってしまえば、仮に全身全霊を傾けたとしても、それこそ「粉砕」してしまうのである。朱熹は最後に「私意」の除去は容易ではないといってはいるものの、本心ではやはり本質を正しく理解することを期待していたと見てよいだろう。

ここで筆者が想起するのは、朱熹の王安石『周礼義』に対する評価である。朱熹は「読両陳諫議遺墨」（『朱文公文集』巻七十）において

彼安石之所謂『周礼』、乃姑取其附於己意者、而借其名高以服衆口耳、豈真有意於古者哉。

と述べ、王氏注を厳しく批判している。実を言うと、朱熹の『周礼義』に対する評価は高く、学ぶべき解釈書として『周礼義』を挙げており（『朱文公文集』巻六十九「学校貢挙私義」）、さらに「王氏新経儘有好処、蓋其極平生心力、豈無見得著処」（『朱子語類』巻百三十―30）と述べて、その価値を充分認めている。それにもかかわらず、このように『周礼義』を批判したのは、朱熹が王氏注のなかに「姑取其附於己意者、而借其名高以服衆口耳」を看取したためではないだろうか。古典を読み解く際に、解釈者に「己意」、すなわち「私意」が少しでも存在すると、結局、信頼に足る解釈とは言えなくなってしまうのである。これは陳傅良『周礼説』にも言えることで、「功利思想」という「私意」で古典を読み解いても、結局王安石の場合と同じく「粉砕了」になってしまうのは当然の帰結といえるだろう。

　今回の考察を通じて、従前あまり論じてこられなかった、南宋に至るまでの『周礼』解釈の動向と朱子学における『周礼』の位置を部分的ではあるが解明することができた。宋代、特に南宋期の『周礼』学の全容を解明するためには、さらに幅広い範囲での考察が必要であるが、それは筆者の今後の課題として、稿を改めて考察していきたい。

注

（1）吾妻重二編『朱子語類』礼関係部分　訳注1』（『東アジア文化交渉研究』別冊5、二〇〇九年）「周礼　総論部分」および『『朱子語類』礼関係部分　訳注2』（平成二十一年度～二十四年度科学研究費補助金基盤研究（A）「東アジアにおける伝統教養の形成と展開に関する学際的研究―書院・私塾教育を中心に」（課題番号二一二四二〇〇一）報告書、研究代表者：吾妻重二関西大学教授）「周礼　論近世諸儒説」。

（2）「朱子の『家礼』と『儀礼経伝通解』」（『上山春平著作集』第七巻、法蔵館、一九九五年）三五五～三五八頁参照。

（3）以上、注（2）所掲論文、三五九頁を参照。

（4）『周礼』解釈史をまとめるにあたっては、歴代の経、史書の他、宇野精一『中国古典学の展開』（北隆館、一九四九年）、諸橋轍次『儒学の目的と宋儒　慶暦至慶元百六十年間の活動』（『諸橋轍次著作集』第一巻、大修館書店、一九七五年）、藤堂明保「鄭玄研究」（蜂屋邦夫『儀礼士昏疏』汲古書院、一九八六年）、楊天宇『鄭玄三礼注研究』（天津人民出版社、二〇〇七年）通論編第五章、吾妻重二「王安石『周官新義』の研究」（『宋代思想の研究――儒教・道教・仏教をめぐる考察』関西大学出版部、二〇〇九年）を主に参考にした。

（5）白川静『新訂字統』（平凡社、二〇〇七年）の説に拠った。

（6）河間献王徳以孝景前二年立、修学好古、実事求是。従民得善書、必為好写与之、留其真、加金帛賜以招之。繇是四方道術之人不遠千里、或有先祖旧書、多奉以奏献王、故得書多、与漢朝等。是時、淮南王安亦好書、所招致率多浮弁。王所得書皆古文先秦旧書、『周官』、『尚書』、『礼』、『礼記』、『孟子』、『老子』之属。皆経伝説記、七十子之徒所論。（『漢書』景十三王伝）

或曰河間献王開献書之道、時有李氏上『周官』五篇、失『事官』一篇（『隋書』経籍志では「『冬官』一篇」となっている）、乃購以千金不得、取「考工記」以補之。（『経典釈文』序録）。

（7）『漢書』芸文志には『周官経』六篇が著録され、その原注に「王莽時、劉歆置博士」とある。またいつごろから『周礼』と称されたのかについては、『経典釈文』序録に「王莽時、劉歆為国師、始建立『周官経』以為『周礼』」とある。

（8）劉歆から鄭玄に至るまでの『周礼』に対する尊崇体制の構築の経緯については、『周礼疏』「序周礼廃興」に「『周礼』起於成帝劉歆、而成于鄭玄。附離之者大半。故林孝存以為武帝知『周官』末世瀆乱不験之書、故作十論七難以排棄之。何休亦以為六国陰謀之書。唯有鄭玄、徧覧群経、知『周礼』者乃周公致大平之迹。故能答林碩之論難、使『周礼』義得条通故。（『後漢書』）鄭氏伝曰、玄以為括囊大典、網羅衆家。是以『周礼』大行、後王之法」とある。

（9）王玄度の事績については、『新唐書』崔仁師伝中に「時〔太宗（六二六―四九在位）の治世〕校書郎王玄度注『尚書』、『毛詩』、抵孔、鄭旧学、請遂廃」とあり、彼が鄭学を批判した経学者であったことが分かる。

（10）賈公彦の事績については、『旧唐書』儒学伝に「賈公彦、洺州永年人。永徽中（六五〇―五五）、官至太學博士。撰『周礼義疏』五十巻、『儀礼義疏』四十巻」という記述があるのみである。

（11）晁公武の生卒年については、郝潤華・武秀成『晁公武　陳振孫評伝』（南京大学出版社、二〇〇六年）第一章の考証に拠る。

（12）『読書附志』の成書年代については注（11）所掲論考、一〇〇頁に拠る。

（13）陳振孫の生卒年については、郝潤華・武秀成『晁公武　陳振孫評伝』（南京大学出版社、二〇〇六年）第一章の考証に拠る。

（14）王安石の『周礼』解釈書は『新経周礼義』、『周礼新義』、『周官新義』などと称されているが、本稿では本来の書名である『周礼義』を使用する。

（15）『宋元学案』巻一「安定学案」に拠ると、劉彝は熙寧の初め「為制置三司條例官属、以言新法非便、罷」めさせられたが、後に知桂州として結果的に王安石政権の一翼を担った。清・全祖望（一七〇五―五五）はそれをとらえて「是其晩節為可惜也」と批判している。

（16）『周礼義』を始めとする『三経義』の成立およびその特徴に関する考察としては、程元敏「三経新義修撰通考」（『三経新義輯考彙評（一）――尚書』国立編訳館、一九八六年）、同「三経新義修撰人通考」（『三経新義輯考彙評（二）――詩経』国立編訳館、一九八六年）、庄司荘一「王安石『周官新義』の大宰について」（『中国哲史文学逍遙』角川書店、一九九三年）、小島毅「聖人の言葉をいかに読むか――経学における新傾向」（『東方学会第五十三回全国会員総会発表原稿集』、二〇〇三年）、注（4）所掲の吾妻論文などがあるが、特に吾妻論文は『周礼義』の内容理解のためには必要不可欠なものである。なお筆者は『三経義』の成立について、「王安石の孔子廟配亨と『三経新義』に関する一考察――王学の興隆と衰退」（『関西大学中国文学会紀要』第二十三号、二〇〇二年）、「王安石学派の興隆と衰退――蔡卞と秦檜」（『日本中国学会報』第五十六集、二〇〇四年）、「王安石『詩義』に関する一考察――朱熹の『詩』解釈との関わりにおいて」（『詩経研究』第二十九号、二〇〇四年）、「『毛詩正義』と王安石『詩義』――唐から北宋までの経書解釈の展開」（『詩経研究』第三十二号、二〇〇七年）を発表している。

(17)　『四庫全書総目提要』経部十九・礼類一『周官新義』十六巻附『考工記解』二巻「安石以『周礼』乱宋、学者類能言之。然『周礼』之不可行於後世、微特人人知之、安石亦未嘗不知也。安石之意、本以宋当積弱之後、而欲済之以富強、又懼富強之説必為儒者所排撃、於是附会經義以鉗儒者之口、実非真信『周礼』為可行。迨其後、用之不得其人、行之不得其道、百弊叢生、而宋以大壊、其弊亦非真縁『周礼』以致誤」を参照。

(18)　三浦國雄『王安石―濁流に立つ』（集英社、一九八五年）一九六頁、注（1）所掲庄司論文、一一九、一二〇頁、注（4）所掲吾妻論文、一〇六頁を参照。

(19)　『四庫全書総目提要』経部十九・礼類一『周礼』疏解題には「於諸経之中、其出最晩。其趍偽亦紛如聚訟、不可縷挙」とある。なお宋代における『周礼』考証の詳細については、注（4）所掲宇野論考、第四章および楊世文『走出漢学―宋代経典弁疑思潮研究』（四川大学出版社、二〇〇八年）、第十一章を参照。

(20)　朱熹と同様の解釈は、『黄氏日抄』巻三十引用の孫処説「蓋周公之為『周礼』、亦猶唐之顕慶、開元礼、預為之以待他日之用、其実未嘗行也。惟其未経行、故僅述大略、俟其臨事而損益之」などにすでに見られるもので、朱熹が初めて説いたものではない。

(21) 例えば「今永嘉諸儒論田制、乃欲混井田溝洫為一、則不可行。鄭氏注解分作両項、却是」(『朱子語類』巻八十六―周礼 論近世諸儒説三）において、朱熹は永嘉学派の田制を非とする一方、鄭玄の説を是としている。

(22) 朱熹と陳傅良の『詩』解釈に関する論争については、銭志熙「永嘉学派の詩経学の思想について（上）」(『橄欖』第十四号、二〇〇七年）を参照。

(23)「江西之学（陸学）只是禅、浙学却専是功利。禅学後来学者摸索一上、無可摸索、自会転去。若功利、則学者習之、便可見効、此意甚可憂」。(『朱子語類』巻百二十三―陳君挙26）

(24) 陳傅良の事績については、本文で挙げた史料の他、庄司荘一「朱子と事功派」(『中国哲史文学逍遙』角川書店、一九九三年）、周夢江『葉適与永嘉学派』(浙江古籍出版社、二〇〇五年）、王宇『永嘉学派与温州区域文化』(社会科学文献出版社、二〇〇七年）、陳安金、王宇『永嘉学派与温州区域文化崛起研究』(人民出版社、二〇〇八年）を参考にした。特に王宇氏の著作は従来の研究とは異なり、地域史、科挙史といった新しい観点から永嘉学派の思想を考察しており、注目に値する。

(25) 論争の経緯については『宋史』礼志十を参照。また朱熹の意見は『文集』巻十五「祧廟議状並図」、「進擬詔意」、陳傅良の意見は『止斎先生文集』巻二十八「僖祖太祖廟議」を参照。王宇氏は、注（24）所掲『永嘉学派与温州区域文化』第四章第三節において、この論争について詳細に論じている。

(26) 注（24）所掲『永嘉学派与温州区域文化』二九五―三四〇頁所収。

(27) 井田制とは、一般的に土地を井の字形に九等分した上で、周囲を私田として八戸に分け与え、中央を公田として全戸が共同で耕作し、その収穫を租税として納めるという制度をいう。これに関しては、『孟子』滕文公上篇「方里而井、井九百畝、其中為公田、百家皆私百畝、同養公田。公事畢、然後敢治私事、所以別野人也、此其大略也」、『春秋穀梁伝』宣公十五年「古者三百歩為里、名曰井田。井田者、九百畝、公田居一。私田稼不善、則非吏。公田稼不善、則非民」の記述などを参照。

(28) 封国の面積について、『周礼』地官司徒・大司徒は「乃建王国焉、制其畿方千里、而封樹之。凡建邦国、以土圭土其地而制其域。諸公之地、封疆方五百里、其食者半。諸侯之地、封疆方四百里、其食者参之一。諸伯之地、封疆方三百里、其食者参之一。諸子之地、封疆方二百里、其食者四之一。諸男之地、封疆方百里、其食者四之一」と述べている。それに対して『礼記』王制篇は「天子之田方千里、公侯田方百里、伯七十里、子男五十里。不能五十里者、不合於天子、附於諸侯、曰附庸」、『孟子』万章下篇は「天子之制、地方千里、公侯皆方百里、伯七十里、子男五十里、凡四等。不能五十里、不達於天子、附於諸侯曰附庸」と述べており、『周礼』の説とは異なっている。

（29）陳傅良の学説そのものは残されていないが、師である薛季宣が『周礼』の田制を考証した際、「以四面之数計之也」としていることから（鄭樵『六経奥論』巻六所引）、陳氏も同様に考えていたと見て間違いないだろう。

（30）王与之『周礼訂義』巻十五所引の陳傅良説は「所謂五等諸侯、但言其班爵耳。若夫分土、毋過三等、侯百里、伯七十里、子男五十里、自夏商未之有改」と主張して、二説の調停を図っている。

参考文献

脱脱他『宋史』（中華書局、一九八五年）
李燾『続資治通鑑長編』（中華書局、一九七九〜一九九五年）
黄宗義『宋元学案』（中華書局、二〇〇七年）
『四庫全書総目提要』（台湾商務印書館、一九八五年）
晁公武『郡斎読書志校証』（上海古籍出版社、一九九〇年）
陳振孫『直斎書録解題』（上海古籍出版社、一九八七年）
『朱熹集』（四川教育出版社、一九九六年）
『朱子語類』（中華書局、二〇〇七年）
陳傅良『止斎先生文集』（四部叢刊初編本）
清・孫鏘鳴編『陳文節公年譜』（『宋人年譜叢刊』四川大学出版社、二〇〇三年）
欧陽脩『欧陽脩全集』（中華書局、二〇〇一年）
陸佃『陶山集』（叢書集成初編本、一九八五年）

王安石『王臨川集』（台湾世界書局、一九八八年）
司馬光『司馬文正公伝家集』（国学基本叢書本、一九六八年）
蘇軾『蘇軾文集』（中華書局、一九八六年）

宇野精一『中国古典学の展開』（北隆館、一九四九年）
諸橋轍次『儒学の目的と宋儒　慶暦至慶元百六十年間の活動』（『諸橋轍次著作集』第一巻、大修館書店、一九七五年）
三浦國雄『王安石―濁流に立つ』（集英社、一九八五年）
楊　天宇『鄭玄三礼注研究』（天津人民出版社、二〇〇七年）
郝潤華・武秀成『晁公武　陳振孫評伝』（南京大学出版社、二〇〇六年）
楊　世文『走出漢学―宋代経典弁疑思潮研究』（四川大学出版社、二〇〇八年）
周　夢江『葉適与永嘉学派』（浙江古籍出版社、二〇〇五年）
王　　宇『永嘉学派与温州区域文化』（社会科学文献出版社、二〇〇七年）
陳安金・王宇『永嘉学派与温州区域文化崛起研究』（人民出版社、二〇〇八年）
藤堂明保「鄭玄研究」（蜂屋邦夫『儀礼士昏疏』汲古書院、一九八六年）
上山春平「朱子の『家礼』と『儀礼経伝通解』」（『上山春平著作集』第七巻、法蔵館、一九九五年）
吾妻重二「王安石『周官新義』の研究」（『宋代思想の研究―儒教・道教・仏教をめぐる考察』関西大学出版部、二〇〇九年）
庄司荘一「王安石『周官新義』の大宰について」（『中国哲史文学逍遙』角川書店、一九九三年）
――――「朱子と事功派」（『中国哲史文学逍遙』角川書店、一九九三年）
小島　毅「聖人の言葉をいかに読むか――経学における新傾向」（『東方学会第五十三回全国会員総会発表原稿集』、二〇〇三年）
井澤耕一「王安石の孔子廟配享と『三経新義』に関する一考察――王学の興隆と衰退」（『関西大学中国文学会紀要』第二十三号、二〇〇二年）

――「王安石学派の興隆と衰退――蔡卞と秦檜」（『日本中国学会報』第五十六集、二〇〇四年）
――「王安石『詩義』に関する一考察―朱熹の『詩』解釈との関わりにおいて―」（『詩経研究』第二十九号、二〇〇四年）
――「『毛詩正義』と王安石『詩義』――唐から北宋までの経書解釈の展開」（『詩経研究』第三十二号、二〇〇七年）
程　元敏「三経新義修撰通考」（『三経新義輯考彙評（一）―尚書』国立編訳館、一九八六年）
――「三経新義修撰人通考」（『三経新義輯考彙評（二）―詩経』国立編訳館、一九八六年）

＊本稿は平成二十一～二十四年度科学研究費補助金基盤研究（A）「東アジアにおける伝統教養の形成と展開に関する学際的研究：書院・私塾教育を中心に」（研究代表者　吾妻重二関西大学教授）の研究成果の一部である。

明末・河南新安における『朱子家礼』の現場
――呂維祺の冠礼を中心に

白井　順

要旨

呂維祺（一五八七～一六一四）は、崇禎三年（一六三〇）庚午仲夏五月十一日、息子の冠礼を挙行した。四庫全書存目叢書所収『存古約言』の巻末に、その記録「挙行冠礼儀注」が附録されている。呂維祺は河南という伝統的に礼学が盛んな土地で、士人教化のための講学活動をしていた。その講学活動で『朱子家礼』とともに読ませた書物が『存古約言』である。中国では清朝になってする一六四四年には辮髪令が出され、政治的な面から冠礼は有名無実の礼となったので、彼が行った冠礼は民間で『朱子家礼』に則って行った最後の実例ということが出来よう。東アジアの冠礼という視点でみれば、朝鮮では一四八五年に『経国大典』に『朱子家礼』に則って行うように書かれているが、実際には婚礼に附随したものとなっていた。琉球でも、『朱子家礼』に則った冠礼をしていないし、日本には冠礼自体が転化し、元服となっていた。女真族である清朝がどのように『朱子家礼』を受け入れていったのか定かではない。康熙四十年に出版された『朱子家礼』は、呂維祺の『存古約言』を底本に編集した「四礼約言」を附録しており、康熙年間における『朱子家礼』の受容を考察するヒントになるのではないかと考えている。

キーワード

河南新安、冠礼、呂維祺、『存古約言』、『四礼約言』、『朱子家礼』、講学活動

一　はじめに

康熙四十年序刊本『朱子家礼』には、呂維祺の『四礼約言』が附録されている。呂維祺は今まで研究対象にはされてこなかったが、万暦帝が寵愛した福王（朱常洵）に忠誠を貫き殉死して『明史』巻二六四に伝が立てられているだけでなく、講学活動をして『東林列伝』にも伝がある。(1) このような政治的な面だけでなく、『孝経大義』や『音韻日月灯』などの著作もあり、『明儒学案』巻五二・諸儒学案にも取り上げられ、実は思想的にも歴史的にも重要な人物なのである。『四庫存目提要』で、「四礼約言」は呂維祺の著作だとされていながらも、彼の年譜や文集には「四礼約言」に関する記述は無い。結論からいえば、「四礼約言」は彼の著作である『存古約言』を基に、冠婚葬祭の四礼の箇所を抜粋して別人によって編まれたものである。『存古約言』は、彼が行っていた私塾的な講会活動の中で使われた書物で、いわばコミュニティでの決まりを記した規範書である。この明代天啓・崇禎年間の日常を語る資料を通して、『朱子家礼』との関係を検討しようというのが、私の立論意図である。

呂維祺（字・介孺、号・豫石）の事跡を簡単に紹介しておく。彼は、万暦十五年（一五八七）に河南の新安に生まれ、四十一年（一六一三）二十七歳で進士となり、兗州の推官となった。天啓元年（一六二一）に京師の考功司員外郎となるが、二月に新安へ帰り、翌年には東林党の馮従吾に師事し、新安で弟たちとともに芝泉講会を始める。(2) このころから『孝経』を研究し始め、「門人禁用朱履、玉圏衣、禁玄黄紫務、敦実以励風俗、一邑化之、皆称呂夫子、行有非礼則急為悔改、且曰勿使呂夫子知」(3) というほど風紀を正すことに力を入れていた。馮従吾も呂維祺のことを「程子之後一人而已」と言ったという。十二月には、馮従吾と新安の川上書院で講学する。川上書院は、孟化鯉が講学したところで、その翌年、呂維祺は七賢書院を建て、二程・司馬光・邵雍・曹端・尤時熙・孟化鯉という河南の七人の先儒を祀っている。この数年間の活動で、魏忠賢に睨まれ、天啓五年十二月頒示の『東林党人榜』にも二十八番目に名前が載せられている。天啓帝が崩御し崇禎帝が即位すると東林党を目の敵にしていた魏忠賢が失脚し、呂維祺は翰林院提督四訳館太常寺に出世し、崇禎二年（一六二九）には京師で豫簪会[4]を始め、崇禎三年まで京師にいた。そんな中、息子の冠礼のために新安へ帰省し、その後すぐに南京へ移動し戸部右侍郎となり総督糧儲の重責を担う。このころ韻書『音韻日月灯』を著す。南京には崇禎八年までおり、そこでも豊芑会を創設し講学活動をする。年譜によれば、『孝経本義』が完成したあと、八月に仁孝公の喪に服している間に『家礼』を読み『訂証家礼』を執筆したという。崇禎九年（一六三六）には洛陽へ移る。翌年には伊洛会を始め、十二月には『孝経大全』『或問』が完成。十一年には、南京都察院右都御史となり、翌年には河南巡撫となる。このころ飢饉が酷く、粥を振舞うところを設けたりして流民を宥め民衆を救う努力をしていた[5]。崇禎十四年（一六四一）五十五歳、李自成が洛陽を陥落し、捕らえられ正月二十一日に洛陽で殉死した。

　彼は生涯を通じて講会活動をしているが、政治的な結社とか研究会ではなく、人材教育を目的とした私塾的なものであった。講学の記録（会語）では論語問答・孟子問答・孝経問答・性理問答・史鑑問答などの語録が残されている。崇禎十年、呂維祺が五十一歳のとき洛陽で行った「伊洛会約[6]」には以下のようにある。

一程月課、此会以闡発孝経為主、其易経・家礼・性理・小学及所業経書・史鑑・或程朱先儒語録等書、毎月書程各有定約精心研究、実体諸身求合於理、毋故悖程朱相尚以詭異之説。倘有能発明前賢未発、足以羽翼経伝者、随時書摺、会則相質。毎月各書一二条以観学問之益。

一戒浮談。凡会中語以経書為要、以人倫日用為本、以経世実用為務、以闡経翼聖為宗、不得談朝廷之得失、官府之詞訟、田宅之美悪、他人之品題、与夫一切鄙褻険怪之説。違者、会長・会正・監会、正色立止之、不聴者紀過。

（略）今後願入会者、先告会長、会正即取会約幷孝経・家礼・存古篇・士大戒各書、付本人前後細看、便問君要入会是何意思、想其人必有以置対矣。……凡遠方士人有志、此学不能負笈只就本郷将孝経・会約・家礼・存古篇・士大戒等書、一一実体諸身与同心、向学之人照約立会俾処処知学、豈非斯道倡明之会。

呂維祺が行った講会は、試験をしたりテキスト読解や暗記・作文をしたりする以外に、孔廟や先賢祠堂の祭祀も行っていた。(7)『存古約言』は『存古篇』と通称され、引用したように、講会の規範書として孝経・会約・家礼と並べて『存古約言』は重要なものであった。(8)『存古約言』の序を記した人物は、馮従吾・鄭三俊・曹于汴・謝陛など共に講会活動をしており、みな東林党人榜に名を連ねている人物ばかりである。(9)四庫全書存目叢書所収・乾隆四年慎独斎刻本『存古約言六巻』は、巻頭に新安刻序（馮従吾）・金陵刻序（鄭三俊、崇禎辛未）・金陵刻序（謝陛）・大梁刻序（程紹）・大梁刻序（梁之棟）・山左刻序（王惟倹）・南贛刻序（蘇弘祖、順治己亥）、そして呂維祺の自序（天啓甲子）、その次に「存古約言義例」、「目録」と続く。この六巻本は、呂維祺の死後、崇禎十五年（一六四二）に次男の兆琳が呂維祺の文集を出版した際に、現行の六巻にしたのであって、もともと『存古約言』は敦本・閑家・厚俗・冠・昏・喪・祭・服式・宴会・交際・揖讓・東劄からなる十二篇だった。四庫存目叢書に所収されるものは、この十二篇（第一巻〜第三巻）のあとに、「士大夫戒」という呂維祺が作った訓戒書、曹于汴の題を附した呂維祺の「訓士三箴」（以上第四巻）、邵雍の「孝悌詩」を呂維祺が郷約での教育のため訓戒書として解釈した「孝悌詩解」（第五巻）、訓戒書「署門七則」とその後に沈鯉「沈龍江先生垂涕衷言」と「挙行冠礼儀註」が附録されている（以上第六巻）。

二　冠礼の実例

『存古約言』の巻末には、「挙行冠礼儀注」が附録されている。これは崇禎三年（一六三〇）庚午仲夏五月十一日、長男・兆璜と侄の兆瑜が一緒に冠礼を行った具体的な記録である。(10)一般には、冠礼を行うことはなかったのに呂維祺は敢えてわざわざ京師から帰省し行ったようだ。河南の先賢・司馬光「古者二十而冠、所以責成人之礼也」、程氏「冠所以責成人、冠礼廃、天下無成人」という衣鉢を継ぎ、(11)「孩而失曰未童、童而失曰未成人、冠則成人矣。乃至不能亭亭楚楚、挺然為天地扶正気、而以俗流終不負頭上冠哉。此礼久廃、憶余冠家君為告祠、而醮余無聞也、宜亟復」(12)と呂維祺は考えていた。呂維祺の息子で冠礼を行った兆璜の弟・呂兆琳は巻末に以下のように記している。

先大人慨然作存古約、復礼以復古也。庚午、以少司農晋秩帰省、為長兄伯玉、二兄仲玉、挙行冠礼、既延賓賛粛執事矣。客或難之曰、斯礼久廃、驟復且儀節煩縟、或不可行乎、先太傅謂、礼教之衰、政当従吾輩興起也、及礼既行、賓賛厳敬執事恪恭、観者亦為粛然咸相歎服曰、信乎礼之不可廃也。癸卯、刻先太傅文集、因附録存古約後、先太傅居憂、輯喪祭注、為子弟畢姻、有婚礼儀注、倶載訂正家礼中、為兵燹散失、僅存此帙、読之不禁泫然。

いきなり冠礼をやろうったってできないのではないかと、懐疑的な見解を示す者もいたというから、当地においても珍しい儀礼となっていたのであろう。河南に限らず同時代福建で書かれた『五雑組』によれば、当時冠礼は民間ではやっていなかったというから、この時期の冠礼の記録が残っていること自体非常に稀有だと言える。この記録も、元は『訂正家礼』に婚礼儀注とともに載せられていたものだというから、『朱子家礼』に基づいていることは間違いない。しかし、よくみると若干異なる。以下に『朱子家礼儀節』と並べて呂維祺の儀注を示しておく。（以下、次頁表を参照）

両者を見比べると、服装・手順・祝辞の三点で、呂維祺のものは『朱子家礼』とは異なっていることが指摘できる。まず、冠礼の根幹とも言うべき冠であるが、『儀礼』士冠礼によれば、最初に緇布冠、次に皮弁の冠、最後に爵弁の冠をかぶせ段階的にランクを上げていく儀礼である。それが上の表に示したように、再加・三加ともに「儒巾」となっている。呂維祺の冠礼では「櫛髪」や「合紒」もなく、被冠礼者が普段着である道袍に網巾を着け、幅巾から儒巾になるだけである。「網巾」は、馬の毛で出来た網で髪を包むもので、その上に帽子を戴く。「網巾」は、洪武三年改正

呂維祺　冠礼	『朱子家礼儀節』冠礼（光霄堂版）
先期、戒賓	男子年十五至二十皆可冠 必父母無期以上喪始可行之
前期三日質明主人告於祠堂（主人以下及者倶沐浴斎戒具時食香楮） 儀節　序立　盥洗　啓櫝　降神　主人詣香案前　跪　焚香 酹酒　俯伏興平身　復位　鞠躬拝興拝興拝興拝興平身 詣神主前　跪　三献爵　読祝（另有祝文） 俯伏興平身　復位　辞神　鞠躬拝興拝興拝興拝興平身 焚祝文　闔櫝　礼畢 礼生同賓賛、率冠者習冠礼儀、備合用之物、合用之人	前期三日主人告於祠堂 儀節　序立　盥洗　啓櫝　出主　復位　参神（衆拝）鞠躬 拝（凡四）興平身　降神　主人詣香案前　跪　焚香 酹酒　俯伏興拝興（凡二）平身　復位　主人斟酒　主 婦点茶（畢、二人並拝）鞠躬拝興（凡二）平身　主 婦復位（主人不動）跪（主人以下皆跪）読祝　俯伏拝 興（凡二）平身　復位　辞神（衆拝）鞠躬拝興（凡 四）平身　焚祝文　奉主入櫝　礼畢 維年月日孝玄孫某敢昭告於顕高祖考某官府君顕高祖妣某封 某氏某之子某、年漸長成、将以某月某日、加冠於某首。謹 以酒果、用伸虔告、謹告。
前一日、宿賓	戒賓
十有一日厥明夙興	前一日宿賓
執事者陳冠服布席	陳設
行冠礼	厥明夙興陳冠服
主人以下序立	主人以下序立
賓至主人迎入升堂	賓至主人迎入升堂
儀節　序立 （報唱）賓至（唱）請迎賓　賓主相見（揖平身大門初譲二門 再譲階下三譲賛者随賓後）升階　賓主各就位（主東賓 西二拝賛者同拝）将冠者出房（服道袍納履即網巾南面 立于席右向席）賛者奠櫛（賛者立于冠者之左、另用一	儀節（礼生唱）序立（主人立東階下。少東、西向。子弟親戚 童僕、重行在後。北上、擇子弟親戚習儀者一人為擯。 賓至（唱）請迎賓（主人出外見賓）賓主相見（主東、 賓西）鞠躬拝興（凡二）平身　升階　賓主各就位（主 東賓西二拝賛者同拝）将冠者出房（服納席）賛者奠櫛

人盤中盛簪）

賓揖将冠者就席為加冠巾

儀節（唱）賓揖将冠者即席（西向）跪（賛者跪跪加簪）行始加礼　賓詣盥洗所（賓降主人従）復位　執事者　進冠（以盤子盛方巾）賓降受（降一等）詣将冠者前（正歩徐行）

祝詞　曰、吉月令日初加元服、棄爾幼志順爾成徳学問日新介爾多福　跪（賓跪）加幅巾興（賓）復位　冠者興　賓揖冠者適房易服　冠者出房（南面立）

再加儒巾藍衫絛子靴

儀節　賓揖冠者即席（西向）跪　行再加礼

執事者進再加服　賓降受（降二等）詣冠者前　祝辞曰、吉月令辰乃申爾服謹爾威儀淑慎爾徳戒爾嬉遊寡爾嗜慾靡比匪人耇寿維穀（次賓撤初加冠）跪（賓跪）加儒巾　興　復位　冠者興　賓揖冠者適房易服　冠者出房（南面立）

三加儒巾青員領絛靴

儀節　賓揖冠者即席（西向）跪　行三加礼　執事者進三加服

賓降受（下三等）詣冠者前　祝辞　曰、以歳之正以月之令咸加爾服兄弟具在以成厥徳非礼勿視非礼勿聴非礼勿言非礼勿動黄考無疆受天之慶（次賓撤二次加巾）

跪　加冠　興　復位　冠者興　賓揖冠者適房　設醮席（長子改席堂中少西南向衆子仍旧席南向）冠者出房（披紅簪花[1]）

乃醮

儀節　行醮礼　賛者酌酒（立冠者之左）賓揖冠者即席（席末

賓揖将冠者就席為加冠巾冠者適房服深衣納履出

儀節（唱）賓揖将冠者即席　跪　櫛髪　合紒　行始加礼　賓詣盥洗所　復位　執事者進冠笄　賓降受　詣将冠者前

祝辞　曰、吉月令日、初加元服、棄爾幼志、順爾成徳、寿考維祺、以介景福

跪（賓跪）加冠笄　加復巾　興　復位　冠者興　賓揖冠者適房易服　冠者出房（南面立）

再加帽子服皂衫革帯繋鞋

儀節　賓揖冠者即席　跪　行再加礼　執事者進再加服　賓降受　詣冠者前

祝辞　曰、吉月令辰、乃申爾服。謹爾威儀。淑慎爾徳、耇寿万年、享受胡福。

跪（賓跪）加帽　興　復位　冠者興　賓揖冠者適房易服　冠者出房（南面立）

三加幞頭公服革帯納靴執笏若襴衫納靴

儀節　賓揖冠者即席（西向）跪　行三加礼　執事者進三加服

賓降受　詣冠者前

祝辞　曰、以歳之正、以月之令、咸加爾服、兄弟具在。以成厥徳、黄考無疆、受天之慶。

跪　加冠　興　復位　冠者興　賓揖冠者適房　設醮席

冠者出房

乃醮

儀節　行醮礼　賛者酌酒　賓揖冠者即席　賓受酒　詣醮席

	南向）賓受酒　詣醮席（北向） 祝辞　曰、旨酒既清嘉薦令芳拝受祭之以定爾祥承天之休寿考不忘 冠者鞠躬拝興拝興平身（賓不答）冠者升席（仍南向）受酒（立受）賓復位　次賓薦脯醢（以楪盛脯授之）冠者進席前　跪　祭脯醢（左手執盞右手執脯置於地席前空地）祭酒（傾酒少許）興　退就席末　跪　啐酒　興 降席授盞（執事人撤去脯）冠者拝賓（南向拝）鞠躬拝興拝興平身（賓東向答拝人賓次賓并賛者一斎答拝）	（北向） 祝辞　曰、旨酒既清、嘉薦令芳、拝受祭之、以定爾祥、承天之休、寿考不忘。 冠者鞠躬拝興拝興平身　冠者升席　受酒賓復位　鞠躬拝興拝興平身　冠者進席前祭脯醢　祭酒　興　退就席末　跪　啐酒　興　降席授盞　冠者拝賓　鞠躬拝興拝興平身
賓字冠者	儀節　賓主倶降階　冠者降階（少東南向）祝辞曰、礼儀既備昭告爾字爰字孔嘉髦士攸、宜字汝曰、伯玉、取君子比徳于玉之義。字汝曰、仲玉、取玉汝於成之義。永保受之　冠者対辞曰、某不敏敢不夙夜秖奉台教　鞠躬拝興拝興平身（賓不拝止答揖）礼畢	儀節　賓主倶降階　冠者降階 祝辞　曰、礼儀既備。吉月令日、昭告爾字、爰字孔嘉髦士攸宜宜之于嘏。永保受之。伯某甫 冠者対辞曰、某不敏敢不夙夜秖奉　鞠躬拝興拝興平身
出就次		
主人以冠者見于祠堂 / 主人以冠者見於祠堂	儀節（盛服）序立　盥洗　啓櫝　降神　主人詣香案前　跪焚香　酹酒（尽傾）俯伏興平身　復位　参神　鞠躬拝興拝興平身　行祭告礼同三献畢　読祝　皆跪　俯伏興平身　復位　冠者見（両階間拝）鞠躬拝興拝興平身 闔櫝　撤饌　焚祝文　礼畢	儀節（盛服）序立　盥洗　啓櫝　出主　復位降神　主人詣香案前　跪　焚香　酹酒　俯伏興平身　復位　参神　鞠躬拝興拝興平身　主人斟酒　主婦点茶　鞠躬拝興拝興平身　復位　跪 告辞　曰、某之子某、今日冠畢敢見。俯伏興平身　復位　冠者見　鞠躬拝興拝興平身　復位　辞神　鞠躬拝興拝興平身　奉主入櫝　礼畢
冠者見尊長 / 冠者見於尊長	儀節（随意拝之随意訓誡之）	儀節　鞠躬拝興拝興拝興拝興平身

乃礼賓	乃礼賓
	儀節　就位　致辞 曰、某子加冠、頼吾子教之致謝（主人拝） 鞠躬拝興拝興平身　謝賛者鞠躬拝興拝興平身　主人献 酒　賓酢酒　行酒　進饌　奉幣　賓謝主人　鞠躬拝興 拝興平身　送賓揖平身　帰賓俎
明日冠者遂出見於郷先生及父之執友	冠者遂出見於郷先生及父之執友
	儀節　鞠躬拝興拝興拝興拝興平身　不敏敢不夙夜祗奉 鞠躬拝興拝興平身（不答拝） 儀節（礼生唱）鞠躬拝興拝興平身　将冠者即席　跪（冠者拝） 梳髪　合髻　行加礼賓盥　進冠笄　祝辞　加巾　興 復位　冠者興　易服　賓字冠者　賓主倶降階　祝辞 冠者対辞　鞠躬拝興拝興平身　礼畢

1　「紅簪花」は『封神演義』第七十一回に「二将各挂紅簪花、毎一路分兵十万」とある。

の皇太子冠服に見え、(13)『家礼』では丘濬の『儀節』冠礼「合紒」の註に初めて出てくるもので、明代を通じて庶民が普段に使っていた。その丘濬は『大学衍義補』巻五〇、家郷之礼で冠礼に関して次のような按語を付けている。

臣按、程氏言、今行冠礼、若制古服而冠、冠了又不常服、却是偽也。必須用今時之服。夫古礼始加緇布冠、冠畢而敝之、亦是常時不用之服、豈是偽哉。今家礼始加深衣幅巾、亦是不忘古之意。

引用の程子の言に(14)「その時代の服装で」というように、「深衣」も記述として残すことで古を忘れないというのだから、実際には使っていない。丘濬のころから冠礼は行われていなかったことを窺わせる。故に呂維祺も『朱子家礼』を再現するのではなく、当時の服装を使っている。また同時期福建の崇禎年間の張一棟『居家必備』の家儀・冠礼考でも実に簡略で、初加を小帽・再加を方巾・三加を儒巾にしたり、ただ一加だけで済ませることが書かれている。(15)

次に、手順については「先期戒賓」とあるように、最初に賓に告げてから、儀式の三日前の明け方に祠堂に告げる。祠堂の儀礼は、『家礼儀節』の冠礼よりも祭礼に近く、「三献爵」を行うが「主婦点茶」を行わない。「三献爵」は、祠堂で初献（主人）・亜献（主婦亦は主人の兄弟）・終献（主人の息子）と三度酒を爵に注いで神前に供えて再拝することである。「主婦点茶」も祠堂での儀礼で、羹をさげてお茶をあげるように、膳の匙を釜に入れる。周応期『家礼正衡』の凡例に「家礼中有可行於古、而不可行於今者、如列主以西為上、喪制庶母服緦之類、悉遵時制改正、至主婦点茶、冠服三加、雖不行、多仍備其儀、以見存羊之意」とあり、「主婦点茶」と「冠服三加」は、行わないけれど愛礼存羊（『論語』八佾）の意味で残していると言っている。周応期の『家礼正衡』は崇禎十年の序刊で、呂維祺が息子の冠礼を行ったのと同時期であるから、呂維祺が意識的に「主婦点茶」の代わりに「三献爵」をやったと言うことができよう。

更に、呂維祺が意識的に変えている部分が祝辞である。祝辞は古音で読むかどうかという議論はあるにせよ、基本的には『儀礼』士冠礼の祝辞を唱えるものだが、『詩経』を出典とする末尾二句を変更している。初加の末尾二句「寿考維祺、以介景福」を「学問日新、介爾多福」とし、再加の末尾二句「耇寿万年、享受（胡／遐）福」を「戒爾嬉遊、寡爾嗜慾、靡比匪人、耇寿維穀」とし、三加末尾の二句「黄耇無疆、受天之慶」を「非礼勿視、非礼勿聴、非礼勿言、非礼勿動、黄考無疆、受天之慶」とする。本来成長と長寿を祈るはずの祝辞が、訓戒的な内容になっているところに、呂維祺の冠礼に対する思想的な姿勢が表れている。

更に冠礼で重要な儀式、「字」に関しても呂維祺のこだわりが窺える。「伯玉、取君子比徳于玉之義」・「仲玉、取玉汝於成之義」というが、儀節では字の義を言うものではない。呂維祺の『存古約言』論冠の「既冠乃字」に注して、「古人重冠礼、蓋謂自此以後、以成人之礼責之。近世以来、人情軽薄、過十余歳、便私自製冠、或彼此送字送号、無復古意。為父母者、亦相因以為常。所以自幼至長、愚騃不悟然則冠礼之当復也、豈独為礼文哉」といい、十歳あまりになれば勝手に字や号を贈っていたことを問題視していたようだ。

以上、当時行われた冠礼と『朱子家礼儀節』を比較し、冠礼の服装・手順・祝辞といった具体的な事例から、その差異を分析した。呂維祺は冠礼儀註の最後に、「礼教が行われなくなってから人情が薄くなった、婚礼の親迎の儀礼をしない、葬礼は仏式をたっとぶ、祭礼においても儀礼に欠けるところがある[16]」と当時の状況を嘆いている。

三　『存古約言』から『四礼約言』へ

再び、康熙四十年序刊『朱子家礼』に戻ってみる。それに『四礼約言』が附録されているとはいえ、これは呂維祺の著述ではない。呂維祺の息子が、呂維祺の文集とともに『存古約言』を出版したのが、崇禎十五年（一六四二）のことであり、康熙四十年（一七〇一）刊『朱子家礼』には呂維祺「四礼約言」が附され、四庫全書館を開設したのが乾隆三十七年（一七七二）で、四庫存目提要には呂維祺の著作として『四礼約言』が著録されている[17]。南贛で『存古約言』を出版した蘇弘祖の序文に順治十六年（一六五九）とあるから、自然に考えれば、一六六〇年から一七〇〇年までの約四十年の間に『四礼約言』が附されたと見てよい。康熙四十一年から四十六年に編纂された王復礼の『家礼辨定』は呂維祺の説を「四礼約言」と言って引用しており、康熙年間には『四礼約言』が附録された『朱子家礼』が読まれていたことが窺える。また、王心敬『四礼寧倹編』にも「四礼約言」が引用されており、乾隆十九年の曹庭棟『婚礼通考』にも「四礼約言」が引かれている。このように、康熙四十年の『朱子家礼』は乾隆年間まで読まれていたことが窺え、それを裏付ける事実として、康熙四十年序刊本『朱子家礼』には、三多斎（赤塚文庫）・光霽堂（京都大学）があり、また乾隆三十六年（一七七一）に博雅堂（中国国家図書館）、更に嘉慶六年（一八〇一）には宝寧堂からも出版されている。楊廷筠の補訂（万暦三十七年）を附した形で紫陽書院定本として出版された康熙四十年序刊本『朱子家礼』は、現在九州大学附属図書館（碩水文庫）・香港中文大学図書館・中国国家図書館など各所蔵機関が所蔵している。

　では、誰が一六六〇年～一七〇〇年までの間に『四礼約言』を附したのか。康熙四十序刊『朱子家礼』には、『四礼約言』以外に宋纁の『四礼初稿』も附録されており、有名な画家であり文人の宋犖（一六三四～一七一三年、河南省商邱の人）の序文と汪鑑の後序が附してある。宋犖の序には次のようにある。

先曾伯祖荘敏公……彙諸家礼書、参訂儀節、斟酌変通、而成四礼初稿、大約以紫陽家礼為経、以瓊山節儀為緯、而略加損益於其間、版行已久、今従坊人請、付之附家礼後、彙梓行世。

つまり、『四礼初稿』の作者・宋纁の一族である宋犖は、同郷（河南）ともいうべき呂維祺の『存古約言』を見て『四礼約言』を作った可能性が考えられるのである。呂維祺の『存古約言』自序と「四礼約言」原序を比較してみると、『存古約言』の成立に関わる内容、つまり本の構成や講会活動のことが明記された箇所が削除されている(18)。本文は『存古約言』の冠・婚・葬・祭の部分を抜粋しているが、注が異なる箇所が見受けられる。例証として冠礼の箇所を以下に示す。

『存古約言』論冠	『四礼約言』論冠
冠後、拝父母尊長。明日、拝宗族親党。所知者、宜答拝、或稍致祝願規諷之語。 女子将笄亦照冠礼挙行命以為婦道理。 沈龍江曰、今郷俗所謂冠非古也。蓋皆持戴網為冠、不知網起自国朝、前代無網時、豈不行冠礼乎。今擬童子戴帽、即行冠礼。迨後束網、不更三加、庶幾近古。馮少墟曰、還以戴網為冠庶合時宜。	冠後、拝父母尊長。明日、拝宗族親党。所知者、宜答拝、或稍致祝願規諷之語。 今郷俗所謂冠非古也。蓋皆持戴網為冠、不知網起自国朝、前代無網時、豈不行冠礼乎。今擬童子戴帽、即行冠礼。迨後束網、不更三加、庶幾近古。○按今之冠、少壮皆戴。非若先朝有戴網之別。合於出就外傅之年、擇歳首正月之吉、一告於廟、以存冠礼遺意。

明らかに「四礼約言」では「沈龍江」が削除され、更に「按今之冠」以下の文には不可解な点がある。「按今之冠」以下は、『存古約言』にはなく、それにわざわざ息子の冠礼を行った呂維祺が「十歳くらいになったら日を選んで廟に告げ[19]」るだけで、冠礼を行ったことにするというのは奇妙である。そもそも、「先朝有戴網之別」とあるのを踏まえれば、「今之冠」とは清代のことで、この文章は呂維祺以外の清代の人物が編集した形跡が窺える。

上述の『存古約言』と『四礼約言』の比較は、単にテキスト編集という例証として提示しただけでなく、講会の規定から郷約へ、「四礼」そして『朱子家礼』へと推移していく変容を示すためである。ここで筆者が注目したいのは、『朱子家礼』と郷約との関係である。『朱子家礼』は一族を主体とした内的枠組みのものであるけれども、現実には郷約という外的な枠組みがあってこそ存続し続けることができる。『朱子家礼』というテキストは、あくまでも礼のモデルであって、礼の本質さえ失わなければ時代に合わせて調整してよいものである。黄佐『泰泉郷礼』のように、明代には早いうちから『朱子家礼』に基づいた郷礼を制定する動きがあった。そのことについては、井上徹氏が著書『中国の宗族と国家の礼制[20]』で、宗法主義を軸に広東の社会を分析している。しかし晩明から清への移行期には、逆に『朱子家礼』テキストの形を規定したのが、『存古約言』のような雑礼書だったのではないかと筆者は考えている。

講会活動では『存古約言』と並べて『家礼』を読ませていることからも明らかなように、士人としての規範書が『存古約言』である。そもそも、呂維祺は何をモデルに『存古約言』を編集したのかといえば、沈鯉『文雅社約』（又の名を沈公家政[21]）で、上述の引用部分で削除された「沈龍江」である。つまりもともと講会での規範書として使用するために作られたものである。呂維祺の講会については第一節で述べたように、経書を読む以外に情操教育も行っていた。たとえば『存古約言』巻一「厚俗」では次のような記述がある。

勿聴信無為、白蓮等教、結社念仏、男女混雑、夜聚暁散。

里俗多聚衆、誦経設醮進香極其奢侈已為可厭、而或有郷曲愚民、崇尚邪教、吃斎誦経、男女雑混、不曰成仏、則曰封官、至死。不悟不知、此輩不過引誘愚民、貪色貪財、如山東白蓮作乱、尽被殺戮、何官之封、何仏之成、其明鑑也。

白蓮とは、天啓二年（一六二二）五月の山東の徐鴻儒の乱のことである。(22) 飢饉に喘いでいたこの時期、河南は白蓮教・聞香教など宗教結社による民衆反乱が絶えず、社会的な秩序を考慮し、このような訓戒を設けざるを得なかったという現場の状況を伝えている。それ以外に『朱子家礼』と関連する箇所でいえば『存古約言』巻二「祭」でも、「遇祖先及父母忌辰、変素服挙祭、是日斎戒、不飲酒茹葷、不与喜宴」に関しても附論として次のような注を付ける。

郷俗元旦、以薄囲卓中設天地神牌、而祭以牲果。其意雖善而実瀆。或曰、人稟天地以生、此日豈能恝然。雖無物可以酬徳、而以献物起敬、所謂無害于義従俗可也。龍江曰、只宜設香案四拝似為近礼。今人家多設家堂神位、而画以三教諸神、既淫而不雅、又泛而不切、似宜改正。於牌位書本宅司宅之神、而配以竈。蓋凡人家宅舎。人烟所在中必有神主之。而国制、庶民得祀竈、皆家神之最切者、士大夫家宜配以五祀或二祀。按礼大夫五祀、士二祀。

以上二条、謹以俟知礼者折衷之。

この注は、沈鯉『文雅社約』を出典とするものである。河南の習俗が、『存古約言』を経て、『四礼約言』に引かれ、更に『家礼弁定』にも引用されていく。実際には行われなかったにも関わらず記述だけ残されていった冠礼のように、忌日の祭も実際行っていた形は『朱子家礼』とはかけ離れている。(23) しかしこのような記録が『朱子家礼』に関連するものとして変容し、現実的な家礼の姿を決める要素の一つとなっていくのである。

明末の講会で教化の規範書として使用された『存古約言』が、どのように『朱子家礼』のなかに取り込まれていったのか、そして清朝という異文化社会では、『朱子家礼』をどのように位置づけようとしたのか、筆者は『朱子家礼』の変容に深い興味を感じている。康熙帝の時代になってやっとそれまで遠ざけていた朱子学を重んじ、李光地や熊賜履など理学派を重用し、漢人の文化を許容しはじめた。そういう時代に元来講会のなかで使われたものが『存古約言』

へ、『四礼約言』へと変化し、そして『朱子家礼』と合本されるに至ったのである。

四　東アジアにおける冠礼

呂維祺の行った冠礼が、『朱子家礼』を復元したものではないことは上述したとおりである。ここで、冠礼の意義を東アジアという広い視点で考えてみたい。呂維祺が冠礼を行ったのは明末の一六三〇年で、中国では清朝になってすぐ一六四四年には辮髪令が出され、政治的な面から冠礼は有名無実の礼となった。つまり、呂維祺の冠礼は民間で行われた明朝最後の冠礼の実例ということが出来よう。

明代には冠礼は既に行われていなかったが、当時の東アジア儒教文化圏ではどうだったのであろうか。朝鮮では一四八五年には『経国大典』に「冠礼は朱子家礼によれ」という明文があって、それに拠っている。『朱子家礼』に遵って行うと言っても、当然朝鮮では衣服も異なるため問題が生じる。朝鮮礼学の泰斗・金長生との問答を記した李惟泰「疑礼問答」(『草廬先生文集』巻八)には次のようなやりとりがある。

問、冠礼三加、既未能純用古礼、則当用何冠服耶。

答、無幅巾則以程冠為初冠、笠子為再加、儒巾為三加。

李朝初期から笠子帽は着けられるようになったもので、李栗谷は「初加笠子、再加儒巾、三加紗帽」といっており、朝鮮王朝で民間に流布して読まれた『増補四礼便覧』の新増註として、この二説は付け加えられている。冠礼に限ってみれば、程氏の「冠用時服」という考え方が基本的で、朝鮮でも朱熹の時代の服装を再現することは無かった。冠礼そのものは存続したとはいえ、李朝中期以降では、男子が十五歳くらいになって婚約が決まり、結婚日を選ぶ際に同時に冠礼の日を選んだ。二十になっても婚約がされていない場合、二十歳になる年の正月中に吉日を選んで行われたように、婚礼を意識した礼に変わっていったという特徴がある。

また日本をみれば、朝鮮を経由して冠礼が伝わった可能性が高い。これに就いては、今村鞆氏が『朝鮮風俗集』で「朝鮮の冠礼は日本の元服に相当するもので、幼名を改めて実名を付けるのもこのときであった。冠礼をして成人とならなければ、結婚もできないし、大人として社会では扱われなかったからである。たぶん朝鮮から渡ってきた習慣であろう」と指摘している。日本では、公家に唐制から伝わった結髪の儀式があったが、これは烏帽子を載せるだけのものである。武家社会の加冠の儀（元服）は、冠下の髻を結い、侍烏帽子をつける。このとき、幼名を廃して諱（偏諱《へんき》）を付けるのだが、烏帽子親《えぼしおや》から一字貰い、烏帽子親・子関係を結ぶ。例えば徳川家康などは駿府で元服した際、今川義元から「元」の一字をもらって「元信」という諱を名乗っている。これは今村氏が指摘するように、冠礼を日本流の元服に転化させたものと考えられる。

琉球で最も『朱子家礼』に則ったと言われる『四本堂家礼』でさえ、琉球式の「十五祝い」を冠礼の代わりにしている。冠礼は髪型を「片髪結《かたかしら》」にして「烏帽子親」（親戚知人から選ばれた人格者）宅に挨拶に伺い、そのあと登城してお役人方に挨拶し、孔子廟と啓聖祠（孔子の親を祀る廟）にお参りして御香と御灯明を供える、だけである。一五七九年、琉球国王を任命する中国冊封使の副使・謝杰の親戚が使節に同行して琉球へ行った。彼は中国で網巾を大量に買い込んで琉球で売りさばこうと試みるが、琉球人の髪型はカタカシラで、網巾をつける習慣は無く、当然網巾は琉球で全く売れなかった。謝杰は琉球に対して「明の礼にならってお前たちが網巾を着けなければ、琉球国王を任命する儀式は行わない」と言った。驚いた琉球人たちは、われ先にと謝杰の親戚が持ってきた網巾を買い、網巾は完売したという。福建ではそれ以来、商品を無理に押し付ける者を「琉球人に網巾をかぶらせたな」といってからかうのである。[24] この事例からみれば、『朱子家礼』の影響下にあった琉球でも網巾を付けず、冠礼もやっていなかったのである。

冠礼について朱熹は『朱子語類』巻八九で葉賀孫が冠礼を自分で行って良いか質問したところ冠礼は一番行い易い

と答え、その理由として「冠礼は自分の家の中のことで、門を閉じ、巾冠を頭の上に載せてやるだけのことで、むずかしいことはありはしない」と言っている。そういう視点から冠礼をみれば、冠礼自体そもそも外部と関わる礼ではないため、『朱子家礼』をそのまま復元する必要もないし、行ったことにして省略することも可能だったのである。

以上、明末の冠礼の事例を通じて、南宋から明への時代的差異、明から清への民族的差異、そして朝鮮・日本・琉球・ベトナムといった儒教文化圏で、『朱子家礼』は儀礼モデルとして如何に拡大・変容して、存続して来たのかという問題を考えてみた。

注

（1）『東林列伝』巻六。
（2）『明徳先生文集』巻二一「芝泉会約」によれば、毎月初一日が大会で先人祠に謁し、二月に一回常会として、遠方からも会員が来ていた。会では役員を決め、遷善改過簿をチェックしたり、学習講座を開き、士大夫以外も参加していたようだ。
（3）『明徳先生年譜』巻一「天啓二年立芝泉講会」の条。
（4）『明徳先生文集』巻二一「立豫簪会約」によれば、毎月七日に集まり、酒や食べ物も出ず、音楽や劇も呼ばないものだった。
（5）『明徳先生文集』附「新安定変全城記」。
（6）『明徳先生文集』巻二二「伊洛会約一」。
（7）『明徳先生文集』巻二二「伊洛会約一」。
（8）『存古約言』自序より先に行われた芝泉会約でも「君子与人為善、原不計較平昔若素行不検一旦改行従善更是難能、但既要入会須照約行、若不照約行何必入会、今後有願入会者先告会長監会即取会約竝存古約言士大戒各一冊付保本人、前後細看便問君要入会是何意思想其人必有以置対矣」（『明徳先生文集』巻二一「芝泉会約」）とほぼ同文が見られる。
（9）康熙五十年刻、陳鼎『東林列伝』天啓五年十二月乙亥朔頒示天下「逆当魏忠賢東林党人榜」明季党社考を記した小野和子

氏は、馮従吾については触れておられるが、呂維祺に関しては何も記述がない。
(10) 兆璜は、字を伯玉といい、万暦四十一年六月に生まれ、崇禎八年十月に明経に挙げられた。
(11) 『程氏遺書』巻一五。
(12) 『存古約言』巻二、論冠。
(13) 『明史』巻六六、輿服二。
(14) 『程氏遺書』巻一七。嘉靖年間の作徳堂刻本『家礼集説』には「冠用時服」とあり、馮善は程氏の言を引いている。
(15) 「古有三加之礼、冠用紗帽幞頭之類、服用深衣・皀衫・公服革帯之類、制度近迂、品式近僭、亦人情所甚駭者。今断従簡易酌其便於民俗者、以便遵行凡冠初加用小帽・再加用方巾・三加用儒巾或一加冠而申三祝余者、倶照常儀」。また、万暦後期に流布していた『万宝全書』の一つ『新刻天下四民便覧三台万用正宗』巻一六の四礼門「冠礼」の記述でも省略した冠礼である。
(16) 「自礼教不行人心澆薄。婚不親迎、喪尚浮屠、祭典既闕、冠礼久廃、豈尽人心之不古哉、亦無有以礼教倡之耳」。
(17) 四庫全書総目提要の段階で、『存古約言』と『四礼約言』が別の項目になっており、紀昀は王復礼『家礼辨定』は呂維祺の説に基づいていると指摘するが、内容の一致について何の言及もない。
(18) 『存古約言』自序「夫礼則自家礼而集礼書儀礼戴記諸書備矣。人將曰、独不當求之六経乎然而不行其野不違其馬」、および「僭為存古約言十二篇、首敦本言夫孝徳之本也。而閑家而厚俗、則修斎風化繋焉猶未也、而漸及於冠婚葬祭、言夫礼不可斯須去、而此其最大者、若復式・宴会・交際・揖譲・東剳、則皆日用之常、而奢則不孫也。動容周旋中礼者寡矣。故必本之以礼而一返之於実於厚於倹其為説大抵祖家礼、而引用沈帰徳・呂寧陵・及孟雲浦・諸先生所嘗言者、非吾臆説也。其使吾苐取諸家説、而文之亦何益於俗、蓋彼諸家説最簡易、莫如家礼及諸先生郷約、而今皆不可尽見諸施行、無論古今不相及千里不同俗、即我邑人士視前二三十年、亦有異而歳不同者。医者為方必求対症、苟能已病、雖海上単方無異黄岐、不則日取内経・素問・丹渓諸方書録之無益也。故吾之為約言也」の文章が削除されている。
(19) 『文公家礼儀節』冠礼には「按、択日古礼筮日、今不能然、但正月内択一日可也」とある。

（20）　三六七頁〜三八八頁。研文出版、二〇〇〇年。

（21）　『文雅社約』は、文雅台で楊允通・尹之才・喬巽甫・沈鯉とその弟沈鱗の五人が集まって万暦三十年に作った書で、上巻には書劄、宴会、称呼、揖讓、交際、冠服、閑家、御下、田宅、器用、勧義、明微、冠婚、喪祭、身検、心検の十六条、下巻には社倉約、義学約、族田約、勧施迂談、垂涕衷言、郷射約、篤親会、墓享儀、沈氏祠堂生忌単、女訓約言十篇を載せる。この書は、清代に広く使われた『斉家宝要』にそっくりそのまま載せられていて、民間儀礼の中で影響を与えた。

（22）　一六二二年、山東の白蓮教主徐鴻儒は、河北の新興宗教である聞香教の教徒と結んで乱をはかった。聞香教は王森によって指導され、河南を中心に河北・山東・安徽から陝西にまで勢力をもち、ことに上納金をもとにした豊かな財力で貧民を引き付けた。

（23）　「四礼約言」以外にも、万暦年間の『俟後編』巻五「礼文疏節」「便俗礼節」には冠婚葬祭のやり方や注意事項が述べられているのだが、康熙三十九年（一七〇〇）彭定求が重訂して出版している。

（24）　『中山伝信録』巻六、剃頂髪。『増訂使琉球録解題及び研究』（夫馬進編、榕樹書林、一九九九年）岩井茂樹「蕭崇業・謝杰『使琉球録』解題」を参照。

参考文献

呂維祺『存古約言』「挙行冠礼儀注」
呂維祺『明徳先生文集』
「四礼約言」
陳鼎『東林列伝』
『程氏遺書』
『朱子家礼』
『朱子家礼儀節』

『家礼集説』
『朱子語類』
丘濬『大学衍義補』
張一棟『居家必備』
王心敬『四礼寧倹編』
曹庭棟『婚礼通考』
宋纁『四礼初稿』
沈鯉『文雅社約』
『俟後編』
『斉家宝要』
『経国大典』
李惟泰『草廬先生文集』
『増補四礼便覧』
『四本堂家礼』
『中山伝信録』
今村　鞆『朝鮮風俗集』（斯道館、一九一四年）
岩井茂樹「蕭崇業・謝杰『使琉球録』解題」（夫馬進編『増訂使琉球録解題及び研究』、榕樹書林、一九九九年）

朱熹の『家礼』における飲食物

パトリシア・イーブリー（Patricia Buckley Ebrey）
吾妻　重二　訳

要旨

本稿は南宋時代の文化史における或る局面を、朱熹の『家礼』に見える食べ物と飲み物を通して考察する。まず、『家礼』における飲食物を日常生活のいくつかの場面にしぼって説明する。すなわち、日常生活における家庭の規則としての飲食物、定期的に行なわれる祖先祭祀の祭壇における飲食物、婚礼の際の飲食物、さらに葬礼の際の飲食物である。

そして、朱熹が飲食物の供物に込めた、より大きな意味について考えたい。第一に、肉と酒を供えるのは、当時それが仏教ならぬ儒教としての儀礼を特徴づけるものだったからである。第二に、『家礼』においては祖先への供物を盛る祭器にはあまり注意が払われていない。いわばこれは、物質的な形式についてあまり拘泥しなくても儀式の意味は得られるということである。第三に、食事の節制には祖先とコミュニケーションをとる意味があることで、それは、故人の死の直後、まったく食をとらなかったことを人に思い出させるものとなっている。最後に、性別による区別（gender distinctions）は個々の場面に応じてさまざまなパターンを示しているが、これは性別による区別の型が厳重ではなかったことを意味しているかもしれない。

キーワード

祭祀、『朱子家礼』、供物、四時祭

はじめに

中国の文化において、食べ物が重要な役割を持っていることはつとに知られている。食べ物を用意することは祖先祭祀において中心となる行為であるところから、中国の家族制度の宗教的基盤を成す主要な要素となっていた。一九七〇年代、K・C・チャン（K. C. Chang）はその編著『中国文化における食べ物――人類学的および歴史的考察』の中で、この問題について王朝の年代順に調査を行なっている(1)。この書物の中で注目されたのは、材料の使用および料理法の考案、食べ物と健康の関係、そして食べ物の儀式的・象徴的側面についてであった。その後、多くの学者がおそらくこの書物に着想を得て、農業や人口、さらには宗教や儀式に至る幅広い範囲にわたる研究において食べ物に注目してきた(2)。最近においては、ロエル・ステークス（Roel Sterckx）が中国の宗教における食べ物について研究した『祭壇と味覚のあいだ――伝統中国における食べ物、政治学および宗教』を編集した(3)。ステークスは「料理、食べ物の供物と交換、そして共に食事をすることは、伝統的な中国社会における最も一般的な社会的・宗教的コミュニケーション手段であった」と説明している(4)。

本稿では朱熹の『家礼』における飲食物の位置づけを分析する。我々は『家礼』から、宋の時代の習慣、特に士大夫の家族内の習慣を垣間見ることができるが、より明白なのは、伝統的な儀式の意味を保持し、これと需要とのバランスをとることを朱熹が切望していたことで、彼の作ったルールが同時代の人々の実践にとって十分便利なものとなっていることである。言い換えれば、朱熹は進んで妥協していたのである(5)。大多数の人々がこの書物で説明されているとおりに正確に家庭内儀式を行なっていたとは考えにくいが、それにもかかわらず、この書物の影響が以後、七、八世紀にわたっていることを否定することはできない。

ここでは、『家礼』に記される、飲食物の用意に関する方法の概略を説明することから始める。その方法は次の三つのカテゴリーに分類される。日常生活や礼儀作法の一部としての飲食物、定期的に行なわれる儀式の一部として祖先に習慣的に奉げられる飲食物、そして婚礼や葬礼といった特別で非日常的な行事のための飲食物である。また、飲食物を通して伝えられる、より大きな意味をめぐる問題についても考察したい。

一　日常生活や礼儀作法の一部としての飲食物

『家礼』第一章の最後で、朱熹は司馬光の『書儀』（家庭生活での様々な礼儀作法、FR 24～34）をそのまま引用している。家庭生活の中で食べ物が主要な役割を果たしていることから、概して『礼記』の内則篇に基づくこの小論文では、食べ物がわりあい詳しく扱われている。

『書儀』において、女性は食べ物と強く関連している。十歳から少女は料理を習うことになっている（FR 32～33）。成長して結婚すると、食事の前には義理の姉妹とともに、舅姑に何を食べたいかを必ず尋ねる（FR 27）。嫁にとって毎朝初めの任務は、舅姑に挨拶をしたあとで彼らの朝食を用意することである。司馬光は古典を引用しつつ、食べ物に関する女性の任務を正当なことと説明している。

『易経』には「家の中で彼女は食事を用意する」とあり、『詩経』には「彼女が論じることは、酒と食べ物がすべてである」とある。一般に、飲み物や食事の準備は妻たちの義務である。近年は女性たちが高慢になり、厨房に入りたがらなくなったが、彼女たちがみずから包丁や杓を握らなくても、管理・監視を行なって食べ物が優れた清潔なものであることは確認しなければならない（FR 26～27）[6]。

さらに食事の際の礼儀作法について見てみると、子供たちは固形物を食べるようになると、右手を使って食べるよう教えられる（FR 31）。七歳までの幼児は食事の時間を待たずに食べてもよい。しかし七歳になると、男子と女子は一緒に食事をすることはなく、自分たちの順番を待って食事の席につく。すなわち「年長者の後にする」ことを学ぶのである。順番を待つ必要があるということは、彼らに謙遜と譲歩を教えるためにも良いことである（FR 32）。司馬光は、家族がみな一緒に食事をとる姿ではなく、むしろ年齢、年代、性別に従って食事をする姿を描いている。年長者（祖父母）は年少者に奉仕されるべきであり、彼らは年長者が箸を手にとると、速やかに部屋を出なければならない。家族の年少者は別の場所で、年齢順に坐って食事をする。また、子供たちは違うテーブルで、男の子が左側、女の子が右側に坐って食事をする（FR 27）。

二　祖先祭祀の場で定期的に供えられる飲食物

日常の食事には明らかに礼儀があるが、『家礼』では祖先祭祀の際に供える飲食物に関する記述の方がはるかに多くの紙幅を占めている。

家庭には、四世代前までの男女の祖先の位牌（木主）を納めた祭壇が置かれる。主人である男性が毎朝、祖先の位牌に挨拶することになっているが、その場合には飲食物ではなく、焼香だけをするという。最も基本的または習慣的な飲食物の供物としては、満月の時（毎月十五日）に新鮮な果物と茶が供えられ、新月の時（毎月一日）には酒も供えられる。同じように、茶と酒と果物は元旦と冬至の日にも供えられる。これらすべての行事には、家族全員が列席することになっていた。茶と酒の両方が供えられる時には、主人が酒を供え、主婦が茶を供える（FR 14～15）。

これら茶と酒の供物は、地にひざまずき、特に用意した束ねた茅の上に注ぐことによって奉げられた。この伝統的な手法を保持するため、朱熹は司馬光よりもむしろ程頤の見解を採用していた。程頤は、酒を注ぐのは、そこが陰陽の存在しない場であることから、祖霊を呼び出す方法として意味があると述べていた[7]。

月二回の供物以外に、『家礼』は供物が奉げられる五つの習慣的祭礼について注意を喚起している。清明節、寒食節、端午節、中元節および重陽節である。これらの行事の際、家庭では野菜、果物、および角黍などの祭礼に関連する食べ物を供えることになっていた。そのためこれらの行事においては、生の果物のみの月二回の供物とは対照的に、調理された食べ物が供えられた。

さらに入念なのは、季節に一度の祭祀〔四時祭〕で奉げられる供物であった。それらはさまざまな食べ物で、ほとんどが調理されたものであり、よりはっきりと御馳走といえるものであった。

供えられるさまざまな食べ物は、印象深いものである。すなわち、各祖先のために設けられた位置には、それぞれに六種類の果物、野菜と干し肉がそれぞれ三種類、さらに肉、魚、蒸し饅頭、蒸し餅をそれぞれ一皿、スープと米飯がそれぞれ一椀、レバーの串一本、肉の串二本ずつが用意されている（FR 157～158）。これらには塩と酢、そして匙や箸などの食器が添えてある。これらの食べ物は古典に載っている食べ物ではないが、朱熹の時代の宴席では馴染み深いものである。のちの時代の解説者は、ただ、もてなしの時のような食べ物を用いればよいといっている[8]。どこにどの種類の食べ物を置くかは、注意深く指定されており、挿し絵入りのテキストにはしばしば図版が載っている（図1を参照）。また、儀式の直前にはすべての食べ物が熱く温められることになっていた。儀式自体はおおむね、特定の者が適切な手順で各種の食べ物を持っていき、正しい位置に置くことから成っている。

すべての食べ物が正しい場所に置かれたら、束になった茅の上に献酒として酒を注ぐ。その間、炉の上で焼肉が調理され、酒が注がれた後に供物の食卓に置かれる。これは三回行なわれ、一回ごとに違う者が焼いた肉を持っていく。

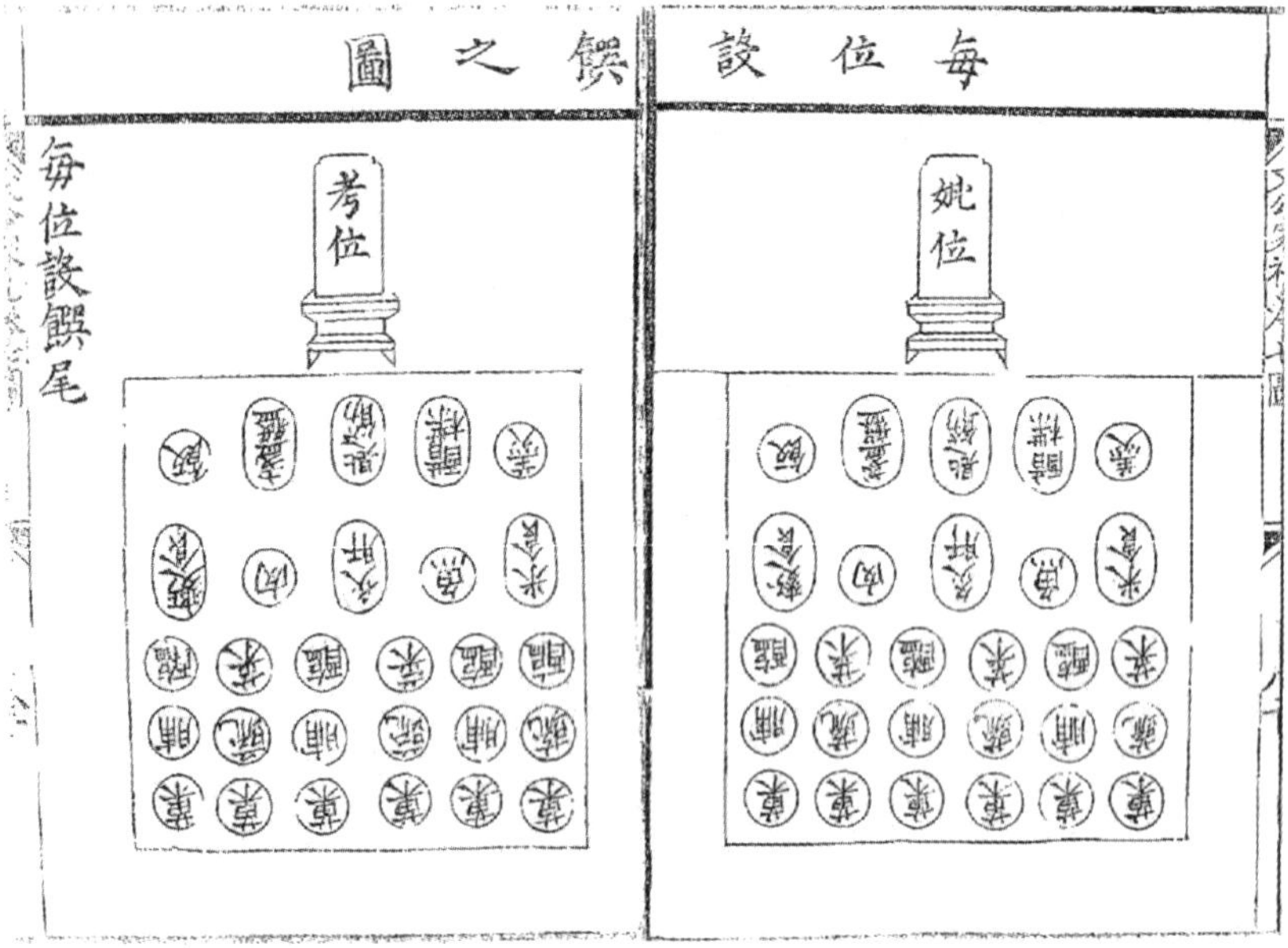

図1　亡父母のための設饌の図（WGJL 図）

その時点で、すべての食べ物が食卓の上に揃い、匙が米飯に挿しこまれ、家族は退席して祖先たちに食事をしてもらう。適当な時間が過ぎたあと、飲食物は片づけられるが、そのうちいくらかは友達や親戚に送られ、残りは家族のための宴席に移されて食べられる。

その後に行なわれる家族での宴会は、少し詳細に説明されている。男性と女性は別々の場所に坐り、それぞれの席順は年齢順および世代順によってきちんと決められている。全員が食べ始める前に、家族の者は年長者たちのために乾杯し、酒を飲む。すべての男性と女性がそれぞれの性別の年長者たちに乾杯したら、反対の性別の者のところに出向き、年長者たちに乾杯する。

全員が席に戻ると、食べ物は決められた順に出される。最初に小麦粉で作られた食べ物〔麵〕が出され、その後に召し使いが家族の年長者たちに乾杯をする。そして穀類で作られた食べ物が出され、その後は酒が自由に飲めるようになる。次に、供えられた食べ物が食べられる。残った食べ物は召し使いたちに与えられ、

「最も身分の低い者たちにまで分けられる」（FR 166）。そして、すべての食べ物はその日のうちに消費される。

季節ごとの祭祀で奉げられる供物は、すべての祖先に対してのものであった。これ以外に特定の祖先たちに対する供物もあり、季節ごとの祭祀の規模を縮小したかたちで、亡くなった両親の命日〔忌日〕、および亡くなった父親を祭る（彼の妻も亡くなっている場合はこれも祭る）季秋の月に奉げられた。これらの行事においては、食べ物の供物の種類は季節の場合とほぼ同じだが、量は少なく、「忌日」には十パーセント、秋の父親のためには二十パーセントの供物にとどまる（FR 172〜175）。

『家礼』にはこれらとはやや異なる供物も記されている。一族の跡継ぎ（長男など）は、立春の日に先祖たちを、冬至の日に始祖を祭るが、これらの儀式の詳細は、より密接に古典にもとづいているようで、主に動物のさまざまな部分から成っている。主人は、動物の屠殺や、毛、血、首、心臓、肝臓、肺、腸の解体、および右前脚、脊、肋骨、後肢をそれぞれ三つの部分に分けるのを監視する。野菜と果物それぞれ六皿ずつも供えられる。ほとんどの家族は、そのような古くから続く一族の跡継ぎを持っていないので、このような手の込んだ儀式をほとんどの人々が実行、または観察することは朱熹の視野には入っていなかった。

朱熹の時代の多くの人々は、祖先の墓で「始祖」に対して供物を奉げていた。(9) 朱熹は家廟で始祖や祖先たちを祭ったが、同時に三月には墓でも祭祀を行なっていた。それが意図的であろうとなかろうと、『家礼』は、どの祖先を墓で祭るべきか述べておらず、供える食べ物についても漠然としている。ただ家での供物として用いられるものと同じようにするというだけである。酒については明記されていない（FR 175〜176）。一方、墓では土地の神を祭るために「魚、肉、穀物、小麦粉で作られた食べ物をそれぞれ大皿に盛り」、酒も添えることになっていた（FR 176〜177）。

三　婚礼における飲食物

飲食物は、祖先の儀式もそうであったように、結婚に関する一連の儀式のほぼ中心的な位置を占めている。「子羊の肉、酒、果物、木の実」は、婚約を確定するための適切な贈り物としてリストアップされているものの一部である(FR 53)。また、婚礼がとり行なわれる前、新郎と新婦は、それぞれの両親が酒を地に献じる際に「誓約」を行なう(FR 56〜58)。新郎が新婦の家に着くと、野生の雁かその木型を代わりに贈る。

新郎と新婦が最初に会う時に、彼らは同じ杯から半分ずつ酒を飲み、次に一緒に食事をとる。

翌日、新婦は舅姑に食事を出すが、その食べ物は新婦側が用意する。また、新婦は舅姑にそれぞれ酒をつぐ。そのあと舅姑は新婦に食べ物と酒を供する。

その一日か二日後、新郎が新婦の両親を訪問すると、彼らは酒と食べ物を出す。

四　葬礼の一部としての飲食物

『家礼』には葬礼や喪礼に関して長い記述がある。そのなかの主な節目は納棺、喪服の着用、埋葬、一周忌〔小祥〕、三回忌〔二年後の大祥〕、服喪期間が終わる二十七ヶ月目〔禫〕である。

『家礼』において死者は成人を想定しており、子供の葬礼に関する説明はない。しかし、喪服の種類やそれを着用する期間の長さを規定する伝統的な「五服制度」にもとづきつつ、服喪の度合いによる遺族の行為の違いを説明している。

死去から埋葬に至るまで、飲食物は初めから儀式の一部になっている。というのも、遺族は飲食物を制限するのに対して、故人に対しては毎日食べ物が供えられるからである。

飲食物の制限は、服喪の度合いにより三つのレベルに分けられている。死の直後、息子と娘（服喪の度合いが一番高い者）は三日間「食べるのを止める」（ただし、親戚や隣人が粥を提供し、年長者たちは彼らにしいて食べさせるとされる）。服喪の義務の度合いが低い者（一年または九ヶ月、兄弟や夫）は三食を抜く。また、より服喪の義務の度合いが低い者（五ヶ月または三ヶ月、兄弟の妻や再従兄弟《はとこ》）は二食を抜く（FR 71～72）。

また、納棺する準備段階では、遺体の口の中に米つぶを入れる（FR 74）。

喪服を身につけてはじめて、遺族は粥を食べることが許される。中程度の服喪義務がある者は野菜も食べることができ、最も低レベルの者は酒を飲み肉を食べることもできるが、宴会に行ってはいけない。埋葬後は、服喪の最も高いレベルの者を除き、全員が肉を食べ酒を飲むことができる。一周忌と三回忌の儀式の後には、さらに多くの種類の飲食物が遺族に許される。

遺族が飲食を制限している間、故人に供えられる飲食物はかなり立派なものである。遺体から遠くない場所に魂帛〔位牌を作る前の魂のよりどころ〕を置き、そこに飲食物が必要な器具とともに「まさに死者が生きていた時に使っていたのと同じように」きちんと並べられる（FR 78）。服喪期間の毎月一日には、もっと豪華な供物――肉、魚、小麦粉または米の食べ物、羹《スープ》、そして米飯がそれぞれ一つの器に盛られている――が置かれる。新鮮な野菜と果物も、それらが手に入れば供えられる（FR 98）。

また、葬礼の過程の各段階で、故人と対話しながら酒が供えられる。弔問に来る者たちが持ってくる贈り物〔奠〕には、多くの場合、茶や酒、果物が含まれる（FR 98）。

埋葬の際、朱熹は、酒、穀物、肉を器に入れて墓前に置くという伝統的な慣行をまず記しているが、さらに司馬光の意見を引用して、それらは役に立たないうえに虫を引き寄せるので「このようなことはしない方がよい」といっている（FR 110）。

埋葬後は、長期間にわたる一連の供物が、祖先になりつつある故人に対して準備される。そしてほとんどの場合、季節ごとの祭祀の供物と同じくらいの食べ物と酒が供えられる。

五　飲食物の供物に見られる、より大きな意味

研究者たちは飲食物の供物のもつ符合的意味に注目し、しばしば対照的な意味を見出して（生《なま》と調理済み、生と死など）、何がなされたのかと同時に何がなされていないのかを考えてきた。エミリー・アハーン（Emily Ahern）の報告によると、彼女が調査している台湾の地域では、家屋内や一族の祠堂とは違う種類の食べ物が墓には供えられていた。祠堂や家の祭壇では、きちんと調理された食べ物が供えられ、儀式の後に調理を加えることなく家族によって食べられている。

これとは逆に、墓に置かれている食べ物はほとんどが乾燥していて（乾麵、乾しキノコなど）、食べるには水に浸したり調理することが必要である。また、神々に対する供え物も対照的で、神々を祖先以外の人間からかけ離れたものとして示すために、生の肉や魚を供えている。[10] K・C・チャンは、飲食物の階層性や分類、調理および保存の過程、もてなす時の用具などには意味が見出せるとして、「食べ物の意味」を分析することを主張した。[11] アンジェラ・ジト（Angela Zito）は、皇帝に関する供物に「料理の基準」を見た。その基準は、「食べ物の（中身の）違い、容器の違い（外側の模様）、およびこれらの二つの対比の秩序の関係から成り立つ、相互に関連する一連の対比の中にある。これらの対比は陰陽の原則、すなわち一方の条件が他方を必要な部分として含むような両極性の構成によって作用してい

る」[12]。彼女が見出したものの一つに、金属製の容器と磁器の対比がある。皇帝の祖先を祀った廟にある容器は金属製だが、郊外の祭壇にあるものは磁器であった。このように、類似点と相違点が同時に通じあっている。「このように同じ容器一式は二つのメッセージを持っている。すなわち、同様の中身によって、すべての供物が同じであること、したがって祖先が神であることが示されていた。同時に、供物（そして神々と祖先）は、異なる容器の形によって違いをも表わしている」[13]。葬礼の場合、スチュアート・トンプソン（Stuart Thompson）は台湾でのフィールドワークにもとづき、食べ物の供えが、死者に対する遺族の両面的感情を示していると論じている。死者は愛されていると同時に危険の源でもあるのである。彼は死者の口に食べ物を入れることを、別れの儀式、すなわち「一体となり、同時に別れる」という別離の動作と見るが、それはまた「死者の恐ろしさを鎮める動作」とも見ることができるという[14]。

このような儀式にかかわる、より大きな意味は、朱熹の『家礼』の中で説明されていたであろうか。朱熹の書物は、儀式を行なうための計画を示したものであり、実際に行なわれた儀式の記録ではないため、解釈する場合は注意が必要である。それでも、いくつかの考え方はかなりはっきりとしている。

最も大きな歴史的レベルにおいては、仏教の死者儀式が絶大な人気を博していた朱熹の時代、葬礼と祖先祭祀において肉と酒を供えるという点が仏教の実践と鋭い対比をなしている。朱熹は一般の人々のために、どうにかして儀式を簡易で費用のかからないものにしようとした。彼は当時、その儀礼が仏教ではなく儒教のものであることをはっきり示すために肉と酒を保持したのだと思われる。

これに比べて、『家礼』では祖先に供物を奉げるのに使用する容器についてはあまり注意されていない。これは、そのようにしなかったことに意味があるのであろう。つまり、それは古礼を物質的レベルで復活させようという試みではなかったのだ。宋の学者たちの間では古代の礼器について強い関心が持たれていた。朱熹は、孔子の祭祀である釈奠を地方官が行なうための儀式マニュアルの中で、宋の時代に発掘され考古学者によって研究された容器にもとづき、彼らが使用すべき礼器の図を載せている。徽宗の時代、およびその子の高宗の時代、宮廷には発掘された礼器を模して、かなり「古代」ふうな青銅製の礼器が作られた[15]。それについて朱熹が、同時代の士大夫が同様の礼器を、たとえば磁器で作るべきだといったことを提唱しなかったのは当時、それなりの意味をもったであろう。ある意味で朱熹は、物質的な形式にあまり拘泥しなくても儀礼の意味は得られると考えていたのである[16]。

人類学者は現代の儀礼における食べ物の供物についても調査しているが、そこで観察されたいくつかの特徴は『家礼』における特徴と一致している。たとえば、亡くなったばかりで納棺されてはいるがまだ埋葬されていない時、故人は埋葬されてから得る食べ物よりも、もっと家族同様の食べ物を与えられており、食べ物はその位牌の前に供えられる。また、遠い祖先に供えられる食べ物は、直近の四世代前までの祖先の場合に比べてあまり加工されていない。

食事の節制もまた、最近の中国において示されているのとさほど違わない意味を持っていたことは間違いないであろう。季節ごとの祭祀の前三日間と月二回の祭祀の前日、祭祀の参列者はニンニクやネギなどの臭いの強い香辛料をひかえ、食を制限して自分自身をいくぶん「斎戒」することになっていた（FR 12、156～157）。家族の死後、遺族は食事を完全に断ったり、長期間にわたって食事を減らしたりしなければならないが、これはそのような制限に比べて、たいへんひかえめな節制であった。トンプソンは、服喪の一部としての絶食が、死者に供えられる食べ物と対照的な意味をもっている——生きている者の食べる量が少なければ少ないほど死者はより多く食べ物を得る——と指摘している[17]。祖先とコミュニケーションする前提としてひかえめな自制を行なう時、故人の死の直後にまったく食をとらなかったことを人に思い出させるのかもしれない。

『家礼』においては性別による区別が明確に浸透している。儒教の伝統では、性別による区別は好ましいものであり、決して隠したり曖昧にしたりするものではなかった。男と女を区別し、離しておくことは社会秩序の原則の一つと見なされていた。『家礼』では、司馬光の『書儀』と同じく、男がすることと女がすることははっきり区別されている。男女がふだん別々の場所にいることは一般的原則とされており（FR 29）、それがほとんどの儀礼にも当てはまるが、ただ、男と女が少なくとも一時的にともに参加する場合がある。たとえば季節ごとの祭祀の際、男と女は一回目、二回目、三回目の献上の時には同じ部屋の反対側に位置するが、その後に続く宴会では別の場所に一緒に集まる（FR 165～166）。

女性は料理と配膳に特別な関係があるとされているが、食べ物が祖先に供えられる場合、それが適切に準備されているかどうかを確認するのは主に男性である。季節の祭祀の場合、女性が必要な食べ物を料理している間、主人の男性は、奉げる動物を検査し、それが殺されるのを確認することが求められていた。

女と食べ物との関係は、男と酒との関係に比せられる。というのも、男が祖先に酒を供えるのに対し、女は決してそれをしないからである。酒は、祖先に供えられる時に飲まれることはなく、祖先に贈るものとして茅の上に注がれる。そのため、これは〔古代ユダヤ教における〕燔祭によく似ている。供物を奉げる者たちはそれを消費しないからである。供えられる食べ物には、そのような扱いをしない。

これらの儀式には、酒を供えることが祖先の霊とコミュニケーションをとる助けになっているという強い前提がある。男が常にそれを主導しているのは、男が霊の世界と特別なつながりを持っているということを示しているのかもしれない。

もちろん、婚礼においては性別による区別が儀式の中心となっているが、飲食物はその区別をするためには用いられていない。男も女も違うものを飲食しないのである。新婦と新郎が飲食を共にする（特に同じ杯から）ということには、明らかに彼らの一体化が象徴されている。また、食べ物を供えることと準備することも家族の絆を作るために大切なことであった。これは新婦が舅姑に食べ物を準備し、そのあとで自分の食事をとることに見られる。

祖先祭祀のさまざまな儀礼において（最も基本的なものから最も重要なものまで）、男のみが参加する儀式と男女両方が参加する儀式は区別されている。両方が参加する儀式の場合（これが大多数である）、フランチェスカ・ブレイ（Francesca Bray）の言葉を借りるなら、男の主宰者の「儀式のパートナー」としての女の主宰者といったかたちで、男と女が対になることがよくある。[18] ただし、一般には男性が優先する。そのため、月二回の祭祀や季節ごとの祭祀においては、男が東側に年齢順に並び、女は西側に並ぶ。主人がまず祖先の男たちの位牌を出して並べ、次に主婦が祖先の女たちの位牌を出して並べる（FR 12～14および159）。季節の祭祀の際に食べ物を供える場合は、主人と主婦がさまざまな料理を代わる代わる台の上に置いていく。主人は肉を置き、主婦は小麦粉で作った食べ物を置く。次に主人が魚を、主婦が穀物の料理を置き、さらに主人が羹を、主婦が米飯を置く。こういった組み合わせはでたらめなものではなく、男がより高価でタンパク質の豊富な食べ物と関係するのに対し、女が主食と関係していることを物語っていると思われる。次に、主人は祖先の男女双方に献酒し、肉を供える。これに続いて主婦は同じことを供物を祖先たちに奉げる。そして、三番目は他の男、おそらく主人の弟か息子によって供物が奉げられる。このように、男が三つの供え物のうち二つを供えるため、完全な対にはなっていない（FR 161～163）。

このほか、性別による区別がなされない場合について考えてみるのも興味深い。亡くなった母親には亡くなった父親と同じ種類の食べ物が同じ量で供えられる（より正確にいうと、亡くなった父親の妾に対してもそうされる）。忌日（命日）の時の供え物は、亡き母と父の両方に同じ手順でなされる。また、性別によって葬礼の儀式に区別がなされることはなく、父の葬礼と母の葬礼は同じ手順をふむ。服喪する義務が等しい女と男は（たとえば未婚の兄弟姉妹が両親に対して）、同じやり方で儀式を行なうのである。[19]

注

（1）Chang, 1977.

（2）特に、Anderson, 1988; Thompson, 1988; Zito, 1997を参照。
（3）Sterckx, 2005.
（4）Sterckx, 2005, p.4。
（5）Ebrey, 1991を参照。これと異なる解釈については、De Pee, 2007, pp.72～81を参照。
（6）『易経』の引用は家人卦、周易4.17a, Wilhelm p.145。『詩経』の引用は、詩篇189、11B: 11a; Waley, p.284〔小雅斯干篇〕。
（7）ECJ yishu18, p.241.
（8）例、Qiu Jun, JLYJ 7.5ab.
（9）Ebrey, 1986.
（10）Ahern 1973, pp.166～174.
（11）Chang 1977, p.19.
（12）Zito 1997, p.171.
（13）Zito 1997, p.173.
（14）Thompson 1988, p.83.
（15）Ebrey, 2008を参照。
（16）なお注意すべきことは、FR 11に、祖先祭祀で用いる水盤〔盥盆〕、火爐、酒と食べ物のための皿は「鍵をかけてしまっておき、他の目的で使用してはならない」と述べていることである。人々がこの指示に従ったとしたら、要するに食器一式が別に必要だということになる。これは厳格なユダヤ教徒が出エジプトを記念して行なう過ぎ越しの祭りを思い起こさせる。
（17）Thompson, 1988, p.74.
（18）Bray, 1997, p.102.
（19）しかし、女性は結婚によって自分と血のつながる家族たちへの服喪義務がある意味で変わるが、男性は結婚によってそれが変わらないのも事実である。

参考文献

基本資料

ECJ：*Er Cheng ji* 二程集, Cheng Hao 程顥（1032〜1085), Cheng Yi 程頤（1033〜1107）共著, Beijing: Zhonghua shuju 北京・中華書局, 1981年.

JL：*Jiali* 家礼, Zhu Xi 朱熹（1130〜1200）著, Siku quanshu 四庫全書本.

JLYJ：*Jiali yijie* 家礼儀節, Qiu Jun 丘濬（1421〜1495）著, 1618年.

FR：*Chu Hsi's Family Rituals*（朱熹の家礼）：冠礼, 婚礼, 葬礼および祭礼の実践に関する12世紀の中国のマニュアル. 翻訳および注釈, 31ページの導入部分を含む. 巻末に中国語のテキストを掲載. Princeton University Press, 1991年.

SX ZX：Shaoxi zhouxian shidian yitu 紹熙州県釈奠儀図, Zhu Xi 朱熹著（1130〜1200). Siku quanshu 四庫全書本.

WGJL：*Wengong jiali* 文公家礼, Zhu Xi 朱熹（1130〜1200）著, Jiang Guozuo 蔣国祚編, 1602年.

二次資料

Ahern, Emily M. 1973. *The Cult of the Dead in a Chinese Village*（中国の村における死の儀式). Stanford: Stanford University Press.

Anderson, Eugene. 1988. *The Food of China*（中国の食べ物). New Haven: Yale University Press.

Bray, Francesca. 1997. *Technology and Gender: Fabrics of Power in Late Imperial China*（技術と性別：後期中国帝制時代の手工織物). Berkeley: University of California Press.

Chang, K. C., ed. 1977. *Food in Chinese Culture: Anthropological and Historical Perspectives*（中国文化における食べ物：人類学的および歴史的考察). New Haven: Yale University Press.

De Pee, Christian. 2007. *The Writing of Weddings in Middle Period China: Text and Ritual Practice in the Eighth through Fourteenth*

Centuries（中期中国の婚礼の記述：８―14世紀のテキストと儀礼実践）. Albany: State University of New York Press.

Ebrey, Patricia Buckley. 1986. “The Early Stages of the Development of Descent Group Organization（家系組織の発展の初期段階）,” in *Kinship Organization in Imperial China, 1000-1940*（帝制中国における宗族組織）, ed. P. B. Ebrey and J. L. Watson, pp.16～61. Berkeley: University of California Press.

———1991. *Confucianism and Family Rituals in Imperial China: A Social History of Writing About Rites*（帝制中国における儒教と家礼：儀礼書の社会史）. Princeton University Press.

———1995. “Liturgies for Ancestral Rites in Successive Versions of the Family Rituals（家礼の続編としての祖先祭礼の儀式）,” in *Ritual and Scripture in Chinese Popular Religion: Five Studies*（中国の民俗宗教における儀礼と経典――５つの研究）, edited by David Johnson, University of California Center for Chinese Studies, pp.104～36.

———2008. *Accumulating Culture: The Collections of Emperor Huizong*（積み重なる文化――皇帝徽宗のコレクション）. University of Washington Press. 497.

Sterckx, Roel, ed. 2005. *Of Tripod and Palate: Food, Politics, and Religion in Traditional China*（祭壇と味覚のあいだ――伝統中国における食べ物，政治学および宗教）. New York: Palgrave Macmillan.

Thompson, Stuart E. 1988. “Death, Food, and Fertility（死，食べ物そして多産）,” in *Death Ritual in Late Imperial and Modern China*（後期帝制および現代中国における死の儀式）, ed. James L. Watson and Evelyn S. Rawski. Berkeley: University of California Press.

Zito, Angela. 1997. *Of Body and Brush: Grand Sacrifice as Text / Performance in Eighteenth Century China*（身体と筆のあいだ――18世紀中国におけるテキスト・実践としての荘重な捧げ物）. Chicago: University of Chicago Press.

Ⅱ　日本における『家礼』文化の諸相

後期水戸学の喪祭礼

澤井啓一

要旨

水戸藩では二代藩主徳川光圀の時期に『朱子家礼』に基づく喪祭礼が導入されたが、その後どのように継承されたか、あるいはされなかったかについては研究が不十分である。本稿では、後期水戸学の葬祭儀礼に関する最後の出版物だと考えられる弘道館蔵版『官許　喪祭式』を取り上げて、その出版に至る経緯とそこで『朱子家礼』がどのように扱われているかを検討した。

本資料は、九代藩主斉昭が天保年間に彰考館関係者にまとめさせて出版しようとしたが果たせず、一八六八年に十一代藩主となった昭武によって一八六九年三月に出版された。一八七一（明治四）年七月には廃藩置県によって水戸藩は消滅するのだから、本当にぎりぎりの時期に出版されている。

本資料は「一巻」となっているが、いくつかの異なる内容から成り立っている。最初に「喪礼略節」が置かれ、続いて「祭礼略節」、「喪祭儀節」、「喪祭大意」、最後に付録として「郷中喪祭大概」「天保年中郷中達之略」が付けられている。

本資料は九代目藩主斉昭が天保期に実施した「宗教改革」、すなわち寺院を中心とした檀家制度から神社を中心とする氏子制度へと領民の管理統制システムを転換しようとしたことと深く関わっている。本書のこの内容には、天保期に実施しようとした、葬祭儀式から仏事風習を排除すること、神葬祭儀礼を確立することが反映されている。

本資料には『朱子家礼』を実践するという趣旨の発言は一切見られないが、使用されている用語や説明はかなりの部分が『朱子家礼』を踏襲していて、依然として『朱子家礼』の影響が大きかったことが分かる。当時の日本では、仏教を排斥して神道を創立すると言っても、肝心の神道形式の儀礼が存在していない以上、ただちに標準化できなかったのである。結局のところ儒教の喪祭儀礼に頼るしか手立てはなかったことが本資料から窺える。

キーワード
朱子家礼、儒葬、神葬、喪礼、祭礼、水戸学、徳川斉昭、『官許　喪祭式』

一　問題の所在

二代藩主徳川光圀（義公）を中心とした時期に水戸藩に『朱子家礼』に基づく喪祭礼が導入されたことについては、近年、田世民氏や吾妻重二氏の研究によって事実関係がかなり明らかになってきた(1)。しかし、それがその後の水戸藩でどのように継承されたか、あるいはされなかったかについては、まだまだ不十分な点が多い。もちろん、それには相応の理由があるのだが、本稿ではそうした事情も含めて考えてゆくことにしたい。

最初にタイトルの「後期水戸学」という呼称について説明しておく必要がある。たんに「水戸学」と呼ぶか、「前期」と「後期」をつけて分けて呼ぶかは、研究上の立場によって異なる。「前期」というのは、先に触れた二代藩主光圀が『大日本史』の編纂に着手した時期、だいたい十七世紀中頃から十八世紀初めを指す。それに対し「後期」とは、一時期低迷していた『大日本史』編纂事業が立原翠軒や藤田幽谷らの努力によって再び盛んになったものの、やがてそれぞれを中心とするグループの対立へと発展し、最終的には藤田派によって九代藩主斉昭（烈公）が擁立されて諸改革が実行された十八世紀末から十九世紀中頃までを指す。「前期」と「後期」では社会状況やそこで実施された諸政策が大きく異なるので、第二次世界大戦後の研究では両者を区別するのが一般的である。ただ「後期」に活動した人々が自分たちの正統性を主張するために「義公精神の継承」を標榜したという事実があるので、それを重視する人々は時代を超えて一貫した「水戸学」が存在したと主張する。こうした主張は戦前に多かったが、現在もそのように考える人々もいる。また戦後の研究者の一部には「後期」において始めて明確な思想運動が成立したのであるから、「後期」のみを「水戸学」と呼ぶべきだと主張する者もいる。ただし、本稿では、たんに時期的な区分として「後期水戸学」という呼称を用いることにしたい。

「水戸学」の名称に関する議論が「水戸学」とはなにかという定義に関わる以上、研究上のさまざまな問題に影響を及ぼしているが、冒頭に触れた水戸藩における『朱子家礼』の導入、とりわけその「定着」に関する研究が遅れたことにも大きく関わっている。というのも、後期に活動した藤田幽谷を中心とする人々が「義公精神の継承」を唱えながら何を実行しようとしたのかということを、研究者がそれぞれにどう認定するかがそこで問題となるからである。かれらの主体的な意識はさておき、現在から見れば、かれらが実行したことは儒教を自分たちに実践可能なものへと置き換えることだったと認定することもできる。ただ「国学」の成立とも共通するが、「中国起源」である儒教と同等なものが古代日本に存在したという置き換えの作業を完遂させてゆくことは、中国に対する日本の優位を主張する「排外主義」的思想を生産することでもあった。後者が後期水戸学の目標であったと考えると、「優れた文明」として儒教を実践するというプロセスではなく、「外部」の象徴である儒教と同等か、それ以上の意義をもつ「古代日本の習俗」を復元するプロセスを明らかにすることが後期水戸学研究の目的となる。このようなことから、後期水戸学の研究では、儒教ないし『朱子家礼』に基づく喪祭礼の実践ではなく、「神葬祭」、すなわち日本古来からの神道形式の葬儀・祭礼の実践という言説で語られることが多く、儒教儀礼の「土着化」という問題意識は希薄なままであった。

問題は、上記のような置き換えが、近代になってから始まったのではなく、後期水戸学の人々によって自覚的に行われたことであり、近代の研究はたんにそれをなぞっているにすぎないということである。このことは、幽谷の息子で藩の重職を担うようになった藤田東湖の文章から確認することができる。

威公之薨、新相兆域於瑞竜山、葬儀一用儒葬、建廟於城中、堂室之設、祭享之典、専遵古礼、

（『弘道館記述義』下、「義公継述」）

公之廟祭、雖用儒法、而祭服祭器飲食之類、皆遵□皇朝之典、坐跪拝趨之節、悉従当世之俗、其他若元旦薦兎羹献佩刀鞍馬之料、亦依宗室之旧章、固非世之拘儒舎此従彼者之比也、

（同右の割り注）

この文章は、光圀が父の初代藩主頼房（威公）の葬儀を行った様子について述べたものであるが、葬儀では儒葬を用いたが、「祭享之典」は「古礼」に依拠していると述べ、さらにその「割り注」では、「古礼」の説明として「皇朝之典」「当世之俗」「宗室之旧章」が取り入れられたと言い、当世の「拘儒」が儒教あるいは中国のみを尊んでいるのとは雲泥の差があると強調している。この最後の一文に後期水戸学の主張がよく現れているのであるが、現在の研究では、葬儀も、またその後の祭儀においても、光圀は儒教の葬祭儀礼を導入しようとしていたと想定するのが一般的である。完全には儒教式で行いえなかったので、やむをえず「当世之俗」が用いられたと解釈するべきだというのである。

もちろん、光圀には日本の「古礼」を復元しようという意志が明確にあったとする意見もある。(2) その場合の根拠とするのは、頼房の葬儀ではなく、それに先だって行われた夫人泰姫の葬儀に関する光圀の発言である。

往年余講礼記喪礼文公家礼、泰姫聴之曰、妾聞、本朝上古葬礼近儒礼、近代仏氏横馳、乱本朝之大礼、妾願終命之後、不嚫金僧侶、挙本朝之礼、以兼儒礼、余曰百歳之後、我若存如言、故今所為如此、

（『水戸義公全集』上、「常山文集拾遺」所収「藤夫人病中葬礼事略」）

ここで光圀は泰姫の葬儀を仏教式ではなく儒教式で行った理由として、泰姫本人の意志によると述べる。もう少し丁寧に言えば、本来は「本朝上古葬礼」に則して行いたいところだったが、それはかなわないので、「本朝上古葬礼」に近い儒礼で行ったという主張になろう。ここから光圀に「本朝上古葬礼」を復元する意志が明確にあったという解釈が生まれてきた。光圀が家臣の今井有順に命じて『神道集成』を編纂させたことがそれと結びつけられる(3)。もちろん、こうした解釈も成り立つかもしれないが、ちょっと短兵急に過ぎる気がする。というのは、光圀に「本朝上古葬礼」を復元する意志を認めようとする人々は、上記の文章に続く箇所をなぜか無視しているからである。

然郎罷命僧侶四十九日之後、欲転読法華千部、是故釈氏推号法光院圓空覚心、是雖負泰姫之素願、蓋依父命之不能違也、（同前）

ここでは泰姫の四十九日を仏教式で行ったことが書かれており、しかもそれは泰姫の実家である近衛家からの要望による——「父命」という表現からすると強要に近いものだったかもしれない——ということが述べられている。さきの葬儀に際して光圀は泰姫に「哀文夫人」という諡号を付けていたが、四十九日に際して「法光院円空覚心」という法号へと変更したとも述べている。ここから明らかなことは、京都の公家衆の中でも名門とされる近衛家でさえも仏教式の葬祭が慣習化しており、光圀が葬儀を儒教式で行ったことに大きな違和感を抱いたという現実である。ましてや「本朝上古葬礼」など、近衛家を始めとしてどこにも存在していなかったと言ってよいだろう。そもそもこの文章は近衛家に対する釈明あるいは弁明のために書かれたのである。仏教以外の葬祭儀礼を行うことに非常に強い抵抗があったという当時の状況を考えると、光圀が引用する泰姫の「本朝上古葬礼近儒礼」という発言も、仏教ではなく儒教の儀礼を実施することへの理由付けのように聞こえなくもない。

「本朝上古葬礼」に対する光圀の意図がどうであったかは、今となっては測りようがない。ただ、当時慣習化されていた仏教式とは異なる葬祭儀礼を実施したいということだけは明白である。それ以外に、藤田東湖が述べているような、儒教の葬祭儀礼を斟酌して日本固有の「古礼」との調停を測ろうとする余裕はなかったと思われる。そして後期水戸学が生産した葬祭儀礼に関する著作を調べると、じつは東湖の発言とは裏腹に、後期水戸学においても仏教式の葬祭儀礼を排除して儒教式の葬祭儀礼を導入することが大きな課題であり、またそれがいかに実現困難だったかが知られるのである。

二　弘道館蔵版『官許　喪祭式』の内容

栗田寛といった水戸藩に関わりのあった人物が明治になって個別に出版した事例を除けば、一八六九（明治二）年の弘道館蔵版『官許　喪祭式』が後期水戸学の葬祭儀礼に関する最後の出版物だと考えられる。跋文を見ると、九代藩主斉昭が天保年間に「史臣」すなわち『大日本史』の編纂に従事していた彰考館関係者にまとめさせて出版しようとしたが果たせず、一八六八年に十一代藩主となった昭武によって一八六九年三月に弘道館から出版したことが分かる。版籍奉還によって昭武が水戸藩知事になったのが同年六月、一八七一（明治四）年七月には廃藩置県によって水戸藩そのものが消滅するのだから、本当にぎりぎりの時期に出版されている。ただし、実際の出版は七一年とする説もある。これによれば廃藩置県の直前に出版されたことになる。(4)それはともかく『官許　喪祭式』について分かるのはこれぐらいで、斉昭が命じたのは誰か、その意図は何か、なぜ昭武は明治初年に出版させたのか、またその出版に関わった者は誰かなど、分からないところが非常に多い。また細かなことになるが、「官許」の二文字が意味するところはなんであるかについても説明がされていない。(5)

上記のような『官許　喪祭式』をめぐる問題については、複雑に絡まった事情を解きほぐす必要があるので、その説明は後回しとし、まずは『官許　喪祭式』の内容について紹介することにしたい。

本書は「一巻」となっているが、いくつかの異なる内容から成り立っている。最初に「喪礼略節」が置かれ、続いて「祭礼略節」、「喪祭儀節」、「喪祭大意」、最後に付録として「郷中喪祭大概」「天保年中郷中達之略」が付けられている。また「喪礼略節」から「喪祭大意」までは漢字とカタカナを交ぜた文章で書かれ、「郷中喪祭大概」と「天保年中郷中達之略」とには漢字とひらがな（くずし文字）が用いられていて、これは対象とする者の違い、すなわち前者は武士身分、後者はおもに農民を対象にしていたことによると思われる。以下、順をおって注目されるところを説明したい。

①「喪礼略節」

「初終」から「大祥」までについて、簡潔ではあるが、かなり細かなところまで配慮して説明している。「禄ノ厚薄、家ノ有無」を斟酌して変更してもよいと最初に書かれていることから、武士身分を対象にし、家格や財産によって違いがあることを前提にしていることが分かる。

「初終」については、遺体を「表座敷」に安置すること、「平日著スル所ノ礼服」を着けさせるということが当時の生活習慣を考慮した点で注目される。また割注で「復」について触れ、「復ハ古礼ナリ、今世俗ニ其意小シク存ス、志アルモノハ斟酌シテ行フコト、心次第ナルベシ」と述べる。『朱子家礼』との比較で言えば、「礼服」について、家礼』では「沐浴」の後に行うことになっていて（「襲」）、そこで用いられる衣服は当然「深衣」なのだが、その入手が不可能であったことを考えると、「平日著スル所ノ礼服」という説明は、『家礼』の意図を十分に取り入れた結果と言えよう。また「復」については、『家礼』にあるとおりに実践するかどうかは、日本の『家礼』受容において意見の分かれるところだが[6]、ここではやってもやらなくてもよいと曖昧な指示となっている。ただし「復」を「古礼」と断言し、世俗に慣習として残っていることを擁護している点は注目されよう。

「喪礼略節」では、「初終」から「大祥」まで同等の項目としていて、『家礼』のように「初終」や「沐浴・襲・奠・為位・飯含」といった大項目を立てることはしていない。「初終」から「沐浴」までの間に「設魂帛」「書遺言」「設奠」「設香案」「易服」「立喪主」「護喪」「治棺」の項目が挙げられているので、その中で注目されることを指摘しておこう。「易服」では喪服について説明しているが、「藤布無紋ノ上下」とあるので、麻布で裃《かみしも》を作るということであろう。古代日本では藤づるの繊維で作った「ふぢごろも」が喪服として使用されていたことから、それにちなんで「藤布」と呼んだと思われる。この衣服を作っておいて祭礼にも着るようにと勧めている。ただし『家礼』が「成服」の項で事細かく規定している「斬衰」「斉衰」などに関してはまったく言及がない。また「喪主」については、割り注で「死者ノ長子喪主トナル」と述べるが、『家礼』のような「長孫」に関する説明はなく、かえって「兄弟死ルニ、其子幼少ニテ喪ヲ主トスルコト能ハザル時ハ、兄弟ノ内喪ヲ主ル」と、孫ばかりでなく子においても喪主の代わりが務められるとしている。ただ「父生存ノ内ニ母ノ喪アレバ、父喪主ニテ礼ヲ行フ」とか、「父存生ニテ、妻子ノ喪アル者ハ、父喪礼ノ事ヲ行フ」といった家長重視の姿勢は『家礼』と合致する。これが日本の「イエ」制度を踏まえたものかどうかはさらに検討する必要があろう。

「沐浴」からは、「納棺」「霊座」「喪次」「朝夕奠」と葬儀の準備に至るまでの項目が並べられている。「沐浴」については割り注で「沐浴ノ礼アレドモ、尸ヲ動揺スルニ忍ビザルノ情モアルコトナレバ、巾ニテ面ヲ軽ク拭ヒタルニテ可ナリ」と、当時の慣習に由来する感覚への配慮を示す。また「納棺」では、「紙包ノ洗米ヲ口辺ニ入レ」るという『家礼』の「飯含」に準ずる行為のほかに、「大小刀ノ形ヲ竹ニテ作リ、棺中ニ入ベシ」と、竹光を納めるようにと指示している。割り注でも「刃物ノ類ハ用フベカラズ、金銀銅銭ノ類、武器ノ類、有用ノ品、一切入ベカラズ」と、かなり強い調子で述べているが、これは埋葬に際して「魔除け」の品物などを用いる慣習があったことによるのかもしれない。(7)

この後は「択葬地」「祭土地神」「穿壙」「刻誌石」「作主」など、具体的な葬儀の準備が並べられている。埋葬場所についていては「高燥ノ地ニシテ後世マデ発掘ノ患ナキ処」といった常識的なことしか述べておらず、どのように選定するかということについては一切触れていない。また「祭土地神」についても、『家礼』に「祀后土」とあるために置かれたのか、あるいは当時の慣習ではあまりにも多様であったためか、「其儀節ハ、人ノ貴賤、禄ノ厚薄ニヨリテ、一定シ難キユヘ、此ニ載セズ」と、曖昧な説明に終わっている。また「穿壙」の箇所では、ほぼ『家礼』にあるままに「灰隔」の作り方を述べている。「墓誌」についても、『家礼』に従って二枚用意することを指示するが、割り注で「小禄・貧家ニテ略スルモ可ナリ」とか「瓦ニテ制スルモ可ナリ」と述べているところは当時の慣習との隔たりを考慮してのことかもしれない。ただし『家礼』に見える「明器」「下帳」などの副葬品に関する言及は一切なく、これも当時の慣習との相違に由来すると考えられる。さらに「神主」については、「祀堂ヲ別ニ建テ祭ルモノハ神主ヲ制シ、室堂ノ中ニテ祭ルモノハ、神主・神位、喪主ノ心ニ任スベシ」と述べていて、一瞥する限り、儒教の葬祭儀礼でもっとも重要と思われる「神主」に対して強いこだわりを見せていない。「神位」というのが具体的に何を指しているのか不明なのだが、「神主」と区別しているところを見ると、この時期になると神道式の「位牌」が広まっていたということだろうか。割り注で「神位ハ陥中ナキモ可ナリ」とあるところを見ると、儒教式の「神主」よりも仏教式の「位牌」に近いものが使用されていたとも推測できる。また、先に触れなかったが、「魂帛」についても、「簡便ニ従フモノハ、魂帛ヲ用ヒザルモ可也」と、死者の霊の依代がなくてもよいとも受け取れることが書かれていた。儒教の葬祭礼、あるいは『家礼』を受け入れることの難しさがこのあたりに表れている気がする。

次いで出棺から埋葬までが述べられる。「朝祖」「遺奠」「題主」「発引」「及墓」「窆」であり、おおむね『家礼』に準じた内容となっている。この中で注目されるのは「題主」である。項目の名称は『家礼』と同じく「題主」、すなわち埋葬直後に墓所において「神主」に文字を書き入れる儀礼とされているが、実際には「神主ノ文字ハ、予メ認メ、主ノ字ヲ一画ヲ残シ置キ、出棺ニ臨テ主人酒ヲ薦メテ、主ノ字ヘ画ヲ加ヘ、上香拝」とあるように、たぶん朱舜水によってもたらされた明礼の「点主」、しかもさらに簡便にされたものであった。というのは、「点主」も本来は墓所において行うものであるが[8]、ここでは出棺の前の儀礼となっているからである。また割り注で「神位ナレバ、神ノ字、画ヲ省キ置クベシ」と、先にも触れた「神位」を使用する際の注意事項を述べている点も注目される。このような改変が行われた理由は、いまのところ不明である。

最後は、埋葬後に帰宅してから行う儀礼で、これもほぼ『家礼』に準じて、「反哭」「虞祭」「小祥」「遷主」「大祥」となっている。「反哭」では、「俯伏シテ哀ヲ挙グ」というのが「哭」の説明になっている。じつは「哭」については、この箇所が最初の言及で、「初終」などで「哭」を必ず行うかどうか、明示されてはいない。さらに『家礼』では「虞祭」「小祥」においても「哭」に関する言及があるが、本書では一切それが省かれていて、じっさいには「哭」という儀礼は行われなかったのではないかと推測される。それゆえ『家礼』では「卒哭」が挙げられているが、ここでは、それを省き、割り注で「古ハ、虞祭ノ後ニ卒哭ノ祭アリテ、吉礼に変ジ、……今是ヲ略ス」と、「古礼」――これが何を意味するか具体的にはよく分からないが――として紹介するに止まる。

②「祭礼略節」

冒頭で「祭祀ノ儀節、其人ニ随テ斟酌スベキコト、喪礼ニ同ジ」と述べ、家格や財産によって違いがあってもよいとしているが、「布衣」以上、「物頭」、「平士」と、家臣を大きく三分して、それぞれ祀るべき祖先の数を指示している点がまず注目される。元来『家礼』は士庶人が一律に実践すべき儀礼として制定されたはずであるが、それを受容しながらも階統による隔てを設けなければならなかったところに、近世日本の武士身分制の複雑さがある。

具体的には、「布衣」以上は「始祖ト祖禰ト三世」、すなわち祖父と父の二代と「始祖」を祭ることができるとする。

そして「始祖」については割り注で「始テ仕テ、士トナリ、大夫トナリタルモノ」、すなわち最初に水戸藩に仕えた人物が「始祖」であると定義づけている。これは当時の「イエ」の始まりに関する意識を窺ううえで興味深い。また『家礼』を意識してか、「高祖曾祖ハ、始祖ノ室ニ蔵メ置キ、礼ヲ略シテ祭」ることがわざわざ述べられている。いずれにしても、『家礼』のように四代ではなく、三代となっている点が重要で、ここから四代の祭祀は藩主か、それに準ずる人々だけの特権と考えていたのではないかと推測される。

「物頭」「平士」は三代の祭祀からさらに減らされるので、「物頭」は「祖禰」のみの二代の祭祀、「平士」は「禰」のみの一代だけの祭祀となっている。ただ、当時の祖先祭祀が実際にその通り行われていたかと言えば、たぶん違っていただろう。そのことを意識してか、「物頭」について「始祖ヲ祭ラズ」と述べたあと、割り注で「始祖ノ室アル者ハ、祭リノ時ニ開カズ、忌日ニ軽ク祭ルベシ」と、祭日ではなく忌日であれば、そしてそれが簡略であれば、祀ってもよいとしている。このあたりが慣習との妥協点ということなのかもしれない。

もう一つこの資料の大きな特徴は、「イエ」制度の本家・分家システムに応じた規定を設けたところにある。すなわち「先祖ノ祭ヲスルハ、其本家ニ限リ、分家ノ者ハ、其祭日ニ本家ニ往キテ祭ヲ助クベシ」と本家中心主義を唱え、さらに割り注で「本家賤シク、分家貴シト雖モ、同断ナリ」と、現在の状況ではなく、その系譜において確認すべきことを述べる。本家・分家システムは、長子単独相続を前提とした日本の「イエ」制度で生まれたものであり、中国の分割相続を前提にした『家礼』には当然見られないが、韓国の門中制度における分派の存在と類似したところが認められる。

このように「イエ」制度を考慮した規則を設けているが、祠堂を作り、昭穆に従った祭祀を要求する点は『家礼』に準拠したものと言える。ただ祠堂を作っても、室の代わりに棚を設けること、さらには祠堂ではなく表座敷などに棚を設けることでもよいとしている点は当時の実情を考慮してのことだと思われる。すでに述べたように始めて藩に仕えた者を「始祖」としたうえで、「其子ヲ昭トシ、孫ヲ穆トスル、是ヨリ一代ハ昭、一代ハ穆ト、代々皆此例ニテ推スベシ」と昭穆を決定するように説く。ただ日本の「イエ」制度では、兄弟が相次いで相続する例もあり、『家礼』が前提にするような世代交代とはならないのが実態であるが、もちろんこのことについては何も触れていない。祠堂に関しては、ここにおいて初めて「布衣」以上でも禄高が千石以上の者と以下の者とで差異があること、すなわち千石以上では三室に「布ノ帳」を用いることと「神主ノ櫝褥」とが許されると記されている。もっとも千石以上の禄高は家老や用達といったごく一部の重職者に限られていたので、これがどこまで現実を反映したものであるかは分からない。

祭礼の時期として「時祭」がもっとも重要だとするのは『家礼』に従ってのことであろう。この「時祭」は「春夏秋冬ノ仲月」、すなわち二月・五月・八月・十一月、日にちは「春分・夏至・秋分・冬至」に行うが、別の日でもよいとしている。『家礼』では占いによって「四時祭」の日にちを決めること、それとは別に冬至に「始祖」、立春に「先祖」すなわち始祖から高祖までの間の祖先、さらに季秋に「禰」を祭るとあるが、それについての言及はない。次に「忌日」が重要だとするが、「始祖ト祖禰」の三代を祭る者、「祖禰」の二代を祭る者、「禰」の一代のみを祭る者があることをもう一度説いている。ただ「高祖・曾祖」をまったく祭らないのではなく、「降神」等の儀礼を略して、ただ供え物を薦める程度にすることが説かれている。その他に、元旦、毎月の朔望、さらには人日・上巳・端午・七夕・重陽・玄猪といった祝日が挙げられている。五節句以外に「玄猪」が挙げられているが、これは十月の猪日猪刻に餅を食べて無病息災を祈願する風習であり、なぜこれが五節句とともに挙げられているかはよく分からない。最後に「墓祭」であるが、「三月上旬カ又ハ七月朔前後ノ日ヲ用フベシ」とある。「三月上旬」というのは『家礼』に従ったものであるが、「七月朔前後」についてはよく分からない。七月中旬に行われた「お盆」の習慣を考慮したものかもしれない。

③「喪祭儀節」と「喪祭大意」

「喪祭儀節」はある意味で本書のもっとも重要な部分で、分量も全体の半分近くを占めている。そこでは「士神祭」「題主」「虞祭」「遷主」「時祭」「忌日」の式次第がかなり具体的に記されている（ただし「忌日」は項目のみで、「時祭ニ同ジ」としか書かれていない）。さらに「士神祭祝文」「題主祝文」と題して、その「祝文」の文案が紹介されている。このほかにも「遷主」「時祭」「忌日」の文案も示されているが、これらはおおむね『家礼』に従っている。

注目されるのが、このあとに「銘旌」「神主」「墓誌」の説明が来るが、そこでは当時の慣習が配慮されているという点である。武家の慣習として、実際の役職とは別に朝廷の位階や官職を名乗るという制度があったが、ここではそれが問題とされている。従五位上とか、従五位下といった位階と、大和守とか、主水正・兵庫頭といった官職とを併用していたが、その釣り合いに関する規定である。「官位相当ノ者ハ、官ヲ上ニ書シ、相当セザル者、位ヲ上ニ書ス、位貴ク官職賤キハ、官ノ上ニ行ノ字ヲ書ス、官貴ク位賤キハ、守ノ字ヲ書ス」というのが、そうした場合の規則である。

さらにこのあと「魂帛」「銘旌」「神主」「祠堂」などについて、図を使用して具体的な説明がされている。これらもおおむね『家礼』に従っているが、「神主」は、長さ七寸五分、横一寸九分、「陥中」は、縦四寸八分、横六分二厘、深さ三分と指示されていて、水戸藩に『家礼』を導入するうえで大きな役割を果たした朱舜水の神主と微妙に異なっている(9)。ただし、それがなぜ生じたかについてはよく分からない。

最後に「喪祭大意」であるが、これは喪祭儀礼を行うことの意義について説明したものであるが、藤田幽谷や会沢正志斎が儒教の喪祭儀礼を実践することの意義を理論化してきた内容と一致するところが多い。その意味では後期水戸学の喪祭儀礼に関する論理が簡潔に述べられていると見ることもできよう。

④付録の「郷中喪祭大概」「天保年中郷中達之略」

「郷中喪祭大概」には、最初に「礼は庶人に下らずといふ事あれども、聊か大略をあげて付録とす」と述べている。内容を見ると、「喪祭大意」に通じるような葬祭の意義に関する説明がなされ、その後に「初終」「入棺」から「埋葬」「虞祭」までの葬儀に関する手順、さらに祭礼における手順などを説明しているが、そこでは武家との違いを遵守すべきこと、また仏教的な儀礼を避けることが強調されている。たとえば武家との相違については、「すべての事、士族にまぎらはしからざるやうにすべし」と、身分秩序を守るように強く求めている。仏教に関しては、副葬品について「刃物は用ゆべからず」と「喪礼略節」と同じようなことを注意したあと、「剃髪すべからず」と遺体の頭髪を剃るなと指示している。さらに「神主」ではなく、「位牌」という言葉を用いながらも、具体例では「□□□翁牌位」と書くことを指示し、老人は「翁」、壮年は「子又は生と書くべし」と年利による区別を推奨する。また忌中の間のことを簡単に説明したあと、「但四十九日餅を舂《つ》く事無用なり」と、仏教式に四十九日の忌明けを禁じている。

祭礼の日にちについては、忌日以外に、二月と八月に父母の位牌に供え物をせよとしたうえで、できれば春分・秋分の日がよいと言う。また元旦・五節句、毎月の朔日に供え物をして、祭礼をするようにと薦めている。「祭礼略節」に示された武士身分の祭礼との相違を見ると、「四時」ではなく、春分・秋分の二回だけになっている点、毎月の望日がなくなっている点、五節句に加えられていた「玄猪」が抜けている点が確認できる。これが、たんに簡便にするための措置なのか、ほかに意図があってのことなのか、詳しいことは分からない。

「郷中喪祭大概」では「位牌」を中心とした祭祀について説明されていたが、「天保年中郷中達之略」では、墓に関していくつかの注意事項を挙げている。墓の掃除について「六月晦日には必そうじいたし、前後両三日之内、墓参可致候」とか、「但七月盂蘭盆其外、家々にて仏事脩業不可致候」と、墓の清掃や墓参りが仏教儀礼と結びつくことがないよう、厳重に注意している。これは埋葬後についても同じで、「葬式相すみ、帰宅之節、清めと唱へ候て、塩酒にて祓やうの儀、致問敷候」と、穢れを祓うような儀式を行ってはならないと注意を喚起している。さらに「天保年中郷中達之略」では、服喪期間を当時の慣習によって五十日とするが、それは村落内の交際に関してであり、農作業は「日数七日過候得ば、不苦候」と、できるだけ早く耕作に復帰するように推奨している。

三　弘道館蔵版『官許　喪祭式』の成立

最初にも述べたが、本書の成立に関しては、二つの時期が問題となる。一つは一八六九（明治二）年に弘道館蔵版として、十一代藩主昭武の下、弘道館に関わる人々によって出版された時期。もう一つは、九代藩主斉昭が天保年間に彰考館関係者にまとめさせたという、本書の元となった資料が成立した時期。この二つの時期は三十〜四十年ほどの隔たりがあるので、同一の人物が関わっていたとは考えられず、それぞれに異なる人々が関与していたと考えるしかない。もちろん、二つの時期の人々に、水戸藩士という以上の緊密な関係があったことも予想される。具体的な人物を特定できるかどうか分からないが、それぞれの時期において儒教の葬祭儀礼が問題になることがなかったかどうか検討することから始めよう。

①斉昭と天保改革

斉昭が九代藩主になったのは一八二九（文政十二）年のことである。いわゆる藤田派の中心であった幽谷は一八二六（文政九）年にすでに亡くなっており、息子の東湖と弟子の会沢正志斎が中心となっていた。斉昭は兄の斉脩の後を継いで藩主に就任したが、それはすんなり決まったわけではなかった。藩の重職を独占してきた門閥派は、財政難の時に幕府から多額の援助を受けていたこともあり、十一代将軍家斉の子供を養子とし、藩主に押し立てようと画策していた。それに対して斉昭を藩主にすべきだと主張し、江戸に押しかけるといった過激な行動をとったのが東湖と会沢を中心とするグループであった。かれらの正統性の根拠は「威義二公の血脈」の継承というものであった。本論と直接関わりがない話かもしれないが、他姓養子を含む養子制度が一般的であった江戸時代にあって、血統性が第一義として主張されたことは注目に値する。また後期水戸学の著作を見ると、祖先祭祀の必要性を説く中で、しきりに人間は天地と父母の気を受けて生まれてきたことを強調している。これらのことは、儒教の論理や葬祭儀礼がどれほど一般に浸透していたかを確認するうえで重要な指標であると思われる。

さて斉昭の天保改革に話を戻すと、斉昭は藩主となった翌年（天保元年）から東湖を郡奉行に抜擢するなど、藤田派の人々を登用して改革に乗りだす。(10) 改革の前半はまだ門閥派にも勢力が残っており、紆余曲折があったのだが、財政・軍制を始めとしてさまざまな場面で改革が着手され、一定の成果も挙げている。ただ本論のテーマである葬祭儀礼ないし祖先祭祀の制度化に関しては、後期の改革を待たなければならなかった。とくに一八四二（天保十三）年から、斉昭が一時的に失脚させられる一八四四（弘化元）年にかけては「宗教改革」と呼べるような多くの政策が実行された。それは、江戸初期に幕府によって導入された寺院を中心とした檀家制度から神社を中心とする氏子制度へと領民の管理統制システムを転換しようとするものであった。そのために寺院の整理や神社の振興という政策がとられたが、それ以外に葬祭などにおける仏事風習の撤廃、神葬祭儀礼の確立・普及なども行われた。

じつは斉昭は天保改革に着手した当初の一八三三（天保四）年にすでに「火葬禁止令」を発令し、翌年には神職の「自葬祭」を許可していた。これは、僧侶以外は土葬にすることを義務づけるもので、武家から町人・農民までの領民すべてを対象としたものだったので、当時の慣習を大きく変えることに対する反発も大きく、すんなり進んだというわけではなかった。いくつかの寺院が法令違反で処罰されたという記録も残っている。その後、さまざまな改革が推し進められる中で一八四二（天保十三）年から四三年にかけて、「倹約令」という形をとって再度火葬の禁止が確認され「自葬祭」が推奨された。四三年十二月には「自葬祭」の式次第が制定され、さらに四四（弘化元）年七月に葬祭の定書が村々に配布されたという。一般的には、本稿で扱う『官許　喪祭式』は、このときの規定集だと解釈されている。

問題は、すでに見たように『官許　喪祭式』は、儒教式であると明言されてはいないが、内容から『朱子家礼』の変形であり、いわゆる神道式の葬祭礼とは言えないということである。儒教式と神道式の相違を述べることは、神道式がどのような経緯を経て作られてきたかという問題に関わるために簡単ではないが、明治期になって確立された神道式には穢れを除去するための「祓い」がある。その点から言うと、『官許　喪祭式』の中では「祓い」に関する記述は一つもない。ただ付録の「郷中喪祭大概」には、「何村誰何年月日死去何歳何の所へ葬るといふ事を書き付け、庄屋の印形を押し、親類の内へ五人頭付きそひ、鎮守社職の方へ持参、氏子帳へ其通り書付くべし」とあるので、天保後期の改革で確立が計られた氏子制度と関わりが深いことは確認されるが、それ以外に鎮守社や神職という言葉は出てこない。それにも関わらず神道という言葉が優先されているのは、この時期に斉昭によって「唯一神道」という新しい神道の創立が企てられていたからである。「唯一神道」というと吉田神道を想起するが、それと同じ名称を用いているが、江戸前期の儒家神道を発展させたものだとされる。ただし、江戸前期の儒家神道が儒教を優先させたのに対して、斉昭が構想した「唯一神道」は神道が主で儒教は従に位置づけられていたのが特色と言われている。

斉昭による「唯一神道」の問題は、さきに述べた天保年間の「宗教改革」と大きく関わっていた。仏教統制ともいえる諸政策を進める一方で、斉昭は一八三二（天保三）年十二月に東湖らに神書取り調べを命じ、そのために神書局を設置した。神書局では、光圀の時に編纂された『神道集成』を再点検して、そこに取り込まれていた中世以来の神仏習合的要素を取り除くことが企てられたという。しかし、このときは、財政改革などの当面の課題に対処するために東湖などの担当者が他の部署に移り、計画はほとんど進まなかった。それが再び着手されたのは、一八四三（天保十四）年の頃であった。最終的には領内に一村一社の鎮守社を創建し、すべての領民をそれらの氏子とすることが構想されていたが、それに先だって水戸東照宮から神仏習合を取り除き、「唯一神道」に基づく祭儀を行うことが布告された。当然、江戸の寛永寺を中心に大きな反発が起こり、四四（弘化元）年の斉昭蟄居の一因と目されている。しかし、斉昭は東湖などと祭礼儀式次第を定め、蟄居を命じられる二ヶ月前に「唯一祭礼」を大々的に実施した。

弘道館設立の問題もこのことに関わっている。斉昭がこの学校の理念として「神儒一致・文武合併」を掲げていたからである。斉昭が学校創立を表明するのは一八三三（天保四）年のこと、さきの理念を明示したのが一八三四（天保五）年のことであったが、財政難を理由に門閥派を中心とする反対も根強く、すぐに実施ができないままであった。結局、弘道館の仮開館式が行われたのは一八四一（天保十二）年のことで、正式の開館式は、謹慎を解かれた斉昭が幕政への参与を認められるようになった一八五七（安政四）年まで待たなければならなかった。ところで「神儒一致・文武合併」という理念は、一つの問題に帰着する。弘道館では孔子廟のほかに、鹿島神宮の祭神である建御雷神を祭っているが、この神は天孫とともに降ってきて国土平定に功績があったという伝承があり、武神という性格を持っているからである。「文」を孔子が代表するならば、「武」は建御雷が代表することになり、それは同時に「神儒一致」を明示することにもなる。建御雷が選ばれたのは、武神ということだけでなく、水戸藩の領域に関わりの深い土地神と考えられたからである。なお、これらのことに関しては斉昭の『弘道館記』と東湖の『弘道館記述義』に詳しく述べられていて、そこでは、当然のことながらこうした方針が「威義二公」の時に定められたものだと主張されている。

では、弘道館と彰考館の関係はどうなっていたのか。跋文で『官許　喪祭式』が「史臣」、すなわち彰考館関係者によって作成されたと言われている以上、この問題も考える必要がある。光圀によって作られた彰考館は、のちに『大日本史』と命名される歴史書を編纂するための施設であり、したがって館員は一般の藩士と区別され、しかも外部から招聘された者が多かった。しかし藤田幽谷が館員に採用される頃には、徐々に水戸領内出身で学問に優れた者が採用されはじめ、斉昭の時代には水戸出身者がほぼ館員を占めるようになっていた。ただ彰考館の関係者は藩政に関与することはできなかったので、斉昭擁立派の中心であった館員たちは、東湖に代表されるように徐々に彰考館から離れるようになった。そうした中でなおも彰考館に関わって編纂事業に関与していたのは、幽谷の弟子で彰考館総裁職にあった会沢正志斎、父の青山延于以来の彰考館総裁職を受け継いでいた延光、農民出身でありながら幽谷に学力を認められて彰考館館員となり、実質的に編纂業務を推進していた豊田天功などであった。このうち会沢と青山延光は弘道館が仮開設されると、彰考館総裁職を兼務しながら、相次いでその「総教」となっており、実質的な作業に関しては豊田天功の役割が大きかった。こうした中で本資料との関わりを考えると、青山延光は父延于とともに神祇志や礼楽志の起草を担当していたので、葬祭儀礼に関しても知識をもっていたと思われる。ただ、延于・延光の草稿は内容が簡略すぎるという理由から、のちに豊田天功が書き直そうとしたほどであるから、本資料のような具体的な内容とどこまで結びつくか分からない。また会沢は、若い頃の斉昭の「侍読」を勤めていて、斉昭に対する影響は大きいが、やはり具体的な内容に関してどこまで関与できたか疑問が残る。むしろ「喪祭大意」といった理念を述べたものに限定して関わりを考えた方がよいだろう。こうなると、残るは豊田天功ということになるが、はっきりしたことは分からない。確かに天功はこの時期に仏事志・氏族志を脱稿するなど、めざましい活躍をしているのだが、葬祭儀礼に関する仕事をしていたという話は残っていない。

したがって、今のところは、本資料の成立に関しては、史臣ではないが、東湖といった斉昭側近も含めて幅広い人々が関与していたと考える方がよいだろう。すくなくともこの資料が天保期の「宗教改革」、とりわけ「唯一神道」と関わるのなら、『大日本史』編纂事業に携わる彰考館関係者だけで作成されたとは考えにくい。むしろ彰考館および弘道館関係者によってこの資料が保持されてきたということなのではないかと推測される。

②昭武による出版

最初にも述べたように昭武が第十一代藩主に就任したのは一八六八（明治元）年十一月のことであった。幕末の水戸藩では改革派と門閥派の対立が再び激化し、両者による血みどろの戦いが繰り広げられていた。ここに至るまでに東湖は安政の大地震（一八五五年）で亡くなり、また斉昭は安政の大獄によって再び蟄居を命じられ、失意の内に亡くなった（一八六〇年）。その後会沢や天功も相次いで亡くなり（六三年・六四年）、さきの天保改革に関連して名前を挙げた人物のうち生き残っていたのは青山延光ぐらいであった。延光は弘道館総教の座にあるとともに、一八六四（元治元）年に再び彰考館総裁を兼務しており、翌々年には息子の延寿が彰考館総裁心得となって編纂事業の継承を計っている（延光が亡くなるのは一八七一年のことである）。『大日本史』の編纂ということでは、もう一人注目すべき人物がいる。豊田天功に見いだされて、実質的に編纂作業を推進させた栗田寛である。志類の校訂を進めて、一九〇六（明治三十九）年に紀伝志表すべてが完備した『大日本史』を完成させたのはこの栗田寛であり、そのほか『神祇資料』などを編纂して、近代日本の神社制度の確立に多大な貢献があったことはよく知られている。

一八六九年六月に版籍奉還があり、昭武は水戸藩知事となった。このとき彰考館や『大日本史』編纂事業をどう扱うかは一つの課題となった。というのは、版籍奉還によって藩政と大名家の家政とが分離されたからである。その後七一年に断行された廃藩置県によって、藩政は中央政府が派遣した県令が替わって運営することになり、各大名家は新たに制度化された華族として東京在住を義務づけられる。六九年の時点でどこまで先を見越していたかは分からないが、七一年に彰考館は弘道館内に移され、さらに七二年に偕楽園の一隅に水戸徳川家の私財として移転された。一方、弘道館は六四（元治元）年の内乱で大部分が焼失し、その後他の場所に移転されたが、元の状態に復することはなかった。彰考館および『大日本史』編纂を、藩ではなく水戸徳川家の事業と位置づけることを進言したのは栗田寛だとされているが、昭武もまたことの重要性をよく認識していたと言えよう。

以上のような水戸藩をめぐる動静の中で本資料は出版された。そのことの意味を考えるために、さらに明治初期の神道葬祭儀礼に関する事跡を簡単に見ておきたい。明治国家になり、復古主義的立場から神道を国教とするべきだという主張がなされたが、最終的な結末から先に述べると、この運動はいわゆる「国家神道」の成立によって敗北し、それとともに神道式の葬祭儀礼の標準化も、神官は今後葬儀に関わるべからずという一八八二（明治十五）年の内務省通達によって頓挫する。しかし、幕末から明治初期にかけて、主として垂加神道から篤胤系（復古神道）へと転じた神道家たちによって標準化が推し進められ、いくつかの書籍が出版されている。その先駆けとして名高いのは津和野藩の岡熊臣であるが、仏教の檀家制度から離れて神道式による自葬祭の実施を企てた。岡は一八五一年に死亡するが、その考えは弟子たちに継承され、六七（慶応三）年には「神道興起、葬祭改法」を藩の重要政策とするまでに至る。翌六八（明治元）年になると成立したばかりの明治政府に津和野藩の現状と「喪儀要録」「霊祭要録」など、神道式の葬祭儀礼に関する意見書を提出している。この結果、同年のうちに津和野藩主亀井玆監は神祇院事務局の次官となり、腹心の福羽美静も同事務局に任用される。福羽美静は、七二（明治五）年、神祇省が廃止されて教部省が設置されたとき、その次官となり、小中村清矩・井上頼圀・栗田寛らを用いて神社制度の充実を図っているが、神道式葬祭儀礼の標準として『喪祭略式』を編纂・出版している。こうした出雲系の儀式解説書の出版に対抗して、伊勢系の人々がまとめたものに八〇（明治十三）年の『葬祭式』があり、さらにそれに対抗して出雲系の人々が八二年に同名の『葬祭式』を出版している。かくして伊勢・出雲双方の対立が高まったところで、先に述べたように神官が葬儀に関わることを禁止する通達が出されたのである。(11)

じつは、先ほどから名前を出している栗田寛は、神道式の葬祭儀礼の標準化にも関わっている。もちろん栗田寛は明治期に創設された神社制度全般に大きな役割を果たしているのだが、神道式の葬祭儀礼に関していくつもの著作を書いている。この問題に関するかれの最初の著作は一八六二（文久二）年に成立した『波夫理和射乃考』であり、その後六六（慶応二）年に成立し、七六（明治九）年に出版された『葬礼私考・同付録』、七三（明治六）年成立の『葬祭式』、九五（明治二十八）年に出版された『祭礼私攷』などがあり、その他に九三（明治二十六）年に完成した『大日本史』神祇志や九七（明治三十）年成立の『天朝正学』神葬の項などがあって、その学識を知ることができる。これだけの人物であるので、本資料にも関わっていたと考えたいのだが、最初の著述の書名が万葉仮名で「はふりのわざ」と書かれていたことから分かるように、『家礼』といった儒教式の喪祭儀礼の実践には批判的で、日本には古来から独自の葬祭儀礼が存在していたと考えていた。喪祭儀礼の具体的な手順に関する栗田寛の見解は七三年成立の『葬祭式』士庶人葬儀に窺うことができ、そこでは「家廟」などという用語も見られるが、「霊主」「神饌」「玉串」「祝詞」等の神道式の用語が使用されている。これらのことを考えると、『家礼』の影響が強く残っている本資料の出版に栗田寛が積極的に関わったとは考えにくい(12)。

結局のところ、『官許　喪祭式』の出版に関しては、昭武周辺の、『家礼』の影響が強い儒教式の喪祭儀礼に愛着をもっていた人々が深く関わっていたとしか言えない。推測をたくましくすれば、それは昭武自身であったかもしれない。光圀以来、水戸徳川家では『家礼』に準拠した喪祭儀礼が実践されてきた。それは天保の「宗教改革」を断行しようとした斉昭の葬儀のときも同じであり、また昭武自身が喪主を務めた十代藩主で兄の慶篤のときも同じであった（昭武は斉昭の第十八子）。版籍奉還・廃藩置県という歴史の大きな転換の中で、水戸徳川家に継承されてきた伝統、さらには父斉昭が実施しようとした水戸領内全域にわたる喪祭儀礼の改革が忘れ去られそうなことへの抵抗感を昭武が抱いたとしても不思議はない。

四　結　論

結論と言うには分からないことが多すぎるので、とりあえずの中間報告とならざるをえない。本資料の内容を見るに、明治期に出版された神道式の葬祭儀礼と比較するならば、あきらかに『家礼』の強い影響下にあることが分かる。光圀以来の水戸徳川家で実施されてきた喪祭儀礼のかなりの部分を継承していると思われるが、藩主のみならず、支配下の武士階層、さらには町人や農民にも実施させようとし、それを具体的に示している点は、今までの『家礼』関連の資料にはないところである。その意味から本資料は、江戸時代後期における『家礼』の浸透を考える上で、重要な資料と言えよう。もっとも武家身分に関しては、安積澹伯のように儒教思想の影響の強い者たちはそれぞれに『家礼』に準拠した喪祭儀礼を実践していたという話も残っているので、あるいは何か基づくところがあったかもしれない。

ただ、本資料をただちに『家礼』関係資料と呼べるかと言えば、いささか問題が残る。というのは、本資料には『家礼』を実践するという趣旨の発言は一切見られないからである。使用されている用語や説明から、『家礼』の影響が極めて大きいことが窺えるにすぎない。この点は、本資料の成立に関して、斉昭の天保改革、とりわけ「宗教改革」と言われている仏教排斥・唯一神道創立の動向と深く関わっていたことを考える必要がある。慣習として日常生活に深く根付いていた仏教式の葬祭儀礼を排除して、神道式の葬祭儀礼を実践させようとしても、肝腎の神道形式の儀礼が存在していない以上、ただちに標準化する訳にはいかなかった。のちの明治期における神道形式儀礼の標準化に関する議論に見られるように、穢と浄を基準にした仏教と神道の棲み分けは社会の最深部まで染み込んでいたからである。結局のところ、儒教の喪祭儀礼に頼るしか手立てはなかったのである。

水戸藩の場合、最初に紹介したように光圀が夫人の葬儀について、「本朝上古葬礼」と儒教の喪祭儀礼とは近いという理由から儒教儀礼に則って実施したという話が残っている。この方針を踏襲し、さらに徹底するという立場から後期水戸学の「神儒一致」というテーゼが打ち立てられた。記紀神話などから儒教に近い葬祭を取りだし、そこに儒教の実践倫理規範である「孝」を読み込み、さらに臣下の場合、それが同時に「忠」でもあるという独特の論理が藤田幽谷や会沢正志斎らによって確立された。斉昭や東湖はそれを忠実に現実化しようとしたと言えなくもない。だが、そうであるにしても、儒教は古代中国で成立した思想であり、『家礼』も異国の習俗を前提に作られていた。日本の習俗との大きな溝は、それが仏教によってもたらされたものだといかに理念的に説明したところで埋めようがなかった。それゆえ、斉昭の「宗教改革」は、かれの失脚とともに頓挫する。唯一神道の式次第に従って鳴り物入りで実施された水戸東照宮の祭礼は、斉昭蟄居とともにただちに神仏習合の以前の形式に戻され、再び神道形式で行われることはなかったと伝えられる。また村々に申し渡された氏子制度や神道式の葬祭儀礼も実際に行われたという記録はほとんど残っていない。『家礼』に準拠した喪祭儀礼は、水戸徳川家や一部の藩士たちを除けば、末端に行けば行くほど、自分たちの実態とはかけ離れた観念的なものとして受け止められたに違いない。

さらに悪いことに幕末・明治維新期になると、平田系あるいは出雲系の国学、すなわち復古神道が盛んになり、仏教だけでなく、儒教的な色彩も排除の対象とされた。個々の儀礼の手順ばかりでなく、その意義づけに関しても、『家礼』から多くのことを流用しながら、儒教移入以前から日本で行われていたという起源の偽装によって、かれらは日本固有の葬祭儀礼の存在を主張したのである。こうした主張は篤胤の門人によって広められたが、なかでも津和野藩における活動はかなり激しいものであった。そして、それは明治維新とともに政府にも受け入れられるようになっていた。また水戸藩内部からも、栗田寛に代表されるような、儒教的色彩を消し去り、国学的な解釈を「実証的」に確立しようとする者も現れた。斉昭の子で、水戸藩存亡の危機に十一代藩主となった昭武が本資料を出版するに至った経緯には、以上のような理由があったかもしれない。今のところは憶測に過ぎないが、「官許」という二文字には、上記のような歴史的推移への批判意識、水戸徳川家の伝統を守護するという決意が込められているように思われる。

注

（1）　田世民「水戸藩の儒礼受容――『喪祭儀略』を中心に」（『京都大学大学院 教育学研究科紀要』五三号、二〇〇七）、吾妻重二「水戸徳川家と儒教儀礼――葬礼をめぐって」（早稲田大学東洋哲学会『東洋の思想と宗教』二五号、二〇〇八）、同「水戸徳川家と儒教儀礼――祭礼を中心に」（関西大学アジア文化交流研究センター『アジア文化交流研究』三号、二〇〇八）。そのほかに細谷恵志「水戸の儒葬に見る『朱子家礼』の受容について」（聖徳学園短期大学『文学研究』一八号、二〇〇三）がある。

（2）　近藤啓吾「水戸の葬礼」（同著『儒葬と神葬』、国書刊行会、一九九〇）。

（3）　『神道集成』は、「排両部習合之邪説、帰唯一宗源之正道」を目的として、記紀以外に先代旧事本紀、また神道家や伊勢・春日・鹿島などの神社で伝承されてきた諸説を集めたもので、今井有順による第一草稿は一六七〇（寛文十）年に成立したが、その後一六八九（元禄二）年に今井の門人の津田信貞が第二草稿を編纂している。さらに一七三〇（享保十五）年に丸山可澄による第三草稿が編纂され、長い時間をかけて編集作業がされてきたと同時に公刊されることなく秘書として水戸藩に受け継がれてきた。近藤啓吾氏は（『神道集成』と『礼儀類典』の成立年代を取り違えているようだが）、最終本はともかくそれ以前の稿本を目にすることができた光圀がなぜ自分の葬儀を神葬ではなく儒葬で行ったか疑問であると問題提起をし、それが光圀ではなく、嗣子の綱條の考えによるものだと説明している。このように光圀の意志は神葬の復元にあったということをなんとか担保しようとする考えもあるが、光圀は、現実に実践可能な葬祭儀礼としては、あったかどうか確証のない古代日本の葬祭儀礼ではなく、『朱子家礼』を認定していたと考えた方がいいと思われる。

（4）　一般には跋文に書かれている年紀に従って一八六九（明治二）年成立・出版と考えられているが、清水光健『増補 水戸の文籍』によれば、実際の出版は一八七一（明治四）年のことだとされている。六九年に現在の本の形に編集され、実際の出版は七一年だった可能性が強いと思われるが、本発表ではこの問題についてとくに掘り下げることはしない。

(5) 本資料は國學院大学日本文化研究所編『神葬祭資料集成』（ぺりかん社、一九九五年）に翻刻されて収録されているのだが、その書名では「官許」の二文字が抜けている。早稲田大学図書館所蔵本を見ると、「喪祭式」の上に横配列で「官許」と記載されている。近藤啓吾氏によると、一九三六（昭和十一）年に常磐共有墓地管理委員によって刊行されたことがあるというが、あるいはそのときに脱落したのかもしれない。そのほか、『神葬祭資料集成』ではすべてが漢字とひらがな（くずし文字）で表記されているが、すでに本文で説明しているように早稲田大学図書館所蔵本は所収された項目によって漢字とカタカナによるものと漢字とひらがなによるものとが分かれている。こうしたことから、本発表では早稲田大学図書館所蔵本をおもに参照する。

(6) 前掲の近藤『儒葬と神葬』によれば、山崎闇斎系の若林強斎は『家礼訓蒙疏』で、「復」よりも霊魂を依り代に付着させることを優先すべきだと主張していた（同書所収「朱子家礼概説」）。おそらく日本国内の地域差が関わっていたのであろう。

(7) 日本民俗学が報告している事例から、個人にゆかりのある品物のほか、食べ物や三途の川を渡るための六文銭を頭陀袋にいれて首に掛けたり、魔除けの刃物（鎌などの農具のこともある）などを一緒に棺桶に入れるという慣習があったことが分かる。

(8) 明礼の「点主」およびそれが水戸藩にもたらされた経緯については、前掲の吾妻「水戸徳川家と儒教儀礼――葬礼をめぐって」を参照のこと。

(9) 朱舜水の神主に関しては、前掲の吾妻「水戸徳川家と儒教儀礼――祭礼を中心に」を参照のこと。

(10) 以下の斉昭による「天保改革」については、『水戸市史』中巻（三）の記事、とりわけ第十五章・第十六章を参照した。

(11) 幕末・維新期の動向については、前掲の近藤『儒葬と神葬』所収の「幕末維新に於ける神葬説とその実行」を参照した。

(12) 栗田寛については、息子の勤が著した『水藩修史事略』（大岡山書店、一九二八年）、照沼好文『栗田寛の研究――その生涯と歴史学』（錦正社、一九七四年）のほか、前掲の近藤『儒葬と神葬』所収の「栗田寛博士の葬礼説」を参照した。

参考文献

藤田東湖『弘道館記述義』（『日本思想大系五三　水戸学』所収、岩波書店、一九七三年）
『水戸義公全集』全三冊（角川書店、一九七〇年）
『官許　喪祭式』（弘道館蔵版、一八六九年）
『神道集成』（『続日本古典集成』、現代思潮社、一九七九年）
國學院大学日本文化研究所編『神葬祭資料集成』（ぺりかん社、一九九五年）
栗田　勤『水藩修史事略』（大岡山書店、一九二八年）
照沼好文『栗田寛の研究――その生涯と歴史学』（錦正社、一九七四年）
水戸市史編纂委員会編『水戸市史』中巻（三）（水戸市、一九七六年）
吾妻重二「水戸徳川家と儒教儀礼―葬礼をめぐって」（『東洋の思想と宗教』二五号、早稲田大学東洋哲学会、二〇〇八年）
――――「水戸徳川家と儒教儀礼――祭礼を中心に」（『アジア文化交流研究』三号、関西大学アジア文化交流研究センター、二〇〇八年）
近藤啓吾「水戸の葬礼」「朱子家礼概説」「栗田寛博士の葬礼説」（同氏著『儒葬と神葬』、国書刊行会、一九九〇年）
田　世民「水戸藩の儒礼受容――『喪祭儀略』を中心に」（『京都大学大学院　教育学研究科紀要』五三号、二〇〇七年）
細谷恵志「水戸の儒葬に見る『朱子家礼』の受容について」（聖徳学園短期大学『文学研究』一八号、二〇〇三年）

浅見絅斎と『朱子家礼』

田　世民

要旨

本稿は、浅見絅斎（一六五二～一七一一）の『朱子家礼』をめぐる思想実践の実相に迫る。それは、近世日本の制度化された仏式葬祭に対抗して、『朱子家礼』にもとづく喪祭礼確立に奮闘する絅斎の切実な姿を見ることになる。絅斎には、それが朱子学の実践に他ならなかった。

崎門派に関するこれまでの研究は、おおむね言説レベルでの思想内実の分析に集中され、社会史的広がりの中での検討は不十分であったと思われる。なおここでは、絅斎の著述（『喪祭小記』『家礼師説』等）を「家礼」書の注釈と捉えるのではなく、朱子学の思想実践の一環と見る。その視点から社会史的文脈における絅斎の思想的意味を考えたい。

本稿は絅斎のこうした朱子学的な礼をめぐる思想実践の様相と、その実践の中で一貫して見られる枢要な礼俗観について検討する。そして、東アジアの視野から、絅斎の『朱子家礼』実践について若干の考察を行なう。

キーワード
浅見絅斎、崎門派、喪祭礼、仏式葬祭、礼俗観

はじめに

浅見絅斎（一六五二～一七一一）は山崎闇斎（一六一八～八二）の高足で、「崎門三傑」の中の一人である（そのほかの二人は佐藤直方（一六五〇～一七一九）と三宅尚斎（一六六二～一七四一）である）。絅斎は、『喪祭小記』[1]を著した一六九一年（元禄四）の七年後、一六九八年（元禄十一）に『朱子家礼』（以下『家礼』）の校訂作業を終え、その校訂本を出版した。[2]その翌年に書いた「読家礼」一文の冒頭において、絅斎は「朱子家礼一書、名分に本づき、人倫を紀す所以にして、固より有家日用の得て闕すべからざる者なり」[3]と、『家礼』が果たす目的とそれゆえの日用不可欠性を論ずることで書き起こしている。しかし実は、それは絅斎独創の考えではない。正確に言えば、それは朱子によって『家礼』序において強調されたことを、絅斎がここで改めて確認したものである。

しかし、この変哲もない切り出しの言葉から、彼が精力を傾けて校訂を行なった『家礼』に対して持った問題意識を見出すことができる。つまり、世間の『家礼』を学ぶ学者は「名分人倫の実」をよそに、こぞって「儀章度数の末」だけを考えている。[4]だから日用に施そうと思ってもうまく行かない。加えて、些細なことに拘りすぎるから実行し難いことに苦しみ、ついに『家礼』を無味乾燥なものと思い込んでしまう。それは誰を指しているか、絅斎は具体的に述べていないので正確には知りえない。しかし、後に「世のこれ（『家礼』のこと）を和文に訳して以て礼俗を誘う」[5]とあることから、喪祭礼をめぐる和文の書『二礼童覧』を著した藤井懶斎[6]（一六二六～一七〇六）のような儒者を意識している可能性が高いと思われる。

一体『家礼』はこの日本の地でいかに実践すればよいのか。絅斎は次のように述べる。「若し夫れ時に因りて変じ、地に随ひて処すれば、則ち自ずから当然の宜有りて、審らかに察して能く体すべし。則ち往くとして天地自然の理にあらざるなし」という。そして、『家礼』を行なうためにわが国の「風俗時宜の理」をよく考え、かつ「名分人倫の本」に合致するように実行してゆかなくてはならないと、絅斎は続けて言う。[7]

その議論は前著『喪祭小記』においても見られるが、[8]ここにおいて「理」によって礼と俗の両方に対する周到な把握を求める見方が前面に出されたところが注目される。絅斎の礼・俗の理解については後述に譲り、ここでこの文章が絅斎の『家礼』をめぐる思想実践の道程において、里程標的な意義を持っていることを確認しておきたい。

筆者は崎門派、なかでも浅見絅斎と若林強斎（一六七九〜一七三二）の『家礼』に関する実践的言説を分析したことがある。そこでは、朱子『家礼』を正面から受け止め、近世日本社会の制度化した仏式葬祭に対抗した言説を打ち出し、士庶一般のあるべき喪祭礼を提示してみせた崎門派の切実な姿を捉えてみた。[9]

本稿は絅斎のこうした朱子学的な礼をめぐる思想実践の様相と、その実践の中で一貫として見られる枢要な礼俗観について検討する。そして、東アジアの視野から、絅斎の『家礼』実践について若干の考察を行なってみる。

一　『喪祭小記』の内容

『喪祭小記』（以下『小記』）は、絅斎が不惑の年（一六九一）に編纂した喪祭礼に関する書である。それは自跋の漢文を除いて、片仮名混じりの和文で書かれている。そのことに対して、近藤啓吾は次のように述べる。「絅斎が、喪祭の二礼の貴き理由とそのよるべき制式とを、学問の有無、身分の上下に関係なく、すべての人々に知らしめようとした親切を示すものである」[10]という。しかし、本書は出版されておらず、写本として伝わってきた。また、漢字・片仮名混じりの和文体は一般、武士階級や一定の学識のある者をその読者として想定する。そこで、本書の読者はやはり、主に絅斎の門弟あるいは絅斎と学問の交流があって儒教儀礼に関心をもった人を対象としていると考えられる。

それより重要なことは、絅斎の本書著作の目的がどこにあるかということである。つまり、喪祭儀礼に心のある人が『小記』を手に取り、日常生活において実際にそれを実行してゆくことを、期待しているのである。絅斎においては、朱子『家礼』に基づいて、喪祭礼を生活レベルで実践することが、そのまま朱子学の実践につながるからである。

絅斎の自跋に即して見よう。ある人が喪祭礼のことについて尋ねてきた。そこで、絅斎は『家礼』に基づいて、喪祭礼式の取捨選択の心得をその人に教えた。しかし、立ち話では充分に伝えきれないところがあるため、改めてその内容を記しておいたという。

実は、それに続く次の言葉こそ、絅斎の本書著作の真の動機を示している。「然れども有志の士、此れに因りて以て旁通すれば、尚ほ彼の蔽錮誘染の陋を一掃して、不易固有已むべからざるの誠をして、其の正を失うの憾みなからしめん」という。すなわち、志のある者は、『小記』を参考にして喪祭礼をよく理解し、世間の「俗習邪説」[11]に惑わされず、人心固有の本然を発揮して、正しい喪祭儀礼を実行するよう、絅斎は期待を込めて訴えるのである。

『小記』は大きく二つの部分に分けることができる。「通祭記」と「喪祭記」である。[12]「通祭記」では、「祠室、通礼、春饗、秋饗、忌日」といった五項目が立てられている。他方、「喪祭記」では「初終、斂、葬、虞、小祥、大祥、禫」と七項目が挙がっている。本稿最後の【附表】で分かるように、『小記』は礼式や器物をめぐる項目が多く、おおむね『家礼』に依拠している。また、冠婚礼は当初外してあるほか、喪祭の儀式なども間々省略している。注目すべきは、『小記』は「禫」（喪明けの祭）の項の後に、喪葬の器物などに関する細かな説明が挙がっていることである。

そこから、仏事をなさず、儒教儀礼に基づいて喪葬の礼を行うことが『小記』の核となることが分かる。それはまた、絅斎らの崎門学者が『家礼』実践において、ことさら強調するところでもあるのである。【附表】で示したとおり、「治葬」が何より大事なため、「聞喪」「奔喪」などと同列せず、一つの項目として独立すべしとする師絅斎の主張を受け継ぎ、若林強斎は『家礼訓蒙疏』において「治葬」を単独項目として挙げている。

いずれにせよ、『小記』は絅斎が『家礼』にもとづいて著した通礼・喪祭礼の手引書であり、人々に身をもってそれを実践させようとした書であった。

以下、『小記』の内容を具体的に検討してゆく。紙幅の関係もあり、その中の重要な項目のみを挙げて説明することにする。

1　通　礼

正月三月五月七月九月是ヲ佳節ト云テ、正月ナレバ朔日、三月三日五月五日七月七日九月九日等ノ節、供ナルベシ。（中略）是皆通礼デ、人ガ祭リトイヘバ通礼ト云ヘドモ、平生ガ通礼デ是ガ如ㇾ生スルト云ノ也。（中略）扨凡テ何事ニモ告ル也。

ここでは、「通礼」とは日常生活における祭祀活動であることを説明している。五節句の重要な日に供え物を整えて祭祀を行うのはもちろんのこと、毎月の一日と十五日に「朔望」の礼を、毎朝「晨謁」の礼を行わねばならない。また、外出時と帰宅時には必ず神主にその旨を告げる。それは「出入」を報告する礼である。要するに通礼とは、日常の祭祀活動だけを意味するに止まらず、わが家に何かの事があれば直ちにそれを祠堂（室）の神主に報告するという、いわば「平生」の礼である。

2　「紙牌」で奉祀

或ハ未悉ク四代ノ神主ヲ立ルコト不ㇾ能者ハ、先考妣ノ神主ヲ立テ、、祖ヨリ以上ハ忌日毎トニ紙牌ヲ設ケテ是ヲ祭リ、祭畢ラハ火ニ上ケテ可也。考妣トモニ神主ヲ得不ㇾ立者ハ、ソレモ紙牌ニテツトムヘシ。

『家礼』祭礼では、神主を立て奉祀される対象は、自分より四代上の祖先となる。もちろん、絅斎『小記』ではそれを踏まえている。そして、祭祀を行うには当然神主を立てねばならない。しかし、何らかの事情でまだ神主を立て得ない人はどうすればよいのか。ここで絅斎はそのような人たちのために代案を考えた。

つまり、四代の神主をすべて立てられなければ、まず亡き父母「考妣」の神主を立てて、祖父母以上はその忌日の時に「紙牌」を設けて祭る。祭礼が終わればその紙牌を下げて焼く。もし、考妣ともに神主を立てられない場合は、それも紙牌で奉祀するがよいと教えている。

それに続けて、絅斎は紙牌について具体的な作法や形を次のように述べる。「右潔ヨキ奉書ニテモ杉原紙ニテモ神主ノ如クニキリテ、或ハ床ノ間或ハ壁屏風ニテモカコヒ、其正中ニ下ニ紙ヲハリ、其上ニコレヲハリテ、其前ニ机ヲスヘテ、余ハ忌日ノ例ノ如クニスベシ。幅ハ二寸、長サ八寸程ヨシ」という。なお、若林強斎は『家礼訓蒙疏』でこの紙牌の形に言及し、「薄版ニ跗ヲツケ、黒漆ニシタルモノヲ備フ(13)」と述べている。

神主か紙牌かはともかく、とりあえずわが家で祖先を奉祀するということが、ここの議論の眼目であることが理解されよう。

3　誠を尽くして分相応の供え物

只誠敬バカリハ上下貧富ニ拘リナケレバ、各自尽シテ可也。誠アラサレハ七五三ヲソナヘテモ益ナシ。誠アレバ一酒一茶土器ニテス、メ、カツオゴマメノサカナトテモ鬼神ノ享ル理バカリ著シルシ。

祖先を奉祀するという「誠敬」の心は、身分に関係なく誰でも持っているものである。実際に祭祀を行うには、何も七五三の膳、すなわち豪華な供え物を用意しなくともよい。分相応の供え物、たとえ「一酒一茶土器」でも「カツオゴマメノサカナ」でもよく、奉祀の「誠」を尽くせば、鬼神もまた喜んで享けるのである。

そこから窺えるのは、貧富貴賤を問わず身分相応に家での祭礼を実践させたい、という絅斎の考えである。

4　望拝と名代

凡祭ニハ何レニテモ宗子之外ハ不レ祭、其日宗□（子）ノ家ニ至リ、銭銀其外相応ノモノニテモ宗子ノ家ニ賜リ、相共ニ手ツダヒテ祭ルベシ。朔望等ニモ宗子ノ家ニ至リ祠室ヘマイルベシ。若居処遠ク不レ能レ行者、（中略）一日路ヲモヘダテタラバ、其日机ヲ設ケ宗子ノ家ニ向ヒ香ヲ焚キ遥ニ拝スベシ。是ヲ望拝ト云。晨謁朔望等ハ紙牌ニテツトムベシ。

（中略）舎弟等祭サマニ祠堂ニツゲテ曰、家長某只今他国某ニ罷在候故、以二舎弟某一名代ニ進シ申候。（中略）若ソレモ難レ成トキハ只酒茶ヲス、メ拝シテ可也。惟余義ナキ誠心ヲ尽スヲ肝要トスベシ。

家の祭祀は必ず宗子である者がつかさどるとされる。そうでない者は宗子の家に金銭などの援助を与えたり、祭祀にあたってその補助の役目を果たす。ところで、宗子の家が遠くて行けない時はいかにするのか。晨謁朔望などは自家で紙牌を設けて拝礼をする。それ以外の大祭は自家で拝礼の机を設けて宗子家の方向へ向けて「望拝」を行う。この望拝の礼は『家礼』にはないが、絅斎が宗子でない者の祭祀のために考えた折衷の方法であろう(14)。

また、宗子の留守時に「舎弟」が代わりに祭祀を行う場合でも、「春秋饗」という大祭を除く他の祭礼に限り、そしてあくまで宗子の「名代」でそれを務める。もしそれもできなければ、酒と茶を進めて拝礼するに止まる。重要なのは祭祀の「誠心」を尽くすことにあると、ここにおいても絅斎は祭祀する者の心のあり方を強調したのである（以上、引用は『小記』「通祭記」）。

5　「有事則告」

「初終」の項に「主人則祠室ヘ其由告グ」とある。これも『家礼』にはないことであるが、絅斎が特にこれを設けたのは、1で見たごとく、通礼の「有ㇾ事則告」の実践にほかならない（1の引用傍線部参照）。実際、後述のように絅斎は継母の死去にあたってそれを実行したのである。

6　神主書式

絅斎は『喪祭小記』「喪祭記」において、神主書式について具体的に示している。父の場合は「陥中ニ姓某小名某称某号某実名某神主、粉面ニ顕考姓某称某神主」と、母の場合は「陥中ニ某氏号某名某女神主、粉面ニ顕妣某氏神主」とある。絅斎は続けて次のように解釈する。

姓ハ氏也。小名ハオサナ名也。称ハ平生ノ俗称也。号ハ庵号也。実名ハ名乗也。姓ノ字バカリハブクベシ。其外ノ字ハ皆書クベシ。某ノ字ハ其ノ名ノカハリナレバハブクベシ。陥中ニハ詳ニ書シ、粉面ニハ顕考ノ下ニ姓ヲカキ、其下ニ平生ヨブ明カナル称ニテモ号ニテモ、只一ツ書ベシ。婦人ハ顕妣ノ下ニ氏バカリ書ベシ。氏ノ字ヲソヘテ可也。

顕考顕妣ハ世代ヲ書ス故、代カハレバ又粉ヲヌリカヘ、書ナオス故、粉面ニ書付テ、陥中ニハ不書。

つまり、ここの神主書式は『家礼』のそれをそのまま使うわけではなく、日本人の姓名や呼称をもって折衷しているのである。

ここでは、考妣の前に冠する「顕」という字に注目したい。「顕」は敬称の意を表す語である。『性理大全』本『家礼』巻頭の「神主式」に付記されたとおり、「礼経と家礼旧本」は皆「皇」の字を用いていたが、元の大徳年間に省部がそれを禁止したため、今は「顕」の字に改めている。それはともかく、絅斎は後の『家礼師説』[15]（以下『師説』）において、「顕」字を冠することに否定的な態度を見せている。

彼は『師説』「喪礼」の中で次のように述べている。

此儀反復シテ吟味スルニ、顕ノ字ヲツケテウヤマ（敬）フデモナシ。ツケイデモウヤマハヌデモナシ。潔白ニツケヌホドナコトハナイ。祭文ナドニカ、バ、称美ノコトバモ用ル筈ナレドモ、アナタノ実名ヲカクコトユヘ、称美ハイラヌコト。（中略）顕字ハイラヌゾ。

粉面は祖考の「実名」（厳密にいえば姓氏や称号などを書く）を書くゆえ、別に「称美」することはない。要するに、絅斎は『小記』では粉面に「顕」字を冠することを明記していたが、『師説』においてそれを止めたのである。そこから、絅斎は神主に記す文字について、慎重に吟味していることが分かる。[16]

7　「臥棺」は「本棺」

坐棺ハ本棺ヲスルコト不能者無是非スルコト也。非本意。若無是非コレニテオサムル者、木ノ厚サ右ノ本棺ノ例ニ準ジ、大小ハ其人相応ニシテ、板ノハギメトクト念ヲ入レ敷板モソレニ合セテスベシ。

「坐棺」（膝を屈める姿勢で納棺、「座棺」）は、「本棺」すなわち「臥棺」（横になる姿勢で納棺、「寝棺」）にすることができない場合に使うもので、本意ではない。また、坐棺にしてもその厚さは臥棺の例に依拠すべきであると絅斎は言う。つまり臥棺は理想であるが、どうしても調達できないならば、坐棺にせざるを得ないということである。後に改めて触れるが、それは絅斎が『家礼』に基づいた喪祭礼を日本で実施する際の、いわば妥協点といえる。

8　松　脂

松脂は『家礼』では「瀝青」という。[17] 棺の腐朽をなるべく遅くさせるために、棺の外側にそれを満遍なくかける。松脂をめぐる絅斎の下の叙述を見ると、実に仔細を尽した感がさせられる。

松脂ヨキヲ念ヲ入レ求ムベシ。悪シキハアハ（泡）バカリニテカケテ後ホロ〳〵トヲツルモノ也。又ソノ中ニ松ノ皮多クマジリタルアリ。ヨク〳〵ワケサセテ其松脂ヲ細ニクタ（砕）キテワ（沸）カスベシ。鍋ノ大ナルホドヨシ。鍋ノ大小次第ニテハタヘアマラザルホドニ、六七分メホドツ、入ルベシ。下ハ火ヲフトクタキテヨクト（溶）クルホドヨシ。ハジメ鍋ニ入タルナリヲ物ニテイロヒ、又ハカキマハスベカラズ。イロハネバ早クトクルモノナリ。イロヘハマ、コ出来ムラアリテワクコトオソシ。大方ニトロリト、ケタラハ其時カキマハシ、油ヲスコシ入ルベシ。松脂五貫目ホドノ中ヘ常ノ油ツキノ土盞ニ六七分程サスベシ。多ク入ルベカラズ。

其外ドノコノ類入ベカラズ。（以下略）

ここではその内容に立ち入って説明しない。絅斎のその仔細を尽したと思える記述は、一般に経書注釈書の、テキスト解釈のための文章とはいかに違ったかが理解できる。

言い換えれば、絅斎にとって『小記』は朱子『家礼』注釈のためにあるものではなかった。注釈書ではなく、実践のための手引書であった。それは、例えば松脂の選択から製作の要領にいたるまで、注釈ではできないような、実地的経験を踏まえてこそ記し得たものであった。また、中国の喪葬習俗と異なる日本の地で、『家礼』に基づいた喪礼を実行するために、いかに大きな心血を注がなければならなかったのか、そのことがこの文章でよく理解できよう（以上、引用は『小記』「喪祭記」）。

二　絅斎の『家礼』実践と『家礼師説』

『家礼師説』（以下『師説』）は絅斎が門弟に『家礼』喪祭礼を講義し、高弟若林強斎がそれを聞書きした書である。そして、『師説』は絅斎が継母の服喪中に講義したものである。ゆえに、同書の内容は絅斎が実体験をもって、門弟に喪祭礼の実践方法を示した重要な記録であるといえる。また、弟子の若林強斎は同書の内容を自著の『家礼訓蒙疏』

に節録し、後の人が『家礼』を実践するための参考としてまとめている。

1 「墓参」と「墓祭」

絅斎は一六九九年（元禄十二）、四十八歳の時に妻井口氏を亡くしていた。その亡き七年目（一七〇五年〈宝永二〉）の忌日に、世間でいう七年忌を迎えた。絅斎は年忌というものが礼にはないものとしたうえで、俗に従うとして妻の生前病床にいた時に内外手伝ってもらった人たちに料理を振舞ったという。そして、妻の忌日の六月四日に墓参りをしていた⒅。

記録はそこまでしかなされていないため、絅斎の墓参の具体的な様子は分からない。それより問題なのは墓参をめぐる絅斎の理解である。というのは、『家礼』「祭礼」では「墓参」ではなく「墓祭」（墓を祭ること）というふうに記載されているからである。

では、絅斎は「墓祭」に対してどう考えているのか。『師説』の叙述に即してそれを検討する。すなわち、「墓祭」は古にはなく、漢代より始められたものである。中国では、人々は冬至から「七十五日目」（正しくは百五日目である）の「寒食」に墓参りをする。しかし本を正せば、遺骸は墓に葬られ、神霊は神主のほうに移り家に奉祀されているゆえ、祭祀は家でせねばならない。もしまた墓祭を行うと、墓と神主と両方に神霊が存在するということになってしまう。それは「理」のないことであると、絅斎は疑問視する。

だからといって、「墓ハ形ノ蔵テアル処ユヘ、忍ビヌ情デ一年ニ一度墓ニ勧請シテ祭」りたいと思うのも、また人情の常である。しかし、「コレモシテミタガ、事体ガシガタイコト。アノ方ト風俗モチガフ。墓地モヒロ（広）フナイユヘ」といって、やはり墓祭は無理があると述べる。では、いかにすればよいのか。彼はこのように言う。「タヾ日ヲ択テ焼香拝シテ酒デモス、ムルガヨイゾ。ソレモシガタクバタヾ相々ミマイ大事ニカケルテヨイ」のである。

『師説』のこの叙述を見ると、妻の忌日にあたり絅斎がそのために墓参をした時の様子を彷彿とさせよう。

ところで、おそらく朱子も人情の面を考えて墓祭を祭礼に取り入れたのであろう。絅斎はその点を認めたように、「朱子モ世間ナリニ墓マイリヲナサレタゾ」と付言をしている。要するに、絅斎において「墓祭」は日本社会ではなし得ぬとされる一方で、「墓参」は人がそれぞれ故人を偲ぶ気持ちで積極的にするべきことである（以上、『師説』祭礼）。

2　継母の死と家礼の開講

絅斎が妻の墓参をした二か月余の後、一七〇五年（宝永二）の八月十一日に、継母の喜佐（松栄）は息を引き取った。享年八十歳であった。「（先生は）錦陌へ御帰ナサレ、神主へ告ラレ」とあるように、絅斎は直ちに錦陌講堂に奉祀されている神主に継母死去の旨を報告した。そして、五条の鳥辺山延年寺墓地に出て「十一日ノ日中ニ棺槨へ松ヤニヲかけたという。その棺槨は「坐棺」で[19]、槨は檜であった[20]。

十二日午時葬送。絅斎は「アラギヌノ上下、白キ帷子」の喪服を着て、「大小ノ柄鞘ヲ紙ニテツヽミ、足袋、草履、月代御ソリ」の格好で葬送の儀に臨んだ。そして、墓地で弟子の若林強斎らに、忌中に「葬祭記」を編纂するかたわら『家礼』とそれに関わる礼書を講義するつもりを伝えた。その講義録はいうまでもなく既述の『師説』のことである。

埋葬が終わり神主の書付が行われた。まず「牀ノ上ニ几ヲ置キ、其上ニカリ櫝神主入テ置ク。前ニ香炉、硯箱」を整えて、そして書付。陥中に「浅井氏松栄名幾佐女神主」と、つぎに粉面に「継妣松栄神主」とそれぞれ書き付けられた[21]。ここで確認できるように、その神主の粉面に「顕」という字がなかった。

それから数日経った十五夜に、継母を喪った気持ちはいまだ整理できず、絅斎は「霊筵に伏拝」して、哀感を込めてその気持ちを文字に託した[22]。

以上、継母の死去にあたり、絅斎が神主に報告したことより以下、喪祭儀礼を執り行った様子の概略を述べた。次に、絅斎による『家礼』の開講についてみよう。

絅斎は同年の八月二十五日より『家礼』の講義を始めた。つまり、さきに見た絅斎が墓地でした約束は履行されたのである。『常話雑記』の別の箇所に次のような記録がある。「先生居レ喪、読レ礼ガ古人ノ意トアッテ、八月廿五日ヨリ家礼ヲ御ヨミナサレ、ソレヨリ帯テ諸書ヲ輪講アルゾ」(23)という。『礼記』曲礼下には服喪時に喪祭礼を読むべきであるという記述があり、それは朱子『家礼』においても明記されているところである。(24)絅斎自身も『師説』「家礼序」で「今度ウレイニイリテ（継母の死去を指す）喪祭礼ヲヨムガ、ソロソロテニ礼をアマフト思ゾ」と述べている。そして、礼書の編纂は「人道日用ノ急務」であると意味づけられていた。

繰り返し述べたように、絅斎の『家礼』講義の内容は強斎によって『師説』として記録された。そして、自らが「礼を編もう」と表明したとおり、絅斎は礼書を編纂しようとしていた。しかし、彼は『家礼』開講の六年後に急逝した。既述の『喪祭小記』のほか、絅斎には『喪祭略記』という早年の著作が確認できる以外、まとまった形としての礼書は残っていない。その仕事は弟子の強斎が受け継ぎ、師説や自らの研究成果を盛り込んで『家礼訓蒙疏』を大成した。(25)

絅斎の『家礼』喪祭礼講義は継母の服喪中になされていた。むろん、その講義録『師説』は彼の喪祭礼実践の様子を垣間見ることができる。それに止まらず、より重要なことは、朱子学者としての絅斎が考えた実践すべき喪祭礼のあり方が、『師説』の中に鮮明に示されているということである。それは一言でいえば、朱子学的な礼の思想と『家礼』の「理」を十分理解して、日本社会の現実を踏まえて「礼」を実践することである。

そこで、絅斎は『性理大全』本『家礼』を底本にして『家礼』を校訂出版するにあたって、朱子の手になる本文と注のみを残して、楊復の附註などを一切削除した。絅斎において、『家礼』本書と朱子平生の説を尊重し、そしてそれを十分理解した上で実践に移す、それはなにより重要なことである[26]。

絅斎は『師説』においても、このように述べる。「楊氏附注ハ『性理大全』ニアル附注ト云ガコレゾ。朱子ノ説ヲ『儀礼』デ考テ、『家礼』ガ略ナト云テ、ソヘテイヤコトガ附シテアルゾ。『儀礼』ハ朱子ノ平生ヲサ（修）メラレタコトユヘ、用テヨイコトナレバ朱子ノノコ（残）サル、コトハナイガ、今日用ニタ、ヌコトヲハブ（省）カレタゾ。（中略）アゲクニハ、『儀節』ハクハ（詳）シフテ『家礼』ハアライト云ハ大ナル謬ナリ」という。楊復の附註はもちろんのこと、明の丘濬の『文公家礼儀節』も排除されねばならない。要するに、『家礼』本書および『文集』や『語類』にある朱子平生の説のみを理解して、喪祭礼を実践することは、絅斎の基本的な原則である。

三　絅斎の礼俗観——礼と俗の調和と葛藤

朱子『家礼』は、宋に広まりつつあった道教や仏教の葬祭礼式に対抗しながら、儒家伝統の礼法をベースに朱子学的理論に基づいた、あるべき喪祭礼が核として構成された書である[27]。ただ注意したいのは、朱子が古礼などを参照して喪祭礼を編纂していく際に、当時広まっていた道教や仏教の葬祭儀式に対抗しながらも、社会の底辺に存在していた葬祭儀礼をめぐる風俗や習慣を無視することができなかったということである。実際、朱子は『家礼』において、消極的ではありながら世間の俗礼や習俗を取り入れている。一例を挙げれば、絅斎が『師説』においても述べたように、「祭礼」では祭祀の対象は祠堂にある神主であり、本来「墓祭」は否定さるべきものである。しかし、すでに民間の習俗として墓祭が定着し、祭礼自体にも支障をきたさないという理由で、祭礼の一環として採用されている[28]。

では、朱子が『家礼』に俗礼を取り入れたことについて、絅斎はどう考えているのか。

『家礼』「通礼」に「祠堂」という項が最初に挙がっている。しかし、そもそも古礼では祭祀を行う場所は「廟」と呼ばれ、祠堂という名も制度も古礼にはない。それは朱子自身が考案したものである。朱子によれば、それは古の廟制が経書に記載されていないこと、そして今（朱子の時代）の士庶人の身分では廟を立てることが僭越にあたり、なし得ないからである。そして、祭祀場所をあえて「祠堂」という名で呼び、その制度に俗礼を多く採用しているという(29)。

それについて絅斎は次のように述べる。「作礼ハ世俗ノ用ニタ、ヌ礼ノコトデハナイ。風俗通礼ノ今ノ俗ニカナフコトゾ。凡テ『家礼』ノ立ヤウガサウデ、（朱子が）古ニナツムコトナク、今日人情ニカナウテ、其上ニ非礼ヲハブキテ義理ニタガハヌヤウニナサレタル」（『師説』通礼）という。つまり、朱子が『家礼』を編纂する趣意は、古礼に拘泥しないこと、人情を重視すること、さらに「義理」に適うように「非礼」を省くことにあると、絅斎は理解している。

ところで、上引の中でも重要な点は、「作礼ハ世俗ノ用ニタ、ヌ礼ノコトデハナイ。風俗通礼ノ今ノ俗ニカナフコトゾ」という指摘である。もちろん、それは朱子『家礼』に対する評価ではあるが、それと同時に絅斎自身が礼を編纂する己に課する責務でもあるであろう。故に彼は「此方デイヘバ、先祖ヲ尊ビ祠堂ニ奉スルハ天地自然ノ理デ、唐モ日本モチガハヌガ、其立ヤウノ制ハ此方ナリニチガフゾ。朱子モ此方ニ生スレハ此方ナリニ家礼ガデケルゾ」（『師説』通礼）と続けて言うのである。朱子が日本に生きていたら、日本の風俗をよく考えて日本社会に応じた家礼を作るに違いあるまいと、一見あたりまえのことを言っているようである。しかしこの発言は、絅斎が自らすでにそのように実践し、且つ己が礼説とその実践に確信を持っているとの宣言であるとも解釈できる。

確かに絅斎は『師説』において、朱子が『家礼』で掲げた本旨は日本にも変わらないと主張しながら、具体的な礼式自体は日本の風俗や人情に沿って実行せねばならないと、絶えず強調する。加えて、ただそのように語るばかりでなく、『小記』以来、神主や棺槨や墳墓など喪祭礼をめぐる重要な礼式細目において、実地的経験と吟味を行ってきた。師の闇斎でも、『家礼』に関してこれほど体系的かつ実践的に説くことができなかっただけに、絅斎は思わず自慢めいた次のような言葉を発したのだろう。「今日家礼ヲ知ルモノ、ホヾ出来タルモ山崎先生ノ功ゾ。其緒ヲウケテ、手前ナド反復センギヲイタシテ、今日コレホドニ吟味ガツイタコトゾ」（『師説』喪礼）。さすがに師闇斎へ賛辞を呈するのを惜しまなかった。他方で、実際の礼式づくりに絅斎がいかに心を砕いていたかを、うかがうことができる。

さきに絅斎は、風俗をよく考えて日本なりの礼式に取り組んだことを見た。では、絅斎にとって、近世日本の風俗はすべて礼式に取り込むことができるのか。もちろん、そうではなかった。そこで、ここでは絅斎が近世日本の風俗をいかに捉えていたかを見ておく必要がある。たとえば、『師説』に次のような叙述がある。

嘗テ祠堂ノ図ヲイタシタガ、簾モヨイモノジヤガ、此方デハ上ツ方ノ御簾ノヤウデハナラヌコト。アライスダレモ掛ケニクシ。ナニホド密デモホコリガ入タガル。アノ方デハ障子ノタテアゲガナイユヘコレジヤガ、此方デハ障子ガヨイ。啓閉モシヨイ也。ヒロフ入ルトキハハヅシタガヨイ。簾デハ夏虫ガ入テアシヽ、フルヒテシカヘルモムツカシニ、障子ナレバ張カヘサヘスレバヨイゾ。カヤウニ風俗ノ宜デハカリテスルガ、程朱ノ旨ト合点セヨ（「通礼」）。

つまり、中国では祠堂の中に簾を掛けて埃を防ぐ習慣になっているが、日本では簾を使うと夏虫が入ったりして不便なところがある。だから、障子を用いたほうが良いという。かなり卑近な例ではあるが、絅斎が『家礼』にある祠堂の制を日本社会にスムーズに取り入れるために、既存の風俗から「宜」を図り、工夫していく姿勢を明確に示している。そして、そうすることこそ、むしろ「程朱ノ旨」に合致すると捉えている。この点が重要である。

また、「俗節」やそれに応じた供え物に関する絅斎の見方も同様である。例えば、「三月ニ草餅、五月ニ粽芋（中略）七夕ニ索麵《ママ》、九月ニ栗」といったように、日本の年中行事に合わせてそれなりの供え物を用意して祭る。それは「（天）地自然鬼神ノ情状」に適うことである、と彼は言う(30)（『師説』通礼）。

以上は祭祀空間の設営や供え物をめぐる風俗である。そこでは比較的問題は少ない。しかし、もし風俗が礼の本質と矛盾し、ひいては相衝突する場合は、絅斎はいかに対処するのか。結論を先取りしていえば、彼には二通りの対処法があった。ひとつは風俗の通りで行動し、必要な時に自力を計りながら礼を全うするよう努力する。いまひとつは、断固たる態度で風俗と対抗し、それを排除する。

まず一つ目。先述のように、遺骸を埋葬する際に使用する棺は主として「臥棺」と「坐棺」に分けられ、できれば「本棺」の臥棺を使いたいものであるとされる。しかしそれより絅斎が強調したのは、臥棺か坐棺にかかわらず、無用の飾りを一切使わず、遺体を丁重に埋葬することである。それこそ喪礼の本旨であるという。『師説』喪礼に「総ジテカザリタコトハナニ、ニヨラズセヌガヨイ。只骸ヲ大事ニシテクサラヌヤウニスルジヤト云旨ヲ合点スベシ」と述べたのは、まさにそのことである。

実際、近世日本において、いわゆる臥棺（寝棺）は殆ど見られなく、坐棺（座棺）のほうが一般的であった。その具体的な形の面でも、身分や経済状況などにより種類がさまざまであったという[31]。絅斎自身はもちろんそのあたりの事情を知っており、臥棺は「本法」であるが、「風俗ニ行レヌコトユヘ、人ノ観ヲヲドロカスモキノドクナレバ不得已シテ坐棺ニモスルコトゾ」（前出）と述べ、坐棺にせざるを得なかった。

また服喪の期間においても、絅斎は社会の通念や習俗との妥協を図りながら、礼を全うするのに腐心していた。『家礼』喪礼では、たとえば父に斬衰三年、母に斉衰三年と、死者との間柄によりその喪服と喪期は明確に決められていた。一方、近世日本において、綱吉が将軍に就任した四年後の一六八四年（貞享元）に「服忌令」が制定公布された。ただし、この令の適用対象は主に武士であり、庶民にはさほど要求されなかったという[32]。むろん、三年の服喪は日本の習俗にはなかった。では、服喪の礼を全うするにはいかにすべきか。

絅斎は『小記』の内容に言及してその対処法を次のように述べている。「手前ガ喪祭小記ニモ五十日ヲヤハリ立テ、一周忌第三年トツトムルゾ。マヅ五十日デ世間ヲスマシテヲイテ、其後ハメン〳〵ハ業ノ立ヤウ次第ニツトムベシ。至極ヲイヘバ三年ノ喪ハウ（ゴ）カヌコトナレドモ、推ツケシタリ強イテシタリスルコトハナイ。メン〳〵ノ力量次第ニツトムベシ」という。あるいは、「風俗ニ随テカナハズンバ、ソレナリニシテ実ハ心葬ノ体デ三年ツトムベシ」という。つまり、親の服喪は確かに三年であるが、それを無理に押し付け強いることはない。通常にしたがって五十日間服喪し、その後は自発的に三年まで「心喪」（心の中で服喪する）を行いたい、というのである。可能な限り、風俗習慣と妥協した姿がみえる。

二つ目の対抗し排除すべき風俗について。絅斎ないし崎門派において、喪礼でもっともあるまじきことは火葬である。絅斎によれば、親の遺骸を火葬にすることは嘆くべき「愚俗」であるのみならず、それは「不孝不義」極まりない行為である。火葬は容赦なく非難し、断固として排除すべき風俗である。絅斎は次のように述べる。「（前略）愚俗ノカナシムベキハカヤウナルコトゾ。親ノ首ヲキルト云コトハ死骸デモ非義ジヤト云コトハダレモ知テオレドモ、風俗ニナレバ火ニク（焼）ベルコトハヲボヘヌゾ」という。つまり、亡き親の首を切ることが遺骸に対する「非義」であることは、自明の道理である。しかるに、火葬が一旦「風俗」になれば、遺骸を荼毘に付して毀損しても、平然としてなんとも思わなくなると心配するのである。

絅斎は、たとえ親が遺言で火葬と指定しても、子たる者が勇気を奮って火葬を拒否する心構えを論じて、「一生ノ大事ユヘ、大勇気ヲハツテナンタルコトニモ焚ヌ筈ノコト」と念を押している。また、出稼ぎ先などで亡くなり、どうしても故郷に「帰葬」することができなければ、その客死先で埋葬してもよい。「旅葬ハ忍ビヌコトナレドモ、天地ノ地ハ一ツ、キユヘ、焚テステルトハ懸隔ゾ」と、絅斎は火葬拒否の姿勢を終始崩すことはなかった（以上、引用は『師説』喪礼）。

なお、絅斎がいまひとつ排除すべき風俗と見なしたのは「毎月忌日」（月命日）である。彼によれば、「誕生日ガ一年ニ一日ナレバ忌日モ一日ゾ」と、「忌日」は年に一度で一日のみであると言う。さらに、もし「忌日」が毎月になると「本法ノ心ガワカレテヨクナク、毎月サヤウニナレ〱シウスルコトハナイコトゾ」と、極言を発している（『師説』祭礼）。

以上は明らかに、仏教の葬祭儀礼を衝いたものである。しかし実は、それらは近世日本の知識人たちが『家礼』喪祭礼を実践する際に、必ず直面する難題でもあるのである。それでも、絅斎においては、朱子学の思想と衝突するものである以上、それを断固排斥せねばならない。

ところで、周知のように崎門派において異姓養子は厳しく批判される。しかし近世日本では、イエを存続させるために、跡継ぎに異姓養子を迎えることはごく普通に行われていたこともまた事実であった。もし、異姓養子が日本の風俗とするならば、崎門にとってそれはまさに否定さるべき対象である。絅斎が「父母ノ後ハ子ガ継（グ）ガ天地自然ノ理ナレドモ、子ノナイモノハ同姓ノ者ヲ養子トスルゾ」（『師説』喪礼）と述べたように、養子はあくまで同姓の者でなくてはならない。もちろん、これは「天地自然ノ理」という言葉が示したように、「天地生生之理」あるいは「一気」「血脈」のつながりといった朱子学的思想と深く関連している。また、崎門にとって、養子を取るか取らないかは観念的な問題ではなく、ごく身近で切実な問題であった。

敬虔な朱子学徒の崎門派儒者たちに与えられた試練と言うべきか、闇斎、絅斎そして強斎は、いずれも跡を継ぐべき実子がいなかった。しかし、彼らはついに養子を取ることはなかった(33)。絅斎は妻との間に子宝に恵まれなかった分、兄道哲の子女たちを我が子のように可愛がっていたという。亡くなる前に、その学脈を甥勝太郎（号持斎）に託し、弟子の強斎にその後見になるように遺命したという。強斎も嗣子がいなかったため、学統を弟子の小野鶴山に継がせた。彼らにとっては、養子を取らなければ血脈が断絶するであろうと逡巡していたに違いないが(34)、学問の信念を貫きあえてその道を選んだ。生涯に亙って朱子学を生き通そうとした絅斎らの切実な姿勢は、そのことからも見て取ることができる。

総じて言えば、絅斎において礼と俗は相対立するものではない。絅斎は朱子『家礼』の本旨の普遍性と妥当性を認めている。しかしそれと同時に、具体的な礼式や器物は日本の風俗習慣を前提に、それを工夫してゆかねばならない。言い換えれば、これはわが国の俗をうまく取り込みつつ、『家礼』をできるだけ忠実に実践してゆく、いわば方法でもあり生き方でもあった。「朱子が日本に生きていたら、日本の風俗をよく考えて日本社会に応じた『家礼』を作るに違いない」と絅斎が明言したように、彼は自らの生き方をもってそれに応えたのである。それはすなわち、朱子学を生きようとした生き方であった。

おわりに

朱子『家礼』は、中国・韓国・日本・ベトナムなどを含めた東アジアに共有された、規範的な儒教儀礼の書である。中国において、『家礼』が登場してから、人々がより良くそれを理解し、スムーズにそれを日常生活で実践するために、『家礼』をめぐる解説書は次々と著され、出版された。『家礼』は冠婚葬祭（儒教では「冠昏喪祭」）に関する規範的マニュアル書である以上、そうした類本が時代を越えて出版され続けたのはいわば当然な成り行きであった(35)。『性理大全』本『家礼』の楊復の附註と丘濬の『文公家礼儀節』、いずれも『家礼』を解説するための代表的な著作である。それらは中国で重視されたのみならず、韓国や日本へも伝わり、東アジア儒家知識人が『家礼』を理解・実践するための道標の一つとなっている。

ところで、本稿で検討した浅見絅斎は、そうした後世の儒者による『家礼』解説の著作を正面から批判した人物である。実は、その先鋭な批判には絅斎の思想的立場と積極的な意図が潜んでいるのである。朱子の学に対して「述べて作らず」、そして「体認自得」することは、山崎闇斎以来の崎門諸儒が取った学問的姿勢である。また、「師説」の尊重もその一つとして挙げられよう。それゆえ、絅斎は『家礼』を校訂出版する際に、楊復の附註などをすべて削除して、朱子の本文と注のみを残し、いわば本来の『家礼』の姿に戻した。それこそ朱子の思想を忠実に理解するための最良の方法だと、絅斎は考えたのである。一方、絅斎からすれば、『家礼』本書と朱子平生の説を尊重せず、『儀礼』などの古礼をもって『家礼』の不足を補おうとした、そうした後世儒者の説は、激しく批判された。

もっとも、絅斎の批判はそれに止まるものではなかった。さらに、明儒の礼説を参考にし、中国の礼式や器物を近世日本で採用しようとした儒者に、その批判の矛先を向けたのである。繰り返し述べてきたように、絅斎の『家礼』実践における基本的な立場は、『家礼』の本旨を尊重して、具体的な礼式や器物は日本の風俗習慣を前提にそれを工夫する、ということである。ここでは詳しく述べることができないが、日本で「深衣」を作って着ることはなく、羽織袴を身につけるべしと、絅斎は強調した。そして、実際に深衣を制作し、それをまとった中村惕斎（一六二九～一七〇二）を、暗に非難したのである[36]。また、祖考神霊の依代に「魂帛」は作らず、「紙牌」を立てるべしと唱えた。「飯含」や「明器」などの礼式には特に反対し、それらは無益であるのみならず、有害であると、絅斎は『師説』において幾度主張した。強斎の『家礼訓蒙疏』もそうした主張を受け継いだのである。

『家礼』の記載通り、その礼式や器物を忠実に再現する立場からみれば、絅斎らの意見はむしろある種の背離に映るかもしれない。他方、明代以降の中国では、（仏教や道教などの影響は否めないが）おおむね『家礼』に基づいて儀礼が行われ、既述のように『家礼』類本がつぎつぎと出版されていった。李氏朝鮮では、朱子『家礼』を公式の礼制と定め、全国においてその儀礼通りに実行することに徹底させていた（今でもその礼式が守られ続けている）。比較してみれば、近世日本の状況といかに違ったか、一目瞭然である。

近世日本の儒家知識人たちが儒礼を実践するアプリオリの条件は、中国や朝鮮のそれとは比べ物にならないほど過酷なものであった。近世日本において、儒者は安定した地位ではなく、社会的責任を期待されなかった。加えて、徳川幕府の宗教政策の下、仏葬は制度化していった。だからこそ、彼らは『家礼』を研究し、実儀礼において礼式の工夫に苦心して、それをもって「礼意」に合致するように努力していた。崎門儒者に止まらず、『家礼』の実践に志した近世日本の知識人たちは皆そうであった。

例えば、大坂の懐徳堂諸儒は崎門儒者ほど自他（日中）の風俗の違いを厳格に考えるわけではなかったが、基本的に自国の俗に従って喪祭礼を実践する姿勢を取っていた。五十日で忌明けという世俗に合わせるために、本来百日の「卒哭」を五十日に繰り上げて「擬卒哭」をしたことはその一例である。(37)

崎門儒者の朱子思想の研鑽とその『家礼』実践は一体のものであった。絅斎らは自らの人生において、『家礼』の実践を通じて朱子学の思想を生きようとしていたと言い換えてもよい。しかし、それは絅斎らに限るものではない。朱子『家礼』の受容を通じて儒教儀礼を積極的に実践しようとした、多くの近世日本知識人にはその側面を窺うことができる。

【附記】本稿は二〇〇九年十一月四日韓国国学振興院にて開催された韓国学国際学術大会（テーマ：朱子家礼と東アジアの文化交渉）における発表を改訂したものである。発表時、韓国の諸先生方より示唆に富んだ貴重なご質問をいただいたことに感謝を申し上げたい。なお、本稿は拙稿「浅見絅斎の『文公家礼』実践とその礼俗観」（『教育史フォーラム』創刊号、二〇〇六年）と一部重なることを断っておく。

注

（1）　京都大学附属図書館蔵写本に拠った（『国書総目録』では「「喪葬小記」、通祭小記の付」と表記）。同館に『喪祭小記』写本と、表現の違いがあるほかほぼ同じ内容を有する『通祭小記』という写本が所蔵されている（『国書総目録』では「喪祭小

【附表】『朱子家礼』、『喪祭小記』、『家礼訓蒙疏』内容対照表

内容＼書名	朱子家礼	喪祭小記	家礼訓蒙疏
文書 通礼	Ⅰ.通礼 （1）祠堂 （2）深衣制度 （3）司馬氏居家雑儀	（1）祠室図　祠室叙坐図 （2）遺書遺物　祭田　祭器　祭服 （3）毎晨謁　出入必告　毎朔　望日　二十八日　俗節　生子則見　有事則告　凡人所恵皆告呈于祠室　新服成則先服詣祠室　正旦	巻一、通礼 （1）祠堂 （2）深衣制度 （3）司馬氏居家雑儀
冠礼	Ⅱ.冠礼 （1）冠 （2）笄		
昏礼	Ⅲ.昏礼 （1）議昏 （2）納采 （3）納幣 （4）親迎 （5）婦見舅姑 （6）廟見 （7）壻見婦之父母		
喪礼	Ⅳ.喪礼 （1）初終 (復) (易服) (訃告) （2）沐浴　襲　奠　為位　飯含 （3）霊座　魂帛　銘旌 （4）小歛 （5）大歛 （6）成服 （7）朝夕哭奠　上食	（1）初終 （2）不作仏事 （3）棺椁 （4）兆壙 （5）沐浴 （6）歛 （7）服 （8）食 （9）不御（三年） (10) 不楽（三年） (11) 不出（三年） (12) 送葬 (13) 葬	巻二、喪礼 （1）初終 (復) (易服) (訃告) （2）沐浴　襲　奠　為位　飯含 （3）霊座　魂帛　銘旌 （4）小歛 （5）大歛 （6）成服 （7）朝夕哭奠　上食

	（8）弔　奠　賻 （9）聞喪　奔喪　治葬 (10) 遷柩　朝祖　奠賻　陳器　祖奠 (11) 遣奠 (12) 発引 (13) 及墓　下棺　祠后土　題木主　成墳 (14) 反哭 (15) 虞祭 (16) 卒哭 (17) 祔 (18) 小祥 (19) 大祥 (20) 禫 (21) 居喪雑儀	(14) 神主図 (15) 虞 (16) 朔日 (17) 望日 (18) 二十八日 (19) 俗節 (20) 祠室 (21) 香奠 (22) 小祥 (23) 大祥 (24) 禫 (25) 棺椁 (26) 松脂 (27) 穀莩 (28) 歛具 (29) 歛 (30) 加蓋 (31) 柩衣 (32) 紼 (33) 葬具 (34) 炭 (35) 三物 (36) 誌 (37) 葬 (38) 墓表　表　跗墓石 (39) 墓表書式	（8）弔　奠　賻 （9）聞喪　奔喪 巻三、喪礼 (10) 治葬 (11) 遷柩　朝祖　奠賻　陳器　祖奠 (12) 遣奠 (13) 発引 (14) 及墓　下棺　祠后土　題木主　成墳 (15) 反哭 (16) 虞祭 (17) 卒哭 (18) 祔 (19) 小祥 (20) 大祥 (21) 禫 (22) 居喪雑儀
祭　　礼	Ⅴ.祭礼 （1）四時祭 （2）初祖 （3）先祖 （4）禰 （5）忌日 （6）墓祭	（1）春饗 （2）秋饗 （3）忌日 （4）祭器	巻四、祭礼 （1）四時祭 （2）初祖 （3）先祖 （4）禰 （5）忌日 （6）墓祭

記を付す」と表記）。ここでは主に前者を使用し、後者を参考にした。
（2）『家礼』について、京都大学附属図書館蔵浅見絅斎校訂『家礼』（刊年不明）を使用した。
（3）『絅斎先生文集』、近藤啓吾・金本正孝編『浅見絅斎集』（国書刊行会、一九八九年）、四三七頁。『近世儒家文集集成二、絅斎先生文集』（ぺりかん社、一九八七年）、一七一頁。原漢文、以下同。
（4）前掲『浅見絅斎集』、四三七頁。前掲『近世儒家文集集成二、絅斎先生文集』、一七一頁。
（5）『浅見絅斎集』、四三七頁。『近世儒家文集集成二、絅斎先生文集』、一七二頁。
（6）懶斎の『家礼』受容については、田尻祐一郎「懶斎・惕斎と『文公家礼』」（『文芸研究』113、一九八六年）を参照。
（7）『浅見絅斎集』、四三七頁。『近世儒家文集集成二、絅斎先生文集』、一七一～二頁。
（8）『喪祭小記』の跋文には、「以其不易固有之心、行乎不易固有之道。而参以人情之宜、酌以方俗之変、為其所得為以称有亡之節」とある。
（9）拙稿「近世における『文公家礼』に関する実践的言説――崎門派の場合」（『日本思想史学』三七号、日本思想史学会、二〇〇五年）を参照されたい。
（10）近藤啓吾「崎門学派に於ける朱子家礼の受容と超脱」、『儒葬と神葬』（国書刊行会、一九九〇年）、一〇六頁。
（11）仏式葬祭の習俗を「俗習」とされたとすれば、熊沢蕃山の「火葬容認説」のような議論などを絅斎は「邪説」として念頭にしているのであろうか。蕃山の火葬容認説に対する絅斎の批判については、前掲拙稿「近世における『文公家礼』に関する実践的言説――崎門派の場合」を参照。
（12）『小記』ではこういったタイトルはないが、文中に「通祭記」「喪祭記」というふうに言及されるところがあるため、便宜上このように分けておく。
（13）京都大学附属図書館蔵一八七〇年（明治三）補刻『家礼訓蒙疏』版本、巻三「喪礼」、二十丁裏。なお、絅斎らの崎門学者が「紙牌」や「牌子」で神主に代替するやり方は、朱子が『語類』や『文集』などで庶人は「牌子」で祭祀を行なうと述べたことに拠ったものであると考えられる。例えば、『朱子語類』巻第九十、礼七「祭」に、「問：「庶人家亦可用主否。」曰：

「用亦不妨。且如今人未仕、只用牌子、到仕後不中換了。若是士人只用主、亦無大利害。」」とある。

(14) ただし、「望拝」という言葉自体は、『朱子文集』の中に見える。例えば、「出妻入廟、決然不可、無可疑者。為子孫者、只合歳時就其家之廟拝之、若相去遠、則設位望拝可也。此無経見、但以意定如此、可更与知礼者議之。族祖及諸旁親、皆不当祭、有不可忘者、亦放此例足矣」とある。『朱子文集』巻六十三、書四十知旧門人問答二十五「答葉仁父二」。

(15) 東京大学文学部所蔵一八二四年（文政七）橘惟一写本（狩野亨吉蔵原本より複写製本）に拠った。引用にあたり、適宜表記を改め記号を付け加えた。

(16) そこに絅斎の思想的転回が見られるが、それに関する詳しい論究は他日を期したい。

(17) その理由を絅斎は『師説』「喪礼」で「瀝青ハ松脂ノ実名。朱子ノ父ノ名ヲ松ト云ユイ強テ瀝青ト云レシゾ」と述べている。すなわち、朱子は父の諱を避けるため、松脂のことをあえて「瀝青」と呼んだのであるという。

(18) 『常話雑記』、『浅見絅斎集』、五六三～四頁。

(19) 坐棺は本意ではないという『小記』の考えが『師説』において維持され、さらにこのように述べられている。「臥棺ト云ハ死者ノネタナリデヲサムルヤウニスル。コレガ本法ゾ。サレドモ風俗ニ行レヌコトユヘ、人ノ観ヲヲドロカスモキノドクナレバ不得已シテ坐棺ニモスルコトゾ」（「喪礼」）。そこで、継母のために臥棺をなしえず、坐棺を余儀なくされた絅斎の姿が見える。

(20) 『師説』「喪礼」に、このような叙述がある。「是非ナクンバ檜木ヲ用ベシ。コレガ土ニ入テツヨイモノゾ。ナニジヤト云テ、土中ノ湿熱ニムサレテ朽ヌモノガ、木槙ノヤウナツヨイモノハナイ。其上、ヨク松脂ヲウケルモノゾ」と、槙に次ぐ檜は「土に入って良い」木材であるという。

(21) 以上引用は『常話雑記』、『浅見絅斎集』、五六六～七頁。

(22) 「乙酉仲秋十一日、喪二後母一、封葬稍畢、概息之懐、自不レ能レ措、至二于望夜一、月色清新、伏拝二霊筵一、哀感偶書風樹秋来感、茲宵切二我身一、八旬雖レ得レ歳、一夢忽非レ真、霊坐余二新月一、寿觴任二旧塵一、班衣無二復見一、藤緒涙痕親、古歌に、藤衣はつる、絲は君こふるなみたの玉の緒とやなるらん」（『絅斎先生文集』、『浅見絅斎集』、四〇四頁）。

(23)『浅見絅斎集』、五七三頁。

(24)「居レ喪未レ葬、読二喪礼一、既葬、読二祭礼一、喪畢復レ常、読二楽章一」。竹内照夫『新釈漢文大系27、礼記』上（明治書院、一九七一年）、五七頁。なお、『家礼』では、「喪礼」の「居喪雑儀」にこの文章がみえる。

(25)『喪祭略記』と『家礼訓蒙疏』の二書について、前掲近藤啓吾「崎門学派に於ける朱子家礼の受容と超脱」、一〇四～一一三頁参照。

(26)絅斎は校訂本『家礼』の巻末に、『家礼』の成立事情をめぐる『朱子年譜』の記述を附録し、黄榦の「朱子所輯家礼、其後亦多損益、未暇更定」という言葉を引いた後、このような注をつけている。「今按其所損益者、特体制品節之異、而序文所謂務本実従先進者、未嘗以早晩而少変也。其後因家礼而著者、如楊氏附註、丘氏儀節、固不為無益而頗傷煩屑。輙違本意者或有之。読者宜拠朱子本書、平生成説折衷之可也。若夫酌古今之変、従時俗之宜、本　国制而尽自分則亦在其人審焉」という。前掲京都大学附属図書館蔵『家礼』巻末。

(27)吾妻重二「宋代の家廟と祖先祭祀」（小南一郎編『中国の礼制と礼学』、京都大学人文科学研究所研究報告、朋友書店、二〇〇一年）参照。

(28)『性理大全』本『家礼』祭礼の「墓祭」の項では、次の朱子の言葉を引いている。「祭儀以墓祭節祠為不可。然二先生皆言墓祭不害義理、又節物、所尚古人未有、故止於時祭。今人時節随俗、燕飲各以其物、祖考生存之日、蓋嘗用之。今子孫不廃此、而能恝然於祖宗乎」という。『孔子文化大全：性理大全（二）』（山東：山東友誼書社、一九八九年）、一四五九頁。なお、その言葉は元来『朱子文集』巻四十三、書二十「知旧門人問答五」の「答林択之二」という文章に出ている。

(29)「然るに古の廟制は経に見へず、且つ今の士庶人の賤はまた為すことを得ざる所の者あり。故に特に祠堂を以て之を名づけ、而して其の制度はまた多く俗礼を用ゐるという（然古之廟制不見於経、且今士庶人之賤亦有所不得為者、故特以祠堂名之、而其制度亦多用俗礼云）」（『家礼』通礼）。

(30)ところが、「七月十五日ノ蓮飯ハ大非礼也」と彼は批判し、「俗節ノトヲリニセラル、ハヨイガ、コレハアヤマルトアルゾ」と朱子の説を引証している（「通礼」）。絅斎の排仏の立場はそこからも明晰に現れている。

（31）古泉弘「近世墓研究の課題と展望——基調報告」（江戸遺跡研究会『墓と埋葬と江戸時代』、吉川弘文館、二〇〇四年）、八頁参照。

（32）近世服忌令については、林由紀子『近世服忌令の研究——幕藩制国家の喪と穢』（清文堂、一九九八年）を参照。

（33）闇斎が養子を取らなかったことについては、朴鴻圭『山崎闇斎の政治理念』（東京大学出版会、二〇〇二年）、三五頁参照。絅斎については近藤啓吾『増訂浅見絅斎の研究』（臨川書店、一九九〇年）、九八〜一〇一頁を、強斎については同『若林強斎の研究』（神道史学会、一九七九年）、一二〇〜三頁を参照。

（34）たとえば強斎は亡くなる前の年、一七三一年（享保十六）十一月甲子日付の『譲証文』の中で、血脈の絶えることについて次のような言葉を記していると指摘される。「嶋津若林共に血脈絶候。我等心底、可レ被レ察候。せめて其名字なりともけがし失はぬ様に頼事に候」という。近藤啓吾前掲『若林強斎の研究』、一二〇頁参照。

（35）何淑宜はパトリシア・B・イーブリ（Ebrey, Patricia B.）の元明清に出版された家礼類本に対する調査結果（六十六種類）をもとに、さらに家礼と喪祭礼に関する同時期の類本を詳しく調査した。それによれば、全部で九十種類近く出版されていたことが分かる。何淑宜『明代士紳与通俗文化——以喪葬礼俗為例的考察』（台北・国立台湾師範大学歴史研究所、二〇〇〇年）、一五六頁および巻末附録二の「元明清三代出版之家礼類与喪葬類礼書一覧」を参照。

（36）絅斎は『師説』「通礼」でこのように批判する。「此方デハイラヌコトハ深衣ヲ制シテキルモノアリ。大ナル誤也。生ル時ニ事ヘタヤウニスルテ生死一体ゾ。礼ハ天地ノノリユヘ、何国テモ礼ニアヘバヨイニ、家礼ノトヲリニセウト云コトハ文盲ナコトゾ」という。そして、若林強斎は中村惕斎の「深衣」「幅巾」姿を名指してこのように非難する。「中村惕斎ガ近頃デハカワツタ人ゾ。（中略）深衣ナドヲ着テ［ハ］、鴨川ノスソナドヘイテ、水ノ流ヲ見タリ、幅巾ヲ戴タリスルヤウナコトヲセラレタ、是ガキツウイヤナコト［ゾ］」という。金本正孝編『強斎先生語録』（渓水社、二〇〇一年）、一九五頁。

（37）懐徳堂諸儒の儒教儀礼実践と礼学思想について、拙稿「懐徳堂における儒教儀礼の受容——中井家の家礼実践を中心に」（『懐徳堂センター報2008』、二〇〇八年）と「中井竹山・履軒の礼学についての一考察」（『懐徳堂研究』第1号、二〇一〇年）を参照されたい。なお、懐徳堂諸儒は崎門儒者と違って、丘濬『儀節』などの明儒の説を積極的に取り入れようとした。

参考文献

浅見絅斎校訂『家礼』（京都大学附属図書館蔵写本）
浅見絅斎『喪祭小記』『通祭小記』（京都大学附属図書館蔵写本）
浅見絅斎述、若林強斎筆記『家礼師説』（東京大学文学部蔵橘惟一写本）
近藤啓吾・金本正孝編『浅見絅斎集』（国書刊行会、一九八九年）
『絅斎先生文集』（近世儒家文集集成第二巻、ぺりかん社、一九八七年）
若林強斎『家礼訓蒙疏』（京都大学附属図書館蔵一八七〇年補刻版本）
金本正孝編『強斎先生語録』（渓水社、二〇〇一年）
何　淑宜『明代士紳与通俗文化――以喪葬礼俗為例的考察』（台北・国立台湾師範大学歴史研究所、二〇〇〇年）
近藤啓吾『増訂浅見絅斎の研究』（臨川書店、一九九〇年）
近藤啓吾『若林強斎の研究』（神道史学会、一九七九年）
朴　鴻圭『山崎闇斎の政治理念』（東京大学出版会、二〇〇二年）
林由紀子『近世服忌令の研究――幕藩制国家の喪と穢』（清文堂、一九九八年）
吾妻重二「宋代の家廟と祖先祭祀」（小南一郎編『中国の礼制と礼学』京都大学人文科学研究所研究報告、朋友書店、二〇〇一年）
近藤啓吾「崎門学派に於ける朱子家礼の受容と超脱」、（同氏著『儒葬と神葬』、国書刊行会、一九九〇年）
田尻祐一郎「懶斎惕斎と『文公家礼』」（『文芸研究』一一三、一九八六年）
田　世民「近世における『文公家礼』に関する実践的言説――崎門派の場合」（『日本思想史学』第三七号、日本思想史学会、二〇〇五年）
――「懐徳堂における儒教儀礼の受容――中井家の家礼実践を中心に」（大阪大学大学院文学研究科文学部懐徳堂センター編『懐徳堂センター報2008』、二〇〇八年）

―――「中井竹山・履軒の礼学についての一考察」（大阪大学大学院文学研究科文学部懐徳堂研究センター編『懐徳堂研究』第一号、二〇一〇年）
古泉　弘「近世墓研究の課題と展望―基調報告―」、江戸遺跡研究会『墓と埋葬と江戸時代』（吉川弘文館、二〇〇四年）

朱子『家礼』と懐徳堂『喪祭私説』

湯浅邦弘

要旨

江戸時代の大坂に、学問所「懐徳堂」が創設された。懐徳堂は、儒教（朱子学）を基盤とした漢学塾である。そこには、「祠堂」または「祠室」と記された祭祀の場があった。そこで行われた祭祀とはどのようなものであったのか。また、冠婚葬祭の基礎を説く朱子『家礼』をどのように受容していたのか。

こうした観点から注目されるのは、『喪祭私説』という文献である。懐徳堂第二代学主中井甃庵の撰で、「喪」「祭」二礼について漢文で説いた書である。

これによれば、懐徳堂では、必ずしも『家礼』の文言をそのまま忠実に襲っているわけではない。『喪祭私説』は「祠堂」について、『家礼』の精神を尊重しながらも、日本の住宅事情や貧富の差などを考慮して、その規定については必ずしも墨守せず、柔軟に受容しようとしていることが分かる。ここに、中国文化を受容しようとした当時の儒者の苦労をうかがうことができる。

キーワード

朱子学、大坂、懐徳堂、祠堂、祭祀、『喪祭私説』

序言

一七二四（享保九）年、大坂の有力町人「五同志」は、龍野（現・兵庫県龍野市）出身の学者中井甃庵とはかり、三宅石庵（一六六五〜一七三〇）を学主（学長・教授）に迎えて学塾を創設した。その学校は、石庵により、「懐徳堂」と命名された。「懐徳」とは、『論語』里仁篇の「君子は徳を懐う」に基づくとされ、人間の内面的な道徳心を重視する懐徳堂の理念を表している。

二年後（一七二六年）には、中井甃庵の奔走もあり、江戸幕府から官許を得、正式に「大坂学問所」となった。ただ、その後も、「大坂町人による運営」「町人に開かれた学校」という基本姿勢は変わらなかった。いわば、半官半民の性格を持つ異色の学校だったのである。

だが、百四十年余り続いた懐徳堂の歴史は、明治維新とともに終焉を迎えた。政治的・経済的混乱の中、懐徳堂は一八六九（明治二）年、閉校となった。

しかし、それから約四十年の後、懐徳堂を復興しようという運動がおこる。一九一一（明治四十四）年十月、府立大阪博物場美術館において開催された懐徳堂展覧会は、その象徴である。その前年、西村天囚らの呼びかけで江戸時代の大坂学問所「懐徳堂」の復興と顕彰を目的とする「懐徳堂記念会」が設立され、懐徳堂の儒者たちを追悼する記念式典の挙行、貴重書の復刻刊行など、積極的な顕彰活動が開始されていた。本展覧会もそうした事業の一環として開催されたもので、会期は十月一日〜六日の六日間であった。

この展覧会に出品された資料の中で、ひときわ目を引く大きな屏風があった。「懐徳堂絵図屏風」である。これは、中井家子孫の中井木菟麻呂が江戸時代の懐徳堂学舎に関わる絵図・記録類を屏風一双に貼り付けたものであり、各六

懐徳堂玄関（ＣＧ復元）

面、計十二面からなる。各面は縦一八五㎝×横八五㎝、十二面をすべて展開すると幅が一〇二〇㎝になる大型の屏風である。

ここには、創立時から幕末に至る懐徳堂の絵図・平面図が多数貼り付けられているが、そこに共通して見られる空間として、「玄関」「講堂」などの主要部のほか、「祠堂」または「祠室」と記された祭祀の場があることに気づく。懐徳堂は、儒教（朱子学）を基盤とした漢学塾である。そこで行われた祭祀とはどのようなものであったのか。本稿では、こうした観点から、懐徳堂の祭祀空間に注目してみることとしたい。

一　『家礼』と『喪祭私説』の「祠堂」

この課題を追究するために、まず検討しておかなければならないのは、朱子の『家礼』である。南宋の朱子の著作とされる『家礼』は、儒教文化圏に最も大きな影響を与えた文献の一つである。それは、一般士人の家庭内における礼作法を記したもので、冠婚葬祭という最も重要で基礎的な礼を説く文献である。

もっとも、朱子の没後十年が過ぎてから世に出た未定本であるため、本書については、その真偽をはじめ種々疑義が提出されてきている。しかし、朱子の著作とされる文献として、東アジア世界に伝播し、大きな影響を与えた(1)。『家礼』のテキストには、五巻本、十巻本、不分巻本など数種がある。この内、最古の系統とされる五巻本によれば、全体の構成は、「通礼」「冠礼」「昏礼」「喪礼」「祭礼」からなり、「通礼」の冒頭に「祠堂」の項目が置かれている。

「祠堂」は、「君子将に宮室を営まんとすれば、先ず祠堂を正寝の東に立つ（君子将営宮室、先立祠堂於正寝之東）」とされ、全ての礼に共通する最も重要な祭祀空間である。

儒教（朱子学）を根幹とする懐徳堂でも、当然この『家礼』が重視されたと考えられる。懐徳堂において、この『家礼』、特に「祠堂」はどのように受容されたのか。また、それは懐徳堂学舎内の祭祀空間に、どのように反映されていたのであろうか。

この内、前者の問いについては、重要な手がかりが存在する。『喪祭私説』という文献である。『喪祭私説』は、懐徳堂第二代学主中井甃庵（名は誠之）の撰で、古礼の中で最も重要な「喪」「祭」二礼について漢文で説いた書である。甃庵の子の竹山（名は積善）・履軒（名は積徳）の補訂を経ている。

一七二一（享保六）年二月の自序によれば、その前年の七月、「先考（亡くなった父を指す呼称、即ち中井養元）」の逝去が執筆の動機となり、朱子の『家礼』を基礎として、我が国諸儒の書を斟酌し、また家庭の旧儀と師友から伝聞したものとを集めて一巻とし、「喪祭私説」と命名したものであるという。甃庵は、この書により、「我家（中井家）」に古礼の実践されていたものがあることを後人に知らしめ、それをもって祖先への「孝」を明らかにしようと考えたのである。

こうした甃庵の遺志は、その子竹山および履軒に継承された。一七五八（宝暦八）年、甃庵が没すると、その二年後の宝暦十年、懐徳堂預り人に就任していた竹山は、弟の履軒とともに本書の補訂を行った。

本文全二十四葉では、「祠室」「神主」から「忌日」「祭禮餘考」まで、条ごとに『家礼』の説を踏まえつつ、考証を加えている。そこでまずは、「祠堂」について、朱子の『家礼』と懐徳堂の『喪祭私説』とを比較してみることにしよう。

以下に対照表を作成した。『家礼』の「祠堂」に関する記述を便宜上①～⑪に区分した上で、表の上段に『家礼』の本文と夾注、その下に各々対応する『喪祭私説』の文言を掲げる。(3)

この表から明らかなように、『喪祭私説』は、必ずしも『家礼』の文言をそのまま忠実に襲っているわけではない。結論を先に言えば、『喪祭私説』は「祠堂」について、『家礼』の精神を尊重しながらも、日本の住宅事情や貧富の差などを考慮して、その規定については必ずしも墨守せず、柔軟に受容しようとしていることが分かる。

まず「祠堂」という名称については、朱子の『家礼』を簡略化し、祠堂を独立した構造物として建設するのではなく、あくまで部屋の一部をそれに当てるという意味で、「祠室」と称するというのである。

次に、①では、『家礼』の「君子将營宮室、先立祠堂於正寝之東」という規定に対して、ただ「凡そ屋宇の間、先ず祠室を立つ」とだけ記し、「正寝の東」という方位については言及しない。また、朱子の「三間」の制について、日本の家は「往々にして狭隘」で、「中門外門」「神厨遺書衣物祭器庫」などを完備するのは難しいと説く。「祠堂」を「正寝」の東に設営するのが困難であるというのも同様の理由である。その上で、「戸一扇」を「外門」に「擬」するなどして、可能な限り『家礼』の趣旨を尊重しようとする。

②では、「四龕」を作り、各々に一神主を祭るという『家礼』の規定に対し、「簡制」により、「四櫝」を「一龕」に収めるとする。「龕」を作るという点については『家礼』に従うわけであるが、四つの祭壇の区画を設けるという点については、右の「往々にして狭隘」という事情に配慮して、「簡制」でよいとするのである。

③の『家礼』の規定は、「旁親之無後者（傍系親族で子孫のいない者の位牌）」は世襲に従って各々あわせ祭るとする

『家礼』『喪祭私説』対照表（便宜上①～⑪に分段）

朱子『家礼』（上段本文、下段夾注）

①君子將營宮室、先立祠堂於正寢之東

（君子は屋敷を構えようとする時には先ず正寝の東に祠堂を立てる。）

祠堂之制、三間、外爲中門、中門外爲兩階、皆三級、東曰阼階、西曰西階。階下隨地廣狹以屋覆之、令可容家衆敘立。又爲遺書衣物祭器庫及神厨於其東。繚以周垣、別爲外門、常加扃閉。若家貧地狹、則止爲一間、不立厨庫、而東西壁下置立兩櫃、西藏遺書衣物、東藏祭器亦可。正寢謂前堂也。地狹、則於廳事之東亦可。凡祠堂所在之宅、宗子世守之、不得分析。凡屋之制、不問何向背、但以前爲南、後爲北、左爲東、右爲西、後皆放此。

②爲四龕、以奉先世神主（四つの区間から成る祭壇「龕」を作り、祖先の位牌「神主」を祭る。）

祠堂之内、以北近一架爲四龕、每龕内置一卓。大宗及繼高祖之小宗、則高祖居西、曾祖次之、祖次之、父次之。……神主皆藏於櫝中、置於卓上、南向。龕外各垂小簾、簾外設香卓於堂中、置香爐香合於其上。兩階之間、又設香卓亦如之。非嫡長子、則不敢祭其父。若與嫡長同居、則死而後其子孫爲立祠堂於私室、且隨所繼世

『喪祭私説』

「凡屋宇之間、先立祠室」

朱子祠堂之制、三間、而有中門外門、及神厨遺書衣物祭器庫、我邦士庶之家、往々狹隘、不能輒具、朱子又為家貧地狹者、設一間之制、然謂立之於正寢若廳事之東、亦亦或難行之、今但視屋宇之制、就便設之、其制大容三席、南設戸二扇、以擬外門、其内近北一席、架滑板為龕、大竟席、高三尺、施戸二扇、以擬中門、龕下亦設戸、以擬厨庫、藏遺物祭器、龕前二席、置香案設香爐、以為家衆拜位、不許置他物、大抵祠室、須準此制、隨宜增損焉、人有貧富、勢有可否、礼廢之久、不可拘以定制也、○屋宇之制、不問何向背、但以前為南、後為北、左為東、右為西、後皆倣此、

「以奉先世神主」

高曾祖考、各為一櫝、置於卓上、南向、高祖居西、曾祖次之、祖次之、考次之、其考妣二主、皆同櫝、朱子家禮、分龕為四、各藏一櫝、今從簡制、四櫝共一龕、

	數爲龕、俟其出而異居乃備其制。若生而異居、則預於其地立齊以居、如祠堂之制、死則因以爲祠堂。主式見喪禮治葬章。	
③旁親之無後者、以其班祔（傍系親族で子孫のいない者の位牌は、世襲に従ってあわせ祭る。）	伯叔祖父母、祔於高祖。伯叔父母、祔於曾祖。妻若兄弟、若兄弟之妻、祔於祖。子姪祔於父。皆西向。主櫝並如正位。姪之父自立祠堂、則遷而從之。程子曰、無服之殤不祭。下殤之祭、終父母之身。中殤之祭、終兄弟之身。長殤之祭、終兄弟之子之身。成人而無後者、其祭終兄弟之孫之身。此皆以義起者也。	「旁親無後者、以其叙祔」禮、祔位各祔其祖父母、皆西向、今祠室狭隘、祔叙不得若制、乃有祔主者、宜一以尊卑叙列、本主之次、……○善按、三殤之祭、程子所以義起、今據國制、十七以上為成人、則改以十二至十六、通為長殤、而不立中殤、其長殤之祭、終兄弟之身、成人之祭、終兄弟之子之身、亦或可、
④置祭田（祭祀の費用をまかなうための不動産を用意する。）	初立祠堂、則計見田、每龕取其二十之一以爲祭田、親盡則以爲墓田、後凡正位祔者、皆放此、宗子主之、以給祭用。上世初未置田、則合墓下子孫之田、計數而割之、皆立約聞官、不得典賣。	
⑤具祭器（祭祀のための用具を揃える。）	牀、席、倚、卓、盥盆、火爐、酒食之器、随其合用之數、皆具貯於庫中而封鎖之、不得它用、無庫、則貯於櫃中。不可貯者、列於外門之内。	「具祭器」卓、案、火爐酒食之器、随其合用之数、皆具貯于龕下、不得他用、不可貯者、列于外門之内、若家貧不悉備者、厨下割烹之具、或用燕器、代之、可也、
⑥主人晨謁於大門之内（祠堂祭祀の責任者「主人」は毎朝正門の中で拝礼する。）	主人謂宗子、主此堂之者。晨謁、深衣、焚香再拜。	「主人、晨謁於外門之内」主人謂宗子主祭者、晨謁便衣裳、焚香再拝、
⑦出入必告（外出・帰宅は必ず祠堂に告げる。）	主人主婦近出、則入大門瞻禮、而行歸亦如之。經宿而歸、則焚香再拜。遠出經旬	「出入必告」主人主婦近出、瞻禮而行、歸亦如之、經

	以上、則再拜焚香、告云、「某將適某所、敢告」。又再拜。而行歸亦如之、但告云、「某今日歸自某所、敢見」。經月而歸、則開中門、立於階下、再拜、升自阼階、焚香告畢、再拜降、復位再拜。餘人亦然、但不開中門。凡主婦、謂主人之妻。凡升降、惟主人由阼階、主婦及餘人雖尊長亦由西階。凡拜、男子再拜、則婦人四拜、謂之俠拜、其男女相答拜亦然。	宿而歸、則焚香再拜、遠出經旬以上、則焚香告以適某所、再拜而行、歸亦如之、但告以歸自某所、經月而歸、則開中門、焚香告畢、再拜四（而）退、餘人亦然、但不開中門〇凡主婦、謂主人之妻、
⑧正至、朔望則參（新年や冬至、毎月の一日と十五日には祠堂に参拝する。）	正至、朔望前一日、灑掃齊宿。……	
⑨俗節則獻以時食（俗習の祭日には季節の料理を供える。）	節如清明・寒食・重午・中元・重陽之類。凡鄉俗所尚者、食如角黍、凡其節之所尚者、薦以大盤、間以蔬果。禮如正至・朔日之儀。	
⑩有事則告（何か重大事が起こったら祠堂に告げる。）	如正至・朔日之儀。但獻茶酒、再拜訖。主婦先降復位。主人立於香卓之南。……凡言祝版者、用版長一尺、高五寸、以紙書文、黏於其上、畢、則揭而焚之、其首尾皆如前。但於皇高祖考・皇高祖妣、自稱「孝元孫」、於皇曾祖考・皇曾祖妣、自稱「孝曾孫」、於皇祖考・皇祖妣、自稱「孝孫」、於皇考・皇妣、自稱「孝子」。有官封謚則皆稱之、無則以生時行第稱號、加於府君之上。妣曰「某氏夫人」。凡自稱、非宗子不言孝。告事之祝、四龕共爲一版、	

	自稱以其最尊者爲主、止告正位、不告祔位、茶酒則並設之。	
⑪或有水火盗賊、則先救祠堂、遷神主遺書、次及祭器、然後及家財。易世則改題主而逓遷之。（洪水・火災・盗賊などに遭ったら、まず祠堂を救い、祖先の位牌や書き物、ついで祭祀の用具を他の場所に移す。家財道具はそのあと。世代が替われば位牌の文字を書き換え、祭壇の配列も変更する。）	改題逓遷、禮見喪禮大祥章。大宗之家、始祖親盡則藏其主於墓所、而大宗猶主其墓田、以奉其墓祭、歳率宗人一祭之、百世不改。其第二世以下祖親盡、及小宗之家高祖親盡、則遷其主而埋之、其墓田則諸位迭掌、而歳率其子孫一祭之、亦百世不改也。	「或有水火盗賊、則先救祠室、遷神主遺書、次及祭器、然後及家財、易世則逓遷之」親盡之主、埋之於墓側、或墓遠者預設木函、姑厝之其中、以藏龕下可也。

もので、これは例えば、「伯叔祖父母は高祖に祔す（伯叔祖父母、祔於高祖）」とする如くである。しかし、『喪祭私説』は、祠室が狭隘な場合には、尊卑の序列に従い「本主」の側に一括して祭るとしている。これも、②の「四龕」を設けなくてもよいとする点に関連する見解であろう。

　このように、『家礼』の精神を尊重しつつも簡易な方法でよいとする点は、次の⑤も同様である。⑤の「具祭器」では、もし貧しくて祭器を全て備えることができない場合には、日常飲食用の器で代行してもよいとする。祭器と日常の飲食器とは、本来区別すべきであるが、『喪祭私説』は、貧困のため祭器を常備できないという場合を想定し、配慮しているのである。⑪では、墓が遠い場合には、木箱の中に神主を入れて、龕下に仮置きしてもよいとする。これも、同様に「簡制」の趣旨と理解できる。[3]

　なお、『喪祭私説』は、④の「置祭田」、および⑧⑨⑩については言及せず、⑥の「主人晨謁於大門之内」と⑦の「出入必告」については、ほぼ『家礼』に従っている。この内、⑥⑦が特に『家礼』と相違していないのは、それが基本的な設営や備品に関することではなく、挨拶に関することだからであろう。①②③⑤などは住宅事情や経済力などに関わることであるが、挨拶という行為は、そうした物的要因に左右されることなく遵守できるからである。以上、『家礼』と『喪祭私説』とを対照してみた。それにより、『喪祭私説』が『家礼』の精神を尊重しつつも、日本の実情を踏まえて、「祠堂」に関する規定を柔軟に受容しようとしていたことが判明した。

二　懐徳堂の祭祀空間――「祠堂」

それでは、こうした『喪祭私説』の考え方は、実際に「懐徳堂」という空間においてどのように反映されていたのであろうか。もちろん懐徳堂は学問所という公的な空間であるが、同時に、歴代教授の住居という私的な空間でもあった。朱子『家礼』との関係が注目される。

そこで、懐徳堂絵図屏風に目を転じてみよう。この屏風は、全十二面からなり、創立以後、何度かにわたって増改築を経た懐徳堂の姿を列挙したものである。

ここでは、この内の寛政年間の図面を基に、懐徳堂の祠堂について考えてみよう。

一七九二（寛政四）年五月、懐徳堂は市中の大火により類焼し、学舎は全焼した。時の学主中井竹山は、直ちに再建に乗り出し、大坂町奉行所、江戸幕府との交渉を重ね、ようやく一七九五（寛政七）年に再建計画が整い七月に着工、翌寛政八年七月に竣工した。その時の図面（図1）を見ると、中井竹山の手により「寛政七年乙卯（一七九五）七月六　官命を受候　学校再建同八月十日釿始」と記載されており、これが、着工時の最終図面であったことが分かる。「講堂」は十五畳、学舎北西の隅に、東向きの「祠堂」が描かれている。「祠堂」は障子四枚で隔てられた独立した構造物で、東側の「ゑん（縁）」から入る三畳の部屋となっている。障子が中門に擬されている可能性もあるが、祠堂の位置が敷地の北西である点、「このたな四にしきる」と注記されているものの「四龕」と明記されていない点、広

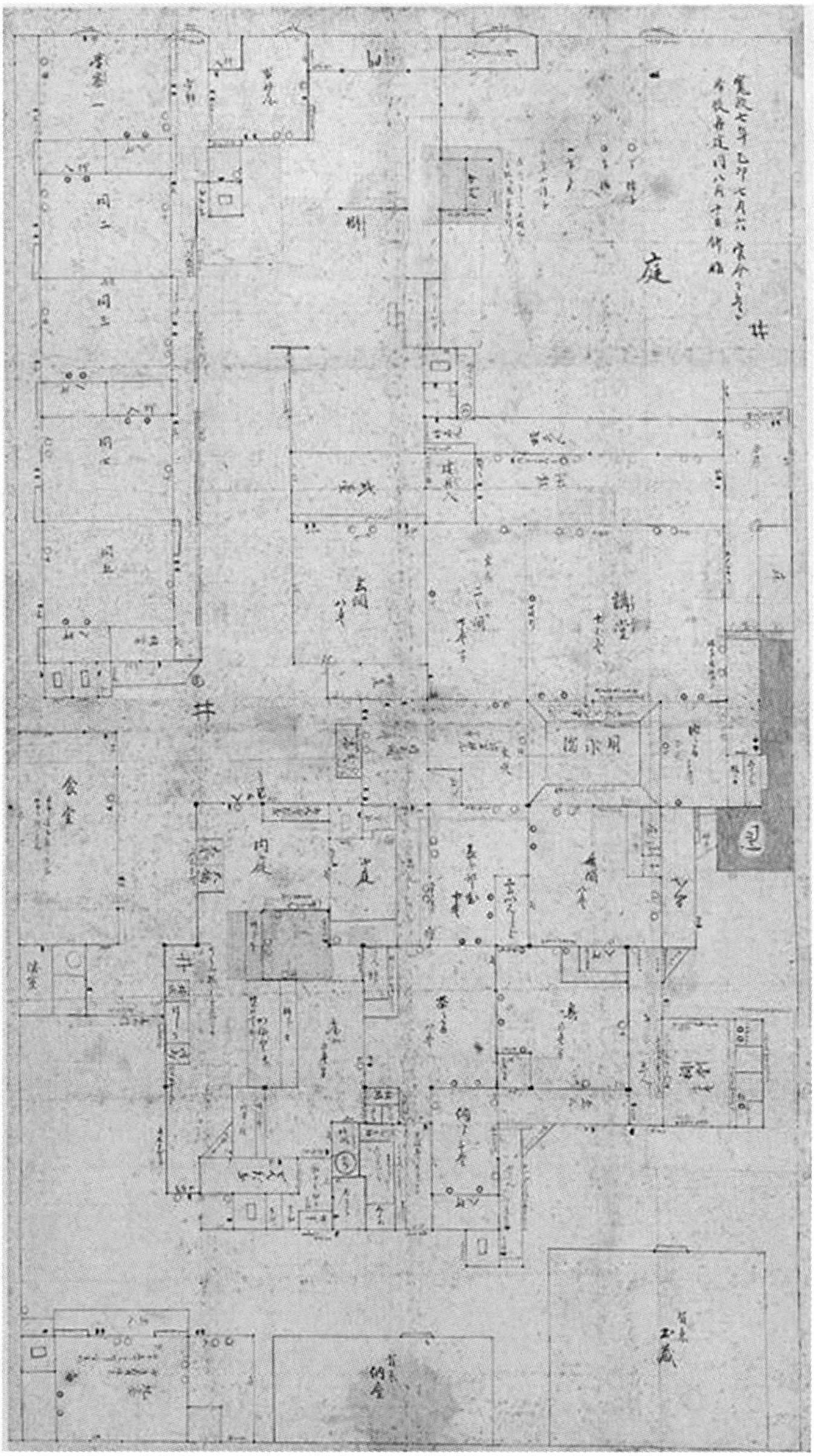

図１　寛政再建着工時の懐徳堂図面

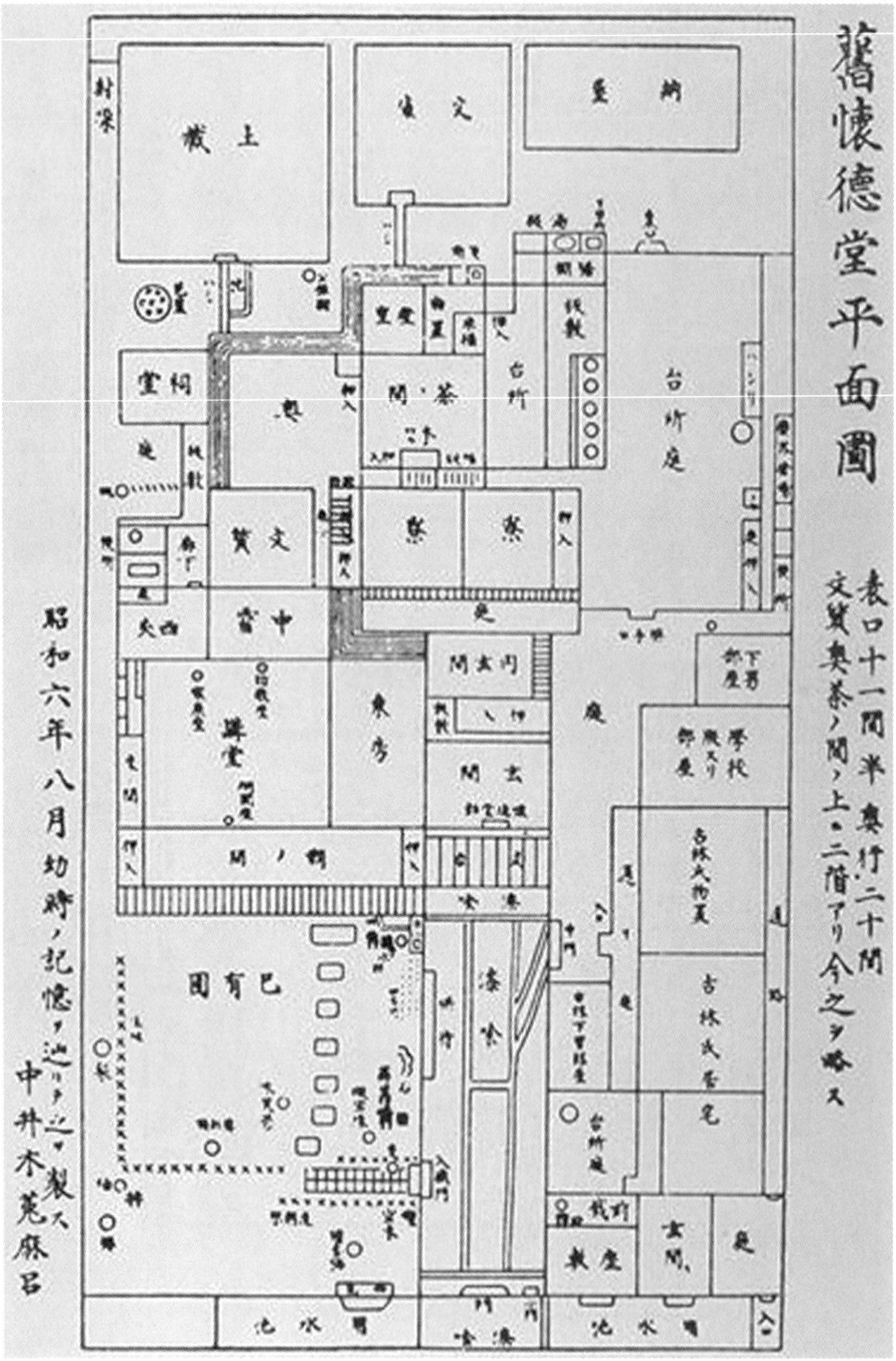
舊懷德堂平面圖
表口十一間半奥行二十間
文賓奥茶ノ間ノ上ニ二階アリ今之ヲ略ス
昭和六年八月幼時ノ記憶ヲ辿リテ之ヲ製ス
中井木菟麻呂

図２　旧懐徳堂平面図

さが三畳に縮小されている点などは、竹山の構想からは大きく後退した案であった。

こうして竣工した懐徳堂は、基本的には幕末まで変更されることはなかったようである。図2は中井木菟麻呂が幼時の記憶を基に記した「旧懐徳堂平面図」（『懐徳』第九号、一九三一年）である。これによれば、学舎の北西、土蔵の南側に「祠堂」があり、基本的には、寛政再建時の位置を継承していることが分かる。寛政七年の図面に見えていた「池」が埋められ、書庫蔵が増設されているなどの部分的な増改築はあったようであるが、講堂など他の主要な構造物はそのままで、一七九六（寛政八）年に竣工した懐徳堂が、基本的には幕末までその姿を保持したことが分かる。

この幕末の懐徳堂については、木菟麻呂の妹・中井終子が「安政以後の大阪学校」（『懐徳』第九号、一九三一年）として、その構造を次のように解説している。

・文質より北は皆家族の居間に当ててありました……先づ文質の北鄰、此は「奥」と称へて八畳、左の廻り縁を隔てた一室は「祠堂」と称へて、元は歴代の神主を祀ってありましたが、何時頃よりか神主は二階に移されて、此は隠居所になって居ました。

・文質と学寮との間に、二階へ登る表梯子が掛って居ました。二階は六畳二間と二畳一間、それに物置が一間で、竹山の頃から此は全部教授の室と定まって居りましたから、安政以後は教授並河氏の一族が棲まれて、その隣室の六畳には、中井家の祀壇を設け、甃庵以下歴代の神主を祭ってあったといふ事です。

ここには、「祠堂」と「神主」についての重要な証言がある。まず、一階の構造について、もともと「文質（歴代預り人の書斎）より北」は、「奥」すなわち「家族の居間」という中井家の私的空間であったとされている。敷地南側の玄関、東房、講堂などが懐徳堂の公的空間だとすれば、「文質より北」は私的空間として理解されていたのである。そして、その一室に「祠堂」があり、「歴代の神主を祀って」いたという。ところがいつの頃からか、その「神主」は二階に移されたという。二階は、「文質と学寮との間」にあった梯子で登ったところにあり、「竹山の頃から此は全部教授の室と定まって」いたという。そして二階の六畳には、「中井家の祀壇を設け、甃庵以下歴代の神主を祭ってあった」という。これが、二階に移されたという「神主」である。

ここで注目されるのは、懐徳堂の「祠堂」（または「祠室」）が一階から二階にいつかの時点で移されたこと、またいずれにしても、それは、懐徳堂の公的空間ではなく中井家の私的空間内にあったということ、そして、祭祀の対象たる「神主」が、懐徳堂初代学主の三宅石庵や三代学主の三宅春楼ではなく、第二代学主の中井甃庵以下、歴代の中井家の教授の神主であったということである。このように、終子の証言によれば、懐徳堂の祠堂とは、少なくとも幕末時点では、初代学主三宅石庵以来の懐徳堂歴代教授を祭る祠堂ではなく、中井家の祠室としての意識が強かったことが分かるのである。

このことは、単に祠堂の性格のみではなく、懐徳堂という学問所そのものの基本的性格を示唆する重要な手がかりとなるであろう。懐徳堂は一七二四（享保九）年、大坂の有力町人が三宅石庵を学主に迎えて設立した学問所であり、その時点では、言わば民営の学校であった。二年後に官許を得て、懐徳堂は大坂学問所として公認される。敷地は、名目上、幕府から下賜されたとの形式を取り、お預かりしているとの意味から、その事務長を「預り人」と称した。ただ基本的な運営は、その後も大坂町人が主体的に担っていったので、実質的には「半官半民」の学校であったと言ってよい。学主も当初は世襲を禁じていたが、のち解禁となり、第四代学主の中井竹山以降は、基本的に中井家に関わる学者が学主を務めて幕末に至った。懐徳堂は中井家の私学という性格も否定できない状況にあったのである。

また、明治から大正にかけて、懐徳堂の顕彰と復興を進める運動が展開されるが、その際、注目されるのは、復興と顕彰にかける関係者の意識の微妙なずれである。中井家子孫として中井家学の再興を目指す中井木菟麻呂と、懐徳堂を単に中井家の私学ではないとする懐徳堂記念会、特に記念会を主導した西村天囚との間には、微妙な意識のすれ違い、あるいは確執があったと推測されている。そうした中で、少なくとも木菟麻呂にとっては、この「祠堂」という祭祀空間の位置と甃庵以下の中井家歴代教授を祭ったという「神主」の存在とは、懐徳堂が中井家の学問所であったことを端的に表明するものであったと言えよう。

結　語

懐徳堂初代学主の三宅石庵は、朱子学を根幹としながらも諸学の良い点を柔軟に取り入れたため、その学問は「鵺学問」であると揶揄されることもあった(4)。だが、助教の五井蘭洲や第二代学主中井甃庵によって厳格な朱子学の路線が確立され、これが基本的には幕末まで継承された。

但し、中井履軒の経学研究に端的に見られるとおり、懐徳堂の朱子学は、単なる朱子注釈の祖述ではなかった。朱子を初めとする中国学者の理解、時には経文自体についても、大胆な新解釈を提示する。三宅石庵以降継承された、懐徳堂学派の代表的学説「中庸錯簡説」も、『中庸』の本文配列に異を唱えるものであった。こうした点から、懐徳堂学派の特色は、朱子学という大枠の中ではあるものの、かなりの「自由」「独創」にあったと言うことも可能である。

また、そもそも中国の文物や学問の受容は、日本の儒者にとって、時に大きな難題と感じられることもあった。そのままでは受容・踏襲できないという場合であり、祠堂の設置はその端的な例である。その際、懐徳堂学派が選んだのは、朱子学の精神については可能な限り尊重しつつも、日本の実情に照らして困難と思われる構造物などについては、柔軟に代替案を用意するというものであった。懐徳堂の祠堂とは、江戸時代の学者が、朱子の規定と折り合いを付けながら中国文化を受容しようとした、その苦心の跡を示す祭祀空間だったのである。

注

（1）小島毅『中国近世における礼の言説』（東京大学出版会、一九九六年）、吾妻重二『朱熹『家礼』の版本と思想に関する実証的研究』（科研報告書、二〇〇三年）参照。
（2）本稿で対象とするテキストは、懐徳堂文庫所蔵本の内の『喪祭私説附幽人先生服忌図』（抄者未詳）である。外形寸法は縦二六・七㎝×横一九・三㎝。『懐徳堂文庫図書目録』該当頁は国書十二頁上段である。このテキストを含む懐徳堂文庫本『喪祭私説』の書誌情報の詳細については、湯浅邦弘編『懐徳堂文庫の研究二〇〇五』（大阪大学文学研究科、二〇〇五年）参照。
（3）もっとも、『喪祭私説』全体には、『家礼』を受容することによる仏教批判の一面があったとされる。この点については、高橋文博「『喪祭私説』における「家礼」受容―徳川儒教における仏教批判の一方向―」（『懐徳』第六一号、二〇〇三年）参照。氏の見解に依拠すれば、ここも、仏寺側の力の及びやすい墓所ではなく、あくまで家の内部の祭祀空間に力点を置こうとしていた意識の反映と捉えることもできよう。
（4）鵺とは、伝説上の怪獣の名で、頭は猿、足は虎、尾は蛇に似ていると言われる。

参考文献

中井甃庵『喪祭私説』（『喪祭私説附幽人先生服忌図』）
懐徳堂絵図屛風
旧懐徳堂平面図
湯浅邦弘編『懐徳堂文庫の研究二〇〇五』（大阪大学文学研究科、二〇〇五年）
吾妻重二『朱熹『家礼』の版本と思想に関する実証的研究』（科研報告書、二〇〇三年）
小島　毅『中国近世における礼の言説』（東京大学出版会、一九九六年）
高橋文博「『喪祭私説』における「家礼」受容―徳川儒教における仏教批判の一方向―」（『懐徳』第六一号、二〇〇三年）
中井終子「安政以後の大阪学校」（『懐徳』第九号、一九三一年）

Ⅲ　韓国における『家礼』文化の諸相

嶺南学派における『朱子家礼』の受容
――東巌 柳長源の『常変通攷』を中心として

権《クォン》 鎮《チン》 浩《ホ》
吾妻 重二 訳

要旨

本稿は嶺南学派の礼学的伝統を念頭に置きつつ、『朱子家礼』受容の様相を東巌 柳長源の『常変通攷』を中心に考察する。

『朱子家礼』が我が国に普及してから、『朱子家礼』に関する研究も初期の理解レベルを脱して深化と補完、そして克服の過程を経て多様な『朱子家礼』の注釈書その他が書かれた。全州柳氏の学者たちもこのような礼学の流れと無縁ではなく、実に多くの礼説を編纂した。

このうち柳慶輝の『家礼輯説』が未完の『朱子家礼』を補完するという面から編纂された礼書とすれば、柳椿の『邦礼辨証』と柳健休の『喪礼備要疑義』は南人礼説の立場から「己亥礼訟」の不当性と金長生の『喪礼備要』に批判を加えている点に特色がある。なかでも『常変通攷』は未完の『朱子家礼』を補完するという大前提を保持しつつも、『朱子家礼』の枠組みから脱して、これを発展させた著作ということができる。このような礼書の編纂意識は当時、嶺南南人のみならず、西人老論系の礼書編纂意識とも区別される。

『常変通攷』以後に著わされた柳徽文の『家礼校訂』と『冠服校証』、柳致明の『礼疑叢話』と『家礼輯解』、柳淵亀の『常変要解』、柳致徳の『典礼校証』は、いずれも『常変通攷』と緊密に関連しつつ、全体と部分、長所と短所を補完している。礼学分野の研究において学問的分業がよく成し遂げられたものといえるであろう。

キーワード
嶺南学派、礼学的伝統、家礼、『常変通攷』、己亥礼訟、嶺南南人、西人老論系

一　嶺南礼学が形成された背景と傾向

『朱子家礼』伝来後の朝鮮社会は、『朱子家礼』の普及と実践、さらには『朱子家礼』に見られる不備な点の補完や拡充へと進み、朱子の礼学を消化しつつも、朱子の礼学にのみとどまることなく、独自の礼学へと発展する様相を呈した。すなわち、十五世紀の朝鮮社会が『朱子家礼』の普及と実践に主眼を置いたとすると、次の十六世紀には儒学者たちが本格的に登場し、朝鮮王朝の建国理念である性理学の発展に伴って『朱子家礼』を徹底的に理解しようとする動きが盛んになった。その結果、朱子礼学に対する理解の幅が広がり、『朱子家礼』のみを墨守するのではなく、『朱子家礼』に見られる不備を補完するなど、朱子礼学のさらなる拡充を指向する時期になったといえる。

特に十六世紀に退渓　李滉が追求した礼学は、退渓だけでなく、以後の退渓学派の弟子たちに直接・間接的に影響を与えたため、非常に重要な意味を持っている。退渓は、他の誰よりも礼学に関して深い造詣を示したが、彼一人で礼学を扱った書物を著わすことはなく、礼について門人たちと問答する形式で、みずからの礼学精神と思想を披瀝した。彼の弟子たちが編纂した『退渓葬祭礼答問』(1)が、それである。退渓が追求した礼学精神を一言で要約するのは難しいが、退渓の礼学は『朱子家礼』・古礼・時礼・国制・『家礼儀節』などを総合して、天理や人情にかなった礼制を

講究することにあり、特に当時の時宜に適うことを重視し、俗例的傾向が多く表われていた。(2)そのため退渓以後の退渓学派の礼学は、『朱子家礼』を絶対視する方向へと向かうよりも、むしろ古礼や時俗を斟酌する方向へと向かっていった。こうして、門弟である月川　趙穆（一五二四～一六〇六）、栢潭　具鳳齢（一五二六～八六）、鶴峯　金誠一（一五三八～九三）、艮斎　李徳弘（一五四一～九六）、西厓　柳成龍（一五四二～一六〇七）、寒岡　鄭逑（一五四三～一六二〇）、芝山　曺好益（一五四五～一六〇九）はもちろん、旅軒　張顕光（一五五四～一六三七）や鶴沙　金應祖（一五八七～一六六七）に至るまで直接・間接的な影響を与え、退渓学派だけに見られる礼学的特徴として独特の位置を占めるようになる。

もちろん彼らにはそれぞれ個人差が認められるが、大体の流れは『朱子家礼』を根幹とし、時宜を強調した俗例的傾向が強いことであり、さらには朱子の礼説と退渓の礼説が相反する場合、退渓の礼説に従おうとする傾向が強いことである。こうした退渓学派の礼学的様相は、当時の西人老論系の礼学的伝統とも一線を画しつつ、十七世紀の葛庵　李玄逸（一六二七～一七〇四）を通じて大山　李象靖（一七一一～八一）へと伝えられた。大山の時代になると、退渓の礼学的伝統も、それ以前とは異なる様相で発展するようになる。大山は『朱子家礼』を根幹に据えつつも、『朱子家礼』で実践されている項目は収録せず、『朱子家礼』の項目から派生し、その是非が議論の対象となり得る古今の「疑文変節」（疑わしい文言や古礼とは異なる項目）に関する様々な礼説を集成し、『四礼常変通攷』(3)という礼書を編纂した。『四礼常変通攷』は、形式と内容においてそれまでの嶺南礼学の編纂類型と異なるだけでなく、大山の門下で礼学に秀でた東巖　柳長源（一七二四～九六）の『常変通攷』に多くの影響を及ぼすことになる。(4)

本稿は、嶺南学派の礼学的伝統を念頭に置きつつ、まずは安東の全州柳氏一族の礼学者たちが『朱子家礼』をどのように受容したかについて考察する。その後、その一族から輩出した学者のうち、代表的な礼書を残した東巖　柳長源の生涯や学問的背景を検討し、『常変通攷』の内容を概観したのち、最後に『常変通攷』を中心に嶺南学派の特徴と傾向を確認してみたいと思う。

二　『朱子家礼』の受容と全州柳氏の礼学的伝統

全州柳氏水谷派は、柳城（一五三三〜六〇）が入郷してから二十世紀後半に至るまで、数多くの門人や学者を輩出した。そのことは、彼らの子孫が残した典籍を集成した『全州柳氏水谷派之文献叢刊』に八十六家の著述が収録されているという事実からも確認することができる(5)。

柳城が二十八歳の若さで死ぬと、全州柳氏水谷派の基盤は、その遺児の岐峯　柳復起（一五五五〜一六一七）が継ぐことになった。岐峯は十歳になる前に両親をなくしたため、やむを得ず母方の義城金門で育てられた。特に、外戚の鶴峰　金誠一に学び、家門が定着する初期の頃に、彼の儀法に従って家風を形成していくことになる(6)。彼は、壬辰倭乱の時に、近始斎　金垓（一五五五〜九三）や琴易堂　裵龍吉（一五五六〜一六〇九）とともに義兵を起こして戦功を立て、晩年には岐陽書堂を建てて書物を耽読し、余生を送った。礼賓寺正に任ぜられ、後に左承旨の職を贈られた。八人の息子をもうけ、家勢を形成していった(7)。

柳樦（一六二六〜一七〇一）は、字は重吾、号は乖厓である。岐峯　柳復起の第八子柳希潜（一五九六〜一六七一）の次男である。従兄の百拙庵　柳稷（一六〇二〜六二）に学んだ。一六五四年に文科に及第した後、礼曹正郎、司憲府掌令、司諫院正言、京府府尹などを歴任した。内外の官職に就いていた時、剛直な性格と公正な統治により名声を博する(8)。『乖厓先生文集』は四巻二冊の書物であるが、代表的著作として『泮中記事』・『東泮会話録識』・『邦礼辨証』・『南宮日記』・『台中日記』・『北土風俗記異』などを残した。このうち礼学に関係するものとしては、『邦礼辨証』を挙げることができる。『邦礼辨証』は、孝宗大王の崩御にともない、大王大妃の服制問題について論じたものである。己亥（一六五九）五月に孝宗大王が崩御すると、吏曹判書宋時烈（一六〇七〜八九）らが、四種説の中の「体而不正」

説にもとづき大王大妃の服制を一年の服喪と定めた。乖厓は礼曹正郎として在職中だったが、『儀礼』経典とその上疏によって一年の服喪の過ちを弁じた。全部で七つの条目からなっている。(9)

柳慶輝（一六五二～一七〇八）は、字は賀仲、号は蒙泉、父は『邦礼辨証』を著わした乖厓 柳楮である。粛宗元年に生員試に合格し、粛宗三十四年に死去した。享年五十七歳であった。彼が残した文章は「七宝山遊記」・「洛山寺遊記」・「北行録」・「論李杜音律記」・「祭存斎先生文」など数篇しか伝わっていないが、その中で『家礼輯説』を編成したことは注目される。(10)『家礼輯説』は十巻三冊の構成だが、冠婚礼は一巻の半冊もなく、葬祭礼が六巻二冊半にものぼる。『家礼輯説』は序文や跋文がなく、刊行されたいきさつもわからない。だが、父の乖厓 柳楮の文集に彼に送った「寄慶輝」という手紙が収録されており、その中に『家礼輯説』に関する言及がある。

> 礼説の輯集はすでに始まったのか。早く見せてもらえるとありがたい。数年前に私は「邦礼」が誤っていると述べた。最初は暴言ではないかと恐れたが、経典で諸説を参照してみて、ようやく一家としての見解を持てたという自信がついた。このように、礼についての講論を行なわなければならないことをお前たちは知らなければならない。(11)

こうした言葉から見ると、「己亥礼訟」の過ちを弁じた父乖厓の礼認識が息子にも継承され、四礼の集成という形で表われたことがわかる。

『家礼輯説』は、一巻は通礼、冠礼、婚礼からなり、第二巻から第五巻までが喪礼、第六巻が祭礼で構成されている。全体的な形式は『朱子家礼』の編纂方式に従ったもので、『朱子家礼』の本文の下に必要に応じて『家礼』本注を引用し、双行注で説明を加え、そのあと一字下げた位置に『朱子家礼』の本文につき古礼と中国の学者、および我が国の学者たちの説を採用しながら補足説明している。我が国の学者としては、退渓 李滉をはじめとして、寒岡 鄭逑、旅軒 張顕光、愚伏 鄭経世（一五六三～一六三三）はもちろん、西人学者である栗谷 李珥（一五三六～八四）と沙

渓 金長生（一五四八～一六三一）の礼説を収録している。[12]『家礼輯説』はみずからの礼説を前面に出すよりも、蒙泉 柳慶輝の以前の代表的学者たちの礼説をできるだけ収録することに重きを置いている。これは、未完の『朱子家礼』を理解し、これに沿って補完しようとする礼意識が生み出したものといえる。

柳道源（一七二一～九一）は、字は叔文、号は蘆厓である。分派の初祖である柳奉時の子、陽坡 柳観鉉（一六九二～一七六四）の次男として生まれ、伯父の慵窩 柳升鉉（一六八〇～一七四六）の後を継いだ。『蘆厓集』は十巻五冊からなっており、文集以外の代表的著作としては『渓集攷証』十巻、『四礼便考』二冊、『日省録』一篇、『東献輯録』二冊などがある。[13]このうち『四礼便考』と『東献輯録』は現在伝わっていない。そのため、『四礼便考』の内容を知ることはできないが、この書は柳慶輝から三代にわたって編纂された礼書であり、既存の礼書の「家礼〇〇」という書名にはならっていない。これは、単に『朱子家礼』の編次に従って未完の『朱子家礼』を補完しようとするだけでなく、『朱子家礼』をより積極的に深化拡張する段階に進もうとした結果であると考えられる。

『常変通攷』は、東巖 柳長源が編纂した礼書である。その時代までの嶺南礼学を集大成した礼書として、全三十巻十六冊からなっている。彼が六十歳（一七八三年）の時に完成し、一八三〇年（純祖三十年）に木版本として刊行された。『朱子家礼』の編纂体例に従ってはいるが、実際は『朱子家礼』の形式や内容と大きく異なり、さらに別の礼書の典型を見せているといえる。その詳細についてはのちに論じることにする。

柳健休（一七六八～一八三四）は、字は子強、号は大埜である。十八歳の時に一門の柳長源の門下生となり、文章を学んだ。勤勉な読書家で、青年期に諸子の書はもちろん、象数学や卜筮、地理書まで幅広く渉猟し、陽明学や仏学、老荘学など、異端とされている学説も深く研究した。しかし、柳健休は師の柳長源が亡くなると、師の意志に従って儒学にのみ専念し、異端の雑書を読むことはなくなった。四十余歳の時、損斎 南漢朝（一七四四～一八〇九）のところに行って教えを請うと、損斎は「老友」としてこれを遇し、往復書簡を通じて道を論じた。また、族兄である壺谷柳範休（一七四四～一八二三）とも頻繁に往来し、質疑を交わした。柳健休は方谷 柳洛文（一七六六～一八〇七）、素隠 柳炳文（一七六六～一八二六）、好古窩 柳徽文（一七七三～一八三二）、寿静斎 柳鼎文（一七八二～一八三九）、定斎 柳致明（一七七七～一八六一）たちともつきあい、所庵 李秉遠（一七七四～一八四〇）、松西 姜橒（一七七三～一八三四）らとも学問について親しく論じあう仲だった。文集以外の代表的な著作としては『東儒四書解集評』・『渓湖学的』・『異学集辨』・『国朝故事』などがあり、礼学に関する著作には『喪礼備要疑義』（一八二一）がある。(14)『喪礼備要疑義』は沙渓 金長生が増補・校訂した『喪礼備要』に関する疑問点を条目別に整理し、自己の見解を述べた著作である。冒頭の短い序文に続いて、全部で四十九の条目（二十七章）からなっており、退渓や鄭経世、密菴 李栽（一六五七～一七三〇）、屏谷 権榘（一六七二～一七四九）、および柳長源、柳徽文、柳致明の説や、沢堂 李植（一五八四～一六四七）、明斎 尹拯（一六二九～一七一四）、南渓 朴世采（一六三一～九五）らの説を引用して、沙渓の礼説を批判した。(15)『喪礼備要疑義』は、柳健休の喪礼に関する礼学的関心の所産であり、さらに退渓や家学の根源までさかのぼる礼学的伝統の上に立って西人の礼学を批判した点は注目に値する。

柳徽文（一七七三～一八三二）は、字は公晦、号は好古窩である。父親は柳万休であり、祖父は三山 柳正源（一七〇三～六一）である。九歳の時に仲父である柳明休に学び始め、十五歳の頃には五経に精通するほど学問に打ち込んだ。二十二歳（一七九四）の時、素隠 柳炳文とともに族祖の東巌 柳長源を訪ね、その門下で四書や「聖学十図」などを学んだ。東巌が世を去った後は、三十六歳の時に損斎 南漢朝に師事して『近思録』を講論したが、損斎は「畏友」として彼を遇した。三十八歳の時には立斎 鄭宗魯（一七三八～一八一六）のところに行って叱正を請い、性理学の研究に邁進した。四十九歳の時、大埜 柳健休・寿静斎 柳鼎文・定斎 柳致明らとともに、師の東巌 柳長源が編纂した『常変通攷』を校訂し、約十年後の五十八歳の時に黄山寺から刊行した。(16)

柳徽文は、非常に聡明であった上、勤勉な学問的態度で多方面に精通しており、その結果、経学や性理学、礼学をはじめとして、天文、地理、音楽の分野に至るまで膨大な著作を残した。文集以外の代表的な著作には『周易経伝通編』十二巻、『啓蒙翼要』、『啓蒙攷疑』三巻、『家礼攷訂』、『冠服攷証』、『伝疑餘論』、『滄浪問答』、『小学章句』六巻、『小学童子問』、『濂洛風雅補遺』七巻などがある。このうち礼学の分野としては『家礼校訂』、『冠服攷証』がある。

『家礼校訂』は、柳徽文が四十歳（一八一二）の時に著わしたもので、二巻一冊からなっている。[17]『朱子家礼』は、朱子が司馬光の『書儀』をもとに冠婚喪祭の方式について著述したものだが、朱子の生前には完成を見なかった未完の礼書である。そのうえ『朱子家礼』には、朱子の晩年定論に符合しない点が多く、昔から『朱子家礼』の不備を補完する作業が行なわれてきた。宋代には楊復が「家礼附註」を著わし、明代には丘濬が『家礼儀節』を編纂したように、『朱子家礼』の不備な部分の修正・補完がある程度はなされてきた。しかし、楊復の「家礼附註」には抜け落ちている個所や粗略な点が多く、丘濬の『家礼儀節』は多くの点を補完したものの、自分の考えのままに改訂したため、古礼の精神から外れている場合が多い。また、その後の諸家の礼説は互いに異説が多く、整理が難しくなっていた。『家礼校訂』は、柳徽文のこうした礼学的認識のもと、『朱子家礼』のうち「緊要かつ必須の部分（要切処）」に評訂を加え、経典にもとづいて『朱子家礼』の欠けた部分を補完しようとしたものである。その際、「俗礼」が『朱子家礼』とは異なって古礼に近いのであれば、時俗に従うことで古礼に適合させる方がよいとした。[18]『家礼校訂』は、『朱子家礼』全体を評論・校訂するのではなく、歴代の諸家たちの間で論争になった部分を取り上げ、みずからの礼学的観点から改訂したものであり、その編次は『朱子家礼』にならって通礼・冠礼・婚礼・喪礼・祭礼の順となっている。

『冠服攷証』は五十五歳（一八二七）の時に著わされたもので、二巻一冊からなっている。太古の時代から夏・殷・周・漢・唐・宋・明に至るまでの歴代の大夫や士の「冠」と「服」について、古経の資料を広く採録し、材料、寸法、制法などを考証して図式化したものである。周代に大きく整えられた冠服制度は、秦・漢代を経るにしたがって冠冕と朝服が古制を失い、隋・唐以後の公服には全面的に蛮夷の制度が取り入れられた。士服も少しずつ変わっていき、元代を経て古義を完全に失ってしまった。その後、明が創案した制度は宋代の服式を模倣したものであるが、かつて聖人が作ったものとは似て非なるものであった[19]。かくして柳徽文は、「太古太白冠」・「太古緇布冠」・「夏緇布冠」・「殷緇布冠」・「周冠礼及庶人緇布冠」・「漢緇布冠」・「宋緇布冠」・「周玄冠」・「漢玄冠進賢冠」・「朱子論吉冠喪冠」・「皮弁」・「爵弁」・「纚笄總」・「論幅巾」・「論宋野服巾」、および「太古白布衣」・「周玄端服」・「大帯」・「革帯」・「韠」・「黒屨」・「深衣」・「明衣」・「袍」・「編次」・「纚笄總」・「褖衣」・「製法」・「大帯」・「革帯」・「黒屨」・「景」という、冠十五条目および服十七条目に分類したうえで、経典に基づいて古来の制度を考証し、特に緇布冠と玄端服、深衣について緻密な考証を行なった[20]。要するに『冠服攷証』は、冠服を考証することでその本来の意味を把握し、昔の制度を復元しようとしたものであり、ひいては、これによって堯舜三代の政治が行なわれるきっかけにしようとしたのである。

柳致明（一七七七～一八六一）は、字は誠伯、号は定斎である。大山　李象靖の外曾孫、陽坡　柳観鉉の玄孫であり、蘆厓　柳道源と東巌　柳長源の従曾孫である。彼は五歳の時に東巌の門下生となって修学したが、二十歳の時に東巌が亡くなると、大山の門人である損斎　南漢朝に師事して学問の要領を学んだ。二十四歳の時には最年少で高雲寺に行って『大山文集』の刊行に参加し、二十九歳で文科に及第した後、司諫院正言、弘文館校理、楚山府使、大司諫、兵曹參議などを歴任した。とりわけ楚山府使であった時に（六十三歳）、府政を改革して貧民を救済するなどの善政を行なったため、府民たちは彼の任地が替わった後に生祠堂を建て、そこに肖像画を掲げて祀ったという。三十四歳の時に損斎が亡くなると、彼のために三ヵ月の喪に服した。四十八歳の時に黄山祠で『中庸』の講義を行ない、その翌年には泗濱書院で『心経』の講義を行なった。五十一歳の時には大埜　柳健休、好古窩　柳徽文、寿静斎　柳鼎文たちと『常変通攷』を校訂、刊行した。五十八歳の時に純祖が崩御し、八歳の憲宗が即位したが、喪中に冠礼を行なったため定斎はその不当性を訴え、病気と称して故郷に帰り、『讀書瑣語』・『礼疑叢話』などを著述した。七十九歳の時に荘献世子を追尊し、祔廟を求める書を上奏したが、羅州の智島に流刑に処され、六ヵ月後に放免されて戻ってきた。その後は晩愚亭を建てて、東巖が編纂した『四書纂註増補』を校閲するなどして余生を過ごし、世を去った(21)。代表的著作は、文集のほか『読書瑣語』・『礼疑叢話』・『家礼輯解』・『朱節彙要』・『大学童子問』・『太極図解』・『大山実紀』などがある(22)。そのうち礼学関連の著作に『礼疑叢話』と『家礼輯解』がある。

『礼疑叢話』は、礼の疑問点について論じたものである。全部で百二十の条目からなっており、全体的に『朱子家礼』の編次に従い、通礼および冠婚喪祭の順序になっている。冒頭の部分に、有子が語った「礼の用は和を貴しと為す」という『論語』の言葉を引用したうえで、

礼には体と用があり、体は経であり、用は緯である。経がなければ等威が弁別できずに人道が混乱し、緯がなければ愛敬がなされずに人情が薄くなる。よって、君臣が定められ、父子の関係が確立し、長幼が区別され、親疎が識別され、卑高が設けられ、互いに犯すことのできない境界が守られていること、それが体が厳格だということである。進退升降と揖譲辞遜が混じりあいながら適切さにかなっていること、それが用が調和しているということである。聖人はその自然な体と用により、人間の秩序を経緯するのである(23)。

と述べ、礼の根本原理を「体」と「用」の観点から明らかにしている。そのあと、『朱子家礼』と『書儀』の性格、四龕と廟制・昭穆の順序、冠礼の主人（冠主）と醮辞、婚礼における婦見、喪礼における掩・笄纚・殯・奔喪・喪服制度・題主無僎・虞而立主・反哭之礼、祭礼における四時祭・喪中廃祭・米食麪食之称・三鼎五鼎・祠堂儀・節日・忌墓祭・時祭卜日・祭用生肉などの条目についてみずからの立場を明らかにし、最後に先師である東巖　柳長源の語を引用して礼の重要性を強調している(24)。『礼疑叢話』は、礼の根本原理から冠婚喪祭の末節に至るまで、礼を実践する過程で出遭う疑礼につき、自身の礼学的観点から考究したものである。

『家礼輯解』四冊は、具体的な内容はわからないが、彼が残した序文を通して、この書の基本的な性格を知ること

ができる。彼は、この書を編纂した動機につき「家礼輯解序」で次のように述べている。

先師である東巖 柳長源先生は、朱子の『朱子家礼』をさらに進めて『常変通攷』を著わしたが、精密さと該博さを兼ね備え、遺憾な点が残らないようにした。しかしまず『常変通攷』を理解しようとする者にとって、その規模と範囲が大きく、目当ての箇所を探し出すのが難しいという難点があった。そこで私は、経礼の中にその根拠がある箇所と名物を訓詁した箇所とを選び、すべて本文の下に注としてつけることにした。また、附註のうち、他の条目に間違って入ったものや、煩雑で緊要でないものは、他の場所に移したり、あるいは削除したり、時にはみずからの見解をつけ加えたりして『家礼輯解』四冊をまとめた。礼に志す者は、まずこの本を読んだ後、『常変通攷』の完全な内容へと進めば、器数の陳設と精義の蘊蓄の双方を尽くし、実践していくことができ、朱子の真意にほぼ沿ったものとなるであろう。(25)

定斎は、当時までの礼説を集成した『常変通攷』が、規模や範囲が膨大で、実生活での使用には不便な面があることを認め、礼に志を持つ者たちが利用しやすいようにと『家礼輯解』を編纂したのである。つまり『常変通攷』を完本とするならば、『家礼輯解』は省略本ということができる。また、恬庵 柳淵亀（一八六一～一九三八）の『常変要解』も、これと同じ方向で編纂された礼書である。(26)

柳致徳（一八二三～八一）は、字は道峻、号は近庵である。伯祖の柳健休から教えを受けたが、十二歳の時に師が亡くなると、族兄である定斎 柳致明の門下となった。一八五五年（三十三歳）、定斎が羅州の智島に流刑に処されると、近庵は嘆きながらも師に書面で質問を送るなど、学問に力を注いだ。その後、師が世を去ると、『考終日記』や『師門記聞』を著わしてこれを追慕した。一八五七年（三十五歳）には『大埜文集』を刊行した。家の近くに近庵亭という小さな書斎を建て、文章を書いて修養し、老年期を過ごした。(27)

『近庵集』は六巻三冊からなっているが、普通の文集とは内容が異なり、二巻から五巻までが雑書である。雑書の主な内容は学問的論議を含んでいるが、その中でも三巻からなる「林廬問答」は治国の経綸を論じたものとして注目される。また、近庵の代表的著作としては『典礼攷証』がある。『典礼攷証』は彼が五十一歳の時に完成したものであり、全部で二十五巻あるが、目録が一巻、通礼が一〜八巻（八巻）、吉礼が九〜一二巻（四巻）、嘉礼が一三〜一七巻（五巻）、賓礼が一八巻（一巻）、軍礼が一九〜二〇巻（二巻）、凶礼が二一〜二四巻（四巻）となっている。少し具体的に見てみると、巻頭に拓庵 金道和（一八二五〜一九一二）の序文があり、それに続いて凡例（十五条）と、そのあとに近庵が書いた小識があり、続いて、引用書目と載録姓氏、典礼総論が載せられている。引用された書籍は全部で百六十二冊、そのうち我が国の書籍は四十七冊である。また、引用された学者は百三人にのぼり、我が国の学者は四十二人である。巻一の通礼一は「廟制攷説」、巻二の通礼二は「壇壝攷制」、巻三の通礼三は「宮室」、巻四の通礼四は「冠冕衣裳参攷」、巻五の通礼五は「名器」、巻六の通礼六は「郷遂田制」、巻七の通礼七は「本典」、巻八の通礼八は「惇典」となっている。巻九の吉礼一は「祭典行祀日時」、巻一〇の吉礼二は「祭儀」、巻一一の吉礼三は「陳設」「神位板」「祝冊攷典」「祭器」、巻一二の吉礼四は「祭法」である。巻一三の嘉礼一は「冠儀」「昏礼」、巻一四の嘉礼二は「学校」、巻一五の嘉礼三は「選」挙、巻一六の嘉礼四は「官制」「東官品秩」「八道外職」、巻一七の嘉礼五は「朝会」となっている。さらに巻一八の賓礼は「聘饗」、巻一九の軍礼一は「兵制行軍」、巻二〇の軍礼二は「射儀」となっており、巻二一の凶礼一は「大喪」（上）、巻二二の凶礼二は「大喪」（下）、巻二三の凶礼三は「服制」、巻二四の凶礼四は「刑律」といった構成になっている。(28)

近庵は、東巌 柳長源が編纂した『常変通攷』が士礼にのみ詳しく、国家の大礼にはあまり触れていないのを遺憾に思い、経典や歴代の礼志、国朝の典憲などを詳細に調べ、『常変通攷』の編例にならって『典礼攷証』を編纂したのである。上は禘祫郊社から、下は城隍禡纛に至るまで、証拠文献を幅広く参照し、大筋と条目をもれなく備えたものになっている。近庵は、数十年間精力を傾けて編纂した『典礼攷証』が、士礼の典範になった『常変通攷』の続編としての役割を十分に果たすだろうと自負した(29)。

三　東巌 柳長源と『常変通攷』の学問的背景

さて、『常変通攷』は東巌 柳長源が編纂した礼書である。東巌は退渓以後、鶴峰 金誠一、葛庵 李玄逸、大山 李象靖と続く退渓学の学統を継承し、十八世紀に学風を大いに伸長させた学者である。彼は全州柳氏水谷派の入郷祖である柳城の後裔で、字は叔遠、東巌はその号である。彼の家系からは名望ある学者を代々輩出し、東巌が生きた十八世紀を経て十九世紀の定斎 柳致明に至るまで、文運盛んな家柄としてこの地域の学問と文化をリードした。

東巌は一七二四年（景宗四年）に安東市臨東面水谷大坪里で生まれ、幼い頃から家学的伝統の下で学問的素養を固めていった。幼少時から勉強が好きだった東巌は、毎朝必ず文章を読んでから食事を取り、片時も本を手離すことがなかったという。九歳の時に伯父の柳升鉉に入門して多くの薫陶を受け、また『周易』の冒頭にある「六十四卦方円図」と「河図洛書」にも関心を示した。

十三歳の時、黄山祠で開かれた文会において「対策」の科目で一等になり、大山 李象靖に認められ、十六歳の時に妻の実家である川城（奉化）に行き、そこで「文学長者」たちと忘年の交わりを結び、特に成世頊は彼を「人中の鳳」と呼び、称賛を惜しまなかった(30)。

この頃の東巌は、象数学を好み、族兄の三山 柳正源からは「河洛指要」を、従兄弟の芝谷 金正漢（一七一一～六六）からは璇璣玉衡の制度を学び、これを深く研究した。また、蘭谷 金江漢（一七一九～七九）とはもっとも緊密な交わりを持ったが、蘭谷は霽山 金聖鐸（一六八四～一七四七）の門人として経学と性理学に造詣が深かった。東巌と蘭谷は、毎年の春夏に暇さえあれば、『心経』や『近思録』などの書物を携えて、伯父の養子となった仲兄の柳道源と議論を交わした。

東巖は伯父の柳升鉉が世を去った後の一七四九年（二十六歳）、朴実（瓢渓）の枕澗亭に移り、仲兄と李沢の友人として性理学を講じた。この時、九思堂 金楽行（一七〇八～六六）に手紙を送り、『大学』と『中庸』の疑問点について尋ねている。(31) 密庵 李栽の門人である九思堂は性理学と礼学の造詣が深く、天文・暦象・医薬・地理・音律に至るまで広く通じ、大山 李象靖とも親交があった。東巖は九思堂と何度か往復書簡をやりとりすることで、経義や性理説に関する理解の幅を広げていき、九思堂が追求した学問の傾向から直接・間接に影響を受けるようになる。さらに東巖は、これをきっかけに九思堂の門下に入門し、九思堂も東巖について「私の畏友」と語るほど師弟間の信頼は篤かった。師弟の間の討論は、『学庸疑義』一冊という書物に結実した。このように東巖は、家学的な伝統と師や先輩たちとの討論を通じて、学問の主流だった性理学や経学、礼学についての学問的基盤と体系を築きあげていった。特に九思堂との出会いを通して、経典の本旨（経旨）を講論したことにより、自分たちの学問がかけがえのないものであることに気づいた。

九思堂が世を去った後の一七六九年（四十六歳）、東巖は四十代半ばという年齢で大山 李象靖の門下に入る。もちろん、大山と会ったのはこれが初めてではなかった。すでに述べたとおり、十三歳の時に黄山文会で初めて出会い、一七五八年（三十五歳）に柳道源とともに一路小湖里に大山を訪ねたことがある。(32) ただ、この時は九思堂の門下生だったため、直接入門することはなかったが、学問上の疑問点については手紙を通して尋ねている。

その後、東巖は三回も大山を訪ね（五十五歳、五十六歳、五十八歳）、大山は一度東巖兄弟の住まいを訪問し（四十九歳）、性理説と経学、礼学について討論している。(33) 加えて十数回、手紙による学問的討論が続けられたが、東巖は師である大山との出会いを通して学問の完成度を高め、古人のいう学問の「旨訣」を深く体得した。(34) そのため、大山に入門したのは遅かったが、師である大山と知友たちから認められたのである。(35) 彼の代表的著作である『常変通攷』と

『四書纂註増補』も、このときの大山への質疑と討論を経て完成したものといえる。

大山は当時の退渓学派の正宗として東南方面で道を唱導し、その門下には当代の優秀な人材が数多く出入りした。たとえば后山 李宗洙（一七二二～九七）、川沙 金宗徳（一七二四～九七）をはじめとして、素巌 金鎮東（一七二七～一八〇七）、雨皐 金道行（一七二八～一八一二）、晩谷 趙述道（一七二九～一八〇三）、立斎 鄭宗魯、亀窩 金垅（一七三九～一八一六）、艮巌 李埦（一七四〇～八九）、損斎 南漢朝など、まさに一時代を画する人物を網羅している。その中で東巌は后山 李宗洙、川沙 金宗徳とともに「湖門三老」と称されるほど学問的名声を博した。彼の学問の真価は師の大山の死後、いっそう発揮された。晩年には（六十四歳）東巌亭を建て、死ぬまで学問と後進の教育に専念した。そのような中で退渓を敬慕し、その遺訓を整理して『渓訓類編』も残した。

東巌の学問は、大埜 柳健休、好古窩 柳徽文、損斎 南漢朝、定斎 柳致明へと受け継がれた。これ以外にも雅谷 柳斗文（一七六一～一八二二）、方谷 柳楽門、素隠 柳炳文、亀畄 柳約文（一七六九～一八一九）、寿静斎 柳鼎文なども、東巌を通して学問を磨いた者たちである。

一方、東巌は一七六三年（四十歳）で進士試を受けて合格するが、科挙への未練を引きずることなく、故郷に帰って終生、処士として淡泊な生活を営んだ。もちろん東巌は、現実から逃避した自分だけの安貧楽道の人生を追求したわけではない。中国から入って来た天主学が学界に大きな波紋を投げかけた時のこと、東巌は順庵 安鼎福（一七一二～九二）の『天学或問』を読んで、

邪悪な説については、細かなところまで論駁することはとうていできない。緊要のところを一刀両断に切り捨てるのがよい。「天学」という名前を付けながら、天叙や天秩を無視し、君臣父子も知らないのだから、その声は罪深く、とうていこの世には受け入れられないだろう。（中略）我々儒家たる者は当然、淫声や美色のごとくにこれを退けなければならない。万一、その新奇さを取り入れて博学さをひけらかそうとすれば、気づかぬうちに

その中に落ち込んでしまうだろう。(36)

と述べて学術上の異端を退け、正しい学問を守ることに断固たる態度を示した。それだけでなく、東巖は守令の貪欲さや胥吏たちの専横を聞くと、「治民の道理には『公明廉威』の四つがあるが、このうち一つでも欠けてはならない。公廉であれば恩沢が人民に及び、明威であれば胥吏たちが人を偽ることはない(37)」と語り、苛斂誅求に没頭する地方の守令や下役人たちに統治の要諦を示すなど、国と人民を思う気持ちもまた切実であった。さらに東巖は、人材が日ごとに劣悪になり、世道が日ごとに乱れていく当時の現実は、人の心をダメにする科挙制度に原因があると考えた。そこで子弟たちに、暮らし向きや立場が許せば科挙を受験してもいいが、その合否にあまりとらわれないようにと諭した。(38)そして、貞宗が王位に就いた後、嶺南の人士がしばしば登用される状況の中で、軽挙妄動して出仕する現実を憂慮し、また在野で徒党を組んで進言することに関しても、あくまで慎重に行なうべきだと強調した。(39)これは武臣の乱以後の十八世紀の政治的現実の中で、嶺南南人が置かれた立場と無関係ではありえない問題だった。

東巖の学問の広さはその著作に表われている。『四書纂註増補』三十二巻、『常変通攷』三十巻、『小註考疑』二巻をはじめとして、『資警録』・『渓訓類編』・『湖書類編』などの典書、『東巖集』十四巻七冊の雑書部分に載せられている「疑礼瞽見」・「学庸疑義」・「近思録釋疑辨」・「周天算法」などがそれである。これらの著作から、彼の学問的関心が経学と性理学、そして礼学に集中していることがわかる。東巖はこれらの著作を通して、退渓から伝わる学的伝統の上に、同時代までの学問的成果を集成することで、退渓学派の学問的伝統を確立しようとしたのである。

四　『常変通攷』の編纂体例とその内容

東巖は七歳の頃、跡継ぎとしての承重の喪に服して、拝哭・奠饋などの手順を成人と同じように行なって周囲の人たちを驚かせ、亡父の忌日には堂と庭を掃き清め、果物や野菜、魚肉をみずから準備して母親の労苦に代わるなど、幼い時から礼儀作法に優れていた。(40) その後、家庭教育と親友との出会いを通じて、礼学への関心はますます大きくなっていった。その中で、礼学と性理学に造詣の深い九思堂 金楽行に入門したことは、東巖の学問がいちだんと成熟するきっかけとなった。三十五歳（一七五八）の時に母親が亡くなると、東巖は時俗の礼制のとおり、三年間、墓の近くに建てた庵で寝起きしながら喪礼について深く考え、書を著したが、(41) これは後日『常変通攷』の基礎資料となった。九思堂が世を去った後、東巖は大山の門下に入る。東巖は、大山との四度の出会いと、十回以上に及ぶ書信の往来を通して、四礼の中でも喪礼と祭礼に注目し、疑問について問いただし、討論した。東巖はこうした学問的過程をたどりながら、若い頃から関心のあった礼説を集大成して『常変通攷』を完成させたのである。この時東巖は六十歳（一七八三）であった。しかし、残念なことに東巖は、この『常変通攷』を師である大山に進呈して訂正してもらおうとしたのだが、大山が死去した後だったためにかなわず、東巖自身もこれ以上手をつけることができないまま、箱の中に大切にしまっておいた。(42)

『常変通攷』を刊行する仕事は東巖の子孫たちに引き継がれた。東巖の従子である壺谷 柳範休は、東巖の門人の大埜 柳健休、好古窩 柳徽文に依頼して刊行事業を進めることにした。彼らは従孫の柳鼎文や従曾孫の柳致明と討論して校正を重ね、十年かかってその仕事を終えた。そして最後に、大山の孫である所庵 李秉遠の対勘を経て、三十巻十六冊として出版した。(43) もっとも、東巖自身が最初に完成させた『常変通攷』は、もともと二十二巻からなっていたが、校正の過程で旧本の文字が細かく読みにくかったため、文字を少し大きくして全三十巻に作り上げたのである。(44)『常変通攷』の刊行事業は名望ある東巖の子孫たちが多数参加し、誠意と努力を傾けて成し遂げたものであり、それだけこの事業の学術的価値は高く、同時に一族の矜持がよく表われているといえよう。

まず、この書を編纂した動機を調べてみると、東巖は、近頃、礼について語る学者にはみな著書があり、疑わしい文言や古礼とは異なる項目（疑文変節）についても語り尽くされた感がある。だが、人によってそれぞれ論拠が異なって議論が交錯しており、それでいて日々用いる常礼には見逃されている部分があった。私はひそかにそれを憂えていたが、ついに『朱子家礼』の順番に沿って常礼を編入し、これに疑変を付し、諸説の交錯するところには私の浅見を簡略に付記し、若干の巻にまとめて、これを『常変通攷』と名づけた(45)。

と述べている。東巖は『朱子家礼』の編次に従って章節を分類し題目を立て、古今の常礼と変礼を集めてこれを付し、経典を根本としつつも後世の諸家の説を参照し、古今の論議の異同を輯集して一つの体系を打ち立てた。

『常変通攷』の全構成は、巻一から巻四までは「通礼」、巻五は「冠礼」、巻六は「婚礼」、巻七から巻二二までは「喪礼」、巻二三から巻二五までは「祭礼」、巻二六は「郷礼」、巻二七は「学校礼」、巻二八は「国恤礼」、巻二九と巻三〇は「家礼考疑」で構成されている(46)。まず外面的特徴を指摘すると、『常変通攷』の全三十巻のうち喪礼部分が十六巻と全体の半分以上を占めている。これは他の礼書と似た構成になっているが、最後に人を送り出す行礼の手順が、人間社会にとってそれだけ大切だということを証明するものでもある。次に、巻一から巻二五までを見ると、『朱子家礼』の編次と表面的には同じである。だが、詳細に見ると、『朱子家礼』の構成方式とは差異があることがわかる。東巖が用いた凡例によって編次構成の特徴を調べてみよう。臨終の際の手順を『朱子家礼』の編次と具体的に比較すると、次のようになる。

・疾病、遷居正寝—既絶乃哭—復—立喪主　（『朱子家礼』）

・疾病—遷居正寝—寝東首於北墉下—遺命（乱命）—内外安静以俟気絶—廃牀徹褻衣加新衣体一人属纊—男子不絶於婦人之手婦人不絶於男子之手—既絶乃哭（夜半死者従来日）—復（侍者一人、内喪用女僕、以死者之上服嘗経衣者、左執領、自前栄升屋中霤北面招三呼某人復、巻衣降覆尸上、復衣不以襲斂、復衣置魂帛箱）—哭擗—設牀遷尸—楔歯綴足

（尸南首）―奠―帷堂―立喪主（『常変通攷』[47]）

ここから確認できるように、『常変通攷』の編次項目は『朱子家礼』に比べるとかなり詳細になっている。手順どおりに行ないさえすればいいというほどの細かさである。

ただし、ここには編次構成における四つの原則がある。「綱」に相当する項目があり（太字の部分）、「目」に相当する項目があり（括弧の中）、さらに「綱」と「目」を解説した礼説があり、最後に、解説した礼説に加える内容がある場合には「註」と「疏」を双行注のかたちで引用している。また、「綱」や「目」の項目は、もとの『朱子家礼』の項目をはじめとして、『儀礼』や『礼記』、『朱子家礼』の本注、『家礼儀節』などから東巖がみずから選んで設定したもので、各項目の下には中国や我が国の礼書、礼学者たちの礼説を順番に引用している。

ここで一つ注目されるのは、「綱」や「目」の項目は日常生活で変わることのない常礼に相当し、「綱」や「目」を説明するその下の部分は時代によって変わる変礼に相当するということである。編次がかなり体系的に構成されていることがわかる。このような編次は、未完成の『朱子家礼』を補完する意味だけでなく、煩雑なほど詳細な項目と礼説を集成することによって、同時代までの学問を整理するとともに、現実に適用する場合の問題を考慮した結果といえる。

次は、『常変通攷』の全体的な構成と『常変通攷』という名前について考えてみよう。すでに述べたとおり、『常変通攷』は巻一から巻二五までは四礼中心の『朱子家礼』の編次と同じだが、その後に郷礼・学校礼・国恤礼を収めている。郷礼は郷村の秩序を確立し、郷村民の和合を固めるための礼節として要求されるものであり、学校礼は郷村民と士族の秩序意識を教化を通して高めるために必要な儀礼である。国恤礼は王室に対する臣民の儀礼を述べるもので、中央の朝廷と関連のある在地士族の儀礼を規定することにより、君臣の儀礼を明確化するのに必要とされる礼といえる。[48]

こうしてみると、『常変通攷』は『朱子家礼』の構成体系を超えて、郷礼・学校礼・国恤礼にまで範囲を拡大し、成立した礼書といえる。さらに、こうした礼書の構成方法は家礼・郷礼・学礼・邦国礼・王朝礼の体系によって構成された朱子の『儀礼経伝通解』をふまえていることはもちろんだが、退渓学派の礼学的伝統では、寒岡 鄭逑が著わした『五先生礼説分類』の編纂方式を引き継いだものである。(49)

我が国に『朱子家礼』がもたらされたあと、十六世紀までは、礼書の編纂は喪礼と祭礼中心になされた。たとえば聾巖 李賢輔（一四六七～一五五五）の『祭礼』（一五四七年）や晦斎 李彦迪（一四九一～一五五三）の『奉先雑儀』（一五五〇年）、退渓の礼説を弟子たちが整理した『退渓喪祭礼答問』、さらに謙庵 柳雲龍（一五三九～一六〇一）の『追遠雑儀』、金誠一と柳成龍がそれぞれ残した『喪礼考証』などがそれである。だが、十六世紀後半から十七世紀になると、四礼全体に関する理解をふまえて礼書が編纂されるようになる。その例として艮斎 李徳弘の『家礼註解』、芝山 曺好益の『家礼考証』と亀峰 宋翼弼（一五三四～九九）の『家礼註説』、沙渓 金長生の『家礼輯覧』などを挙げることができる。これらの著作は、それぞれ個人差はあるものの、おおむね『朱子家礼』を理解、深化、補完するという問題意識を持っており、著作の名称をひとしく「家礼〇〇」としている点からもそのことがわかる。その中で鶴沙 金応祖の『四礼問答』は朱子をはじめ、退渓、西厓、寒岡、旅軒の礼説を集めて分類した礼書である。これは既存の礼書と名前が異なるだけでなく、鶴沙自身の学問的蓄積の上に退渓以後における嶺南礼学の集成を試みているという点に意義を見出すことができる。

しかし、東巖が活動した十八世紀になると、複雑多様な礼形式を反映して、礼書の編纂にも『朱子家礼』を根幹とし、常礼と変礼を詳細に扱った礼書が現われた。その代表的なものが大山 李象靖の『四礼常変通攷』と東巖 柳長源の『常変通攷』である。(50)ただし、大山の『四礼常変通攷』は常礼と変礼を統合したものの、依然として四礼を中心にすえていることがわかる。一方、東巖の『常変通攷』は、士礼である『朱子家礼』を根幹に据えながらも、郷礼、学校礼、邦国礼にまでその範囲を広げて常礼と変礼を集成しており、こうした内容に合わせて『常変通攷』という名称がつけられたのである。同時代の西人老論系の鏡湖　李宜朝（一七二七～一八〇五）が編纂した『家礼増解』と比較してみると、[51]『常変通攷』の名称と内容、および形式の独特な面を確認することができよう。

『常変通攷』の引用書目を見ると、中国の書物が百三十六種、我が国の書物が五十一種で、合計百八十七種ほどにのぼる。そのうち、漢・唐以前の書が六十種あまり載っているが、これはまさに漢・唐以前の古礼と、訓詁学の成果を幅広く受け入れていたことを意味する。また、学説が紹介された中国の学者は七十九人、我が国の学者は二十六人、合計百五人もの礼学の大家たちが網羅されている。我が国の礼学者としては、退渓　李滉と大山　李象靖を中心に、金誠一、柳成龍、鄭逑、鄭経世、張顕光、眉叟　許穆（一五九五～一六八二）、李玄逸、李縡、金聖鐸などの学説をみな受け入れ、李珥、李植、金長生、慎独斎　金集（一五七四～一六五六）、宋時烈、農巖　金昌協（一六五一～一七〇八）、朴世采、尹拯などの西人老論系、さらには少論の礼説まで参考にしている。これは一言でいうと、嶺南礼学の学問的伝統に立ちつつも党派に拘泥することなく、その時代までの礼説全体を集成したということである。

東巖　柳長源の礼説は、退渓以下、鶴峰、大山と続く嶺南礼学の伝統を受け継ぎ、『朱子家礼』を根幹としたが、古礼、時礼である俗礼、および『家礼儀節』を重視する立場をとっていた。礼説の全体的体例と範囲は、『礼記』昏義篇で触れられているように、冠婚喪祭の四礼と郷礼、学校礼、邦国礼をともに扱っている。その中で常礼と変礼を最大限集成し、時宜にかなった礼制を考究しようとした。要するに『常変通攷』は、内容と形式面において単に『朱子家礼』を理解し補完する立場ではなく、『朱子家礼』を展開させ、十八世紀にふさわしい新たな方法的アプローチによって礼書を編纂する先駆けとなったといえよう。

五　嶺南礼学の特徴——全州柳氏の礼書を中心に

水谷の全州柳氏は柳城の入郷後、子の岐峯 柳復起と孫の陶軒 柳友潜（一五七五～一六三五）により、水谷柳氏としてのしっかりした地盤を持つようになった。特に柳復起は、外叔である鶴峰 金誠一が実践した学問、すなわち礼学的学問の影響を受け、以後、家風としての伝統を確立していった。

その結果、十七世紀に柳樁が『邦礼辨証』を著わした後、その子の柳景輝が『家礼輯説』を撰した。十八世紀には柳道源の『四礼便考』と柳長源の『常変通攷』が編纂され、十八世紀後半から十九世紀前半には、柳健休の『喪礼備要点疑義』や柳徽文の『家礼攷訂』『冠服攷証』が編纂された。そして、十九世紀の半ばに柳致明の『礼疑叢話』と『家礼輯解』が、それに続いて柳致徳の『典礼攷証』が編纂され、十九世紀後半から二十世紀前半の柳淵亀による『常変要解』の編著がその掉尾をかざった。

『朱子家礼』が我が国に普及して以来、時間の経過とともに『朱子家礼』の研究も当初の理解の水準を超えて、深化と補完、克服という段階をたどりつつ、さまざまな『朱子家礼』の注釈書が出された。水谷柳氏の学者たちもこれと同じ礼学的流れの中で数多くの礼書を編纂したのである。

柳景輝の『家礼輯説』は『朱子家礼』の編次に従い、未完の『朱子家礼』を補完するという面から編纂された礼書だが、柳樁の『邦礼辨証』と柳健休の『喪礼備要疑義』は、南人礼説の立場から己亥礼訟の不当性と金長生の『喪礼備要』に対する批判を加えているのが特徴である。これらの中で最も注目されるのが柳長源の『常変通攷』であった。『常変通攷』は、未完の『朱子家礼』を補完するという大前提からは逃れられなかったが、内容的・形式的側面を見ると、実際には『朱子家礼』の枠を超え、『朱子家礼』を幅広く展開させたものといえる。こうした礼書の編纂意識は当時の嶺南南人だけでなく、西人老論系の礼書編纂意識とも異なっている。

十八世紀当時までの礼説を集成した『常変通攷』の編纂は、それ以後の水谷柳氏の学者たちの礼書編纂に大きな影響を与えた。柳徽文の『家礼攷訂』と『冠服攷証』、柳致明の『礼疑叢話』は『朱子家礼』のテキスト全般を考証したものではなく、実際の儀礼実践過程において重要必須の部分や、議論の対象となる点、疑義のある題目のみを取り上げて論じており、『冠服攷証』は礼の内容的側面よりも、制度的側面から考証を行なっている。これは、『常変通攷』が全体的内容を扱ったものだとすれば、『家礼攷訂』や『冠服攷証』、および『礼疑叢話』は部分的な内容に注目し、研究の重複を避けるとともに、よりいっそう深化・発展を見せているということである。また、柳致明の『家礼輯解』と柳淵亀の『常変要解』は『常変通攷』の内容を要約して、より簡単に利用できるようにし、柳致徳の『典礼攷証』は士礼に重きを置いた『常変通攷』を補完するという面において、国家の典礼を研究した重要な礼書である。つまり『常変通攷』以後に著わされた礼書は、どれも『常変通攷』と密接に関連しながら、全体と部分、長所と短所を互いに補い合っているのである。言い換えれば、礼学分野の研究において学問的な分業が機能したということができよう。

水谷柳氏の門中のなかで礼学関係の著作を残した学者たちを調べてみると、一つの共通点を見出すことができる。それは、東巖 柳長源以前の柳榰や柳景輝を除いて、他のすべての学者が柳長源と直接・間接的に関係を結んでいるということである。柳道源と柳長源は実の兄弟だし、柳道源は伯父柳升鉉の門下に入り、柳健休・柳徽文・柳致明は柳長源の門下で直接教えを受け、柳致徳は柳健休や柳致明から教えを受けている。

柳長源は鶴峰 金誠一、葛庵 李玄逸、大山 李象靖と続く退渓学派の伝統的な学脈を継承した。大山の門下では後山 李宗洙、川沙 金宗徳とともに「湖門三老」と称され、特に礼学の分野で頭角を現わした。東巖の礼学的業績は、師である大山の教えによって鼓舞されたのはもちろんのこと、大山の死後、その学問は損斎 南漢朝を経て定斎 柳致明へと伝えられ、嶺南学派を代表するものになっただけでなく、家学として継承され、水谷柳氏の学問的伝統として明確に位置づけられることになったのである。

注

(1) この文献は退渓五十歳から死去に至るまでの喪祭礼に関する学説を門人たちが整理したものである。全六十通で二冊からなっており、十六世紀後半頃に編纂されたらしい。退渓の喪祭礼に関する学説が集約された著述であり、その礼説を後世に伝えるものとして高い学術的意義があるといえる。ユ・クォンジョン『退渓喪祭礼答問』解題、『韓国礼学叢書』一、九〜一三頁。

(2) チョン・ギョンヒ「十六世紀中葉における士林の礼学——李滉の礼学を中心に」(『韓国史研究』一一〇集)二七頁参照。

(3) 大山の孫、所庵 李秉遠(一七七四〜一八四〇)が再編集し、『四礼常変通攷』の名を『決訟場補』に変更した。

(4) クォン・ギホ「決訟場補」解題、『韓国礼学叢書』四九、五〜九頁。

(5) 李家源『(国訳)全州柳氏水谷派之文献叢刊』序文、五頁。

(6) 柳復起『岐峯先生逸稿』、「鶴峯先生行蹟」、「復起兄弟、十歳前、失怙恃、養於外家。舅氏、撫育極恩愛、凡飲食衣服、訓誨之事、一如己子。孤等、既定居水谷、凡事草創、罔有紀極、舅氏尤加愍恤。毎於猿谷往来之際、雖昏暮忙遽、必親至孤家、先問平否。次及祭祀之節農作之事、厳飭奴僕、指教凡百。又以勅身勧学之意、勉戒不置、孤等之粗辨魚魯、保守田業、秋毫皆舅氏力也」。

(7) 柳復起、前掲書「墓誌(柳正源)」参照。

(8) 柳椿『乖厓先生文集』巻四、「行状(李簠)」参照。

(9) 柳椿、前掲書巻三「邦礼辨証」参照。

(10) 柳慶輝『蒙泉逸稿』参照。

(11) 柳椿『乖厓先生文集』、「寄慶輝」。「南岳翁、即當世師表、汝兄弟、当受業於其門下、況汝僑居近地、往来尤便、須専心師事、恭承教誨、可也。礼説裒輯、已成頭緒邪。従近来示為好。年前、吾嘗言邦礼之誤、初以妄発為懼、及校経伝諸説、始信一得之見、礼之不可不講如此、汝輩宜識之」。
(12) 柳慶輝『家礼輯説』参照。
(13) 柳道源『蘆厓集』巻一〇、「行状（柳長源）」参照。
(14) 柳健休『大埜集』巻一〇、「行状（柳致明）」参照。
(15) 柳健休、前掲書巻七、「葬礼備要疑義」参照。
(16) 柳致明『定斎集』巻二四、「将仕郎厚陵参奉好古窩公徽文行状」参照。
(17) 柳徽文『好古窩集』「家礼攷訂」参照。
(18) 柳徽文、前掲書巻一八「家礼攷訂序」、「近世礼家挙以『家礼』為宗、其中未定之論、則楊信斎附註輒引『儀礼』為正、而尚多闕焉。皇朝丘文荘公作『儀節』以羽翼是書、而亦多率意更改、或未得古人礼意者、有不可尽従。其後諸家説、亦或有異同難合者。然徽文細節、亦一一追原古礼而損益之、然後可因其数而得其義焉。今不揆僭易就要切処、略加評訂、根拠経伝以補『家礼』之闕、庶不外乎先生定論。至於今俗所行、或異於『家礼』而反与古礼相近者、似当従時而合古、亦以鄙見参証而討論之、以備好礼者之采択。其所不論者、亦須以此例推看云」。
(19) 柳徽文、前掲書、「冠服攷証序」参照。
(20) 柳徽文、前掲書、「冠服攷証」参照。
(21) 柳致明の生涯については、柳致明『定斎集』附録巻三、「行状（金興洛）」、「墓碣銘（韓耆東）参照。」
(22) 柳致明、前掲書、附録巻三、「行状」参照。
(23) 柳致明『定斎集』巻二〇、「礼疑叢話」、「有子説、礼之用和為貴。蓋礼有体有用、其体則経、其用則緯。非経則等威不辨而人道乱、非緯則愛敬不行而人情離。故君臣定、父子立、長幼分、親疎辨、卑高陳、截然而不可犯者、体之厳也。進退升降揖譲辞遜以錯綜而敦合之者、用之和也。此聖人所以因其自然、而経緯人紀者也」。
(24) 柳致明、前掲書巻二〇、「礼疑叢話」参照。
(25) 柳致明、前掲書巻二二、「家礼輯解序」、「先師東巖先生、蓋嘗因而疏剔之、発揮之、定著常変通攷。精博悉備、無復遺憾矣。

顧以先従通攷理会者、毎恨其浩穰而難於蒐索、致明窃不自揆、乃敢掇取其経礼可証援与夫訓詁名物者、而悉疏於本文之下。若其附註之謬入他條、及煩冗不切者、則或移附、或刪去。間亦僭附謬見、目為輯解者四冊。有志於礼者、誠能先乎此而推之、以極夫通攷之全、則於器数之陳、精義之蘊、可両尽而底於行、庶幾不畔於朱子嘉恵之至意云爾」。

(26) 柳淵亀『常変要解』参照。

(27) 柳致徳『近庵集』巻六、「行状（金道和）」、「墓碣銘」。

(28) 柳致徳『典礼攷証』参照。

(29) 柳致徳、前掲書、「典礼攷証序」参照。

(30) 柳長源『東源集』巻一四、「行状」、「既入学、喜問辨、毎朝請学、不学則不肯食。臥起遊止、携所読冊子、不肯須臾舍。（中略）九歳、就学于伯父慵窩公、公毎称其善学、以遠大期之。嘗手画六十四卦方円図及河図洛書、対案耽看、長者曰、能知此乎。対曰、不知故欲知之也。十三、赴黄山文会、対策居魁、太山李先生、見其券、歎曰、不但文気蔚然、可否経綸手段。十六遊川城甥館、県多文学長者、皆忘年而友之。成新寧世項、見而歎曰、此人、人中鳳也」。以下、東巖 柳長源の生涯と行跡に関していちいち注をつけることは省略する。前掲書巻一四の「行状（南漢朝）」、「墓碣銘（李瑀）」を参照されたい。

(31) 柳長源、前掲書、巻一四、「行状」、「己巳、移居入瓢渓、与仲氏蘆厓公、同処澗亭、議論名理。日有程課、以『中庸』疑義、書稟于九思堂金先生」。

(32) 柳長源、前掲書、巻一一、「拝門録」、「戊寅秋、兄弟進拝湖上門下。（中略）時因便風、書稟所疑而已」。

(33) 柳長源、前掲書、巻一一、「拝門録」参照。

(34) 柳長源、前掲書、巻一四、「行状」、「晩而就正於李先生、深得古人相伝旨訣」。

(35) 柳長源、前掲書、巻一四、「行状」、「李先生、倡道東南、卓然為吾道之正宗、一時之英才、咸萃其門、而独以善信博雅、称先生、其旨微矣」。

(36) 柳長源、前掲書、巻一四、「行状」、「嘗得安順庵『天学或問』、歎曰、邪魔之説、千頭万緒、不勝其辨之、不若就緊要処、一刀斫断也。彼以天名学、而外天叙天秩、不知君臣父子、声此為罪、已不容於覆載間矣。（中略）為吾儒者、当如淫声美色以遠之。如或取其新奇而資其辨博、不覚其駸駸然入其中」。

（37）柳長源、前掲書、巻一四、「行状」、「聞守令貪汚、胥吏横恣、則為之仰屋長吁曰、治民之道、公明廉威四者、不可廃一。公廉則沢及於民、明威則吏不敢欺」。

（38）柳長源、前掲書、巻一四、「行状」、「又嘗歎科挙之法、壊人心術。今日人才之日下、世道之日非、皆由於此。戒子弟、随分応挙、未嘗以得失関念」。

（39）柳長源、前掲書、巻一四、「行状」、「戊申以後、道内儒紳、荐被異数。先生蹙然曰、唯読書修行、益勉忠孝、為少答聖恩、後生輩不知此義、頗有掀動躁競之漸、此甚可憂。又曰、草野進言、事体稀闊、非有大関係、不可軽議。此陶山以来、諸賢相伝法門、為士者、謹守遺規、毋失嶠南本色、可也」。

（40）柳長源、前掲書、巻一四、「行状」、「七歳、持所後承重服、拜哭奠饋如成人、置縄牀倚卓下、以開闔主櫝、陳撤饌品、見者異之。遇先忌、灑掃室堂及庭、果蔬魚肉、親自監辨、以代母夫人之労」。

（41）柳長源、前掲書、巻一四、「行状」、「戊寅、母夫人下世、先生哀毀幾滅性、三年不出廬外、講究喪礼、手抄成書」。

（42）柳長源、前掲書、巻九、「常変通攷識」、「凡得若干巻、名之曰、常変通攷。将以就質於湖上、而人事遽変、余亦衰老疾病、無復心力可及於此。只得蔵之巾笥、以竢具眼」。

（43）柳健休『大埜集』巻九、「祝文　常変通攷成告東巌先生文」、「健休徽文、鼎文致明、一意従事、十年乃成。爰及同志、往来参商、李丈秉遠、実裁其衷」。

（44）柳致明『定斎集』巻二三、「常変通攷跋」、「有曰、『常変通攷』、以発揮『家礼』者、為二十二巻。（中略）以旧本細密難看、大其字様而釐之、為三十巻、并総目為十六冊」。

（45）柳長源『東源集』巻九、「常変通攷識」、「近世言礼之家、皆有成書、其於疑文変節、蓋已説之詳矣、而人各異据、議論交互、且於日用常礼、反有遺焉。愚窃病之、遂依『家礼』次第編入常礼、而継之以疑変、其諸説交互処、則略附浅見、凡得若干巻、名曰『常変通攷』」。

（46）柳長源『常変通攷』（『韓国礼学叢書』五四・五五・五六）参照。以下、『常変通攷』の引用箇所についてはいちいち注記することは省略する。
(47) 柳長源、前掲書、『常変通攷』(『韓国礼学叢書』五四) 巻七、「喪礼一」、初終、五七六〜五九四頁。
(48) ユ・クォンジョン「近代嶺南礼制と常変通攷」(東洋学問学会第八二回学術発表会資料集、二〇〇四年) 七〜八頁。
(49) 『五先生礼説分類』は儀礼を天子諸侯礼と士礼に大きく区分したあと、それぞれを冠礼・婚礼・喪礼・祭礼・雑礼の五礼に分けている。チョン・ギョンヒ「十六世紀後半〜十七世紀初頭における退渓学派の礼学」(『韓国史研究』一〇一輯) 一〇六〜一一四頁。
(50) 李象靖『決訟場補』(『韓国礼学叢書』四九) 参照。
(51) 李宜朝『家礼増解』(『韓国礼学叢書』五八) 参照。

参考文献

柳楷『乖厓先生文集』
柳健休『大埜集』
柳慶輝『家礼輯説』『蒙泉逸稿』
柳道源『蘆厓集』
柳復起『岐峯先生逸稿』
柳淵亀『恬庵集』『常変要解』
柳致明『定斎集』
柳長源『東巖集』(『退渓学資料叢書』八五、安東大学校・退渓学研究所、図書出版、聖心、二〇〇五年)
『常変通攷』(『韓国礼学叢書』四九・五四・五五・五六、慶星大学校・韓国学研究所編、民族文化、二〇〇八年)
柳致徳『近庵集』「典礼攷証」
柳致明『定斎集』

柳徽文『好古窩集』

李象靖『決訟場補』（『韓国礼学叢書』四九・五〇、慶星大学校・韓国学研究所編、民族文化、二〇〇八年）

李宜朝『家礼増解』（『韓国礼学叢書』五八・五九・六〇、慶星大学校・韓国学研究所編、民族文化、二〇〇八年）

『全州柳氏水谷派之文献叢刊』（安東水柳文献叢刊会、一九八三～一九九一年）

『退渓喪祭礼答問』（『韓国礼学叢書』、慶星大学校・韓国学研究所編、民族文化、二〇〇八年）

임민혁 옮김『주자가례』（예문서원、一九九九年）〔イム・ミンヒョク訳『朱子家礼』、芸文書苑、一九九九年〕

李家源『국역（国訳）全州柳氏水谷派之文献叢刊』서문（序文）（全州柳氏岐山会、大譜社、二〇〇四年）

권진호「決訟場補」해제（解題）、『韓国礼学叢書』四九（慶星大学校・韓国学研究所編、民族文化、二〇〇八年）

유권종「近代嶺南礼制와 常変通攷」（ユ・クォンジョン「近代嶺南礼制と常変通攷」、東洋学問学会第八二回学術発表会資料集、二〇〇四年）

――「退渓喪祭礼答問」해제（解題）、『韓国礼学叢書』一（慶星大学校・韓国学研究所編、民族文化、二〇〇八年）

정경희「16세기 후반~17세기 초반 退渓学派의 礼学（チョン・ギョンヒ「十六世紀後半~十七世紀初頭における退渓学派の礼学、『韓国史研究』一〇一集、韓国史研究会、二〇〇四年）

――「16세기 중반 사림의 예학―이황의 예학을 중심으로」（十六世紀中葉における士林の礼学――李滉の礼学を中心に、『韓国史研究』一一〇輯、韓国史研究会、二〇〇〇年）

畿湖学派における『朱子家礼』の受容

都《ト》　民《ミン》　宰《ジェ》
吾妻　重二　訳

要旨

本稿は朝鮮王朝時代において礼学の中心的位置にあった『朱子家礼』が畿湖学派においてどのように受容されたのかを考察するものである。

畿湖学派の礼学はすべて「直」を思想的基礎としており、これにもとづいて義理を発現させ、性理学の宗法を基盤に「統」を樹立して社会の紀綱をうち立てようとした。さらに『朱子家礼』を尊信しながらも、その不備な点を朱熹の本意と古礼とを参酌、考証して補い、時宜と情宜の調和を追求する傾向をもっていた。

畿湖学派における『朱子家礼』受容のあり方の最大の特徴は同書を儀礼実践の基本原則とした点にあり、同書の不備を補完したり根源を追究する過程で古礼を検討しつつも、できるだけ朱熹の本意に忠実であろうとした。畿湖学派が王室の典礼論争において王朝礼の特殊性よりも「家礼」中心の普遍性を強調する面から理論を展開したのは、まさにこのような「家礼」中心的思考に根ざすものであったと思われる。

キーワード

畿湖学派、礼学思想、『朱子家礼』、古礼、時俗

はじめに

儒学を統治理念とした朝鮮社会では、単に政治制度としての面のみならず、社会の風習までも儒教社会へと転換しようと試みた。そのため朝鮮社会は儒教的礼制によって国家体制を整備するとともに、儒教的礼俗を提供することにより礼の社会化を追求した。

こうした儒学の礼治主義を具現しようとする努力は、十六世紀に入って少しずつ実を結ぶようになった。特に十六世紀に生じた性理学の理論的発展は性理学の理論を現実に実践する問題と関連し、礼学の発展に対する理論的な基盤を提供したが、これが十七世紀における礼学の興隆を招来し、いわば「礼学の世紀」が展開することになった。これは、中国儒学史とは異なる韓国儒学史の特徴のひとつといえるであろう。

性理学と礼学は互いに表裏一体の関係にあるもので、十七世紀における礼学の発展は性理学の理論的発展と同じ流れの中にある。十六世紀に入って国家体制が整い、士林たちの活躍が目立つようになると、性理学的な思考に立脚した礼学論議がますます活発になった。つまり、十六世紀に興隆した性理学の理気心性論に関する活発な議論が、性理学の理論を現実に実践する問題と絡み合って十七世紀の礼学の発達をもたらしたわけである(1)。

こうした礼学の発展過程で中心的な位置を占めたのは、他でもない『朱子家礼』であった。朝鮮では『小学』を新たな社会に必要な倫理の基礎とするとともに、『朱子家礼』を生活の儀礼とした(2)。このように、朝鮮時代の礼学が『家礼』を中心に展開したことは、性理学的な社会秩序の確立という指向を踏まえたものといえる。

本稿は、朝鮮時代の礼学の中心的な位置を占めた『朱子家礼』の受容のあり方をめぐって、畿湖学派を中心に考察しようとするものである。畿湖学派の代表的な礼学者たちが『朱子家礼』をどのように受容し、朝鮮化しようとしたかを考察することにより、畿湖学派における『朱子家礼』の位相と畿湖礼学の特徴を考察することができよう。ここでは、畿湖学派の代表的な礼学者として栗谷 李珥（一五三六〜八四）、亀峯 宋翼弼（一五三四〜九九）、沙渓 金長生（一五四八〜一六三一）、尤庵 宋時烈（一六〇七〜八九）、魯西 尹宣挙（一六一〇〜六九）を中心に検討する。栗谷 李珥は畿湖学派の形成における代表的人物であり、亀峯 宋翼弼は畿湖礼学を啓導した人物であり、沙渓 金長生は畿湖礼学を完成させた人物といえる。また尤庵 宋時烈と魯西 尹宣挙は、畿湖学派が老論と少論に分かれた時に、それぞれ老論と少論を代表する人物であり、彼らの礼学的特徴を考察することも意味のあることと考える。

一　畿湖学派の成立と畿湖礼学の特徴

畿湖学派と嶺南学派は朝鮮時代の儒学史において二大主流を形成した。こうした学派の分立は、一五七五年（宣祖八年）の東人と西人の分裂から始まった。この東西の分裂は政治的な側面における対立だったが、その背景には朋党相互の相互に牽制し、批判し合うという「朋党政治」の原理があった。この時、東人には退渓 李滉（一五〇一〜七〇）と南冥 曺植（一五〇一〜七二）の門人たちが多く、西人には栗谷 李珥やその門人たちが多かった。東人は、一五八九年（宣祖二十二年）に起きた鄭汝立の反逆事件を処理する過程で南人と北人に分かれていき、仁祖反正後に北人が失脚すると 南人と西人の二つの党派が、互いに対立・牽制しながら政治を主導するようになった。この頃、南人は主に退渓の門人であり、嶺南地域を基盤としたため、嶺南学派または退渓学派と呼ばれるようになり、西人は主に栗谷の門人であり、畿湖地域を基盤としたため、畿湖学派または栗谷学派と呼ばれるようになった。

分裂の初期には学問的対立よりも政治的な対立が目立っていたが、次第に学問的な対立へと変容していく。性理学の理論的側面での対立は、退渓の四端七情に対する、栗谷の理気論的解釈の相違に端を発するといえる。退渓は四端と七情をそれぞれ理発と気発として解釈したが、栗谷は理発を否定し、気発のみを主張した。退渓と栗谷以後、主に嶺南地域の学者たちは退渓の説を支持して栗谷の説を批判し、畿湖地域の学者たちは栗谷の説を支持して退渓の説を批判して、それぞれの学派を形成していった。(3) このような性理学理論の見解の相違を含む学派間の相違が、その後の礼学の展開にも大きな影響を及ぼしたのである。

朝鮮時代の礼学者たちは、『朱子家礼』を朝鮮社会に適合させることを主眼として礼学思想を展開した。『朱子家礼』は宗法秩序に立脚しており、性理学の理念を現実に具現する礼学であった。そのため、儒教的な礼治主義を標榜した朝鮮時代においては、「家礼」を実践することが宗法秩序に立脚した統治秩序の確立に不可欠であった。それゆえ朝鮮時代の礼学における主要な関心事は、『朱子家礼』を現実にどのように適用するかという点であった。その意味で、朝鮮時代の礼学は『朱子家礼』の規定を我々の実情に合わせて適用・発展させてきたものだといえよう。

朝鮮時代の礼学における学派間の相違は、このように「家礼」を韓国化する過程で生じたものである。特に、『朱子家礼』と朝鮮社会の制度や時俗との間で生じる相違点をどのように調和させるかという点が主眼であった。こうした過程で、十七世紀の礼学者たちは、古礼を基盤として、礼の本質的な意味やその形式の合理性を追求する方向へと礼学の内容を深めていった。(4) 生活儀礼としての「家礼」の適用には、畿湖学派であるか嶺南学派であるかを問わず『朱子家礼』を基準としており、その未完成な点や現実に合わない点について古礼の精神に立脚して判断しようとする点は、同じ方法論を指向していたといえる。ただ、『朱子家礼』の未完成な点や時俗に合わない点を、どのような基準に照らして補完するかという点で、学派間の相違が現われたと見ることができる。

一般的に、畿湖礼学は朱子を尊信し、『朱子家礼』を中心として考えるが、嶺南礼学には脱朱子学的傾向が見られ、古礼を第一に考えるという二分法的観点が、これまでの研究の主な傾向である。特に王室礼を論じた礼訟において、畿湖学派と嶺南学派の間にそのような傾向が表われている。(5) そのため、王室の儀礼ではない一般的な「家礼」についても、畿湖学派の礼学は嶺南学派の礼学に比べて朱子への尊崇の念が強く、『朱子家礼』を中心に展開したと評価されるようになった。礼学に関する各学派の特性は、一般に畿湖学派では『朱子家礼』の規定に遵守しながら、朱子の礼説をそのまま受け入れようとする傾向が比較的強いが、嶺南学派では『朱子家礼』の規定を幅広く解釈しようとする傾向が強いといっていいだろう。(6)

畿湖学派の礼学は栗谷 李珥と亀峯 宋翼弼から本格的に始まった。特に礼学面では亀峯 宋翼弼の影響が大きく、亀峯 宋翼弼が畿湖学派の礼学の事実上の指導者といえる。栗谷と亀峯の門下からは沙渓 金長生が出て、畿湖礼学が本格的に発展するようになったが、沙渓は栗谷の性理学と亀峯の礼学を引き継いで畿湖学派の礼学を発展させた。彼の礼学は子の慎独斎 金集を経て、尤庵 宋時烈、同春堂 宋浚吉、魯西 尹宣挙などに受け継がれ、陶庵 李縡に至って実用的儀礼として発展した。

金文俊は、これら畿湖学派礼学の特色を、第一に礼治精神の実現、第二に韓国道学派の伝統の継承、第三に礼を通じた自己修養、第四に王道政治実現などの道学精神を基礎とするという四つの点を挙げた。(7)これら畿湖礼学を貫く特色は、まさに「直」を思想的な基礎に置いている点にあるといえるだろう。「直」の思想は、畿湖学派礼学の事実上の指導者である亀峯 宋翼弼によってその基礎がすえられた。亀峯の礼学思想は「敬」の実践を通じて「直」を実現することを基本とし、この「直」を基礎として「統」を樹立することを中心的課題とした。(8)こうした亀峯の「直」思想にもとづく礼学思想は、沙渓 金長生や 慎独斎 金集を経て尤庵 宋時烈に至るまで続き、畿湖学派礼学における重要な特徴を形づくったのである。畿湖学派の礼学が性理学的名分論に忠実な傾向があることは、まさに「直」思想にもとづく学問傾向の影響を受けているといえる。

二　畿湖礼学者における『朱子家礼』の受容状況

1　栗谷　李珥(9)

栗谷　李珥は礼学の展開において『朱子家礼』の規定にそのまま従う傾向が強かった。栗谷は礼学の基礎を『小学』に置いた。彼は『小学』を集約した『撃蒙要訣』を著わして初学者たちの基礎とし、『朱子家礼』を儀礼実践の中心とすることにより、以後の畿湖礼学の方向性を示した(10)。栗谷は教育によって「家礼」を普及させようとし、『撃蒙要訣』に喪制や祭礼の章を設け、付録として「祭儀鈔」を作成した。これには、時俗の礼を『朱子家礼』にもとづいて取り込もうとする意図があったのだろう。このように、栗谷は「家礼」中心の礼を確立することによって社会の紀綱を確立することが礼の重要な機能だと考えたのである。

栗谷は社会の現実を改革する上で時宜に適った「変通」を提示したが、これはすなわち、その時代の状況に合った礼制の確立を意味するものといえる。言い換えれば、時宜に適った礼制が確立され、庶民がこれに従うようになれば、国家社会の規律や秩序が正しく保たれるというわけである。

栗谷は礼を性理学的に理解するとともに、具体的な儀礼の実践について『朱子家礼』をその基準に据えた。

喪礼の制度は、当然のことながら『朱子家礼』に従わねばならず、万一、疑わしく理解できない箇所があったら、先生や大人など、礼をよく知る人に質問し、それをきちんと守るのがよい(11)。

祭祀は、当然のことながら『朱子家礼』に従って行ない、必ず祠堂を設けて先祖の神主を奉じ、祭田を設置して祭器を整え、宗子が主管しなければならない(12)。

冠礼や婚礼の制度は当然のことながら『朱子家礼』によるべきで、軽率に習俗に従ってはならない(13)。

栗谷は、冠婚喪祭の四礼はすべて『朱子家礼』を基準として行なわなければならないと述べて『朱子家礼』を尊信する立場を取り、時俗の誤った礼に従うことを警戒している。このようにして栗谷は、当時の時俗の礼を『朱子家礼』にもとづいて正しく実行しなければならないとした。栗谷が「祭儀抄」を著わして『撃蒙要訣』の付録としたのも、まさに時俗の礼を『朱子家礼』にもとづき統一しようという意図の表われと見ることができよう。

この頃、世間ではほとんどが礼を知らず、祭祀で執り行なう儀式が家ごとに違っており、笑止千万である。終始一貫した礼法を作らなければ、ついには風紀が紊乱して秩序がなくなり、蛮族の風俗へと戻ることは避けられないだろう。そこで、祭礼をまとめて後ろに付け、さらに図を作ったので、これを詳しく確認し、この通りに行なうべきである。万一、父兄がこの通りに行なおうとしないなら、当然ながら鄭重に申し上げ、正しい道に戻すことを期さねばならない。(14)

栗谷は、当時の祭祀を行なう風俗が家ごとに異なっているのは礼法を知らないからであると指摘し、家ごとに異なる祭礼儀式を『朱子家礼』を基準として正そうという考えのもとに「祭儀抄」を著わしたといっている。「祭儀抄」は、祭礼の内容を『朱子家礼』を基準にし、生活の中で遵守実践できるようにと作られたものである。冒頭に「毎位設饌図」、「正寝時祭図」、「祠堂図」を置いて具体的な神位の配置と位次を明らかにし、家廟の管理によって家統の権威を暗示した。(15)これは、栗谷の礼学思想が、宗法に立脚した性理学的礼制に忠実であろうとしたことの表われと考えられる。このように考えると、栗谷の時俗に対する態度は概して規範的なものだったといえるだろう。これは、栗谷が更長論に立脚し、社会秩序を礼によって正そうという観点から来たものと考えられる。

こうした栗谷の礼意識は、『朱子家礼』を礼の基盤としつつも、朝鮮という地域や時宜性を合理的に改善することにあるといえる。(16)このように、栗谷が世俗の礼を『朱子家礼』にもとづいて正そうとしたことは、栗谷が人間秩序の基準を『朱子家礼』に置いていたことを意味する。つまり、栗谷の礼学思想は世俗の誤りを『朱子家礼』によって正することによって社会の規律と秩序の確立を追求することに主眼を置いたのである。

栗谷の礼学思想の目的は、時宜に適った変通を重視することによって社会の紀綱を確立することにあり、そのために『朱子家礼』を儀礼実践の基準とし、礼俗の一元化を追求したといえるであろう。

2　亀峯 宋翼弼[17]

亀峯 宋翼弼の礼学思想は「直」の思想が基礎となっているが、「直」の思想とは天理に背かず、これを人事において正しく体現することといえる。こうした亀峯の「直」の思想は弟子の沙渓 金長生や尤庵 宋時烈に受け継がれ、畿湖学派の心法としての位置を占めるようになった。

亀峯の代表的な礼書に『家礼註説』がある。これは朝鮮時代の『朱子家礼』に関する本格的な注釈書の先駆け[18]であり、「家礼」の学問的研究の基礎となった著作である。

『家礼註説』は冠婚喪祭の四礼を網羅しており、各項目ごとの注釈だけでなく、重要項目については経典や先儒の礼説を引用して理解を助け、二十五箇所の不備な点を補足して完璧を期そうとしている。また、常礼として適用できない問題を克服するために変礼章を設けて支障がないようにしたので、学問と実用という二つの方面で助けになったものといえる[19]。

これとともに「礼問答」を通して亀峯の礼学思想を知ることができるが、これは『朱子家礼』を実施する過程で表面化した儀礼適用に関する問題につき、栗谷 李珥や牛渓 成渾、松江 鄭澈、沙渓 金長生らが問答した内容をまとめたものである。その内容は主に喪礼・祭礼全般に関するものであり、明文化されていない変礼に関する事項、および『朱子家礼』と当時の礼制の相違点に関する論議が大部分を占めている。この礼書からは、当時の学者たちが主に亀峯の礼説を基準にして、儀礼の思考過程で表面化した疑問を解決し、礼の実践の合理性を追求しようとしたことがわかる。亀峯は「礼問答」で『朱子家礼』を基準としたが、「時宜に適ったもの」を礼の根本にすえ、祭礼では形式や「豊約」（盛大と簡素）に関係なく誠敬を主とし、情誼に適うことを礼実践の根本とした。[20]

亀峯の礼学思想の基本精神は性理学の名分論に立脚し、名分を守ることを強調するところから出発した。名分論的思考は性理学でさらに強調されたが、『朱子家礼』はこうした性理学の名分論的思考を現実に反映するものといえる。性理学において名分論を具体化するとは、とりもなおさず「統」をしっかりと立てることである。それゆえ朱子は「家礼」において「祠堂」を冒頭に置き、家統を立てることを「家礼」の中心と考えたが、亀峯もまたそのような「統」を正しく立てることを礼学の基盤としてとらえた。したがって亀峯は『朱子家礼』による名分論的思考を深く追求したといえよう。

亀峯の礼学思想は、基本的に朱子の「家礼」に忠実であろうとするものである。たとえば亀峯は、栗谷の『撃蒙要訣』の内容のうち『朱子家礼』から外れたり間違ったりしている点を指摘している。時祭を執り行なう日について、栗谷は司馬光や程子の見解に従い、時祭を二至（夏至と冬至）および二分（春分と秋分）に執り行なえばよいと考えたが、亀峯はこれは正しくないと述べ、反対した。[21]また、墓祭についても、栗谷が降神を行なった後に参神するとした点は朱子とは異なっていると述べ、その問題点を指摘している。[22]このように、亀峯は『朱子家礼』に忠実であることを主張するのである。

こうした点は、祭礼における神位の単設と合設に関する見解にも表われている。

忌祭では、朱子は一つの神位だけを設けるとし、程子は考妣を合わせ設けたが、一つの神位で祭祀を執り行なうのが正しい。[23]

忌祭における考妣合設の問題は、『朱子家礼』では単設と規定されているが、晦斎や退渓は、時俗に従った考妣の合設を大体において容認する見解を示した。だが、亀峯は『朱子家礼』の規定どおり、単設が正しい礼法だという立場を堅持している。

このように亀峯は、『朱子家礼』の原則に忠実であった。しかし一方で、礼の基本原則に忠実であろうとすれば、『朱子家礼』の原則とは異なる形式の礼法も融合できるという立場も示している。亀峯は「虞祭後に朝夕の上食を継続しなければならないか」について、「『家礼』によると、朝夕の奠を終えた時に終えるのが正しいが、手厚くするなら行なってもよい」[24]と述べ、手厚く行なうという礼の基本精神に従うこともできると述べた。

また亀峯は、当時の時俗のうち古礼や『朱子家礼』に反する点についても、古礼や『朱子家礼』に優先的に従うものの、ある程度は時俗を取り入れてもよいという。

考えてみると、今の時代、正朝や寒食、端午、秋夕に行なう祭祀は、四時祭と違わない。寒食のみを三月上旬の礼にもとづき、祝文を読んで祭祀を行なうことにし、残りは奠礼として簡素にすれば、古礼にも合っており、今の時代にもふさわしいといえそうだ。今となっては行なわれて長い時間が経ち、やめさせることもできないが、本当は行なうわけにはいかないのだ。[25]

当時の世俗で四大祭日に行なわれる祭祀は、すでに長いこと風俗として定着している以上、簡単にやめさせることはできないが、礼の原則的立場からは行なってはならないという見解を示したわけである。それゆえ四大祭日の祭祀は〔『朱子家礼』にいう〕四時祭と異なるわけではなく、寒食節以外は奠礼のみを行なうよう簡素化することで、古礼と時俗の両方を満たすことができるという、両案折衷の立場を示している。

先親〔亡き両親〕の誕生日の祭儀に関する質問には、誕生日の祭儀は『朱子家礼』にはないから行なってはならないという立場を示したが、祠堂で世俗の祭日に行なう礼法により、簡素に行なうのはよいという折衷案を提示している。

問い：先親の誕生日の祭儀を朔望の奠と一緒に行ない、飯と羹を陳設しないことにすればどうか。『家礼会成』

には生忌（亡き両親の誕生日）の祝文があるが、この礼はいかがか。

答え：『家礼』の祭礼には定まった規則があり、先親の生辰祭は含まれておらず、祭祀はみだりに行なってはならない。ただ、祠堂章には奠（供え物）について決まった礼法はなく、俗節に献上する礼が記されているから、これによって奠礼を行なってはどうか。ただ、生忌に祝文を用いるのは難しいように思う(26)。

これもまた『朱子家礼』を基準として、手厚く行なうという礼の精神により時俗の礼を折衷したものである。ただし、生忌（誕生日と命日）の祝文は繁文縟礼になるので使用できないという。これは礼の原則に従いつつ時宜を重視するという礼の基本精神に立脚したものといえる。

礼とは、今と昔では異なっており、また事の運勢に従って変わる。……時宜に適って適切に行ない、文字の如何にこだわらないようにしなければならない(27)。

時宜に適わない礼にむりやり従うことは、繁文縟礼になることを意味する。亀峯は、朱子も『家礼』を著わすことで時宜に適う措置をとったとし、時代の精神に合った礼を実行することについてこう語っている。

『家礼』と『儀礼経伝通解』は、意味するところが全く同じというわけではない。『儀礼経伝通解』は古礼を収集したもので、自分の考えで減らしたり加えたりした部分がないので、国を治める礼法を定めるのに使うことができる。『家礼』は、古礼に従い、当時の礼も参考にし、家庭で生活しながら自分自身で用いるものに仕上げたため、その時代にふさわしい礼となった。朱子も『家礼』において古礼をそのまま用いる方がよいということを知らなかったわけではないが、司馬氏・鄭氏・高氏らのさまざまな説を取り上げたのは時代の義理に従ったもので、そうせざるを得なかったのである(28)。

朱子も『家礼』を著わすのに当時の礼説を参考にしたが、亀峯は時宜に適わない礼に従うのは名分に合わないことだと考えた。そこで亀峯は当時の朝鮮社会の状況に合うように、『家礼註説』によって『朱子家礼』を補完しようとした。『朱子家礼』を無条件に実行するのではなく、時代状況に合わせることで礼の本来の精神を継承できると考えたのである。ここで時宜に適うというのは、時代の義理に合致しなければならないということである。これは、慣習や時俗を肯定するよりも、それが名分と義理に合っているかどうかを問うことを意味する。

このように、亀峯の礼学思想は『朱子家礼』を原則としつつも、世俗の礼法もある程度取り入れていることがわかる。ただ、それを取り入れるかどうかは礼の義理に合致しているかどうかにかかっているのであり、当時の他の礼学者たちに比べて、『朱子家礼』と朱子の本意に忠実であろうとしたといえるであろう。

3　沙渓　金長生

沙渓　金長生は栗谷の性理学と亀峯の礼学を継承してみずからの学問を作り上げた。特に沙渓の学問は、もっぱら「行用」から「認識」へと向かう実践中心の礼学といえる。沙渓が『小学』と『朱子家礼』が初学にとって最も重要な課題であると考えたことやその学問方法は亀峯と一致している。(29)その意味で、沙渓の礼学は亀峯の影響を多く受けたものと考えることができる。

沙渓は学問の態度として「直」が修養の要だと考えた。尤庵　宋時烈は師である沙渓の学問について次のように述べている。

沙渓先生の学問は、ひとえに「確」の一字から出てきたもので、常に「直」の一字を心を築く要諦としていた。これは朱子が世を去る時に門人たちに伝授した秘訣である。(30)

こうした沙渓の「直」の思想は亀峯の思想の影響を受けたものであり、それは尤庵に受け継がれ、畿湖学派の心法として確立していった。

沙渓は礼学について多くの業績を残し、『家礼輯覧』、『喪礼備要』、『疑礼問解』、『典礼問答』などの礼書を編纂したが、彼は中国の古今の礼学者たちはもちろんのこと、朝鮮王朝時代における礼学者たちの礼説を広く参照し、整理した。ここでは主に、『家礼』と関係する礼書である『家礼輯覧』と『喪礼備要』を中心に述べることにする。

『家礼輯覧』は沙渓が五十二歳の時に脱稿したあと生涯を通して修正を加えた書であり、『朱子家礼』と諸家の説を比較して注釈を付したものである。その方法は『朱子家礼』の順序に従って逐次的に解説する形式をとるが、中国およびわが国の諸家の説を参考に補完し、自身の見解を付け加えるとともに俗制まで収録しており、『朱子家礼』の主体的な補完を意図している。(31) ここで沙渓は、漢代から六朝・唐・宋・元・明に至る礼学者の主張を参照し、三礼をはじめとして『通典』・『大明会典』・『国朝五礼儀』などの典籍を調べ、義理と情誼の調和を追求した。沙渓の『家礼輯覧』の編纂はまさに『朱子家礼』の学問的集大成といえる。(32)

『喪礼備要』は、もともと親友の申義慶が編纂したものであり、『朱子家礼』の喪礼篇を主に扱いながら、古今の礼と諸家の説を参考にし、時俗の礼を織り交ぜつつ、実際に使う上で便利なように編纂されている。しかし沙渓はこれにとどまることなく、その内容を検証して修正や添削を加えるなど、時代や風俗の違いから『朱子家礼』の実践が難しい部分を状況に合わせて修正・補完することでこの書を完成させた。(33) 沙渓は同書の序文で「『喪礼備要』は朱子の『家礼』もとづきながら古今の礼と諸家の説を参考にし、必要に応じて説明を加え、いくらか時俗の制度を追加して実践しやすいように加減・損益したものだが、その形式や条目はみな朱子の意思に従っている」(34) と述べ、『朱子家礼』を基準として現実に実践することを念頭に置いて編纂したと明記している。

沙渓の礼学は『小学』と『朱子家礼』を中心として礼の遵守を力説するとともに、詳細な検証を通して礼の本義を探求することにより、礼に対する関心を学問的研究段階にまで引き上げている。(35) 特に『家礼輯覧』は『朱子家礼』を未完の作品とし、多くの礼経や礼説を根拠に全般的な考証・補完を行なうことにより、「家礼」の基準を確保しようと試みたものといえる。(36) これは朝鮮王朝時代において『朱子家礼』の理解がきわめて高い水準に達していたことを示すものと思われる。

沙渓は『朱子家礼』の偽作論争についても、『家礼』は朱子の自作だが、「家礼図」は朱子の作ではなく、元代の作品であると論じ(37)、その根拠として神主の図式に元の成宗の年号である大徳と記されていることや、「家礼図」に含まれる十三箇所の過ちを指摘した(38)。

こうして沙渓は『朱子家礼』のすべての条目を古典や礼説によって厳密に検証しただけでなく、『朱子家礼』の原理に関する認識を深め、朝鮮社会の慣習や現実に沿った時代的適合性を持たせようとした。また、先賢の礼説に対する批判的検討を通して合理性を一貫して追求し、分析と補完により「家礼」を再構成することに心血を注いだ(39)。

さらに沙渓は『朱子家礼』を基準として、宗法を確立するために宗統を立てることを強調している。たとえば宗子が士官するなど、遠方に行ってしまった時に介子が代行できるかという問題について、退渓や亀峯は有事の際には次子であっても祠堂での祭を略式で主宰できるとし、宗権の一部を行使しうると考えたが、沙渓は宗権の絶対性を主張し、いかなる場合でも支子が代行することはできず、支子は付主〔宗子以外の神主〕についてのみ祭りを主宰できるとした。つまり、定位の神主は宗子だけが主祭し、支子はみずからの卑属の祭だけを主宰できるとして、宗の不二性を強調したのである(40)。これは、義理に立脚した正統論的思考にもとづくものといえよう。

このような思考は王室の典礼問題にも表われている。典礼問題で沙渓が追求したのは正名論であった。沙渓は仁祖の生父である定遠君の称号問題をめぐって、朴知誠や崔鳴吉などの追崇論者たちはもちろん、李廷亀・鄭経世・張維らの折衷論にも反対した。仁祖は宣祖を考と称し、定遠君は叔父と称しなければならないと主張して、あくまでも名分論に従ったのである(41)。このような沙渓の不二統・無二斬の正名論は性理学の宗法思想にもとづくものといえる。

このように沙渓の礼学思想は、①宗法を通じた宗統の樹立、②合理性の追求、③実用性の追求、④考証による修正といった特性をもっている(42)。また、沙渓は『朱子家礼』を学問的に集大成し、これを実践しやすいように補完しようとした。こうした沙渓の礼学の特色は畿湖学派の礼学の基準になっていった。

4　尤庵　宋時烈

尤庵　宋時烈は沙渓　金長生と慎独斎　金集の門下で学び、礼訟論争では西人老論の理論家として活躍した、畿湖学派を代表的する人物の一人である。尤庵の礼学は畿湖学派の礼学の宗祖である沙渓　金長生を通して亀峯　宋翼弼の「直」の思想を継承し、これを思想の根幹としている。尤庵の学問は『小学』によっておのれを律するとともに、『朱子家礼』を生活の儀式として社会化するものといえる(43)。

尤庵は「家礼」に関する著作を残すことはなかったが、『礼疑問答』という儀礼問答書を通してその礼説を知ることができる。尤庵が「家礼」に関して著述しなかったのは、沙渓からほぼ完結した礼書を受け取ったため、再びさまざまな礼説を集めて基礎を確かめるよりも、礼において義理を求め、礼をみずから実践して模範を示すという実践礼学を追求したからだと考えられる(44)。

尤庵は、朱子についてはほとんど信仰といってよいほどこれを信奉した。

どの言葉をとっても正しいのは朱子であり、どの行ないをとっても正しいのは朱子である。聡明叡智ですべての道理を明らかにした者でなければこうはいかない。まさに朱子は聖人ではなかろうか。だから、朱子が語り行なったことはそのまま行動に移し、疑うことはなかった(45)。

このように尤庵は、朱子を徹底的に信奉することにより、朱子の『家礼』も徹底的に信じ、従おうとしたのである。尤庵は沙渓と同じく、『朱子家礼』のうち「家礼図」は朱子自身の作ではないが『朱子家礼』本文は朱子の撰述であると確信し、『朱子家礼』をすべての礼学の基準となる礼書と考えた(46)。したがって、学問の入門としても、検身と儀礼は『小学』と『朱子家礼』を基礎とし、義理を知るには『心経』と『近思録』がよいとした(47)。

尤庵が『朱子家礼』をすべての礼書の根拠と見なしたのは、『朱子家礼』が性理学の追求する宗法思想を現実に具現した書であると考えたからにほかならない。かくして尤庵は、性理学の宗法を朝鮮社会で実現するために宗統の確立を強調した。

男子がなく、妻と弟が後に残された場合に誰が主祀者となるのかについて、尤庵は、将来跡継ぎを立てるのであればひとまず妻が主喪を務め、そうでなければ「兄亡弟紹」の礼にもとづき、弟がその祭祀を主宰するとしたが(48)、これは宗統は二つになれないという不二統の観点によるものと考えられる。また、長子が遠い他郷にいて訃報の到着が遅れた結果、家にいる弟たちと同じ時に服喪をやめることができない場合、大祥の日に几筵〔供え物を並べる祭壇〕を撤去しなければならないのかについて、尤庵は、几筵を撤去することはできず、長子が喪を終えてから撤去しなければならないと述べたが(49)、これもまた宗統の絶対性を強調したものである。

このように尤庵は、宗統の確立を強調することによって儒教的礼治主義をうち立てようとした。このような宗法的思考にもとづき、尤庵は『朱子家礼』が天子から庶民に至るすべての人に通用する通礼であると考え、王室においても遵守されるべき標準的な礼書であるとしていた。かくして王室の礼についても宗統と服制を別個に認識し、宗法の嫡嫡相伝の原則を尊重して、宗子を中心とする伝統的宗法論理を遵守しなければならないと考えた(50)。

尤庵は、儀礼の実践過程では基本的に『朱子家礼』に従わなければならないとし、「今、世の人たちは、喪祭礼は先祖の礼文に従わねばならないというが、これは遺憾なことだ(51)」と述べ、礼の原則は『朱子家礼』を基準としなければならないといっている。ただ、礼の日常的かつ具体的な実行については、みずからの家門が守り行なってきた先代の礼や伝統をたやすく変えるわけにいかず、そのまま施行することもあった(52)。たとえば、忌祭における神主の合設と単設の問題について、尤庵は『朱子家礼』に従って単設とするのが正しいと述べたが、自分の家では「正しくないことはわかってはいるが、長い間行なってきたので変えることはできない」と述べ、合設を行なっていた(53)。このように尤庵は、『朱子家礼』の原則を遵守しようと努力したが、一方では各家の伝統も無視できないことに気づいていた。[54]尤庵は『朱子家礼』の遵守を主張しつつも、『朱子家礼』の項目の中に、後世においては現実に実行困難な部分があるということや、内容に不備や粗略など記述上の混乱が見られることを認め、これを指摘している。[55]たとえば、喪礼における禫祭は大祥の月に執り行なうのが正当な礼だが、『朱子家礼』に二十七ヶ月後に禫祭を執り行なうとあるのは、朱子が時の皇帝の制度に従ったにすぎず、朱子もかつて妥当ではないと考えていたと述べ、『朱子家礼』の方針とは異なり、大祥を行なった月に禫祭を実施するのが正しいとした。[56]

これは、尤庵が基本的に『朱子家礼』を尊信する姿勢を守りつつも、典拠が不明だったり、古礼とは異なる礼制や礼説については、古礼によってきちんと検証を行なうという立場を取ったことを意味する。[57]ただし、礼の原則を別のものに置き換えることができるのは朱子に証拠や典故を見出せない場合に限られており、朱子の説が確かな場合は朱子の説に従う方がよいというのがその信念であった。[58]

尤庵は性理学的な宗法システムを確立するために『朱子家礼』を受容した。このように尤庵は『朱子家礼』を原則としつつも、当時の国制や風俗に従うことに大きく反対はしなかった。すなわち尤庵は、朱子が『家礼』を作成する際に当時の時俗を折衷させた精神を受け継ぎ、『朱子家礼』を儀礼実践の基準としながらも、一方では当時の風俗を容認するという礼学的立場を取ったのである。

5　魯西　尹宣挙[59]

魯西　尹宣挙は慎独斎　金集の弟子であり、当時の名儒であった尤庵　宋時烈、同春堂　宋浚吉、草廬　李惟泰、市南　兪棨らと交遊があった。魯西の学問は、栗谷　李珥―沙渓　金長生―慎独斎　金集と続く栗谷学派の師承的淵源とともに、牛渓　成渾―八松　尹煌と続く牛渓学派の家学的由来の両方をあわせ持っている。[60]

そのため魯西は、「務実」を重視する実践的学問に重きを置き、かくして性理学の理気心性論のような哲学的論議よりも、礼学を中心にみずからの学問を展開した。この魯西の礼学は、その後、少論の代表的学者として活躍した子の明斎 尹拯（一六二九～一七一四）に受け継がれていった。その意味で、魯西の礼学思想は畿湖礼学の中でも特に少論系列の礼学に当たる位置を占めているといえよう。

魯西の礼学思想は市南 兪棨とともに編纂した『家礼源流』と、その文集に載せられている礼論関連の文章に窺うことができるが、特に礼論関連の文章はもっぱら実際の行為における変礼に関する内容であり、魯西の礼学思想が「家礼」を現実に実行するという問題を主眼としていたことがわかる。

『家礼源流』は「家礼」の根源に関し、『朱子家礼』を中心に『周礼』・『儀礼』・『礼記』などの古礼を通して礼説の本源を明らかにするとともに、朱子以後の学者やわが国の儒学者たちの礼説までを含み、礼説の変化が容易にわかるように整理した書物である。

魯西は「書家礼源流草本」において『家礼源流』の編纂に加わった目的について述べている。魯西は、朱子以前の宋儒たちが輯集した礼法は根源に遡ることができずに、流れを追うばかりで礼の妥当性を検証できず、いたずらに人倫を乱す結果になってしまったと述べ、宋代の礼説の限界を指摘した。また『朱子家礼』は古代の王家の礼を多くまじえて編纂されたが、士大夫の礼法を論じるだけで天子諸侯の礼を考慮しなければ、礼法の同異や上下を識別しがたくなるという。つまり、『朱子家礼』だけでは各時代における礼法の変化や、それに伴う損益や得失を十分に把握することが難しいため、時代ごとの変化や礼俗の得失を明らかにするために『家礼源流』を編纂したというのである。(61)

ここから、『家礼源流』の編纂目的が、儀礼の変遷過程を考察することを通して合理的な儀礼の施行を追求することにあったことがわかる。このように魯西は「家礼」の実践において『朱子家礼』を基準としたが、古今の礼説の相違点を考慮に入れ、それらを折衷するという観点をもっていたのである。(62)

魯西は『朱子家礼』に明確に規定されていない儀礼の項目などについては、基本的に人情を考慮して行なってよいという立場を取った。魯西は、師の慎独斎 金集に送った朝夕上食の存廃に関する質疑の中で、「『朱子家礼』で祖奠〔出棺の前日に祖先に供物をささげる〕と遣奠〔出棺直前に供物をささげる〕の間に朝夕奠〔埋葬の時が来るまで、故人の霊座に毎日朝夕供物をささげる〕を行なわないのは、それについての明確な礼文がないことからわかる。一方、『儀礼』士喪礼篇では、祖奠の後の夕饋と遣奠の前の朝饋を下室に供えることになっているが、『朱子家礼』では、霊座の前に供えるとなっている。このように『儀礼』と『朱子家礼』の内容は異なるが、礼文に祖奠と遣奠の間に朝夕上食に関する規定がないとしても、人情を考えると朝夕上食をやめてはいけないのではないか(63)」といっている。このことから、魯西が「家礼」の実践において『儀礼』などの古礼を参考にしつつ、人情に従う必要があると考えていたことがわかる。

これについて慎独斎は、「霊柩を喪輿に移す時に祖奠を撤去するといっているから、朝夕奠を供えないことはそれでわかる。だが、上食については、礼文にこれを供えてはならないとは書かれていないのだから、人情や事勢を考慮すれば、前例どおり供えるのをためらうことはない(64)」と答え、人情に従おうとする魯西の考え方を肯定している。

しかし魯西は、人情に偏りすぎたり当時の風俗にのみ迎合して、定まった礼法を破ってはならないとし、古礼や『家礼』を基準とする礼法の原則は可能な限り遵守しなければならないという立場をやはり堅持している。

魯西は、輪祭〔子孫が輪番で祖先を祭ること〕を行なう当時の風俗について、次のように述べている。

輪祭は礼に外れているとしても、わが国の風俗ではそうなっている。子孫の誰かが遠祖の神主を祭る場合でも、祖先だからということで輪番で祭事を執り行なうのは非礼とばかりともいえないだろうが、時が経てば自然になくなるだろう。こうした弊害をなくすには、輪番で行なうというやり方を変えて古礼を回復し、尊祖敬宗の礼を賢明で孝心ある君子が説明し、実践するべきだ。そうすれば、どんなに善いことか(65)。

子孫が輪番で祭祀を行なうのは礼法にはないが、そうした風俗は必ずしも礼から外れているとはいえないというのである。ここで魯西は当時の時俗を否定していないが、結局は古礼を回復し、先祖を敬う礼法を講論・実践して、こうした弊害を改めなければならないという。

このように魯西は、当時の時俗の礼法をある面では認めつつも、礼法の基本的原則を遵守し、さらには誤った時俗は古礼を基準として変えていかなければならないという立場だったことがわかる。

魯西の礼学思想は基本的に『家礼』を重視しながら、『家礼』に規定されていない変礼については古礼を考慮に入れ、時俗や情理に従うこともある程度は認めていた。つまり『家礼』を中心として古礼や後代の礼説を考慮に入れ、それらを折衷させることで、儀礼の実践における合理的な手順を追求したといえるだろう。

おわりに

本稿では畿湖学派の代表的礼学者である栗谷 李珥、亀峯 宋翼弼、沙渓 金長生、尤庵 宋時烈、魯西 尹宣挙の礼学思想に見られる特徴と、『朱子家礼』の受容に関する見解について考察してきた。朝鮮社会において『朱子家礼』は儀礼実践の基準となってきた。朝鮮時代の礼学者たちは『朱子家礼』を朝鮮社会の現実に適用する過程で生じる国制や時俗との調和、あるいは変礼の問題をどのように解決するかをとりわけ重視した。

畿湖学派の礼学思想は「直」の思想にもとづき、これを正しい道として具体化しようとした。性理学の宗法を基礎として「統」を打ち立てて社会秩序を安定させ、宗法を朝鮮社会に実現しようと考えたのである。そして『朱子家礼』を尊信しながらも、同書の不備を、朱子の本意や古礼を考慮に入れて検証・補完することで、時宜と情誼に調和するよう追求した。さらに『朱子家礼』を学問的に精査するとともに、その実用化に大きく貢献した。

畿湖学派における『朱子家礼』の受容に見られる最も大きな特徴は、『朱子家礼』を儀礼実践の基本原則にすえた点にある。もちろん、嶺南学派が儀礼を実行する際の基本原則も『朱子家礼』にあった。しかし、『朱子家礼』の不備な点を補完したり、典拠を追求したりする過程を見ると、嶺南学派がもっぱら古礼の中に根拠を見出そうとしたのに対し、畿湖学派は古礼に根拠を探しつつも、できる限り朱子の本意に沿おうとしている。つまり嶺南学派に比べると、『朱子家礼』に忠実であろうとする傾向がいっそう強いわけである。畿湖学派が王室の典礼論争において、王朝礼の特殊性よりも『家礼』の普遍性を強調する観点から理論を展開したことは、まさにこのような『家礼』中心の思考に発するものと思われる。

注

(1) 拙稿「魯西 尹宣挙の礼学思想」(『儒学研究』第一八集、忠南大、儒学研究所、二〇〇八年)六四~六五頁。

(2) 裵相賢「畿湖 礼学の設立と展開」(『畿湖学派の哲学思想』、文芸書院、一九九五年)六〇頁。

(3) 尹絲淳「畿湖儒学の形成と展開」(『畿湖学派の哲学思想』、文芸書院、一九九五年)一五頁。

(4) 拙稿「魯西 尹宣挙の礼学思想」(『儒学研究』第一八集、忠南大、儒学研究所、二〇〇八年)六七頁。

(5) 礼訟論争における畿湖学派と嶺南学派の観点を、天下同礼派と王者士庶不同礼派とする見解(崔完秀、鄭玉子、金恒洙、柳峯鶴、池斗煥、高永鎭)、守朱子学派と脱朱子学派とする見解(鄭玉子)、普遍主義と分別主義とする見解(李永春、韓基範)があるが、脈絡としてはほとんど同じである。

(6) もちろん、こうした点を畿湖礼学と嶺南礼学を区分する厳密な要素と考えるのは難しい。実際の礼学の展開において『朱子家礼』を基準とし、古礼を通してその根源を探そうとした点は、畿湖学派と嶺南学派を問わず、朝鮮時代における礼学者の共通の関心事だったといえる。ただ、このような傾向は畿湖礼学と嶺南礼学の特徴を表わす一つと考えてよいであろう。

(7) 金文俊「畿湖礼学の特性と方向」(『東洋哲学研究』第九集、東洋哲学研究会、二〇〇四年)五七頁。

（8）裵相賢「朝鮮時代の畿湖学派の礼学思想に関する研究」（高麗大学校 博士学位論文、一九九一年）一〇〇頁。
（9）本節は、拙稿「栗谷礼学思想の哲学的基盤と特性」（『東洋哲学研究』第二三集、東洋哲学研究会、二〇〇〇年）の内容を要約、補充した。
（10）裵相賢「畿湖 礼学の設立と展開」（『畿湖学派の哲学思想』、文芸書院、一九九五年）七三頁。
（11）『栗谷全書』巻二七「撃蒙要訣」、喪制章第六、「喪制、当一依朱文公家礼、若有疑晦処、則質問于先生長者識礼処、必尽其礼可也」。
（12）『栗谷全書』巻二七「撃蒙要訣」、祭礼章第七、「祭祀、当依家礼、必立祠堂、以奉先主、置祭田、具祭器、宗子主之」。
（13）『栗谷全書』巻二七「撃蒙要訣」、居家章第八、「冠婚之制、当依家礼、不可苟且従俗」。
（14）『栗谷全書』巻二七、「撃蒙要訣」、祭礼章第七、「今俗、多不識礼、其行祭之儀、家各不同、甚可笑也。若不一裁之以礼、則終不免紊乱無序、帰於夷虜之風矣。茲鈔祭礼、附録于後、且為之図、須詳審倣行、而若父兄不欲、則当委曲陳達、期於帰正」。
（15）李範稷「栗谷と思想と礼学」（『東洋哲学研究』第一三集、東洋哲学研究会、一九九二年）一一〇〜一一一頁。
（16）ピョン・ウォンジョン「市南の『家礼源流』の学脈と冠礼に関する研究」（『東西哲学研究』第四一号、韓国東西哲学会、二〇〇六年）、二二九頁。
（17）本節は、拙稿「亀峯 宋翼弼の思想と礼学」（『東洋古典研究』第二八集、東洋古典学会、二〇〇七年）の内容を要約、補充している。
（18）もちろん、河西 金麟厚（一五一〇〜一五六〇）の『家礼考誤』や艮斎 李徳弘（一五四一〜一五九六）の『家礼註解』など、亀峯 宋翼弼の『家礼註説』以前に著わされた四礼書があるにはあるが、これらは『朱子家礼』の実践儀礼に関する注釈というよりも、主に用語についての簡単な解釈にとどまっており、本格的な注釈書と見るのは難しいと思われる。
（19）裵相賢「朝鮮時代の畿湖学派の礼学思想に関する研究」（高麗大学校 博士学位論文、一九九一年）七八頁。
（20）裵相賢、前掲論文、八二頁。

(21)『亀峯集』巻六、礼問答、「答叔献書〈論叔献所述撃蒙要訣是非〉」、「時祭之用二分二至、不必大書為式也、亦恐非朱子意也。或問時祭用仲月清明之類、或値忌日、則如之何。朱子曰、却不思量到此、古人所以貴於卜日也。然則今不可挙是日為式也」。

(22)『亀峯集』巻六、礼問答、「重答叔献書〈亦論叔献所述撃蒙要訣是非処〉」、「時祭之用二分二至、朱子既論其非、而尚曰程子之式、強欲行之、恐亦未可也。墓祭之参神降神、既定於朱子家礼、而遽欲改之、亦未合」。

(23)『亀峯集』巻九、家礼註説、「祭礼」〈忌日〉、「忌祭、朱子只設一位、程子配考妣、祭一位、礼之正也」。

(24)『亀峯集』巻六、礼問答、「答季涵問」、「問、虞後朝夕上食及儀。答、以家礼看之、雖不能言罷、而当罷於罷朝夕奠之日、以遵家礼、而但張先生日祭、温公朝夕貴、朱子有不害其為厚、且当従之之語、則行亦可也。儀則既用初葬礼、宜用初喪儀、今似不可創作別儀也」。

(25)『亀峯集』巻九、家礼註説、「祭礼」〈墓祭〉、「按、今世正朝寒食端午秋夕、無異四時祭。寒食一節、用依三月上旬礼、読祝行祭、余用奠礼以殺之、似合古宜今。行之既久、既不可廃、而亦不可行也」。

(26)『亀峯集』巻六、礼問答、「答季涵問」、「問、先親生日祭儀、如朔望奠、而不設飯羹、何如。家礼会成、有生忌祝文、此礼如何。答、家礼、祭有其数、無先親生辰祭、祭不可瀆、只祠堂章、奠無定礼、有俗節之献、倣此行奠礼、如何。称生忌用祝、似難行矣」。

(27)『亀峯集』巻六、礼問答、「答季涵問」、「礼異古今、且異其勢。……随時量宜以処物、勿拘文字如何如何」。

(28)『亀峯集』巻六、礼問答、「答季涵問」、「家礼之与儀礼経伝、其意固不同也。経伝歴集古礼、無一段付己意有所損益、以為為国制礼之用。家礼酌古参今、推以家居已所自用者、為一時当行之礼。朱子於家礼、非不知直用古礼之為可、而必取司馬氏鄭氏高氏等諸説者、随時之義、不得不爾也」。

(29)裵相賢「尤庵 宋時烈の礼学考」(『尤庵 宋時烈の学問と思想』、大田広域市、二〇〇八年)二七〇頁。

(30)『宋子大全』巻一三一、雑著、「看書雑録」、「沙渓先生之学、専出於確之一字、而毎以直之一字、為立心之要、此朱子易簀時授門人之単方也」。

(31)チョ・ジュンハ「金長生の礼学思想」(『畿湖学派の哲学思想』、文芸書院、一九九五年)二七一頁。

(32) 裵相賢「畿湖礼学の設立と展開」(『畿湖学派の哲学思想』、文芸書院、一九九五年) 八八～八九頁。
(33) チョ・ジュンハ、前掲論文、二七一～二七二頁。
(34) 『沙渓先生遺稿』巻五、序、「喪礼備要序」、「蓋因家礼本書、而参以古今之礼諸家之説、随事添補、間亦附以時俗之制、便於実用者、節目甚備、愚於此、反覆詳訂、略加損益。大抵規模條例、悉遵朱子之旨、非敢創為臆説」。
(35) チェ・ヨンソン「韓国儒学通史」(中)(深山、二〇〇六年) 三四六頁。
(36) ピョン・ウォンジョン「市南の『家礼源流』の学脈と冠礼に関する研究」(『東西哲学研究』第四一号、韓国東西哲学会、二〇〇六年) 二二一頁。
(37) 裵相賢「畿湖礼学の設立と展開」(『畿湖学派の哲学思想』、文芸書院、一九九五年) 八三頁。
(38) 「家礼図」の誤りを指摘した十三ヶ所とは、以下のとおりである (裵相賢、前掲論文、八三～八四頁参照)。
①「家礼図」の緇冠は「家礼」本文と合っておらず、大全の図に従っており、「祠堂図」の子孫序立も本文とは異なる。
②冠礼では公服、白衫、深衣が東領北上となるはずが、西領南上に誤っていること。
③櫛と掠を席の左側に置くはずが、右側に置かれていること。
④婚礼では主人と壻の間に再拝の礼がないのに、それがあること。
⑤襲と含の際に尸を南首とするはずなのに、北首となっていること。
⑥襲において、主人の席が尸床の東側にあり、奠は北側にするはずなのに、東南とされていること。
⑦小斂において、衣と衾を卓の上に配列するが、堂の東壁下に置くはずなのに、北壁下に置かれていること。
⑧大斂において、絞布の数は五条のはずなのに、十五条となっていること。
⑨翣は二角のはずなのに、三角になっていること。
⑩大轝の横杠の上に短杠を置き、その上に小杠を置くはずなのに、小杠の上にさらに小杠を置いていること。
⑪祖姑、姑、従姉妹が嫁いでいる場合、服喪は一等級だけ下がる (降服) はずなのに、二等級下がっていること。
⑫妻は夫の家の衆子や嫡婦に対して不杖期に服するべきなのに杖期に服するとし、夫の堂姑夫・堂従弟・従祖姑には無服

のはずなのに緦麻服としていること。

⑬本生の父母が養子に行った息子に対しては服喪を一等級下げて大功とするはずなのに、不杖期となっていること。

(39) ピョン・ウォンジョン、前掲論文、二二一頁。

(40) 裵相賢「畿湖礼学の設立と展開」(『畿湖学派の哲学思想』、文芸書院、一九九五年) 八六～八七頁。

(41) 『沙渓全書』巻一、疏、「論私廟親祭時祝文属号疏」、「今当依程子説、称叔父称姪、名義有明拠、似無疑矣」。

(42) 裵相賢、前掲論文、八四頁。

(43) 裵相賢、前掲論文、九六頁。

(44) 裵相賢「尤庵 宋時烈の礼学考」(『尤庵 宋時烈の学問と思想』、大田広域市、二〇〇八年) 二九六頁。

(45) 『宋子大全』、附録、巻一七、語録 (崔慎録)、「先生毎言曰、言言而皆是者、朱子也、事事而皆是者、朱子也。若非幾乎聡明叡智万理俱明者、必不能若是、朱子非聖人乎。故已経乎朱子言行者、則夬履行之、而未嘗疑也」。

(46) 韓基範「尤庵の礼学思想と現代社会」(『尤庵 宋時烈の学問と思想』、大田広域市、二〇〇八年) 三六八頁。

(47) 裵相賢「尤庵 宋時烈の礼学考」(『尤庵 宋時烈の学問と思想』、大田広域市、二〇〇八年) 三〇一頁。

(48) 『宋子大全』、附録、巻一五、語録 (金榦録)、「榦問今有無子而死者、独妻与弟在、何人当主得其祀。先生曰、他将欲立後妻姑主之。不爾、須用兄亡弟紹之礼、弟主其祭、而以亡者之神主、祔于当祔之位、方得」。

(49) 『宋子大全』、附録、巻一一、語録 (崔慎録)、「問長子在遠外、聞訃晩後者、其除服、不可与在家諸弟同時焉、則大祥之日、不得撤几筵耶。先生曰、在家諸弟不得已而従其兄之畢喪而除之也」。

(50) 韓基範、前掲論文、三七六頁。

(51) 『宋子大全』巻七八、書、「答韓汝碩」、「世人喜説喪祭従先祖之文、此殊未安」。

(52) 金南怡「十七世紀の士大夫の『朱子家礼』に対する認識と日常における礼の実践」、『精神文化研究』第二九巻二号 (韓国精神文化研究院、二〇〇六年) 一二一頁。

(53) 『宋子大全』、附録、巻一七、語録 (崔慎録)、「問家礼忌祭只設一位、而今俗并設考妣、程子之礼然也、未知何如。先生曰、従家礼設一位為当也。問先生家設一位否。曰吾家亦設両位、雖知其不当、而行之已久、不能改也」。

(54) 金南怡、前掲論文、一〇九頁。

(55) 金南怡、前掲論文、一一二頁。

(56) 『宋子大全』、附録、巻一七、語録（崔慎録）、「祥月之中行禫、礼也。朱子従時王之制、雖以二十七月行禫者、載之於家礼。然又嘗以為未当」。

(57) 韓基範、前掲論文、三七〇頁。

(58) 金南怡、前掲論文、一一〇頁。

(59) 本節は、拙稿「魯西　尹宣挙の礼学思想」（『儒学研究』第一八集、忠南大儒学研究所、二〇〇八年）の内容を要約し、補充している。

(60) ファン・ウィドン「尹宣挙の学風と思想」（『東西哲学研究』第三六号、韓国東西哲学会、二〇〇五年）、三〇〇〜三〇二頁。

(61) 『魯西遺稿』巻一三、雑著「書家礼源流草本」、二六八上、「礼始於周、終於宋。周文之彬也、則貴賤異制、高卑有等矣。宋儒之輯也、則損益随時、今古雑用矣。故苟不溯其源而別其流、以究聖賢制作因革之本義、則実難適其称宜、而不至於僭分失倫之帰者鮮矣。朱夫子本温公書儀、而兼取程張之義、著為家礼一部、其間経変節文、実多参用古之所謂王家之礼者。今若只論大夫士之法、而不及於天子諸侯之儀、則悪能考異同而卞上下哉。茲取家礼之綱、附以周儀及戴記等経而表其源、又就家礼之目、附以後賢及東方諸説而分其流、欲明時宜之行廃礼俗之得失。蓋依朱門所裒儀礼経伝通解及続之例、而節略其定論、以便於繙閲據依之用而已」。

(62) 李東仁 他『朝鮮時代の忠清地域の礼学と教育』（栢山書堂、二〇〇一年）九六頁。

(63) 『魯西遺稿』巻九、書、「問慎独斎（戊子冬）」、一六七上、「家礼、日晡時行祖奠、厥明遷柩就轝時、乃言徹祖奠、載轝後、設遣奠。以此観之、則祖遣之間、無夕朝奠、可知矣。窃覸士喪礼、奠則設於室奥、貴則設於下室、則祖奠後夕貴、遣奠前朝貴、並似不廃於下室矣。家礼、朝夕奠及上食、皆設於霊座前、則与士喪礼異矣。而祖遣之間、朝夕上食則似不当廃、未知如何」。

（64）『魯西遺稿』巻九、書、「問慎独斎（戊子冬）」、一六七下、「遷柩就轝時、乃徹祖奠、則不設朝夕奠、従可知矣。若上食則於礼不言其不設、揆之情礼、自依例設之無疑」。

（65）『魯西遺稿』巻一〇、書、「答沈式汝（楷）」、一九七下、「輪祭雖非礼、而国俗既然、則為子孫者、雖其遠祖祧主、只当依其祖称時所輪者而行之、恐不可以為非礼、与疏遠而自絶之也。欲改此弊、当革輪行之規而復古、尊祖敬宗之礼、賢孝君子講而行之、豈非善乎」。

参考文献

『栗谷全書』

『亀峯集』

『沙渓全書』

『沙渓先生遺稿』

『宋子大全』

『魯西遺稿』

김남이「17세기 士大夫의 朱子家礼에 대한 認識과 日常에서의 礼 実銭」、『정신문 화연구』제29권2호（통권103호）、한국정서 문화연구원、2006여름호（キム・ナムイ「十七世紀の士大夫の『朱子家礼』に対する認識と日常における礼の実践」、『精神文化研究』第二九巻二号〔通巻一〇三号〕韓国精神文化研究院、二〇〇六年夏号）

김문준「기호예학의 특성과 방향」、『동양철학연구』제 9집、동양철학연구회（キム・ムンジュン「畿湖礼学の特性と方向」、『東洋哲学研究』第九集、東洋哲学研究会、二〇〇四年）

도민재「구송 봉익필의 사상과 예학」、『동양고전연구』제 28집、동양고전학회（ト・ミンジェ「亀峯 宋翼弼の思想と礼学」、『東洋古典研究』第二八集、東洋古典学会、二〇〇七年）

――「노서 윤선거의 예학사상」、『유학연구』제18집、충남대 유학연구소（「魯西 尹宣挙の礼学思想」、『儒学研究』第一八集、

忠南大 儒学研究所、二〇〇八年）

――「율곡 예학사상의 철학적 기반과 특성」、『동양철학연구』 제23집、동양철학연구회（「栗谷の礼学思想の哲学的基盤と特性」、『東洋哲学研究』第二三集、東洋哲学研究会、二〇〇〇年）

――「조선전기 예학사상 연구」、성균관대학교 박사학위논문（「朝鮮前期の礼学思想の研究」、成均館大学校 博士学位論文、一九九八年）

배상현「기호 예학의 성립과 전개」、『기호학파의 철학사상』、예문서원（ペ・サンヒョン「畿湖礼学の成立と展開」、『畿湖学派の哲学思想』、文芸書院、一九九五年）

――「우암 송시열의 礼学考」、『우암 송시열의 학문과 사상』、대전광역시（「尤庵 宋時烈の礼学考」、『尤庵 宋時烈の学問と思想』、大田広域市、二〇〇八年）

――「조선조 기호학파의 예학사상에 관한 연구」、고려대학교 박사학위논문（「朝鮮時代の畿湖学派の礼学思想に関する研究」、高麗大学校 博士学位論文、一九九一年）

변원종「市南의 家礼源流의 学脈과 冠礼에 관한 연구」、『동서철학연구』 제41호、한국동서철학회（ピョン・ウォンジョン「市南の『家礼源流』の学脈と冠礼に関する研究」、『東西哲学研究』第四一号、韓国東西哲学会、二〇〇六年）

윤사순「기호 유학의 형성과 전개」、『기호학파의 철학사상』、예문서원（ユン・サスン「畿湖儒学の形成と展開」、『畿湖学派の哲学思想』、文芸書院、一九九五年）

이동인 외『조선시대 충청지역의 예학과 교육』、백산서당（イ・ドンイン他『朝鮮時代の忠清地域の礼学と教育』、栢山書堂、二〇〇一年）

李範稷「栗谷의 思想과 礼学」、『동양철학연구』 제13집、동양철학연구회（イ・ボムジク「栗谷の思想と礼学」、『東洋哲学研究』第13集、東洋哲学研究会、一九九二年）

조준하「김장생의 예학사상」、『기호학파의 철학사상』、예문서원（チェ・ジュンハ「金長生の礼学思想」、『畿湖学派の哲学思想』、文芸書院、一九九五年）

최영성『한국유학통사』(중)、심산（チェ・ヨンソン『韓国儒学通史』(中)、深山、二〇〇六年）
한기범「우암의 예학사상과 현대사회」、『우암 송시열의 학문과 사상』、대전광역시（ハン・ギボム「尤庵の礼学思想と現代社会」、『尤庵 宋時烈の学問と思想』、大田広域市、二〇〇八年）
황의등「윤선거의 학풍과 사상」、『동양철학연구』제 36호、한국동서철학회（ファン・ウィドン「尹宣挙の学風と思想」、『東西哲学研究』第三六号、韓国東西哲学会、二〇〇五年）

十七、十八世紀の朝鮮使節が観察した中国の儀礼

何　淑宜
吾妻　重二　訳

要旨

本稿は十七、十八世紀、中国に赴いた朝鮮使節の見聞録「燕行録」をとりあげ、清が明に代わった後、朝鮮使節が観察した中国の風俗儀礼について検討するものである。この燕行使節の旅行記録を通して、彼らが明清交代期を社会風俗転換のキー・ポイントと見ていることや、北方地区と江南地区、満州族と漢族、外来の風習と礼儀道徳、中国と朝鮮などそれぞれの儀礼の変化を列挙していることが知られる。朝鮮の使節は民族や文化を象徴する儀礼、生活習慣を実際に観察し、あるいは筆談による聞き取りによって、清朝とその前の明朝における中華文化の相違点を探求するとともに、厳格に「礼」を守る朝鮮社会の特徴を清朝の社会と比べることで浮き彫りにしている。

キーワード

燕行使、燕行録、礼俗、朱子家礼、清朝、朝鮮、民族

一　はじめに

近年、新しい資料の出現と新しい観点の導入により、近世東アジア地域の経済・文化交流に関する研究が盛んになってきた。各国の学界はこの地域の相互関係や相互作用を題材にさまざまな共同研究計画を次々と打ち出し[1]、テーマも一つの国を中心とする範囲を次第に超えて、東アジア全体を視野に入れたものが試みられている。そして各地区の人々の動きや物資の交流の考察を通して、近世におけるこの地域の複雑な文化交渉、さらに相互の接触が各国の歴史に与えた影響について考察しようとしている。

この新しい研究の潮流の中で、さまざまな任務を背負い、国家間を頻繁に行き来した使節や、彼らが外交任務以外に行なった文化交流や貿易活動が学者たちの関心の焦点となっている。そのうち朝鮮が中国に送った燕行使や日本に送った通信使、琉球が中国に送った使節、中国が朝鮮や琉球に送った使節などについてはすでに豊富な研究成果があげられている。とりわけ朝鮮の燕行使については使行記録である「燕行録」が整理出版され、中国に赴いた際の活動や考え方などを知るための便宜を提供してくれる。これによって関連テーマの討論はいっそう詳しくなっており、夫馬進教授による燕行使・通信使に関する一連の研究は、封貢関係がもたらした外交論争や、十八世紀の中国・朝鮮・日本三国の交流・交情によって明らかになった思想や文化的違いなどの課題を含んでいる[2]。これらの研究は、十七、十八世紀、中国、日本における使節の活動概況を明らかにするだけでなく、違う文化の異質な部分にも注意を向けているのである。このほか、二〇〇八年、韓国明清史学会も「燕行学と韓中関係」の学術シンポジウムを開き、「燕行録」を研究材料とする際の注意点などについて触れている[3]。また、中央研究院中国文哲研究所は今年（二〇〇九）九月に「世界の儒学はおのずから一家――東アジアの使節と文化記録」をテーマとして研究者に呼びかけ、十四世紀から十九世紀、東アジアにおける使節の文化的記録がもつ複雑さと相互交流について討議を行なった。(4) これらの研究テーマはそれぞれ違うが、「燕行録」の史料価値がきわめて高いという点については共通の認識が得られている。

「燕行録」は朝鮮時代の使節が燕京（北京）に赴いた際の使行記録であり、これまで出版された燕行録としては、東国大学校の林基中教授編『燕行録全集』が最も網羅的に資料を集めている。(5) 本稿ではこの叢書に収録された使行記録を主な資料とし、十七世紀中葉の清朝建国後から十八世紀末の嘉慶初めごろまでの見聞録を主にとりあげ、使節の文集と合わせながら、朝鮮使節が中国に入った後、どのように異文化を観察したのか、四礼に関する風習や儀礼についてどのような見方をしていたのかなどについて検討する。こうした点の考察を通して、朱子の『家礼』にかかわる問題をいっそう広い視野からとらえ直してみたい。

二　燕行使節がたどった中国訪問ルート

清の太宗崇徳元年（一六三六）、丙子胡乱ののち朝鮮は清に降伏し、崇徳二年（一六三七）、清と朝鮮は「丁丑条約」を締結、宗藩関係が正式に確立した。その後朝鮮は毎年必ず清朝に朝貢使節を派遣するものと定められた。(6) 崇徳二年から順治元年（一六四四）の間に、使節の種類と使行回数はたびたび変更され、当初決められた朝貢の日程は頻繁になり、重複することもしばしばあったため、中朝双方に困惑をもたらした。順治元年、清の世祖は「元旦、冬至、万寿の慶賀の贈り物は、道のりも遠いことだし、元旦の慶賀の時に併せて献上するように(7)」との命令を下した。つまり元旦、冬至、万寿を祝う使節を一つにまとめ、一年に一度朝貢すればよいというのであって、以後、臨時の使節と特別な任務がある場合に別途使節を派遣するものの、これ以外の場合、朝鮮が定期的に清朝に派遣する使節はこの「節使」が中心となった。(8)

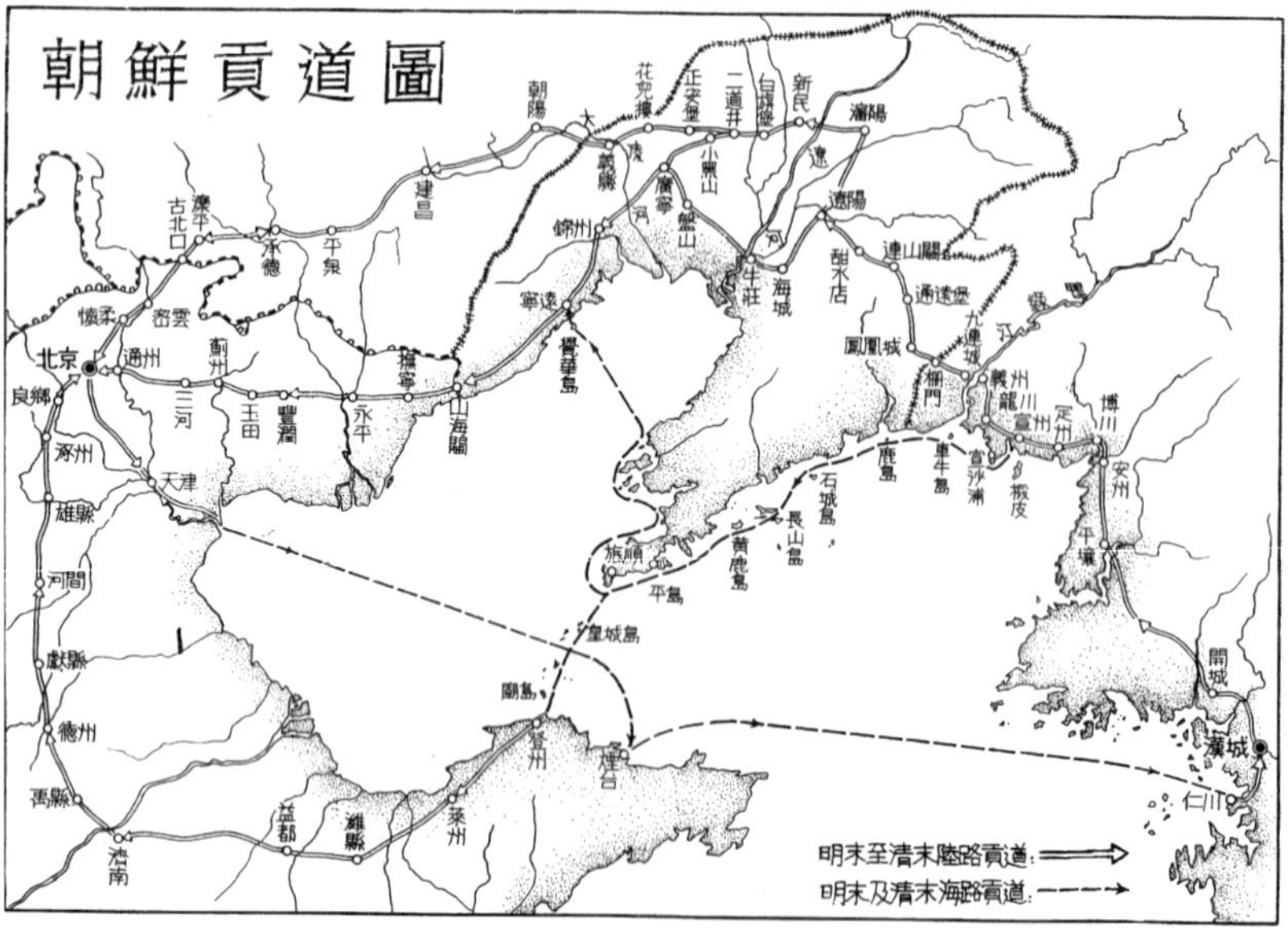

図1　朝鮮貢道図
張存武『清韓宗藩貿易（1637～1894)』より
（台北：中央研究院近代史研究所、一九七八年、32頁の後の折込）

節使は冬至と元旦を祝うものであるから、おおむね十月末に朝鮮を出発し、十一月末に鴨緑江を越え、十二月下旬ごろに北京に到着する。北京に六十日ほど滞在した後、翌年二月に北京を発って朝鮮に帰国した[9]。定期的な「節使」であれ、特別な任務をもった「別使」であれ、北京に行く使節団はほぼ決められた陸路の貢道を通らなければならなかった。貢道は大きく二つの段階に分かれる。第一段は朝鮮の京城から義州までの、朝鮮国内のルートで、康熙五十一年（一七一二）、謝恩兼三節年貢使の金昌集（一六四八～一七二二）に従って中国を訪れた金昌業（一六五八～一七二一）の記述によれば、このルートの主な経過地点は、京城→高陽→坡州→長湍府→松都→金川→平山→葱秀→瑞興→剣水→鳳山→黄州→中和→平壌→順安→粛川→安州→嘉山→納清亭→定州→雲興館（郭山）→宣川→車輦館（鉄山）→良策站（龍川）→所串館→義州である[10]（図1参照）。

義州を過ぎた後、鴨緑江を渡り、柵門に入ると、貢道の第二段のルートに入る。すなわち鳳凰城、瀋陽（または牛家庄）、山海関を経て北京に至るルートである。使節は柵門から入関した後、主に鳳凰城↓松站↓通遠堡↓連山関↓甜水站を経て遼東に至る。遼東からは南北二つの路線に分かれる。康熙十八年（一六七九）以前はおおむね南ルートが選ばれた。すなわち遼東↓鞍山↓海州衛↓牛家庄↓沙嶺↓高平駅↓盤山駅↓広寧である。ただし、康熙十八年に清朝が牛家庄に海防堡を設けたため、これ以後、使節団は北ルートを通るようになった。遼東↓十里堡↓瀋陽↓辺城↓周流河↓白旗堡↓二道井↓小黒山↓広寧という道のりである。そして広寧から北京に至るルートは、広寧↓閭陽駅↓十三山↓小凌河↓杏山駅↓連山駅↓寧遠衛↓曹荘駅↓東関駅↓沙河駅↓前屯衛↓高嶺駅↓山海関↓深河駅↓撫寧県↓永平府↓七家嶺↓豊潤県↓玉田県↓薊州↓三河県↓通州とたどり、最後に北京に到着する(11)（図1参照）。使節団は任務を終えると、ほぼもと来たルートをたどって朝鮮に戻った。

朝鮮使節団が鴨緑江を渡り柵門を通って清朝の領域に入ると、清の朝廷はただちに道中の護衛をつけた。また使節たちは規定に従い、貢道沿いに設けられた察院に泊まらなければならなかった。ただ、これらの察院は長い間手入れがなされず、薪や飲料水がなかったり、倒壊して滞在できないものもあった。たとえば康熙五十一年（一七一二）に北京に行った使節団副使の閔鎮遠（一六六四～一七三六）はこう述べている。

察院は客を滞在させる宿ではあるが、みな倒壊していて泊まることもできない。最近、胡皇（清朝皇帝）が修理するよう命じたが、その作業にたずさわっている者はいない。まことに残念なことだ。道中で泊まれるところは数箇所しかない。……この県は疲弊していて、統治する力がない。皇帝は命を下したものの、実際は費用を惜しみ、物資を援助する気もないのだから、いかんともしがたい(12)。

泊まるにたえない察院への不満は、燕行使節の記録にしばしば見られる。旧中国の地方財政は欠乏し、地方の基盤整備は多くの場合地方の人士の援助に頼っており、使節の居住する察院を提供するのは、地方の人士にとって特に切迫したことではなかった。地方政府は修復の財力を持たず、これを重視してもいないという状況下では、荒れ果てて倒壊するのに任せるだけだったのである。

多くの察院が宿泊できる状態ではなかったので、使節団はしばしば察院近くの民家に投宿した。民家の主人も喜んで朝鮮使節に宿を提供し、これ幸いと宿代を取ったり、紙や扇子、清心丸など朝鮮の特産品を要求した。韓泰東（一六四六～八七）はこのように観察している。

使節が民家に泊まると、家の主人はいつも宿代がいくらかかると言い張り、要求する額になるまで譲らない。ひどい場合には井戸に蓋をして水を飲むことも許さず、馬の飼葉も出さず、高値で売りつけてくる。(13)

使節たちも宿主の強欲にはなかなか勝てなかった。康熙六十年（一七二一）の使節李正臣（一六六〇～一七二七）は宿主の要求や脅しに手を焼き、「状紙六巻、妝刀一漆、別扇八柄、刀子三柄、白紙三樹、煙竹三介」を渡さざるを得ず、通常の何倍もの宿代をふっかけてくる、といっている。(14)

民家に泊まれば必ずゆすられる危険があったが、それでも彼らはやはり民家に投宿するのを望んだ。生活に便利なのと、察院にいるよりもずっと自由だったからである。これによって使節団の人々は山海関外の清人と話す（もしくは筆談する）機会が増えたし、清人の生活や風俗を身近に観察することもできたのであり、「燕行録」には多くの見聞が記録されている。嘉慶三年（一七九八）、徐有聞（一七六二～？）が三節年貢使兼謝恩使として北京を訪れた際、黒山あたりで民家の尹家に泊まったが、ちょうど隣の家で葬儀が行なわれており、彼は尹家のあるじに中国の喪葬の習慣についてこと細かに尋ね、その時の見聞を『戊午燕行録』に記録している。(15)

朝鮮使節団は北京に入るとさまざまな祝賀祭典に参加することになるが、それに比べると鳳凰城から通州への行程はきつく、道中では清朝の役人や兵士たちの監視もあった。しかし、この長い旅程や、道中民家に逗留する機会に、清代の北方地区、とりわけ山海関外の様子をかいま見ることで、彼らは当時の北方地区の風俗をありのままに描写することができた。

朝鮮使節団は北京に到着すると、通常は玉河西岸の会同館（玉河館ともいう）に滞在したが、ロシア人がそこに止宿していることもあり、その場合はやむをえず乾魚胡同、南小館、智化寺、興隆寺、北極寺などに移った。[16]清朝の初めごろ、北京での使節の活動は厳しく制限されたが、康熙年間に台湾の鄭氏政権が平定されてから禁令は次第に緩和された。乾隆四十二年（一七七七）、三節使年貢使とともに中国に来た書記官李押（一七三七〜九五）はこう述べている。

清人の規律はなお厳しく、皇帝には必ず万歳を唱え、事ごとに禁止令が出ていると聞いていたが、今はそれも緩んでいる。……上は朝廷から下は民間まで、みなひどく貪欲で、賄賂がはびこっている。……そんなわけで私が一言口を開けば、事柄の大小難易を問わず、必ず金品を要求し、これを与えればすべて順調に行くが、そうしなければ必ず差し障りが生じる。以前は館の出入りがひどく厳しく、我々は公務以外、一歩も外に出られなかった。……ただし扇、柄、丸薬を差し出せば、皇帝がいる至近の地ならばまったく妨げはない。[17]

つまり、門番を買収しさえすれば、使節は基本的に自由に使館を出入りでき、北京市内を歩き回ることができた。使節のメンバー、特にその後の随行朝鮮知識人の多くは、この機会に太学、孔廟、文丞相（文天祥）祠など北京の重要なスポットをめぐったり、[18]中国各地から北京に科挙受験に来た人、任官の士子や役人たちと積極的に交際した。乾隆三十年（一七六五）、叔父の洪檍とともに北京に来た洪大容（一七三一〜八五）は、叔父に同行した目的をこう述べている。「河（鴨緑江）を越えてから見たものは、初めて目にするものばかりだ。ただ、私の切なる願いは、りっぱな生員や識者と知り合いになって心ゆくまで話をすることだったので、道中ひんぱんに訪問した」[19]。のちに、杭州から来た厳誠、潘庭筠、陸飛らを紹介してもらい、乾浄胡同の天陸旅館で彼らと筆談し、親密な交際を結んだ。[20]

使節は中国訪問の際、定められたルートを通らなくてはならず、北京到着後も勝手に北京を離れて北京以外の他の省に行くことはできず、江南地区など論外であった。そのため北京で暮らす南方の人と知り合い、江南の様子、風俗、人物、掌故について筆談で教えてもらうことが、朝鮮人にとって関外や北京以外の清代中国を理解する主要な方法となった。当時中国を訪れた朝鮮使節団のメンバーは、正使、副使、書判官、訳官、医官や、大勢の馬方、御者、下僕などの従者以外にも、時には三使臣の子弟、親族や文人が「伴倘」（付き人）の名目で使節に同行した[21]。たとえば康熙五十一年、兄の金昌集について北京に来た金昌業や、乾隆三十年、叔父の洪檍来について中国に来た洪大容らはみなそうである。乾隆四十五年（一七八〇）、朴趾源（一七三七〜一八〇五）もまた付き人の身分で兄の朴明遠について清朝を訪れた。

「燕行録」の作者の身分を調べると、ほとんどの記録は副使、書状官およびこうした付き人の手によるものであることがわかる。その中には中国での活動や彼らが見た清朝の情勢を朝鮮王廷に報告するための記録もあるが、随行の文人の手になる見聞録は風俗や事態の観察をそのまま記すほか、みずからの考えを暗々裡に述べているところがある。そのことについて、乾隆二十九年（一七六四）、日本に通信使として遣わされた元重挙は、洪大容の『乾浄衕筆談』を読んだあと、洪氏の言外の意をはっきりとこう語っている。

この『乾浄衕筆談』二冊は、湛軒 洪公徳保氏の記すところである。……乙酉の年、叔父の参議公賀正に随行し、北京で通訳の助けを借りて、初めに潘庭筠、厳誠と、次に陸飛と知りあい、彼らとの話からこの二冊の書をまとめた。そもそも真実は卑俗から離れたものではなく、文雅さは伝統に拘束されず、談笑や宴席での話も最後には実理になる。……読者が心眼を用いて、あたかもその応酬の席を経験したかのごとくに感じ、いつの時か同じ漢文を用いる者どうしとして役に立たせてほしいとするのである。今後、南や北に赴く者がこの書を読んできちんと取捨選択できるならば、それこそこの「乾浄筆談」が助けになるというものだろう[22]。

洪大容は朝鮮北学派の実学者であり、その筆談と記録には単なる風俗の観察以外に、清朝の例を借りて当時の朝鮮の政治や社会問題の解決策を探し出そうという意図がこめられている。洪大容のこのような筆記方法や或る意図をもった記録は現在伝わる燕行録の中で多くを占めるわけではないが、朝鮮使節のこれらの見聞録には、一種の文化観察として、観察者自身の思想や願望がしばしば反映されていることを物語っている。

三　入清後における礼俗の観察

朝鮮使節は国境の柵門を過ぎ、正式に清朝の領地に入る。北京に向かう道中では、駅や村、城鎮を通る時以外はほとんど見渡す限り蒼茫たる景色が続く。しかし村に近づくと、たびたび畑の中に墳墓があり、彼らの注意を引いた。金昌業の一行は遼東から瀋陽に向かう途中、十里堡近くの村を通った時に見たのは「道端に墳墓があり、みな畑の傍らに作られていた。墓地の区画も芝生もまったくない。ただ清明節には土が盛られ、紙の旗が上に挿される」というものである。(23) 康熙六十年に清に遣わされた李正臣は瀋陽城外二、三里のところまで来て、こう記録している。「原野の中に土饅頭墓が累々と続いている。兵士がかぶる笠のような形で、芝生は植えずに土盛りがあるだけで、貴賤の区別はない」(24)。李正臣は墳墓のつくりに首をかしげているが、随行の訳官は「清国の風俗はみなそうです」（国俗皆如此）と説明した。

金昌業、李正臣の観察に類似した記述は多くの燕行使節の記録に現われており、山海関の外のみならず、北京近辺についても記されている。乾隆四十九年（一七八四）、朝貢使の書状官李鼎運の付き人は北京朝陽門外の景色についてこう記している。

皇城の外（朝陽門の外）は平らな田畑と野原で、墳墓が至るところにある。墓の周りは塀をめぐらし門を設け、松や杉が鬱蒼と生い茂っている。……塚の形は上が狭まり下は広がっていて、ちょうど帽子のようだ。芝生で覆っておらず、ただ土を盛っただけで、石の階段はない。あるものは塚の前に石をはめ込んで墓碑としている。……都の城門の外では、たいてい人家と墳墓が入り混じっていて区画がない。……盛り土の外側は畑として耕されており、子孫がいる場合もそうしている。このように、庶民の墓地はみな畑の中にある。埋葬の場所はみな広々とした広野で、山脈と龍水が幸いをもたらすなどとは考えず、ただ土を盛って墳を作っているだけである。(25)

中国北方の墓のつくりは南方と比べると風水思想の影響が少ない。形は比較的単純で、たいてい「土饅頭型」で、(26)李正臣のいう「兵士がかぶる笠」のような形になっている。朝鮮使節は基本的に、みずからが目にした中国北方の墳墓の風俗をそのまま描写しているわけだが、単に墳墓の外観に興味を引かれるだけではなく、墓地の分布位置、墳上に芝があるかどうか、山脈と龍水の形などについても描写している。ここからわかるのは、彼らは直観的観察以外に、実は清人の埋葬行為の方に注意を向けていたということである。

芝生を例にとると、朝鮮の民間葬俗の習慣では、土盛りが崩れないよう塚の上に芝生を敷いていた。そして毎年寒食節の時に手入れをし、新しく植えかえる。これを「改莎草」と称する。先祖を移葬したり改葬する場合も同じように行なわれる。(27)朝鮮時代に出版された儀礼マニュアル『広礼覧』には、「改莎草」を行なう際の儀礼と祝文が付されている。(28)しかし朝鮮使節は、中国北方の墳墓にこのような特徴がなく、墓全体のつくりも風水を重視していないことに注意している。このような埋葬の仕方は彼ら自身の埋葬に関する認識やイメージと明らかに違っていたのである。

また、彼らは北京に急いで向かう途中、時おり婚礼や喪礼を行なっている村人に出会った。朝鮮使節はこれらの儀式に非常に興味を持った。金昌業は閭陽駅に着いた時、副使が関帝廟の東で葬儀があると聞きつけてきたので興味津々出かけて行き、戻ったあとで葬儀の様子を次のように書き記している。

門の外に竹で部屋を作り、部屋の中に仏像と十王の絵を掛けている。僧侶が鼓や鐘を鳴らし、お経を読んで仏を拝んでいる。傍らの柩の上には金銀の紙銭が積みあげられ、柩の頭のところに霊位（死者の霊魂を祭る台）が設けられている。男女は大人も子供も柩のそばに立って哭泣しているが、中には談笑しているものもいる。みな頭に白巾をかぶり、白い衣を着、さらに細い布を頭に巻きつけている。腰帯には麻縄を使い、その先が足先まで垂れている。村人は銭や穀物、餅などを争うように霊位に置き、叩頭し、立ってお辞儀をする。喪主は哭して叩頭する。弔問客が来ると、喪主の家では麻の客巾を渡し、弔問客はその頭巾をかぶって叩頭したあと出ていく。これが延々と続く。これとは別に霊位の左側に一人が跪き、弔問客の名前と香典を書きとめている。(29)この部分は民俗学ふうの叙述であり、仏教儀式が盛んなこと、弔問や紙銭を使う習慣など、清代当時における民間の喪礼のいくつかをかなり詳細に描写している。もっとも、金昌業はこれについては何も批判がましいことは述べていない。

金昌業のほかに、乾隆年間に使節として赴いた朴趾源もみずからの経験を記録している。鴉鶻関を過ぎた彼は、街なかに葬式用に建てられた白い牌楼があるのをよく見かけた。ある時、機会を見つけて、この葦と竹で作った牌楼のつくりを観察しようと近づくと、楽隊が突然楽器を鳴らし始めた。急いで喪家の正門前に行くと、すぐ喪家の者が目の前で号泣し始めた。喪主は「竹杖を置き、再度伏せては再度起き、伏せる時は頭を地につけ、起きる時は地面を踏みならし、雨のごとく涙を流した」（放了竹杖、再伏再起、伏則以頭頓地、起則以足蹈地、涙如雨下）。すると頭に白巾をかぶった人が数名出てきて、朴を部屋の中へと抱えて行った。どうしたものか困っていると、運良く顔見知りの馬方に会えたので聞いてみると、喪家は彼が弔問に来たと思ったらしい。彼はしかし、間違いをそのまま押し通して弔問に加わり、そのあとの段取りについて記している。彼が席に着くと、主人は野菜や茶、酒をふるまい、彼の付き人が「白紙一巻、銭一鈔」を取り出して主人の前に置くと、主人は椅子から降り叩頭しながら感謝する。彼は料理を少し食べてから席を立った。門を出ると、門の傍らに竹製で、紙でまわりを覆った散馬が置いてあるのに気づいた。そのあと、彼は貢使たちにこの時のいきさつを興味津々に語った。(30)

金昌業や朴趾源はみずから経験したり聞いたりした喪礼の風習を何ら批判することなくそのまま記述しているが、燕行使節の多くは清人の喪俗には礼にそぐわない点があると感じ、すこぶる慨嘆している。韓泰東は康熙二十一年

（一六八二）、中国を訪れた時、山海関外の喪礼風俗をこう観察している。

ここの風俗は死者の霊を祭るのに最も仏教を尊ぶ。……野辺送りの際には斎会を盛大に設けて僧が大勢集まり、仏教の音楽が道いっぱいにかなでられる。埋葬はおおむね野原でなされ、土砂を集めて塚を作ったり、外架を組んで柩を石灰で塗り固めたりしたものが累々と並んでいて、誰を埋葬したのかもわからない。柩を道端や垣根の側にむき出しに置き、その上に石を集めて載せていることさえある。時が経って朽ち、崩れたりしようものなら、無残な状態になってしまう。こういった風習はたぶん明朝からすでに始まっているらしく、「伊川被髪」の故事と同じように、いずれ夷狄の風習に染まってしまうのではあるまいか〔『左伝』僖公二十二年による。伊川のほとりで髪をふり乱して祖先を祭っているのを見た周の辛有は、礼が廃れているため、百年もたたないうちに夷狄の居住地になってしまうだろうと予言した〕[31]。

このほか、韓泰東に少し遅れて、李正臣は明清の重要な戦場となった杏山堡一帯で行なわれている葬儀を見て、こう憤慨している。

村人の家の門外の道端に殯の場所があり、竹で牌楼を作り、中に帷《とばり》をめぐらし柩が置かれている。喪服を着た男女が八、九人、おそらく親族を亡くしたばかりなのだろう。ところが彼らは市場を行ったり来たりして、悲しげな様子でもない。夷狄の風習はまったく驚くべきものだ。……この地の俗習では、父母が亡くなっても、遺体は家に安置せず、家の前の街路に柩を移して殯を行なう。これほど無知なことはないであろう[32]。

朝鮮使節は仏事を行なうこと、街路に柩をさらすこと、悲しみを尽くさないといった関外地区の葬儀を厳しく非難し、しばしばこれを「伊川被髪」、「夷狄の俗」、「染汚の俗」[33]、「蠢俗」[34]などの語で形容している。これは彼らの旅行記録が単なる見聞録や単純な文化的観察ではなく、風俗に訴えることで或る種の思考を確認しようとする願望を表わしていることを示している。

清人の風俗を一切評論しなかった金昌業や朴趾源にしても、これを痛斥した韓泰冬や李正臣にしても、彼らが清朝中国を知る手掛かりの一つとしたのは「儀礼」、とりわけ人々の日常生活と関わりのある冠・婚・喪・祭の四礼であった。四礼は同時に、風俗あるいは文化を構成する重要な要素であった。使節たちが夷狄の風俗と見なした行為は「明朝からすでに始まっていた」にしても、時代が移り王朝が代わり、特に満州族が中国を支配するようになってからは、同じ行為でも異なる意義をもつようになった。彼らが風俗を直接観察することによって見出した清代文化の「相異」は、北京城内に入る前の段階ですでに彼らの心の中に刻まれていたようである。

四　異域とは何か――民族と習俗

康熙二十五年（一六八六）、謝恩使副使の崔鼎錫（一六四六～一七一五）は中国の印象を詩にしたためているが、そこには衣冠、住居、纏足、飲食、言語、喪葬、信仰、生活のきまり、車轎、田地、刑罰、家畜、農耕、騎射、僧尼、階級秩序などの風習が詠まれている。(35) 崔氏が列挙した風俗上の事項は網羅的ではないかもしれないが、おおむね清代に来華した燕行使節が社会風俗のどのような方面に注意を向けていたのかを物語っている。生活習慣、ふだんのきまり、日用品、制度など、目につきやすいこうした日常的な事柄は、異文化に触れた場合に最も観察しやすい部分であろう。しかし、観察者が先入観のない心で異なる文化を観察するとは限らない。十七、十八世紀の燕行使節は、満州族が支配する中国を前に、たいてい色眼鏡を通して当時の清代社会を見ていた。

十七世紀中葉に明朝が滅び、満州族が清王朝を立てたことは朝鮮に巨大な衝撃を与えた。これ以後「天地は閉塞し、衣冠は転倒し、中華の礼楽文明の栄光は犬豕の生臭い汚れの中に堕落する」世界になると考えられた。(36) 明末の政治情勢や社会の気風はもちろん以前とは違うのだが、彼らは依然として「万暦の盛際」における「礼楽文物」と、「礼楽文物」が「久しく化して戎と為る」という見方でもって明代と清代を対比している。[37]そのため、清初における明の遺民がかつての生活をひどく後悔し、明滅亡の原因について猛省したのと同じように、[38]朝鮮の知識人もまた明末以後の情勢を検証していたのである。李宜顕（一六六九～一七四五）は、明末の人々の行動や文章に着目し、次のように述べている。

明朝の人々はたいてい軽佻浮薄で、朴実重厚な性質がない。もちろん文章は作るが、もっぱら美辞麗句を並べるだけで実質を重んじない。その学問ときたら道教や仏教をまじえていて、読む価値もない。……士人は遊郭酒楼に入りびたり、欲望をほしいままにして、規律は見る影もなかった。[39]

学術や生活の気風がこれでは明朝が「衰退する運命をたどった」（陵夷至於末運）のもうなずけるとし、最後に、明の滅亡は「人心風俗がもたらしたものに違いない」（未必非人心風俗使之然也）と総括している。風俗の問題は十六世紀後期以来、中国の知識人が関心を向けた問題であったが、「人心風俗」は十七、十八世紀の朝鮮知識人が中国を観察する際の核心的概念となった。この概念には二つの基本的な意味を含み、一つは時間、すなわち王朝の交替であり、もう一つは民族であって、人心風俗の具体的な表われこそはその儀礼制度であるという。[40]

清朝の建国以降、中国に来た朝鮮使節は清人に階級的区別のないことが理解できなかった。李宜万（一六五〇～一七三六）は遼東に入ってから、道中、迎送官が下僕と同じ食卓で食事し、周囲の者も別に気にしていないのを見て、「華人之の礼教ははなはだ簡単で、上下貴賤にはこれといって区別がない」と述べている。[41]李氏はまだその見聞を落ち着いて描写しているが、しかし乾隆年間に使節として来華した兪彦述（一七〇三～七三）は、このようなことはあってはならないとしている。彼は清人がしばしば一室に同居して分家していないのを見て、風俗が淳厚なあかしだと考えていたが、途中観察した結果、これは「内外尊卑の区別がないために長く同居できるのであって、風俗が敦睦だからではない」ことに気づいた。そこで「醜くて、尊ぶに値しない」と悲嘆している。[42]

李宜万や兪彦述より少し早く北京に来た閔鎮遠（康熙五十一年使行）は、貴賤に区別がないのは清人が中国を支配していることと密切な関係があると考えて、こう述べている。

胡地に入ってから風俗を観察すると、上下の分、男女の別がなく、下僕も主人も並んで歩いていて見分けがつかない。家僕は主婦と親しげに坐って話し、女性も身分の区別なく、宿駅の下僕とガヤガヤ話していて恥を知らない。これはもちろん夷狄の風習だが、中にいる漢人たちもみな同じだ。これは習俗が他に染まってしまったからに違いない。(43)

閔鎮遠のこの記述は遼東付近を通った時の感想である。文中にいう胡地や風俗、上下の分、夷狄などの表現から、民族と生活習慣、ひいては社会秩序に関する彼の定義づけを見てとることができる。彼の考えでは、満州族が多く住む遼東地区（胡地）に上下の区別がないのは怪しむに足りない。なぜなら満州族は礼楽秩序の外にいる夷狄だからである。だが、王朝が代わってこれらの規則も変わり、そこで暮らす漢族でさえ夷狄の風習に「染まってしまった」。そして、風俗が徐々に改まるのに伴って、礼楽に代表される文化も失われていくだろうというのである。

閔鎮遠の時代は、あたかも朝鮮において尊明反清（明を尊び清に反対する）の気風が熾烈な時期にあたっており、(44)しかも朝鮮国内では朱子学を尊ぶ傾向が高まり、『朱子家礼』を主な行動規範とする両班階級は、階級の区別や上下の秩序をいっそう重んじていた。(45)そのため状況がまったく異なる中国に対し、朝鮮の知識人は特に敏感になっていた。十八世紀になると、尊明反清の雰囲気は以前ほど強くはなくなったが、それでも身分階級を厳格に守る朝鮮の士人からすれば、尊卑の秩序の維持は依然として社会安定のかなめであった。これに対して、清代の中国社会は明らかに混乱し秩序を失っていた。嘉慶年間、中国に使節として派遣された徐長輔（一七六七〜？）が清代の風俗を記録した際、冒頭のところで依然としてこう書いているのも当然であろう。「清人の立国の方針は、おおむね風俗を導いてこれを禽獣のごとき状態にし、天下の人民をまるごと愚かにするものだ。第一に身分秩序や権威がないこと、第二に名誉と規範を軽視すること、第三に金儲けを重んじることだ」[46]。徐氏が中国に来たのは清朝が建てられてから百五十年余り経ってからだが、それでも清王朝に対する印象としては、明清交替により「華」が「夷」に変わってしまったという考え方をとっている。

満州族の中国支配により風俗や文化に転換が生じることが予想された中で、朝鮮士人の特別な関心事は明代の制度が清王朝でも引き続き踏襲されるか否かであった。兪拓基（一六九一～一七六七）は康熙六十年（一七二一）に北京に来た時、当時科挙受験のために上京していた彭坦・彭城の兄弟と対話したが、そこには兪氏の関心事がありありと表われている。

（兪）問：明朝の制度はなお引き継がれているか。（彭）答：大同小異である。

（兪）問：大同小異とは、冠服のことをいうのか。（彭）答：車、服装、礼器である。

（兪）問：辮髪していない者はまだいるか。（彭）答：そんな者は断じていない。今の情勢ではやむをえまい。

（兪）問：婚礼・喪礼・祭礼はみんな変わってしまったのか。（彭）答：変わったのは満人だけで、漢人の方はべつに変わっていない。

（兪）問：漢人と満人は通婚するか。（彭）答：満人は漢人と結婚したがるが、漢人は断じてしない[47]。

兪拓基の質問はおおむね朝鮮使節が清人と対話する際に最もよく出てくる話題で、彼らが知りたかったのは、王朝の交替にともなって漢族の生活習慣も変わったのかどうか、特に衣冠、四礼、そして満族と漢族の通婚問題に関することであった。

我々は、風俗に関してかわされたこうした問答によって十七、十八世紀の清代社会における満州族と漢族の関係を判断していいのか、これが社会全体の風俗の概況と見なせるのかどうか、いっそうの検証が必要であろう。なぜなら同時期の問答でも、質問の相手の出身地や身分階層によって、答えが違ってくることもありうるからである。満州族と漢族の通婚を例にとれば、乾隆十二年（一七四七）、副使として清に行った李喆輔（一六九一～？）は、瀋陽近郊で士人の王秀才とかわした問答を次のように書き記している。

（李）：そなたは満人か、漢人か。（王）：この村はみな漢人で満人は数軒にすぎない。

（李）：漢人と清人は結婚するか。（王）：する。

（李）：この村はみな漢人というが、村の女の服装は唐の様式では全然なく、みな清ふうだが、なぜか。（王）：結婚すれば習慣も変わるし、おのずとこうなる。(48)

王秀才の村では、満人と漢人の結婚はかなり自然なことで、心理的な軋轢は何ら見られない。一方、ほとんど同時期に清を訪れた兪彦述（一七〇三～三三）が記した見聞では、これとは違った状況が現われている。彼が北京にいた時に聞いた話によれば、少し前北京に寓居していた或る南京人はたいへん貧しかったため、女の子が産まれたあともわざと纏足をさせず、満人と結婚させたいと望んだ。ところがその南京人の兄がこれを聞いて怒り、兄弟は互いにいがみ合ったという。兪彦述はそのことを、「年月が経つにつれて次第に通婚するようになった」（歳久之後、漸与相通）とはいえ、「漢人はなおそれを恥と見なしていた」（漢人猶以為羞）と記録している。(49)

李喆輔が書いた辺地の村にしても、兪彦述が記した南京人にしても、当時の清代社会の状況を一定程度反映しているのであろう。しかし、漢人が満人との通婚を望んだのか否かという問題よりももっと注意されるのは、朝鮮の使節が礼俗にもとづいて民族の境界線を引こうとするその考え方と問答・記述方式である。このような意識は喪葬と祖先祭祀の習俗を観察する中でいっそうはっきりと現われてくる。康熙五十九年（一七二〇）の燕行使だった李宜顕（一六六九～一七四五）は「清人はみな火葬するが、漢人は違う。近頃火葬にする者が増えたのは、胡の俗習に染まったからだろう」(50)と観察しており、火葬を行なうかどうかが満・漢を区別する鍵となっている。同じく康熙年間末に来華した崔徳中は同行の使節メンバーがこういうのを聞いている。「清人は火葬した後、その骨を埋めて墳を作り、漢人は棺に入れて埋葬するが、どちらも芝は植えず、ただ寒食節と十月節の祭りのあと墳の上に土を加える」[51]。満州族は山海関外に居住していた時代から確かに火葬の旧俗をもっており[52]、宋代以降、漢族においても火葬で親族の遺体を埋葬することがかなり流行していた[53]。したがって火葬の儀式だけから「胡の風習に染まった」と判断するのは難しいし、それが王朝の交替と密切な関係にあるのかどうかはもっと曖昧である。しかし、当時の朝鮮使節にいわせると、実際の状況がなぜそうなったのかはさほど問題ではなかった。なぜなら彼らは風俗を観察する前に、あらかじめ答えを持っていたらしいからである。

もう一つ、民族を見分ける習俗は喪服制度である。前述した崔徳中が、通州で秀才の孫心維と中国の服装制度について話した際、孫秀才はこう語っている。

漢人は三年の喪に服する間、酒を飲まず肉も食べず、火葬にしない。さらに権力者は墓穴の中に石灰と煉瓦で槨室を作り遺体を埋める。貧しい者はそういったことはせずに、ただ土で覆うだけである。……しかし清人は三ヵ月の喪に服し、酒も飲むし肉も食べる。火葬のあと焼いた骨を集め、十枚重ねの錦袱で包んだうえで立派な甕の中に入れ、玉製の蓋をし、さらに錦袱で甕を包んで埋葬する。ただし場所は選ばず、芝生は植えない。場合によっては盛り土の上を石灰で塗り固め、鉢を逆さにしたような形になる[54]。

三年の喪は服喪制度の根本であり、唐代以降、その礼が律となることで、服喪の原則は人間関係と罪科を判定する法律的よりどころとなった。元・明の律は唐律の精神を継承し、明の太祖の建国当初には、さらにこれが制度的に確立され、母のために斬衰三年の喪に服することになった。実際には「日を以て月に代える」（足かけ二十七ヵ月を二十七日とする）やり方がしばしばとられはしたが、三年の喪は依然として中国の喪制の重要な象徴であった。そしてそれがまた、朝鮮の士人の理解する中国の服喪制度もしくは『朱子家礼』の主たる精神であった。崔徳中が記した孫秀才の話によれば、当時二つの喪制が行なわれていたらしく、一つは漢人の方式で、喪に服すのは三年、酒は飲まず肉は食べず、火葬にせず、棺には石灰の椁室を作る。もう一つは満人の方式で、漢人とは違うやり方をとっている。これら二つの喪葬方式は、二つの異なる文化の象徴でもあった。

嘉慶三年（一七九八）の朝鮮貢使書状官の徐有聞も、満人と漢人の服喪制度の違いに強い関心を払っている。彼が関外の白旗堡の民家に泊まった時、ちょうど主人の蔣哥が喪服を着ていたので、徐氏はこの機会に服喪の詳細について尋ねた。蔣哥はこのように答えた。

父母と伯叔父母には三年の喪に服し、祖父母・兄弟には百日の喪、堂叔父母および従兄、再従兄弟にはみな二十七日、妻の父母および妻の祖父母には百日の喪、妻の甥や弟には喪に服さない。これが漢人の服喪である。満人は違う。漢人の三年の喪は百日になり、漢人の百日の喪は二十七日で終わり、漢人の二十七日の喪は、満人は服さない。(55)

蔣哥の説明を聞いた徐有聞はたいへん心を痛め、まさしく「孟子のいうところの禽獣に近きものだ」（孟子所謂近於禽獣者）といっている。蔣哥の説明はおそらく民間の服喪の実情そのままだったろうが、徐氏にとって、それはまさに中華文化喪失の象徴にほかならなかった。

このほか朝鮮使節は、当時の中国で『朱子家礼』がどのように実施されているのかを知ろうとして、交際のあった漢族にしきりに質問している。前述した雍正年間の貢使の李宜万は北京に滞在していた時、書生の張裕昆と学問や道についてしばしば語り合ったが、民間で行なわれている四礼について再三質問している。当時、冠婚喪祭制度が清朝になって変わったのかどうかに始まり、(56)清朝政府が定めた廟制規定があるのか、家廟の木主（位牌）のつくりは『朱子家礼』の図と同じかどうか、いつ祭祀を行なうのか、満人は廟祭を行なうのか、祭礼は『家礼』の原則を守って行なわれるのか、冠礼は行なうのかなどに強い関心を示している。(57)また、乾隆年間に北京に来た使節の李喆輔も、清朝の制度と明朝の制度に違いがあるかどうかに特に注意している。彼は東北地方で漢人の林本裕と筆談し、清朝の官制の概況を詳しく尋ねたあと、突然「喪、祭などの礼はみな『家礼』を使っているのか」（喪祭等礼並用家礼否）と質問した。林氏は「漢人はもっぱら『家礼』に従うが、旗人はまったく違う」（漢人専遵家礼、旗人則大不同）と答え、続けてこういった。「わしらは『家礼』を守りたいと思ってもできない。わしの弟は三ヶ月の喪に服しただけで喪服を脱がざるをえなかった。父母の喪でさえ心の中で喪に服しただけだ」（即如俺輩雖欲遵家礼而行不得。俺弟喪纔三個月、不得不易紅帽。雖父母之喪亦止心喪而已）。そのあと李喆輔は、林氏がふさぎこんで元気がないのを見て、これ以上質問を続けなかったと記している。(58)

李宜万も李喆輔も中国に滞在していた期間は短く、時間も活動領域も限られていたため、自分の目で民間の四礼をじかに観察するのは難しかった。とりわけ祖先祭祀と家廟の実施状況については、(59)多くの場合、問答を通して知りたい情報を得られたにすぎない。このような日常生活の儀礼に関する質問は、彼らが強い興味を持っていた他の問題、すなわち科挙制度、清朝の官制、辮髪や衣冠などの質問と同様、王朝交替によってがんらいの中国文化の要素に変化があったか否かから発せられたものである。彼らの観察の対象は国家制度から社会風俗に及ぶが、その問答のやりとりの中では、清朝の社会風俗に関する描述だけでなく、朝鮮の風俗のあり方も話題になっている。

乾隆五十一年（一七八六）、沈楽洙（一七三九〜九九）が使節として来華した際、国境の柵門を通って鳳凰城に入ると、清朝の送迎官が迎えに来ていなかったため、城内に滞在していた。そんな折、城内の関王廟の私塾で生員の白琇に出会い、二人は筆談を行なった。

（沈）：中国には今、徳行文章で世に名高い者はいるか。（白）：本邦では内面が空虚で外面を飾り、貴国のように実質と謙虚さが備わっていて、依然として旧い流儀を守っているのには及ばない。

（沈）：中国人は父母の死に三年の喪を行なうが、葬祭には『朱子家礼』を用いるのか。（白）：文官は三年だが、武官は違う。一般の民は三年だが、旗人は違う。葬祭においては『家礼』を用いる場合もあるが、そちらにもこの書はあるのか。

（沈）：わが国ではもっぱら『朱子家礼』だけを用い、貴賤や文官武官に違いはなく同じようにする。（白）：出棺の際に銘旌を用いるのか。（沈）：殯から出棺までずっと銘旌を立てておく。(60)

この談話は対照性が非常にはっきりしていて、沈楽洙は白琇の言葉を借りて朝鮮が『朱子家礼』を尊重していることを導き出し、当時の中国における『家礼』の状況と対比したのである。嘉慶八年（一八〇三）に来華した徐長輔は、北京で劉紹泉と雑談した際、似たような対話を行なっている。「貴国の風俗礼義はこちらと違うのか」（貴邦風俗礼義亦与此不同否）と尋ねた劉氏に対し、徐長輔は「わが国では『礼記』、『家礼』および朱夫子の礼の教えだけに従っている」（敝邦則只遵『礼記』『家礼』及朱夫子礼訓耳）と答えている。(61)『朱子家礼』が朝鮮に伝わった後、当初は普及しなかったが、十七世紀になってから壬辰倭乱と丙子胡乱の刺激により、朝鮮の士人は戦乱で破壊された社会秩序を礼教によって回復しようと努力し、礼治が朝廷の治国方針になったため、『朱子家礼』が民間にも次第に広まるようになった。なかでも三年の喪の制度は十六世紀、朝鮮の礼儀論争の中心的議題になり、(62)以後『朱子家礼』とともに朝鮮使節が中国風俗を観察する際の準則として突出したものとなった。

清代の中国風俗を観察するなかで、朝鮮使節は、朝鮮本国は朱子学を崇敬していて風俗が淳厚であり、当時の中国とは違うという意識をしばしば吐露している。年貢使の李宜万は清人の張裕昆にこう告げている。

わが王朝の政教風俗にはまた、他国にないものが三つある。深山幽谷に住む三尺の子どももみな孔子が大聖人であることを知っており、その道を尊びその書を読んでいる。奴婢や下賤のやからでも三年の喪に服さない者はいない。国ができて三百年余り、士大夫の婦女で再醮（再婚）した者はなく、これまた漢唐以降見られないものだ。(63)

このあと李宜万が特に記録しているところによれば、これを見た張裕昆は「再醮」（再婚）云々の句を指さし、「中国ではありえない」（中国不能）と記したという。この李宜万の追記はたいへん興味深いもので、暗黙の主張として、礼教を堅持する朝鮮は中国よりも純粋で徹底しているといっているわけである。このような意識は、明が亡び清が興ってから中華文化の正統はすでに転移したという彼らの考え方から来ている。洪大容はかつて、朝鮮は「山川は険隘で人民の多くは貧しいが、ただ礼俗を遵守するという点で、古来、中国もこれを小中華と認めてきた」といったことがある。(64)『朱子家礼』が朝鮮社会に普及したのは十六世紀以降のことではあるが、大多数の朝鮮使節にとって、清朝と対照する場合、時間的な要素は脇に追いやられた。そんなことよりも彼らが強調したのは、小中華と見なされた朝鮮こそ、当時、中華文化の正しい伝統が存在する場であるということだった。

しかし、使節の大部分は出発前から清朝に対して批判的な固定概念を抱いていたとはいえ、我々は時代の移り変わりとともに清朝政権が日ましに安定していったことを無視することはできない。洪大容、朴趾源など少数の朝鮮知識人は、異なる角度から清代の中国を観察し始めていた。朴趾源は、中国に行く朝鮮使節や士人の心理には「五妄」があると述べたことがある。

地閥（出身地による党派）意識が高いのはわが国の陋習である……まして外藩の土着の民族が中国の旧族を凌いでよいものだろうか。これが第一の妄である。中原の人々が紅帽・蹄袖のいでたちになったのは、漢人のみが恥じているのではなく、満人もこれを恥じている。だが、中原の礼俗文物は四方の夷狄には匹敵しえない。だから中国と拮抗するほどの力量はないはずなのに、辮髪していない髻だけをとりあげて天下に自慢している。これが第二の妄である。……今、華夏は変じて胡となったが、天子の権威は変わらず、閣僚大臣は天子の公卿にほかならない。……使節には当然官僚に拝謁する礼がある。……時に接遇を受けても、おおむね気位が高く、恭順な態度をとるのを恥としている。彼らはそれを責めたりしないが、我々の無礼を侮っていないとどうして知ろう。これが第三の妄である。……学校の勉強の余習から、内容のない詩文をしいて作るものの、ふと、中国にすぐれた文章はないなどと言い出すのが、第四の妄である。中国の士人は、康熙以前はみな明朝の遺民であり、康熙以後は清朝の臣下である。……もし軽率な議論で外藩に傾倒するなら、それは当世の乱臣賊子というものである。ところがひとたび中国の士人に出会ってその恩恵を誇るのを見ると、すぐに、『春秋』をきちんと読める者がいないといい、燕や趙の町には悲憤慷慨の士が見られないといつも嘆いている。これが第五の妄である。(65)

朴趾源のいう第一から第四の妄は、朝鮮使節がしばしば中華文化の正統な継承者を自負し、意識の上で清人を蔑視している現象を指しており、第五の妄は、かつての使行者が情勢の変化を読み取れず、いつも自分の情緒や感情を清人に投影するだけだったことを批判している。彼は、この五妄の意識をもって清人と交わっても清代社会の実情を理解することはできないと考えた。そして、もしも清人の考えを本当に理解したいなら、「大国としての声望教化をまず称賛して彼らの気持ちを解きほぐし、中外が一体であることを力説して、できるだけ嫌疑を解くようにする。一つは礼楽に意を寄せ典雅にふるまうこと、一つは歴史を称賛し、近況には触れないようにする。謙虚に学ぶことを願い、そのあと自由に対談する。わからないふりをすると、相手の心を塞いでしまう」(66)。このようにしていけば「直接向き合う中で誠実と偽善がわかり、談笑の際に相手の心もわかる」のであって、清人の思いも「紙墨の外」に見えてくるという。

朴趾源の着実な態度は現実問題を探究する彼の実学思想から来るもので(67)、彼はこのような態度をもって清代中国の礼俗を考察した。そこには単なる批評の外に、反省の意味もいくらかつけ加わっている。たとえば、北京で見た「喪輿」（葬儀で遺体を運ぶ輿）について彼はこう記している。

輿の大きさは部屋二間ほどあり、五色の錦の緞子で帷を作っていた。……轅の長さは七、八丈ほどあり、紅い漆を塗って黄銅で飾り、金メッキで色を出している。……担ぎ手は数百人を下らない。銘旌はみな紅い緞子に金色の字が書かれ、旌竿は三丈で、黒い漆を塗って金龍を描いてある。……紅い蓋《かさ》が一つ、青い蓋が一つ、黒い蓋が一つ、幡幢が五、六対。これに続いて笙や簫、鼓吹がある。僧侶や道士はそれぞれの服装をつけ、梵唄を唱え、呪文を念じながら輿のあとについていく。

彼は最後に「中国は万事につけて簡便で、一つとして無駄な費用をかけないのに、これだけは不可解である。手本とすべきではない」といっている。[68] 喪輿が贅沢なことは気に入らなかったようだが、中国の喪車の形状を細かく描写しているのは、もっぱら中国の車のつくりについて考察しているからである。喪輿を除けば、いわば民衆の日用に役立つ交通手段として清代中国のさまざまな車を称賛している。[69] 彼は、喪輿については反面教材を提供しているわけで、要するに清代の車制を検討することで、朝鮮にとって改善または模範になるものを探しているのである。つまり朴趾源は大多数の朝鮮使節と同様、みずからが観察した清代の礼俗を記録として残したが、しかしその関心の方向と意識はかなり異なっていたことになる。

五　北方と江南

前述のように、朝鮮使節の来華ルートは固定しており、活動範囲も制限されていたため、中国南方の様子を直接見ることは基本的にできなかった。しかし、北京にいても、南方から来た人や出来事、物に触れる機会はかなりあった。なかでも北京で科挙を受ける士子や赴任してきた役人は、中国南方の情勢を知るための主な相手であった。たとえば康熙年間に中国に来た金昌業は、当時序班の職に就いていた浙江人潘徳輿と知り合った。序班の地位は低いが、当時の「北京には文字のわかる者が稀」（北京解文字者稀少）だったため、南方人を序班として用いるのが常であった。[70] 彼らは文書と接待業務を担当していたため、使節の滞在する玉河館にしょっちゅう出入りしており、金昌業はその機会を利用して潘徳輿と筆談した。

使節の燕行記録を見ると、朝鮮使節の中には礼俗の地理的な差異に敏感な者もいた。たとえば康熙五十一年（一七一二）に来華した閔鎮遠は「入関以後、住民は漢人が多く、風俗が関外とは異なる」といっている。(71)乾隆四十二年（一七七七）に来た李押も「関東から北京までは、みな満州の礼を用いている」という。(72)李押に少し遅れて、洪大容は「北京の外では親のために三年の喪に服する者はほとんどいない。愚民は白布をまとうだけで、髪を剃らず、百日で喪明けになる」といっている。(73)これら三人はそれぞれ山海関と北京を礼俗の違いの境界としており、閔鎮遠と李押の地理的記述は民族の違いに着目し、洪大容は儒家の教養をもつ階層の有無に重点を置いている。東北から北京までは朝鮮使節が来華の際に道すがら観察できる地域で、民族的要素に注目しようが、儒家の教養の及ぶ範囲に注目しようが、彼らからすれば、中国の北方は実際、政治と社会において満州族の影響を大きく受けた区域であった。これに比べて、中国の南方、特に江南地方の風俗は北方のそれとは違うらしいと朝鮮使節は想像していた。

李押はその『燕行記事』の中で清代礼俗を長々と描写しているが、その中で四礼についてこう述べている。冠礼の際は髪が乾かないうちに全部剃ってしまう。帽子をかぶせることについてはいっそう論じるに値しない。しかし男女の別については明代の制度をきちんと守っているので、規則は厳しい。およそ同姓婚、身分の異なる者どうしの結婚、駆け落ち、良民と賤民の結婚、妻妾の間で尊卑の秩序を乱すこと、婿を追い出して娘を再婚させることは、すべて禁じられている。夫が死んでも、三年たてば役所に報告して再婚が許される。嫁を迎える礼は簡単な彩棚を設けるだけで、奠雁や夫妻交拝などの儀式は行なわれない。新婦が舅姑に対して三拝の礼を行なうのは、わが国の新婦の礼と同じだという。これらはみな胡俗だが、古礼の立場から咎める必要もあるまい。古礼は長い間廃れ、明朝皇帝でさえそれを矯正できなかった。もともと中原の風俗がこうした慣習に染まってしまったのであろう。漢人は清人と結婚するのを恥じる。貧困者はやむを得ずそうするが、それでも引け目を感じている。およそ結婚には媒酌人を立てず、富者は金銭で妻妾を買い、貧者は一生つれ合いがない。漢人や役人はそうではないというが、本当かどうかはわからない。かつて江南の知識人から聞いたところでは、朱子の『家礼』を実践する者も多いとのことだ。また、結納品を受け取って婚約した女は礼を守り、新郎の死に駆けつけて哭する。家に入り霊位の前で死者を拝むが、遺体には寄り添わず、ただ主人にのみお悔やみを告げるという。このことから推測するに、児女でさえ大事に臨んでこれほど儀礼を守っているというのなら、江南の婚喪の制度は礼節をまったく持たない北方とは違っているのではあるまいか。(74)

李押は風俗に関するこの叙述の中で、中原と江南の礼俗を対照させ、江南は北方と比べて『家礼』を実践する習慣や礼教の名残りがなお保持されていると見ている。李押以外にも、康熙年間に来華した崔徳中は江南風俗について特に意見を述べていないが、上下の差がなく、衣服も窮屈な北方の気風にはかなり不満で、「聖人が再び現われても、彼らの旧習による汚れはすぐには変え難いだろう。江北の気風が胡俗を尊んでいるのは痛恨にたえない」といっている。(75)

朝鮮使節が江南の礼俗は北方とは違うと想像したのは、彼らが江南の文化にあこがれを抱いていたからである。乾隆五十一年（一七八六）に来華した沈楽洙は、「かつて歴史家の著述で江南の山川文物の盛んな様子を知り、心に思い描いていたものだ」といっている。彼は江南を訪ねる機会はなかったが、浙江銭塘から来た国子監助教の陳木に、「呉越の旧跡は訪ねられるか」、「江南では誰が学問文章の第一人者か」、「江南人の喪祭はみな『朱子家礼』を用いているのか」といった質問を興味津々と投げかけている。(76) 江南文化の盛んなさまを知るにつけ、燕行使たちは江南では礼教が大いに行なわれているはずだと考えたのである。

このほか、明清交替期から清初に至るまで、江南では大規模な抗清事件がいくつか発生したが、それもこうした考え方を増幅させた。燕行使節は清初に起きた査嗣庭事件、呂留良事件などをかなり注意深く調べるとともに、漢人が清に抵抗したさまざまな事跡を燕行記録の中にきちんと書きとめている。たとえば李押の記録には、「康熙帝は『明史』を作るために在野の学者を集め、一緒に編纂させようとしたが、江南の士人の多くは応じなかったという」。そこで李氏は「このことから想像するに、士論はまだ死んではいないに違いない」といっている[77]。江南の士人がなお気節を保っているはずだという主張は「満人の北方」と「漢人の江南」の間に相違があるいう印象を深めるとともに、礼儀秩序は明朝滅亡後も江南地区に存続しているという期待を抱かせた。李押が続いて述べた言葉には、そのような意識がはっきり現われている。「康熙帝と雍正帝は朱子を尊んだので、みな朱子学になっているというが、中身は実は仏教にすぎず、その儀礼もすべて満州ふうである。北方はむろん見るに値しないが、南方はどうやら違うらしい」というのである[78]。実際の状況がどうあれ、明朝が滅亡し王朝が代わるという衝撃のもとで、江南地方は中国の文化と礼教の秩序を守る理想的世界として朝鮮使節の目に映っていたのである。

六　小　結

十七世紀における風俗は中国の士人の関心事であったが、朝鮮使節の関心のまとでもあった。とりわけ人生の中で経験する冠婚喪祭の四礼は、この時期の風俗をめぐる核心的問題になっていた。本稿では十七、十八世紀に中国に派遣された燕行使節が残した旅行記録をもとに、当時の燕行使が中国をどのように観察し理解したか、またこれらの観察記録に現われている異文化の接触の概況について検討してきた。

外交任務を与えられた使節として、朝鮮使節の中国訪問、活動範囲、見聞の記録などはいずれも注目に値する。彼らは中国訪問時には清朝の役人たちに監視されつつも、沿道の民間人や士人に注意していた。帰国後は朝鮮の朝廷に中国での観察や見聞を報告した。そして彼らが書いた燕行録は朝鮮の文人たちの間に広く伝わり、一種の公開文書となった。その意味で、燕行の記録は単なる個人の旅行記ではなく、共通の関心事を記録することになったのである。これらの話題からは、燕行使がさまざまな概念を用いていることがわかる。北方と南方、満人と漢人、胡俗と礼教、中国と朝鮮などがそれで、このような対照的概念は十七世紀の王朝の交代という転換期に生じたものであり、王朝交替の前と後では朝鮮使節の目に映る世界は違うものになっていた。

燕行録全体を通観すると、朝鮮使節が特に注目した礼俗問題の大略をとらえることができる。たとえば『朱子家礼』の実践状況、火葬、喪服制度などは明代の使行録にはあまり出てこない。ということは、明の時代、中国では火葬はあまり行なわれず、四礼はみな『朱子家礼』に従っていたことになるのだろうか。しかし、このような解釈は単純すぎるであろう。これまでの研究から知られるように、火葬を行ない、喪祭に『家礼』を用いず俗礼に従うことは明代からすでに見られた現象だったが、明代の朝鮮使節にとっては特に気になることでもなかった。ところが、明清交替という新たな局面を迎えて、民族・文化を象徴する儀礼や習俗が当時の朝鮮使節にとって重要な関心事になったのである。

ここからわかるのは、燕行使節は清代の儀礼を観察するにあたって或る種のフィルターを通して見ていたということである。清朝はどのような国なのか、社会文化の特色は何かということよりも、彼らは、清朝建国の後、中華の「文化」にどのような変化があったのか、清朝社会の文化的情勢は朝鮮の士人が考えるようなものだったのか、ということであった。言い換えれば、異文化の観察者として、清朝とそれに先立つ明朝の間で中華文化はどのように「異なる」のかを探すことの方が大事だったのである。そして、清朝社会と照らし合わせているうちに、厳格に「礼」の原則を守っている朝鮮社会の特徴も浮き立たせることになったのである。

注

（1）　たとえば、関西大学文化交渉学教育研究拠点と韓国国学振興院の共同主催による東アジアの書院についての研究、韓国成均館大学儒教文化研究所の東アジア儒家思想をテーマにしたプロジェクト、東京大学「東アジアの海域交流と日本伝統文化の形成――寧波を焦点とする学際的創生」プロジェクト、復旦大学文史研究院が行なっている「周辺からみた中国」、「交錯する文化史」などのプロジェクト、台湾大学の「東アジアと経典研究」プロジェクト、中央研究院歴史語言研究所「東アジア文化イメージのモデル――十一から十七世紀における中日韓の芸術文化のかかわり」プロジェクトなど。以上のプロジェクトの情報は下記を参照。関西大学文化交渉学教育研究拠点：http://www.icis.kansai-u.ac.jp/tw/syukai01.html 東京大学：http://www.l.u-tokyo.ac.jp/maritime/ 復旦大学文史研究院：http://www. iahs. fudan.edu.cn/Main.asp 台湾大学人文社会高等研究院：http://www.eastasia.ntu.edu.tw/chinese/index.html. 徐興慶編『東アジア文化交流と経典注釈』（台北：国立台湾大学出版センター、二〇〇八年）黄俊傑序文など。

（2）夫馬進「明清中国による対朝鮮外交の鏡としての対ベトナム外交：冊封問題と問罪の師を中心に」（紀平英作編『グローバル化時代の人文学：対話と寛容の知を求めて　京都大学文学部創立百周年記念論集』下、京都：京都大学学術出版会、二〇〇七年）二二五～二五二頁。夫馬進「一七六五年洪大容の燕行と一七六四年朝鮮通信使――両者が体験した中国・日本の「情」を中心に」（『東洋史研究』六七：三、二〇〇八年十二月）一四一～一七六頁。

（3）裴英姫「燕行学与韓中関係――韓国明清史学会夏季学術研討会会議紀実」、『明代研究』一一期（二〇〇八年十二月）一八五～一九七頁参照。

（4）シンポジウム関連の情報は http://www.litphil.sinica.edu.tw/home/news/20090910/20090910.htm を参照。

（5）林基中編『燕行録全集』（ソウル：東国大学校出版部、二〇〇一年）。この叢書は全百冊からなり、清代の朝鮮使節使行記録が中心であるが、明代の朝鮮使節の見聞もいくらか含まれており、それらの多くは「朝天録」と呼ばれている。また、日本の夫馬進教授は当叢書の遺漏を正すとともに、日本に所蔵される燕行記録を整理、出版した。林基中・夫馬進編『燕行録全集　日本所蔵編』（ソウル：東国大学校韓国文学研究所、二〇〇一年）参照。

（6）張存武『清韓宗藩貿易（一六三七～一八九四）』（台北：中央研究院近代史研究所、一九七八年）第一節「宗藩関係之建立及其規制」、二一～一〇頁。

（7）「其元旦・冬至・万寿慶賀礼物、念道途遙遠、俱著於慶賀元旦時一併付進」。『清世祖実録』（台北：華文書局、一九七〇年）

巻一一、二一表、順治元年十一月庚戌条。
(8) 劉為『清代中朝使者往来研究』(黒竜江：黒竜江教育出版社、二〇〇二年)二八〜三四頁。
(9) 劉為『清代中朝使者往来研究』、三〇頁。
(10) 金昌業『老稼斎燕行日記』、林基中編『燕行録全集』三二巻、三三九〜三六〇頁。
(11) 以上の貢道ルートについて、詳しくは左江「清代朝鮮燕行使団食宿考」、『域外漢籍研究集刊』三集(二〇〇七年)九〜一二頁。
(12) 「所謂察院、即使客住宿之館宇、而挙皆頽圮不堪入住。胡皇新有修葺之命、而無一処使役者、可痛。歴路僅可止宿者只是数処。……此県邑力疲残、無以経紀皇帝雖有修葺之命、実吝於財用、無意助給物力。没奈何矣」。閔鎮遠『燕行日記』、林基中編『燕行録全集』三四巻、三六〇〜三六一頁。
(13) 「使臣若出宿閭家、則主人毎以房銭多少遮梗喧嘩、必称其欲而後已甚或蔽井阻汲、限地防芻、強要高価以售」。韓泰東・韓祉『両世燕行録』、林基中編『燕行録全集』二九巻、二五二頁。他に前述の閔鎮遠も同じような目にあっている。鳳凰城を過ぎたあと民家に投宿したが、家の主人にゆすられ、「毎朝主胡与下輩較争房銭多少閧」といっている。閔鎮遠『燕行日記』、林基中編『燕行録全集』三四巻、三三二頁。
(14) 李正臣『燕行録』、林基中編『燕行録全集』三四巻、二四一頁。
(15) 徐有聞『戊午燕行録』、林基中編『燕行録全集』六二巻、一六八頁。
(16) 松浦章「明清時代北京の会同館」、松浦『明清時代中国と朝鮮の交流：朝鮮使節と漂着船』(台北：楽学書局、二〇〇二年)所収、四七〜七二頁。沈玉慧「清代北京における朝鮮使節と琉球使節の邂逅」、『東洋史論集』三七期(二〇〇九年三月)九八頁。
(17) 「嘗聞清人紀律尚厳、皇帝必称万歳、凡事令行禁止云矣、今則漸弛。……而上自朝廷、下至閭閻、貪風益熾、賄門大開。……是以我人一言発口、則勿論事之大小難易、必先索面幣、給則順且無事、不然必百般生梗。前則館中門禁至厳、我人公事外、不敢窺一歩地。……若費扇・柄・薬丸、則唯皇帝所居至近之地、初不阻擋」。李押『燕行記事』、林基中編『燕行録全集』五三巻、二〇四～二〇五頁。

(18) 文丞相祠は朝鮮の知識人が北京で最も行ってみたい場所だった。たとえば徐長輔は北京到着後、わざわざ文丞相祠を訪れた。ただ、参観してみると祠堂が狭いことにたいへん失望している。徐長輔『薊山紀程』、林基中編『燕行録全集』六六巻、二三七～二三九頁。

(19)「自渡江後所見未嘗無揔覩、而乃其所大願則欲得一佳秀才・会心人、与之劇談、沿路訪問甚勤」。洪大容『湛軒先生文集』、『韓国歴代文集叢書』（ソウル：景仁文化社、一九九九年）二六〇三冊、外集巻二、「杭伝尺牘 乾浄衕筆談」、一一〇頁。

(20) 洪大容『湛軒燕記』、林基中編『燕行録全集』四三巻、「乾浄筆譚上」、一一～一三頁。

(21) 張存武『清韓宗藩貿易（一六三七～一八九四）』、第一章「宗藩関係の設立とその規制」、一七～二四頁。

(22)「此乾浄筆談両冊者、湛軒洪公徳保氏記之。……乙酉従其季父参議公賀正之行、遂於燕市中繹之象胥之言、一擧而得潘庭筠・厳誠、再挙而得陸飛、転出両巻説話。蓋貞不離俗、雅不泥古、笑語譚讌卒帰於実理。……欲令観者各輸心眼、宛如一番経来於唱酬之席、而藉以為異日同文之用也。……後人之之南之北者、如得目此書而実取舍、則是乾浄筆談之為助也」。洪大容『湛軒燕記』、林基中編『燕行録全集』四三巻、二四三～二四四頁。

(23)「路傍間有墳墓、而皆在田畔無塋域、無莎草、但於清明日加土、揷紙旗其上」。金昌業『老稼斎燕行日記』、林基中編『燕行録全集』三一巻、三三四頁。

(24)「原野中塚墓累累、其状如戦笠形、不加莎而但封土、貴賤皆同」。李正臣『燕行録』、林基中編『燕行録全集』三四巻、二二八頁。

(25)「皇城外（朝陽門外）平田曠野、皆都墳墓環墓皆築牆設門、松杉蔚蒼。……其墳形上鋭下豊、壮如帽子、不以莎草封之、只是累土、無龍尾階砌、或於塚之前面嵌石而為碑。……都門之外、大抵人家墳塚混無区域。……墳封之外皆耕種、雖有子孫者亦然、故庶民兆域皆在田中其葬埋皆平原曠野、無山脈来龍水勢合報之所拠、只是掫土成墳而已」。作者不明『燕行録』、林基中編『燕行録全集』七〇巻、九七頁。左江の考証によると、この記録者は、乾隆四十九年謝恩使の朴明源・尹承烈・李鼎運に同行した文人と思われる。左江「『燕行録全集』考訂」参照、『域外漢籍研究集刊』四集（二〇〇八年）五六頁。

(26) 陳進国「墳墓形制与風水信仰――福建、琉球（冲縄）的事例」、『新世紀宗教研究』四：一（二〇〇五年九月）五頁。

(27) 竹田旦「日韓比較民俗学の試み――清明と寒食をめぐって」、『専修大学社会科学研究所月報』五四四（二〇〇八年十月）八頁。

(28) 作者不詳『広礼覧』、文玉杓他『朝鮮時代冠昏喪祭Ⅲ喪礼篇（2）』（韓国精神文化研究院、一九九九～二〇〇〇年）「墓祭」三四八～三四九頁に収録。『朱子家礼』に「改莎草」の語はなく、『広礼覧』の記述は朝鮮の俗節が入ったものであろう。

2929)「其門外以簟作屋、屋内列仏像及十王画像、僧徒鳴鼓撞鐘、誦経拝仏、一辺霊柩以金銀紙錠堆畳其上、柩頭設霊位、大小男女立於棺哭泣、或有笑語者。皆頭著白巾、身穿白衣、又以布条纏頭、腰帯素縄、其長至足一村人争以銭穀餅物来置霊位前、叩頭而起揖、主喪者哭而叩頭。吊客来、主家則与布客巾、著巾叩頭而出、如此者相属又有一人踞於霊位之左、書吊客及賻物云」。金昌業『老稼斎燕行日記』、林基中編『燕行録全集』三二巻、一九九頁。

(30) 朴趾源『熱河日記』、林基中編『燕行録全集』五三巻、四三二～四三六頁。

(31)「其俗最好尊仏事鬼、……初喪送葬之際、広設斎会、緇徒塡室、仏楽盈路而其葬率在田野、或聚沙成墳、或設架塗灰、累累相連、無以弁認。甚至露置其柩於路旁或牆側、裒石其上、年久腐朽者若将摧圧、所見甚悪。此等習俗蓋自明朝已然、豈非伊川被髪之漸乎」。韓泰東・韓祉『両世燕行録』、林基中編『燕行録全集』二九巻、二五二頁。

(32)「見村家中門外路傍有設殯者以簟作牌楼、中設帷床、男女素服者八九人、必是新遭喪者而往来舗市、略無戚容、夷狄之習見之可駭。……此処之俗、雖父母喪、喪出後則不留家舎、即移尸床設殯於家前街路、可謂無知莫甚矣」。李正臣『燕行録』、林基中編『燕行録全集』三四巻、二四三頁。

(33)『閒閒堂燕行』の作者は遼東の村人の葬儀につき「親死則別構一室盛張仏事、而暴柩原野中、直待肉爛骨枯後、挙火焚之」と記し、「其染汚之俗、誠可惨矣」と嘆息している。著者不詳『閒閒堂燕行録』、林基中編『燕行録全集』三九巻、二〇七頁。左江の考察によれば、この燕行録の作者は康熙四十年に来華した書状官の孟万沢である。左江「『燕行録全集』考訂」、五〇頁参照。

(34) 李時秀はその『続北征詩』の中で、北京近くの沙河屯一帯でも喪家が太鼓や音楽で客を迎えていると記し、「密邇京師地、蠢俗如辺徼」といっている。李時秀『続北征詩』、林基中編『燕行録全集』五七巻、三八七頁。
(35) 崔鼎錫『椒余録』、林基中編『燕行録全集』二九巻、四二三〜四二六頁。
(36) 「天地閉塞、冠裳顚倒、中華礼楽文物之盛擧、将淪胥於犬豕膻羶之穢的」。呉道一『西坡先生文集』、「韓国歴代文集叢書」(ソウル：景仁文化社、一九九九年)一七巻、「玉川忠烈祠記」、三三裏。
(37) 李頤命『疎斎集』、「韓国文集叢刊」(ソウル：民族文化推進会、一九九六年)一〇巻、「送申聖与晢赴燕序」、一六裏。
(38) 黄宗羲は『明夷待訪録』で明代の各制度、内閣や財政などを検討している。黄宗羲『明夷待訪録』(台北：台湾中華書局、一九八一年)。
(39) 李宜顕『陶谷集』、「韓国文集叢刊」(ソウル：民族文化推進会、一九九六年)二七巻、随筆、二六裏〜二七表。
(40) 朝鮮の知識人が関心を向けた礼楽の問題の一つは辮髪と衣冠であった。そのことについては多くの研究成果があるため、本稿では贅言しない。葛兆光「大明衣冠今何在」(『史学月刊』二〇〇五年一〇期、二〇〇五年)四一〜四八頁を参照されたい。
(41) 「華人之礼数甚簡、上下貴賤無甚厳截」。李宜万『農隠入瀋記』、林基中編『燕行録全集』三〇巻、三九五〜三九六頁。
(42) 「無内外尊卑之別、故能久而同居、非有敦睦之風。……可醜而不可尚也」。兪彦述『燕行雑識』、林基中編『燕行録全集』三九巻、二八九頁。
(43) 「入胡地以後、察其風俗則専無上下之分、男女之別、奴主並焉而行、不可弁識、僕隷与内主昵坐対話、婦女無論尊卑、雑沓於駅卒輩而不知恥。此固夷狄之風、而其中所謂漢人亦皆如此、豈習俗易染而然耶」。閔鎮遠『燕行日記』、林基中編『燕行録全集』三四巻、三三六頁。
(44) 彭林『中国礼学在古代朝鮮的播遷』(北京：北京大学出版社、二〇〇五年)二二六〜二二九頁。
(45) 盧仁淑『朱子家礼与韓国之礼学』(北京：人民文学出版社、二〇〇〇年)一一三〜一一七頁。
(46) 「清人立国之規、大抵導風俗以禽獣之、率天下之民而愚之。一曰無等威、一曰賤名検、一曰尚貨財」。徐長輔『薊山紀程』、林基中編『燕行録全集』六六巻、五六八頁。徐長輔が使節となったのは嘉慶八年(一八〇三)である。

(47)「(兪)問：明朝制度尚有流伝者否。(彭)答：大同小異。(兪)問：所謂大同小異者、指冠服而言耶。(彭)答：不過車服礼器。(兪)問：尚有不剃頭者否。(彭)答：此断未有、以其勢之不得不然。(兪)問：婚喪祭礼俱已改変否。(彭)答：惟満人改了、漢人未未曾改。(兪)問：漢人与満人通婚否。(彭)答：満人急欲与漢結親、漢人断乎不肯」。兪拓基『燕行録』、林基中編『燕行録全集』三八巻、一二一～一二二頁。

(48)「(李)曰：爾是満人乎、漢人乎。(王)曰：此村皆是漢人、而満人独数家存耳。(李)曰：漢清相婚娶乎。(王)曰：然矣。(李)曰：此村既皆漢人、而此村之女衣服制度絶無唐様、而皆似清、何也。(王)曰：既相婚娶、習尚易変、自然如此」。李喆輔『丁巳燕行日記』、林基中編『燕行録全集』三七巻、四四七頁。

(49)兪彦述『燕京雑識』、林基中編『燕行録全集』三九巻、二九三頁。

(50)「清人皆火葬、漢人則否。而近来頗有火葬者、蓋染胡俗而然也」。李宜顕『庚子燕行雑識』、林基中編『燕行録全集』三五巻、四六三頁。

(51)「清人則火葬後埋其骨而成墳、漢人則入其棺而埋葬、皆不著莎草、只於寒食及十月節行祭後加土於墳」。崔徳中『燕行録』、林基中編『燕行録全集』三九巻、四八八頁。

(52)孫文良『乾隆皇帝』(台北：知書房、二〇〇一年)二五七頁。

(53)何淑宜「以礼化俗――晩明士紳的喪俗改革思想及其実践」、『新史学』一一：三(二〇〇〇年九月)六二～六三頁。

(54)「漢人用三年之喪、不飲酒食肉、不火葬、而有力者則壙中以灰隔磚成槨窆葬。貧者則不用其制、只以掩土。……而清人用三月之喪、飲酒食肉、火葬後収其燼骨、裹以十襲錦袱、又盛花甕、覆以玉蓋、更以錦袱裹甕埋葬。不択地、不蓋莎草、或以塗灰於墳土、状如覆盆矣」。崔徳中『燕行録』、林基中編『燕行録全集』四〇巻、一五頁。

(55)「父母与伯叔父母同三年服、祖父母・兄弟皆百日服、堂叔父母及従・再従兄弟皆二十七日、妻父母及妻祖父母皆百日服、妻子与弟皆無服、此則漢人之服也。満人則不然。漢人三年之喪、百日服之、漢人百日之服、二十七日後脱之、漢人二十七日之服、清人不服」。徐有聞『戊午燕行録』、林基中編『燕行録全集』六二巻、二三六頁。

(56)李宜万が「こちらでは冠婚喪祭の制度は今どうなっているのか」と問うと、張裕昆は「冠礼は廃れて久しく、婚礼は通名と納幣を行なうだけで、六礼はきちんとできておらず、喪祭には朱文公の『家礼』を用いるが、これも有名無実である」と答えた。李宜万『農隠入瀋記』、林基中編『燕行録全集』三〇巻、二三三頁。

(57) 李宜万『農隠入瀋記』、林基中編『燕行録全集』三〇巻、二六八～二七〇頁。

(58) 李喆輔『丁巳燕行日記』、林基中編『燕行録全集』三七巻、四四九～四五〇頁。

(59) もちろん、朝鮮使節は清人の祖先祭祀を直接観察することがまったくできなかったわけではなく、李基憲（一七六三～?）などは嘉慶七年（一八〇二）、撫寧県を通った際、徐という姓の進士の家の祠堂を実際に見ている。それによると、祠堂は「設長龕、内安木主、題徐氏始祖以下職啣、或一版而列書考妣及屢代、或異版而各題版之高低大小不一。其制凡十余主、而皆無櫝。……或前或後、位序雑乱。左右閣各置始祖神版、前無障遮、凝塵満床。床置香炉、門亦不鎖」という状況であった。李基憲は理解に苦しみ、「習俗之已痼也、一部『家礼』只可束之高閣耳」と嘆いている。しかし、燕行使節の記録の中で、実際に調べたうえでこれほど詳しく記録したものは少ない。李基憲『燕行日記』、林基中編『燕行録全集』六五巻、一二一～一二三頁。

(60) 「（沈）曰：中国今有徳行文章大名世之人乎。（白）曰：本邦人内虚外文、不如貴国実若虚而衣冠不改、仍是旧家風。……（沈）曰：中国人父母喪行三年制、葬祭用『朱子家礼』。（白）曰：文官行三年、武官不然。民人行三年、旗人不然。至於葬祭或用『家礼』、貴地亦有此書。（沈）曰：小国専用『朱子家礼』、無貴賤文武一也。（白）曰：発引用銘旌乎。（沈）曰：成殯至発引皆立銘旌」。沈楽洙『燕行日乗』、林基中編『燕行録全集』五七巻、二一一頁。

(61) 徐長輔『薊山紀程』、林基中編『燕行録全集』六六巻、三三五頁。

(62) 高英津「朝鮮時代的国法和家礼」、高明士編『東亜伝統家礼、教育与国法』所収（台北：台湾大学出版中心、二〇〇五年）四〇一～四一六頁。

(63) 「我朝政教風俗又有他国所無者三焉。深山窮谷三尺童子皆知孔子之為大聖、尊其道而読其書。皂隷下賤莫不服喪三年。国朝三百余年、士夫之女無一人再醮者、此亦漢唐以後所未有也」。李宜万『農隠入瀋記』、林基中編『燕行録全集』三〇巻、二九七頁。朝鮮の士大夫の婦女が再婚しないことを朝鮮使節はすこぶる誇りにしていた。朴趾源も朝鮮で最も称賛に値する「佳俗」として四つを挙げている。すなわち「尚儒教、一佳也。地無河患、二佳也。魚塩不藉他国、三佳也。女子不更二夫、四佳也」。朴趾源『熱河日記』、林基中編『燕行録全集』五三巻、一七三頁。

(64)「山川険隘、人民多貧、只以稍遵礼俗、自古中国亦許之以小中華」。洪大容『湛軒燕記』、林基中編『燕行録全集』四三巻、二二一頁。

(65)「地閥相高本是国俗之陋習、……況以外藩之士姓、反陵中国之旧族乎。此一妄也。中州之紅帽蹄袖非独漢人恥之、満人亦恥之。然其礼俗文物、四夷莫当、故無寸長可以頡伉中土、而独以一撮之髻自賢於天下、此二妄也。……今華夏雖変而為胡、其天子之号未改也、則閣部大臣乃天子之公卿也。……奉使者自有見官之礼、……時有接遇、率以亢簡為致、恭謙為辱、彼雖不与苛責、安知不侮我之無礼乎。此三妄也……乃以功令之余習、強作無致之詩文、忽謂中土不見文章、此四妄也。中州士人康熙以前皆皇明之遺黎也、康熙以後即清世之臣庶也。……若造次談論、輸情外藩、是固当世之乱臣賊子也。然而一遇中州之士、見其誇張休沢、則輒謂一部『春秋』無他可読、毎嘆燕趙之市未見悲歌之士、此五妄也」。朴趾源『熱河日記』、林基中編『燕行録全集』五五巻、審勢篇、九四～九六頁。

(66)「曲賛大国之声教、先安其意、勤示中外之一体、務遠其嫌。一則寄意礼楽、自附典雅、一則揚扢歴代、毋逼近境。遜志願学、導之縦談、陽若未暁、使鬱其心、則眉睫之間、誠偽可見、談笑之際、情実可探」。朴趾源『熱河日記』、林基中編『燕行録全集』五五巻、審勢篇、九八頁。

(67)宋載卲著、張介宗訳「燕巌 朴趾源的「対清朝観」——以「熱河日記」為中心」、『韓国学報』一四期（一九九六年五月）二九～三五頁。

(68)「輿之大幾如二間屋子、以五色錦緞為帷帳。……轅長幾七八丈、紅漆飾以黄銅、鍍金出色。……肩担之夫不下数百人、銘旌皆紅緞、金字書写、旌竿三丈、黒漆画金龍。……紅蓋一隻、青蓋一隻、黒蓋一隻、幡幢五六対、継之笙簫鼓吹。僧徒道流、各具其服、誦唄念咒以随其輿後。中国万事莫不簡便、而無一冗費、此最不可暁、非可取法也」。朴趾源『熱河日記』、林基中編『燕行録全集』五三巻、車制、四七三～四七四頁。

(69)朴趾源『熱河日記』、林基中編『燕行録全集』五三巻、「車制」、四六三～四七三頁。

(70) 金昌業『老稼斎燕行日記』、林基中編『燕行録全集』三一巻、四五五頁。
(71)「入関以後居民多漢人、風俗与関外有異」。閔鎮遠『燕行日記』、林基中編『燕行録全集』三四巻、二六〇頁。
(72)「自関東至北京、皆用満州礼」。李押『燕行記事』、林基中編『燕行録全集』五三巻、八二頁。
(73)「京外喪親三年者絶少。愚民只衣白布、不剃頭、百日而除之」。洪大容『湛軒燕記』、林基中編『燕行録全集』四二巻、二五一頁。
(74)「冠礼則生髪未燥而尽剃、加帽更無可論。而男女之別則実遵明制、故其法亦厳。凡同姓婚、尊卑婚、相避婚、良賤婚、妻妾之失序者、逐婿嫁女者、並禁之。其夫雖逃亡、至三年後始許告官改嫁。迎婿之礼則不過結彩棚以行之、元無奠雁及婿婦交拝等節。新婦之見舅姑則行三拝、如我国新婦之礼云。此皆胡俗、不必尽責以古礼、而陸沈已久、皇明亦未矯革、蓋中原之風想多染於此習者也。漢人恥与清人結婚、而貧窮者不得不為之、然猶以為羞。凡其婚娶不用媒妁、富者以銀買取妻妾、貧者終身無匹、漢人及仕宦者不然云、未知信否。而嘗聞江南有識之士則間多有講行朱文公『家礼』者。且受聘之女執礼、奔哭於新郎之死、入門展拝霊筵而不為憑尸、只吊主人云。以此推之、児女之臨変講礼猶如此、江南婚喪之制果不如北方之全無礼節耶」。李押『燕行記事』、林基中編『燕行録全集』五三巻、九〇〜九二頁。
(75)「即使聖人復起、猝難変其旧染之汚。而江北之風、必尚胡俗、可勝痛哉」。崔徳中『燕行録』、林基中編『燕行録全集』四〇巻、一三七頁。
(76)「嘗於史氏諸家見江南山川文物之盛、心嘗想像」、「江南有何学問文章第一人。……江南人喪祭皆用『朱子家礼』。……呉越有旧蹟可訪」。沈楽洙『燕行日乗』、林基中編『燕行録全集』五七巻、四八〜五二頁。
(77)「康熙為修『明史』招聘山林講学之士、使之共与編輯、而江南士子亦多不肯就云。以此揆之、豈士論尚未尽死耶」。李押『燕行記事』、林基中編『燕行録全集』五九巻、一四三頁。この記事は『燕行録全集』では李在学が著わした『燕行記事　元亨利貞』としているが、左江の検証によれば作者は李押である。左江「『燕行録全集』考訂」を参照。『域外漢籍研究集刊』第四集（二〇〇八年）、五一頁。
(78)「康熙雍正倶極尊尚朱子、故雖曰皆是朱学、而其道則無非釈氏、其礼則無非満州。北方固無可観、南方似或不然也」。李押

『燕行記事』、林基中編『燕行録全集』五九巻、七三頁。

参考文献

林　基中編『燕行録全集』（ソウル：東国大学校出版部、二〇〇一年）
林　基中・夫馬進編『燕行録全集 日本所蔵編』（ソウル：東国大学校韓国文学研究所、二〇〇一年）
『清世祖実録』（台北：華文書局、一九七〇年）
劉　為『清代中朝使者往来研究』（黒竜江：黒竜江教育出版社、二〇〇二年）
金　昌業『老稼斎燕行日記』（林基中編『燕行録全集』三二巻）
閔　鎮遠『燕行日記』（林基中編『燕行録全集』三四巻）
韓泰東・韓祉『両世燕行録』（林基中編『燕行録全集』二九巻）
李　正臣『燕行録』（林基中編『燕行録全集』三四巻）
徐　有聞『戊午燕行録』（林基中編『燕行録全集』六二巻）
李　押『燕行記事』（林基中編『燕行録全集』五三巻）
徐　長輔『薊山紀程』（林基中編『燕行録全集』六六巻）
洪　大容『湛軒先生文集』（『韓国歴代文集叢書』二六〇三冊、ソウル：景仁文化社、一九九九年）
洪　大容『湛軒燕記』（林基中編『燕行録全集』四三巻）
『広礼覧』（文玉杓他『朝鮮時代 冠昏喪祭Ⅲ 喪礼篇（2）』、韓国精神文化研究院、一九九九～二〇〇〇年）
朴　趾源『熱河日記』（林基中編『燕行録全集』五三巻）
『開閒堂燕行録』（林基中編『燕行録全集』三九巻）
李　時秀『続北征詩』（林基中編『燕行録全集』五七巻）
崔　鼎錫『椒余録』（林基中編『燕行録全集』二九巻）

呉　道一『西坡先生文集』（『韓国歴代文集叢書』、ソウル：景仁文化社、一九九九年、一七巻）

李　頤命『疎斎集』（『韓国文集叢刊』、ソウル：民族文化推進会、一九九六年、一〇巻）

黄　宗羲『明夷待訪録』（台北：台湾中華書局、一九八一年）

李　宜顕『陶谷集』（『韓国文集叢刊』、ソウル：民族文化推進会、一九九六年）二七巻

―――『庚子燕行雑識』、林基中編『燕行録全集』三五巻、四六三頁。

李　宜万『農隠入瀋記』（林基中編『燕行録全集』三〇巻）

兪　彦述『燕行雑識』（林基中編『燕行録全集』三九巻）

兪　拓基『燕行録』（林基中編『燕行録全集』三八巻）

李　喆輔『丁巳燕行日記』（林基中編『燕行録全集』三七巻）

崔　徳中『燕行録』（林基中編『燕行録全集』三九巻）

李　基憲『燕行日記』（林基中編『燕行録全集』六五巻）

沈　楽洙『燕行日乗』（林基中編『燕行録全集』五七巻）

彭　林『中国礼学在古代朝鮮的播遷』（北京：北京大学出版社、二〇〇五年）

盧　仁淑『朱子家礼与韓国之礼学』（北京：人民文学出版社、二〇〇〇年）

孫　文良『乾隆皇帝』（台北：知書房、二〇〇一年）

夫馬　進「明清中国による対朝鮮外交の鏡としての対ベトナム外交：冊封問題と問罪の師を中心に」（紀平英作編『グローバル化時代の人文学：対話と寛容の知を求めて　京都大学文学部創立百周年記念論集』下、京都：京都大学学術出版会、二〇〇七年）

―――「一七六五年洪大容の燕行と一七六四年朝鮮通信使――両者が体験した中国・日本の「情」を中心に」（『東洋史研究』六七：三、二〇〇八年）

裴　英姫「燕行学与韓中関係――韓国明清史学会夏季学術研討会会議紀実」（『明代研究』一一期、二〇〇八年）
左　江「清代朝鮮燕行使団食宿考」（『域外漢籍研究集刊』三集、二〇〇七年）
――「『燕行録全集』考訂」（『域外漢籍研究集刊』四集、二〇〇八年）
松浦　章「明清時代北京の会同館」（松浦『明清時代中国と朝鮮の交流：朝鮮使節と漂着船』所収、台北：楽学書局、二〇〇二年）
沈　玉慧「清代北京における朝鮮使節と琉球使節の邂逅」（『東洋史論集』三七期、二〇〇九年）
陳　進国「墳墓形制与風水信仰――福建、琉球（沖縄）的事例」（『新世紀宗教研究』四：一、二〇〇五年）
竹田　旦「日韓比較民俗学の試み――清明と寒食をめぐって」（『専修大学社会科学研究所月報』五四四、二〇〇八年）
葛　兆光「大明衣冠今何在」（『史学月刊』二〇〇五年一〇期、二〇〇五年）
何　淑宜「以礼化俗――晩明士紳的喪俗改革思想及其実践」（『新史学』一一：三、二〇〇〇年）
高　英津「朝鮮時代的国法和家礼」（高明士編『東亜伝統家礼、教育与国法』所収、台北：台湾大学出版中心、二〇〇五年）
宋載卲著、張介宗訳「燕巌　朴趾源的対清朝観――以熱河日記為中心」（『韓国学報』一四期、一九九六年）

あとがき

本書は二〇〇九年十一月、韓国国学振興院で開かれた朱熹『家礼』シンポジウムの発表論文を収めている。韓国国学振興院は慶尚北道安東市の郊外、李滉（号は退渓）ゆかりの陶山書院近くにある、規模の大きな新しい研究所である。

シンポジウムでは、口絵写真に示したように、会場入口の正面に「주자가례와 동아시아 문화교섭」（朱子家礼と東アジアの文化交渉、Zhu Xi's Family Rituals and Cultural Interactions in East Asia）と書かれた横断幕が掲げられ、韓国側の熱意のほどを示していて強い印象を受けた。

シンポジウム初日にはまた、安東権氏の遺品の国学振興院寄贈セレモニーがあり、安東市長、国学振興院の金炳日院長、安東権氏当主の権鍾萬氏らが挨拶し、五百名ほどの出席者で会場が一杯になるという盛況ぶりであった。ちなみに、この安東権氏は高麗・朝鮮王朝を通じて高官を輩出するほか、朝鮮王朝初期の朱子学者として知られる権近《クオングン》（号は陽村）らを出した韓国きっての名門であり、一般市民を含めてこれだけ多くの人々の反響を呼んだのである。

この安東権氏に関しては、シンポジウム前日の十一月二日、安東権氏の宗家を案内していただいた。その伝統的な韓国式家屋の裏手には『家礼』にきわめて忠実に作られた「祠堂」が今なお建っていて、韓国における朱子学および『家礼』の影響の深さに改めて気づかされたものである。このような『家礼』式祠堂は朱子学を生んだ中国にはもはや存在せず、韓国にだけ見られるようである。韓国には儒教がなお息づいているとはよくいわれることだが、儒教を形あるものとして実見するというのは貴重な経験であった。「思想」とか「精神」と我々はいうが、祠堂という建築物を通して「精神」や「思想」のありかを身近に想像することができたからである。

ところで、文化について考えるとき、「文化はどのようにして形成されたのか」という視点を欠かすことはできないと思われる。この場合とりわけ重要なのは他地域との接触・交渉という視点であろう。人々は昔も今も他地域を訪れ、そこの事物や情報をもたらすとともに、みずからの生活の中にとり込み、活かしてきたからである。他地域を訪れたことのない人でも他地域から入って来る情報からまったく無縁であることはできなかったであろう。書物や伝聞を通して他地域の文化に触れ、影響や示唆を受けるというのは我々がふだん経験していることだからである。そして、そのような相互の交渉が自地域の文化を形づくり、豊かなものにしてきたことは疑いようのない事実である。そうであれば、「文化」が「交渉」することは文化の本質なのだと思われる。

朱子学や『家礼』にはそのような文化交渉の様相が顕著に見られることから、このたび「文化交渉」をテーマに開催されたシンポジウム論文集を刊行し、江湖に問うことにした。ここには『家礼』をめぐる文化の姿が東アジア規模――中国、韓国、ベトナム、琉球、日本――においてダイナミックに考察されており、従来の研究の空白を補う内容になっているといえよう。今回、中国語、韓国語、英語の論文をすべて日本語に訳すなど多言語にかかわる作業にかなりの時間と労力を要したが、これも東アジアを視野に入れる以上、当然といえば当然のことなのであろう。

朱子学に限らず、東アジア地域の文化交渉についてはなお研究すべき課題が多いが、本書が一つの契機になればと思っている。論考をお寄せいただいた各国の研究者の方々にお礼を申し上げる次第である。

本書の刊行にあたっては汲古書院社長の石坂叡志氏、編集部の小林詔子氏にたいへんお世話になった。あわせて感謝申し上げたい。

吾妻　重二

執筆者紹介（掲載順）

崔　　真徳（チェ　ジンドク）　　韓国国学振興院（韓国）

宋　　在倫（ソン　ジェユン）　　マクマスター大学（カナダ）

朴　　礼慶（パク　レギョン）　　ソウル大学校（韓国）

楊　　志剛（よう　しごう）　　復旦大学（中国）

張　　東宇（チャン　ドンウ）　　延世大学校（韓国）

吾妻　重二（あづま　じゅうじ）　関西大学（日本）

三浦　國雄（みうら　くにお）　　大東文化大学（日本）

嶋尾　　稔（しまお　みのる）　　慶應義塾大学（日本）

井澤　耕一（いざわ　こういち）　茨城大学（日本）

白井　　順（しらい　じゅん）　　ソウル大学校奎章閣（日本）

Patricia Buckley Ebrey（パトリシア　イーブリー）

ワシントン大学（アメリカ）

澤井　啓一（さわい　けいいち）　恵泉女学園大学（日本）

田　　世民（でん　せいみん）　　淡江大学（台湾）

湯浅　邦弘（ゆあさ　くにひろ）　大阪大学（日本）

権　　鎮浩（クォン　チンホ）　　韓国国学振興院（韓国）

都　　民宰（ト　ミンジェ）　　霊山大学校（韓国）

何　　淑宜（か　しゅくぎ）　　中央研究院（台湾）

訳者紹介（掲載順）

篠原　啓方（しのはら　ひろかた）　関西大学（日本）

井澤　耕一（いざわ　こういち）　茨城大学（日本）

吾妻　重二（あづま　じゅうじ）　関西大学（日本）

Zhu Xi's *Family Rituals* and Cultural Interactions in East Asia

by
Juji AZUMA & Park Won-jae ed.

2012

KYUKO-SHOIN TOKYO

編者紹介

吾妻重二（あづま・じゅうじ）　1956年生まれ。関西大学文学部教授。早稲田大学第一文学部卒業。博士（文学）。

主要論著：『朱子学の新研究』（創文社、2004年）、『国際シンポジウム 東アジア世界と儒教』（黄俊傑氏と共編、東方書店、2005年）、馮友蘭『馮友蘭自伝——中国現代哲学者の回想』１・２（訳注、平凡社東洋文庫、2007年）、『東アジアの儀礼と宗教』（二階堂善弘氏と共編、雄松堂出版、2008年）、『宋代思想の研究——儒教・道教・仏教をめぐる考察』（関西大学出版部、2009年）、『家礼文献集成　日本篇１』（編著、関西大学出版部、2010年）、『思想与文献　日本学者宋明儒学研究』（呉震氏と共編、上海・華東師範大学出版社、2010年）、『泊園書院歴史資料集——泊園書院資料集成１』（編著、関西大学出版部、2010年）

朴　元在（パク・ウォンジェ）　1958年生まれ。韓国国学振興院首席研究委員、研究部長。高麗大学校卒業。博士（哲学）。

主要論著：『儒学はいかにして現実と遭遇したのか——先秦儒学と漢代経学』（芸文書苑, ソウル、2001年）、『近現代嶺南儒学者たちの現実認識対応の様相』（共著、韓国国学振興院、2009年）、「聖人と百姓——老子修養論の二つの側面（『中国哲学』第12輯、中国哲学会、2004年）、「後期定斎学派の儒教改革論研究」（『国学研究』10、韓国国学振興院、2009年）

朱子家礼と東アジアの文化交渉

平成二十四年三月二十七日　発行

編　者　吾　妻　重　二
　　　　朴　元　在

発行者　石　坂　叡　志

整版印刷　富士リプロ㈱

発行所　汲　古　書　院

〒102-0072 東京都千代田区飯田橋二-五-四
電　話　〇三（三二六五）九七六四
ＦＡＸ　〇三（三二二二）一八四五

ISBN978-4-7629-2978-6　C3010